한국
문학권력의
계보

한국 문학권력의 계보

해 방 이 후 부 터 1 9 7 0 년 대 까 지

문학과비평연구회

한국출판마케팅연구소

한국 문학권력의 계보

2004년 8월 10일 1판 1쇄 발행

지은이   문학과비평연구회
펴낸곳   한국출판마케팅연구소
         주소 121-818 서울시 마포구 동교동 184-17 경문사빌딩 4층
         전화 02-336-5675 팩스 02-337-5347
         이메일 kpm@chol.com
         출판등록 2000년 11월 6일 제10-2065호
인쇄   예림인쇄
표지디자인 허미경

ISBN 89-89420-26-1

값은 뒤표지에 있습니다.
잘못 만들어진 책은 바꾸어 드립니다.

총판 ㈜송인서적 전화 02-491-2555, 팩스 02-439-5088-90

◆ 인용문에서 독자의 이해를 돕기 위해 한자도 한글로 바꾸었다.
  각주도 마찬가지이다. 다만 별도로 처리된 인용문만 원문 그대로 남겨두었다.
◆ 단행본은 『 』, 논문이나 기사는 「 」, 신문이나 정기간행물은 〈 〉로 표기해 통일했다.

차례

책 머리에 ·· 7
서설: 문학제도와 정전의 계보학적 지형도 ◆ 최강민 ····················· 15
　　　해방 이후부터 1970년대까지

제1부 상징권력과 정전의 형성

문학 텍스트의 정전화 과정과 문학권력 ◆ 강진구 ························ 41
미군정기 중등국어 교과서의 선택과 배제를 중심으로

순수문학의 구축 과정과 배제의 논리 ◆ 이경수 ··························· 78
1950-60년대 전통론을 중심으로

1960-70년대 리얼리즘 논의와 외국문학 전공 비평가들의 상징권력 ◆ 오창은 ··· 98

제2부 문단권력의 생성과 파행

김동리와 문학권력 ◆ 홍기돈 ··· 129
해방기 유치진의 연극 이론 및 역사극 고찰 ◆ 김성현 ················· 165
문학의 권력화와 정전화에 대한 성찰과 반성 ◆ 류찬열 ··············· 196
서정주와 박목월을 중심으로

제3부 중심의 전복, 타자의 귀환

〈사상계〉의 '동인문학상'과 전후 문단 재편 ◆ 최강민 ·············· 221

민족문학론 속에 투영된 지식인의 욕망과 배제의 메커니즘 ◆ 고봉준 ·············· 259
백낙청과 〈창작과비평〉을 중심으로

전후비평의 타자화와 폐쇄적 권력지향성 ◆ 하상일 ·············· 283
1970년대 〈문학과지성〉 에콜을 중심으로

비어 있는 중심을 위하여 ◆ 염철 ·············· 309
이어령과 〈문학사상〉

필자 소개 ·············· 333
찾아보기 ·············· 335

책 머리에

이 책은 지난 1년간 '문학과비평연구회(약칭 문비연)'의 젊은 연구자들이 '한국의 문학제도와 정전'이라는 주제로 연구한 성과물을 모은 것이다. 이전에 '문비연'의 연구 대상이 '근대성과 탈식민성'이었다면, 이번 과제는 한국문학을 실질적으로 움직이는 문학제도와 정전을 해방 이후부터 1970년대까지 계보학적으로 고찰한 것이다.

1990년대 들어 전지구적으로 확장된 자본주의 논리와 영상매체의 비약적인 성장 속에서 문자매체인 문학은 독자의 축소와 함께 위기에 봉착해 있다. 이것은 문학 외적인 조건의 열악함에서 비롯하지만 문학 내부의 체질 강화 없이 위기는 결코 극복될 수 없을 것이다. 그러나 일부 진보적 소장 평론가들의 자정 노력 촉구에도 불구하고 문단 주류는 패거리주의, 정실주의, 학벌주의라는 타성에 안주한 채 수음적 퇴행만을 거듭하고 있다. 이런 상황일수록 새로운 21세기의 문학 패러다임을 찾기 위한 구체적 노력이 더욱 절실하게 요청된다고 하겠다. '문비연'은 이러한 문제의식에서 논의를 출발했다.

'문비연'은 1998년 창립 당시부터 상아탑에 스스로를 유폐시키는 연구 관행을 단호히 거부하고, 문학 연구와 일반 대중의 소통을 위해 부단히 노력해왔다. '문비연'은 1집인 『1930년대 문학과 근대체험』(1999)과 2집인

『탈식민의 텍스트, 저항과 해방의 담론』(2003)을 통해 나름대로 학문과 현실의, 연구와 실천의 결합을 지속적으로 시도해왔다. 3집인 『한국 문학권력의 계보』도 이 연장선에 놓여 있다. 최근 들어 '학진'이 요구하는 제도적 틀 속에 갇혀 진보적인 소장 연구자들의 목소리가 실종되거나 굴절되는 현상은 우려할 만한 일이다.

한국의 문학제도와 정전에 관한 논의는 오랫동안 감히 다룰 수 없는 성역이자 금기의 대상이었다. 일부의 진보 세력이 비판적 감시의 역할을 수행한 적도 있지만, 그들이 문단의 중심이 되면서 그 과정은 삭제되었다. 그 후 전근대적 병폐인 부실 채권의 규모는 눈덩이처럼 더욱 확대될 수밖에 없었다. 과거엔 군사독재정권과의 투쟁이 긴요했던 비상시국이었기에 이러한 내부의 모순은 쉽게 포착되지 않았다. 그러나 민주주의 진전 속에 문학계도 평상 체제로 돌아오면서 은폐되었던 치부들이 알몸을 드러내기 시작했던 것이다. 이제 문학계가 갱신하지 않는다면 문학의 밝은 미래는 기대할 수 없을 것이다. 문학권력 논쟁, 주례사비평의 극복, 문학상 비판 등의 일련의 비평적 논의들은 문학계의 혁신과 자정 노력의 필요성을 말해주고 있다.

'문비연'의 『한국 문학권력의 계보』는 해방 이후부터 1970년대까지 누적된 문학계의 부실 규모를 파악하기 위한 일종의 객관적 조사 보고서이다. 단편적으로 이와 유사한 문제 제기는 있었지만 전체적으로, 그리고 성역을 불문하고 철저하게 파헤친 단행본 분량의 연구물은 아마도 이 책이 처음일 듯 싶다.

이 책의 체재는 크게 3부로 구성되어 있다. 책 맨 앞에 있는 서설序說인 최강민의 「문학제도와 정전의 계보학적 지형도」는 일반 독자의 이해를 돕기 위한 총론 성격의 글이다. 필자는 당대의 시대상황, 연대별 문학사적 특성, 문학 쟁점, 문단사, 문인단체, 중요 문학작품 등을 개괄적으로 간략하게 정리하고 있다. 독자들은 이 글을 통해 책에 수록된 개별 논문들이 어떠한 글쓰기 의도로 배치되었는지 전반적 상황을 파악할 수 있을 것이다.

책의 제1부는 문학 교과서, 순수문학의 담론, 외국 이론전공자들을 중심으로 정전의 성립 과정을 추적한 논문들이 수록되어 있다. 해방기의 좌우 문단 대립을 거치면서 오랫동안 문단의 주류는 순수문학이었다. 이러한 순수문학의 이데올로기는 문학 교과서에 실리면서 확대 재생산되는 기반을 마련한다. 1부에 실린 논문들은 순수문학이 구축되는 과정과 그것의 중심적 역할을 담당했던 문학 교과서에 내포된 다양한 전략들을 고찰한다. 또한 한국전쟁 이후 더욱 강화된 근대 추구의 욕망이 서구 정전과 결합되어 한국문학을 지배하는 양상을 고찰한다. 이것은 개화기 이래 한국을 지배해온 서구콤플렉스의 문제를 해결하지 않은 채 한국문학의 주체성을 확보할 수 없다는 문제의식의 반영이다.

강진구의 「문학 텍스트의 정전화 과정과 문학권력」은 해방 후 미군정기 중등국어 교과서를 대상으로 하여 한국문학의 정전 성립 과정과 문단 권력의지를 분석한다. 이 논문은 교과서에 실린 문학작품들이 문학사적 평가보다 문단 권력과 정치 이데올로기가 반영된 결과라고 주장한다. 이것은 공식화된 학교제도를 통해 기만적인 정전 구축이 이루어졌음을 의미한다. 국가 지배층과 문단 주류는 자신의 기득권을 확대시킬 수 있는 문학 담론을 생산하는 공장으로 국민적 파급력이 큰 교과서를 활용했던 것이다.

이경수는 「순수문학의 구축 과정과 배제의 논리」에서 한국전쟁과 그로 인한 분단의 고착화를 겪으면서 만들어진 개념인 순수문학이 1950-60년대의 전통론에서 대립 관계를 구축해 나아감으로써 '발견'된 것이라고 주장한다. 이러한 순수문학의 구축 과정은 순수문학을 옹호하고 고수하려는 논리 못지않게 사회 역사적인 상상력을 지닌 문학을 축소하고 은폐하려는 배타적인 배제의 논리가 작동한 것에서 비롯한다. 이 논문은 이분법적 대립 구도의 강화가 개념이나 논리의 착종을 일으킨다면서, 순수문학 대 참여문학이라는 이분법적 구도를 뛰어넘는 제3의 지점인 '사이'의 영역을 대안으로 제시한다.

오창은은 「1960-70년대 리얼리즘 논의와 외국문학 전공 비평가들의 상징권력」에서 외국문학 전공자들인 백낙청, 염무웅, 김현 등이 당대의 비평 논의를 활성화했지만 동시에 '서구 이론 인용 콤플렉스'에 시달리게 한 단초를 제공했다고 평한다. 이 논문은 이들이 민족 주체성을 강조하면서도 서구 이론을 내면화한 이중적 존재였다고 분석한다. 이러한 상황에서 후대의 국문학 연구자들은 자신의 독자적 연구방법론(비평방법론)을 탐구하지 못하고, 서구 이론에 의존하는 경향이 강화된다. 필자는 이 논문에서 외국문학 전공자들이 한국문학사에 끼친 공과에 대한 엄정한 평가의 필요성을 제기하고 있다.

제2부는 해방 이후 한국문단에서 주류이자 정전으로 부상한 김동리, 서정주와 박목월, 유치진을 문단사나 문학제도 면에서 분석한 글들이다. 해방 이후 한국 문단을 지배했던 인사들은 남한 중심주의, 패거리주의를 기반으로 하여 전후 문단 재편에서 주도권을 행사한다. 이들이 표방한 순수문학의 교리는 이승만과 박정희 독재체제와 암묵적인 결탁 속에 그 대가로 문단의 지배권을 확보한다. 문학의 자율성을 옹호했던 문단 주류가 오히려 어떤 점에서 문학의 자율성을 근본적으로 훼손하는 아이러니를 보여주었던 것이다. 연구자들은 이들 주류 문인들의 공과를 객관적으로 평가하면서 동시에 새로운 문인상의 필요성을 역설한다.

홍기돈의 「김동리와 문학권력」은 한국문인협회(문협)의 역사를 문단사적인 측면에서 복원한 글이다. 논의의 바탕에는 문학을 파악하는 김동리의 인식 변화가 놓인다. 서구적인 분업 구조를 비판하며 철학과 문학과 종교의 경계 설정에 반대하던 그가 '순수문학'으로 나아가는 과정이 분석되어 있다. 이후 '순수문학'의 외피 뒤에서 펼쳐졌던 정치권과의 결탁이 제시되었다. 예컨대 문협과 자유문인협회의 대결 구도, 문협 내 김동리와 조연현의 갈등 양상, 매체의 창간과 의미, 예술원 파동의 전모 등이 이에 해당한다. 이 논문은 남한 문단의 성립 과정을 비판적으로 점검하면서 새로운 문단 질서의 필요성을 제안하고 있다.

김성현의 「해방기 유치진의 연극 이론 및 희곡 연구」는 유치진의 해방기 연극론과 역사극을 중심으로 남한 희곡계의 제도 형성 과정을 밝혀낸 논문이다. 친일 경력의 유치진은 당대의 반공 지배이데올로기를 내면화한 연극과 국립극장 등을 활용해 남한 극문학계의 대부로 자리매김한다. 이러한 유치진의 권력화 과정은 그대로 남한 연극 제도의 형성 과정과 궤적을 같이 한다. 이 논문은 희곡 연구자들에게 일종에 성역인 유치진이라는 정전을 본격적으로 비판하고 있다는 점에서 큰 의미를 지닌다.

류찬열은 「문학의 권력화와 정전화에 대한 성찰과 반성」에서 국어교과서에 실린 작품 목록을 통해 생명파인 서정주와 청록파인 박목월이 문단의 주류로 부상하는 과정을 추적한다. 필자는 '영원성'과 '근원성'이라는 이들의 순수문학관이 제반 현실의 모순을 은폐하면서 정전화되었다고 비판한다. 이 논문은 문학과 예술이 끝없는 자기 갱신과 혁신을 그 생명으로 한다는 진리를 수긍한다면, 더 이상 서정주와 박목월을 신비화하거나 신화화해서는 안 된다고 주장한다.

제3부는 한국의 현대문학사에서 중요한 역할을 담당한 〈사상계〉〈창작과비평〉〈문학과지성〉〈문학사상〉이란 잡지를 역사적 맥락에서 학문적으로 고찰한 글들이다. 이 중에서 제일 먼저 창간한 〈사상계〉는 진보적 문학담론을 생산하면서 〈현대문학〉과 함께 전후 문단재편의 양대 중심축으로 자리한다. 〈창작과비평〉은 〈사상계〉의 현실 비판과 주체적 민족주의를, 〈문학과지성〉은 〈사상계〉의 보편적 지성과 외국 이론 중심을, 〈문학사상〉은 〈사상계〉의 '동인문학상'을 일정 부분 계승하여 자신들의 독자적 목소리를 확

보한다. 연구자들은 각 잡지가 지닌 장단점을 분석하여 21세기의 매체가 지향할 지점을 모색하고 있다.

최강민은 「〈사상계〉의 '동인문학상'과 전후문단 재편」에서 〈사상계〉의 '동인문학상'을 고리로 하여 남북한 지역주의에 기반한 〈현대문학〉 대 범〈사상계〉의, '현대문학신인상' 대 '동인문학상'의 대립 양상을 분석한다. 이때 '동인문학상'은 문협 정통파가 주도하는 전후문단 재편의 상황에서 발언권을 확보하려는 소수파의 생존 투쟁이다. 〈사상계〉는 '동인문학상'과 일련의 문학논쟁을 통해 진보적 이미지를 전유하면서 비주류의 문학적 지분을 확보해 나아간다. 그러나 필자는 〈사상계〉와 '동인문학상'이 지식인 중심주의, 수세적 지역주의, 서구콤플렉스 등의 한계를 노출한 반쪽만의 진보였다고 냉정하게 평가한다.

고봉준은 「민족문학론 속에 투영된 지식인의 욕망과 배제의 메커니즘」에서 〈창작과비평〉(약칭 창비)의 공과를 객관적으로 접근한다. 편집체계에 대한 감각, 이론으로 무장한 비평가군의 출현 등은 〈창비〉의 문학사적 공헌이다. 반면에 〈창비〉의 이론적 근거로 자리하는 '민족문학론'은 1950년대의 최일수와 정태용, 그리고 1960년대의 〈한양〉〈청맥〉〈상황〉의 성과에 대해 침묵 내지 과소평가 속에 독점화된다. 따라서 필자는 이 논문에서 문학사에 대한 새로운 접근과 〈창비〉의 '민족문학론'에 대한 재평가를 요구하고 있다.

하상일은 「전후비평의 타자화와 폐쇄적 권력지향성」에서 〈문학과지성〉(약칭 문지)은 〈창작과비평〉을 타자로 설정하였다고 주장한다. 이에 따라 〈문지〉는 〈창비〉의 '민중적 실천'에 맞서는 개념으로 '양식화의 아름다움'을 강조하게 되었다는 것이다. 또한 〈문지〉는 〈창비〉와 맞서기 위해 서울대와 특정 학과 인맥 중심의 폐쇄적 운영을 고집한다. 이는 편집동인의 구성과 신인의 발굴 양상을 통해 증명된다. 이 논문은 결과적으로 〈문지〉가 강조하는 '문학의 자율성, 열림, 대화'가 반도그마를 가장한 도그마에 불과하다고 따가운 비판을 던진다.

염철의 「비어 있는 중심을 위하여」는 이어령의 문학적 특성과 〈문학사상〉의 정체성을 연관시켜 분석한 글이다. 이어령은 탈이념적이고 탈중심적인 '새로운 주체'의 기획을 모색하지만 매체의 부재로 곤란을 겪었기에 〈문학사상〉을 창간한다. 〈문학사상〉은 기존의 잡지와는 다른 파격적인 편집 방식, 파벌주의를 지양하는 필진 활용, 새로운 필자를 찾기 위한 노력과 관심, 이상문학상의 독특한 선정 방식 등을 통해 문학적 목소리를 확보해 나아간다. 이 논문은 〈문학사상〉이 당시에 잡지로서 성공을 거두었지만, 이어령이 처음에 꿈꿨던 새로운 주체를 〈문학사상〉이 제대로 구현내지 못했다고 비판한다.

처음에 기획했던 꼭지 중 몇 개가 빠져 아쉬움을 남기지만, 책에 수록된 논문들이 그 공백을 어느 정도 메웠다고 생각한다. 우리는 이번 연구 성과들이 기존의 낡은 문학질서를 변혁시키고, 문학의 위기를 극복하는 데에 유용한 도구로 활용되기 바란다. 이 책이 한국의 문학제도와 정전과 관련한 완결판이 되어서는 안 될 것이다. 우리들은 다만 그러한 논의를 활성화하는 작은 씨앗이 되고 싶을 뿐이다. 문학 논쟁은 상대방을 죽이는 것이 아니라, 새로운 대안을 함께 모색하는 열린 대화의 과정이다. 우리는 합리적인 공존의 대화를 희망한다.

문학은 현실에서 만족할 수 없는 욕망이 만든 산물이다. 결핍된 욕망들은 꿈을, 유토피아를 향한 열정을 뜨겁게 점화시킨다. 젊은 연구자들이 모인 '문비연'은 이러한 열정을 밑천 삼아 꿈을, 유토피아를 향한 도정을 계속할 것이다. 부족한 글들이지만 많은 관심과 애정 어린 비판을 기대한다.

출판계의 불황 속에서도 선뜻 출판을 해준 한국출판마케팅연구소의 한기호 소장과 연구원들에게도 심심한 고마움을 전한다.

2004년 6월 문학과비평연구회 편집위원 최강민, 오창은, 홍기돈

서설: 문학제도와 정전의 계보학적 지형도
해방 이후부터 1970년대까지

최강민◆

1. 민족 해방과 좌우문단의 대립

1940년대 후반은 연합국에 무조건 항복한 일본제국, 8.15해방, 여운형 주도로 조선건국준비위원회 발족, 건준 중심으로 조선인민공화국 선언(1945), 미소공동위원회 개최, 신탁통치반대 군중대회, 10월 대구인민항쟁 발발, 남로당 결성(1946), 남로당 지도 아래 전국적인 총파업, 유엔한국위원단 구성(1947), 제주도 4.3사건, 5.10선거, 대한민국 정부 수립(1948), 반민특위 발족, 김구 피살(1949) 등의 역사적 사건이 발생한다.

이 시기에 문학계의 당면 과제는 친일잔재의 청산, 새로운 민족문학 건설, 통일민족국가의 수립으로 요약된다. 해방기는 한국의 현대문학사에서 문학과 정치가 가장 밀접하게 결합한 시기이다. 이것은 해방된 조국에서 지식인으로서의 문인이 민족적, 국가적 책무를 외면할 수 없다는 역사적 사명의식과 친일에 대한 죄의식 등이 상호 복합적으로 작용한 결과이다. 하지만

◆ 강원대 강사. 문학평론가. 〈작가와비평〉 편집동인.
이 글은 책에 수록된 열 편의 '논문'을 읽으면서 일반 독자가 느낄지도 모를 독해의 어려움을 해소하기 위해 해방 이후부터 70년대까지의 한국문학을 간략하게 개관한 것이다. 개별 논문과 다소의 견해 차이도 있을 수 있음을 사전에 밝혀둔다.

이러한 문학과 정치의 긴밀한 결합은 문학의 자율성을 해치는 부작용을 낳기도 한다.

해방기에 발 빠르게 움직인 것은 카프 계열의 좌파 문인들이다. 해방 직후 임화·김남천·이태준 등은 8월 16일, 식민지 시대의 친일문학 단체인 '조선문인보국회' 간판을 떼어내고, '조선문학건설본부'(약칭 문건)를 설립한다. '문건'은 기관지로 〈문화전선〉을 발간한다. 임화를 대표로 한 '문건'은 민족문화 건설에 이바지할 문인이라면 누구든지 받아들인다는 온건한 절충주의적 입장을 취한다. 이러한 '문건'의 방침은 해방기에 폭넓은 범주를 설정하여 많은 문인들을 조직원으로 끌어들여 세를 확보하려는 일종의 통일전선 전술의 일환이었다. 그 결과 결성 초기에 카프 맹원뿐만 아니라 구인회, 해외문학파 등 다양한 인물이 '문건'에 동참하게 된다. 그래서 해방 초기에 신문, 잡지를 포함한 매체의 90퍼센트 정도를 좌파의 인물이 장악하게 된다.

'문건'이 발족된 지 한 달 후인 9월 17일, '문건'의 절충주의적 강령을 문제 삼아 한설야·이기영·한효·송영·박세영 등이 조직을 탈퇴하여 '조선프롤레타리아문학동맹'(약칭 프로문맹)을 따로 결성하고, 기관지로 〈예술운동〉을 발간한다. '프로문맹'은 파시즘문학·부르주아문학·사회개량주의문학 등 일체의 반동적 문학을 배격하고, 국제 프롤레타리아 문학을 급진적으로 주장한다. 계급성을 강조한 급진 좌파인 '프로문맹'의 방침은 '인민'을 강조한 중도좌파의 '문건'과 대립하게 된다. 이러한 갈등의 양상은 1935년 카프의 해산을 주장한 해소파와 거부한 비해소파의 대립이 시간을 뛰어넘어 격세유전한 것이다. '문건'과 '프로문맹'의 팽팽한 대립은 조선공산당의 지령에 의해 1945년 12월 13일 '조선문학동맹'이라는 이름으로 강제 통합된다. 그것은 '문건'이 '프로문맹'을 일방적으로 흡수하는 형태였다.

'조선문학동맹'은 1946년 2월 8일과 9일의 문학자 대회에서 '조선문학가동맹'(약칭 문맹)으로 개칭한다. '문맹'은 기관지로 〈문학〉을 창간하고, 부기관지로 〈우리문학〉과 〈문학평론〉을 발간한다. 문학자 대회 직후인 2월 24일 '문맹'을 포함한 25개의 문화예술단체는 하나로 뭉쳐 '전국문화단체총연맹'(약칭 문련)을 결성한다. '문건' 주도의 통합에 내심 불만을 품었던 이기영과 한설야는 이 문학자 대회에 참석하지 않고 월북을 감행함으로써 결별을 선언한다. 다른 '프로문맹' 문인들도 연이어 대거 월북하면서 좌익 통합 문인단체인 '문맹'의 위상에 균열을 초래한다. 월북한 이기영과 한설야는 '북조선예술총동맹'(약칭 북조선예맹)에 가담하여 북한 문단 형성의 중심축이 된다. 이처럼 조직의 결성, 통합, 재분열로 인해 문학 내적인 면에 소홀할 수밖에 없었던 '문맹'은 뒤늦게 창작방법론인 진보적 리얼리즘을 주장하면서 '조선문학가동맹 문학상'도 제정한다. 첫 수상작은 이태준의 「해방전후」이다.

좌익 문단이 정도의 차이는 있지만 계급적 이념성에 기반한 민족문학을 지향했다면, 우익 문단은 뚜렷한 문학적 이념이나 구체적 실천 방안을 제시하지 못한 채 대타적 대응 양상만을 산발적으로 노출한다. 우익 문인들은 '프로문맹'이 결성된 다음날인 1945년 9월 18일에 일제식민지시대 민족문학파 계열과 해외문학파 계열인 김영랑·박종화·변영로·양주동·오상순·유치진·이하윤·이헌구 등이 모여 '중앙문화협회'를 결성한다. 이들은 좌익 계열의 단체와 달리 기관지를 따로 마련하지 않고 신문이나 잡지 등을 통해 자신들의 주장과 작품을 발표한다. 그럼에도 세의 열세를 절감한 우익 문인들은 1946년 3월 13일 '전조선문필가협회'(약칭 전문협)를 새롭게 결성한다. '전문협'은 문학·교육·학술·언론·출판 분야가 망라된 지식인 단체이기에 우익 진영에도 문학 전문 단체가 있어야 한다는 필요성을 느낀 김동리·서정주·유치환·조연현·조지훈 등은 4월에 '조선청년문학가협회'(약칭 청문협)를 따로 결성한다. 우익 문인들은 1947년 2월 12일, '중앙문화협회, 전조선문필가협회, 청년문학가협회'를 포함한 29개의 우익 예술단체가 총연합해 '전국문화단체총연합회'(약칭 문총)를 결성한다. '문총'은 앞서 출발한 좌익의 '문련'에 대응하기 위해 조직된 것이다. '문총'은 기관지인 〈민족문화〉를 발간하고 지방순회강연과 각종 문화 전시회를 개최한다.

1940년대 후반에 좌우 문단의 격렬한 대립과 정치적 환경을 가장 첨예하게 보여준 것은 시인 유진오의 구속과 응향 사건이다. 좌익 계열의 전위파 시인 유진오兪鎭五는 1946년 「횃불」「38 이남」「누구를 위한 벅차는 우리의 젊음이냐?」를 발표해 미군정을 신랄하게 비판한다. 이에 미군정은 '미군정 포고령 위반죄'로 긴급 구속하여 유진오를 1년간 서대문형무소에 수감한다. 이 사건은 좌익 계열에 대한 미군정의 대대적인 공세를 상징적으로 드러낸 사건이다. 반면에 북한에서 구상 등이 발간한 『응향』(1946)이라는 합동 시집은 1947년 '북조선예맹'에 의해 내용의 도피성, 퇴폐성, 반동성을 문제 삼아 발매 금지와 가혹한 자아비판을 강요당한다. 이것은 좌파의 정치 이데올로기에 의해 개인주의 성향의 우익 문학을 단죄한 사건이다. 결국 '응향'사건에 연루된 구상 등은 월남하게 된다. 이러한 양 극단의 사건은 문인들에게 정치적 이데올로기를 강제하면서 월북과 월남이라는 이분법적 선택을 요구하게 된다.

1947년, 미군정의 좌익 탄압 속에 좌익 문인들은 위기에 점차 봉착한다. 임화의 「남조선 현 정세와 문화 예술 위기에 관한 일반 보고에 대한 결정서」와 김남천의 「신단계에 처한 문화 운동」은 문학의 대중화를 강화하여 난관을 극복하고자 하려는 시도였다. 하지만 이러한 대응에도 불구하고 객관적 상황이 더욱 열악해지면서 임화를 비롯한 핵심인물들은 대거 월북하고 만다. 이러한 월북문인으로 1946년에 홍명희·한설야·이기영·이태준이, 1947년에 임화·김남천·이원조·오장환·한효·윤기정·박세영이, 1948년에 안회남·허준·김동석·박팔양·송영·신고송·이갑기·함세덕·엄흥섭·김상훈·조운 등이 있다. 1948년에 각각 독자적인 정부인 대한민국과 조선민주주의인민공화국이 들어서면서 남한 문단은 우익 문인 중심으로 재편된다. 이런 상황에서 김기림, 이무영, 정지용은 전향을 선언하고 우익문단의 대열에 합류한다. 이 시기를 전후하여 북한에서 구상·김동명·유정·안수길·임옥인·최태응·황순원·오영진 등도 월남하여 남한문단에 합류한다.

해방기에 벌어진 좌우의 대표적인 문학 논쟁은 순수문학논쟁이다. 이것은 1930년대말 유진오 대 김동리의 논전이 해방기에 다시 한 번 재연된 것이다. 문학의 순수성을 둘러싼 제1차 순수문학논쟁은 김동리 대 김남천, 김동리 대 김병규의 논쟁(1946)이, 제2차 순수문학논쟁은 김동석 대 조연현의 논쟁(1947-48)이 벌어진다. 이 순수문학논쟁의 연장선에서 김영석·박찬모·김남천·임화 대 김동리·조지훈의 민족문학논쟁(1947)도 점화된다. 이때 치열한 문학논쟁의 승패를 결정한 것은 논리의 치밀성이나 도덕적 정당성이 아니라 불행하게도 정치 세력의 개입에 의해 좌우된다. 미군정의 정치 이데올로기가 우파 문단에 힘을 실어주게 되었던 것이다. 1949년 12월 17일, '문총' 산하에 있던 '전국문필가협회'와 '청년문학가협회'는 하나로 통합되어 '한국문학가협회'(약칭 문협)를 결성한다. 이때 주도권을 쥔 것은 순수문학논쟁을 통해 좌익과 첨예하게 대립하며 투쟁했던 '청년문학가협회'의 문인들이다. 우파 중심으로 짜여진 남한 문단의 세력 분포도는 교과서 편찬에도 그대로 반영된다.(강진구의 「문학 텍스트의 정전화 과정과 타자화」 참조)

1940년대 후반에 창간된 잡지로 〈예술운동〉〈문화창조〉〈신문예〉〈상아탑〉〈예술타임스〉〈예술문화〉〈백민〉(1945), 〈예술부락〉〈백맥〉〈신천지〉〈인민평론〉〈신문학〉〈문학〉(1946), 〈문학평론〉〈문화〉〈예술조선〉(1947), 〈문학예술〉(1948), 〈문예〉(1949)가 창간되었다. 이 중에서 좌익측의 종합문예지인 〈문학〉은 남한 정부 수립 후 발행 중단이 되었고, 〈백민〉은 우익측의 종합문예지로서 민족주의 자유문학을 지향했는데 한국전쟁을 맞아 중단되었다. 모윤숙·김동리·조연현 등이 중심이 된 〈문예〉는 순수문학을 표방하면서 추천제를 통해 신인을 배출한다. 이 잡지는 1940년대 후반부터 1950년대 초반까지 한국을 대표하는 문예지 역할을 담당한다.

  40년대 후반의 소설은 해방의 감격과 혼란, 일제잔재의 청산, 순수문학 지향의 소설, 계급의식 고취의 프롤레타리아소설, 민족적 각성과 자기반성을 형상화한다. 이 시기의 대표적 소설로 채만식의 「맹순사」, 이기영의 「개벽」, 최정희의 「풍류 잡히는 마을」, 이태준의 「해방전후」, 계용묵의 「별을 헨다」, 김영수의 「혈맥」, 이무영의 「굉장소전」, 지하련의 「도정」, 허준의 「잔등」(1946), 김동리의 「혈거부족」, 김동인의 「망국일기」, 안회남의 「폭풍의 역사」, 이태준의 「농토」, 장덕조의 「함성」(1947), 김동리의 「역마」, 채만식의 「민족의 죄인」, 안회남의 「농민의 비애」(1948), 황순원의 「목넘이 마을의 개」, 이기영의 『땅』(1949) 등이 있다.

  40년대 후반의 시들은 해방의 감격이나 혁명군 예찬, 전통적 순수서정시, 계급주의 경향시가 많이 나온다. 이 시기의 대표적 시나 시집으로 '중앙문화협회'에서 낸 『해방기념시집』(1945), '조선문학가동맹'의 『3.1기념시집』, 프로예맹의 『횃불』, 유진오 외 『전위시인집』, 박두진의 「해」, 김규동의 『바다와 나비』, 오장환의 『병든 서울』, 조지훈·박목월·박두진의 『청록집』(1946), 유치환의 『생명의 서』, 김광균의 『기항지』, 한하운의 『한하운시초』, 이용악의 『오랑캐꽃』, 서정주의 「국화 옆에서」(1947), 윤동주의 『하늘과 바람과 별과 시』, 김기림의 『기상도』, 조기천의 『백두산』, 강승한의 『한나산』(1948), 심훈의 『그날이 오면』, 박두진의 『해』, 조병화의 『버리고 싶은 유산』, 박인환·김경린·김수영·양병식의 『새로운 도시와 시민들의 합창』(1949) 등이 있다.

  40년대 후반에 극문학계는 친일 경력이 있는 유치진이 우파 민족주의자로 변신하여 해방 전부터의 인맥을 활용하여 '극예술협회'(약칭 극협)의 탄생을 주도한다. 이에 대해 좌파의 '연극동맹' 세력은 유치진의 제자인 함세덕을 통해 비판하며 대응한다. 유치진은 좌익측의 월북 속에 초대 국립극장 장으로 취임하여 남한 극문학계의 대부로 자리매김한다.(김성현의 「해방기 유치진의 연극 이론 및 역사극 고찰」 참조) 이 시기의 대표적 작품으로 유치진의 「자명고」「조국」, 함세덕의 「고목」(1947), 김영수의 「혈맥」(1948) 등이 있다.

2. 문단 재편과 문협 정통파의 부상

1950년대는 6.25전쟁의 발발(1950), 중공군 참전, 거창양민학살사건(1951), 제1차 한일회담 개최, 거제도포로소요사건, 발췌개헌, 부산국제시장 대화재(1952), 반공포로 석방단행, 휴전협정 조인(1953), 국회 개헌안 사사오입 사건, 북한 박헌영 사형 공표(1954), 증권시장 개장, 민주당 창당(1955), 제3대 정부통령 선거, 신익희 대통령 후보 유세 중 사망, 이승만 대통령 당선(1956), 소련 인공위성 스푸트니크 발사 성공, 야당 주최 장충단 시국강연회장에서 테러단 난동(1957), 북한 천리마 운동 시작, 진보당 사건(1958), 보안법 반대데모 전국으로 확산, 〈경향신문〉 폐간, 진보당 조봉암 사형집행(1959) 등의 역사적 사건이 있었다.

이 중에서 무엇보다 50년대를 규정한 것은 한국전쟁의 깊은 상처이다. 휴전休戰, 말 그대로 일시적인 전쟁 중단 상태 속에서 한민족 구성원은 집단적인 불안의식과 허무감, 동족상잔에서 비롯한 충격과 적대감, 허무주의와 패배주의에서 쉽게 벗어나지 못한다. 이승만 자유당정권은 반공이데올로기와 전후의 혼란을 적절하게 활용하면서 부패한 정권을 연장해 나아간다. 이런 상황에서 문인들은 집, 방, 카페 같은 밀폐된 공간에 유폐된 채 현대의 비극에 절망하면서 외국에서 수입한 실존주의 문학에 대한 맹목적 추종을 드러낸다. 꿀꿀이죽으로 대변되는 전후의 궁핍과 혼란 속에 미국을 통해 유입되는 서구문화는 문화 후진국인 한국의 문화계를 단번에 점령한다. 특히 미국은 한국이 믿고 따라야 할 근대의 상징적 아버지이자 선망의 대상으로 자리매김된다. 외국 이론 전공자들은 서구의 문학이론을 앞다퉈 수입하여 서구와 같은 수준에 도달하고자 한다. 그것은 근(현)대문학에 도달하고자 하는 몸부림이었지만 동시에 한국문학의 식민성을 더욱 가속화하는 행위이기도 했다.

> 한국의 현대문학에 있어서 한국전쟁은 잃어버린 문학의 시대를 낳았다. 전쟁이 휩쓸고 지나간 폐허에는 해방 직후에 만끽했던 민족적 감격도, 정치적인 이념과 열정도, 새로운 삶의 의욕도 사라져버린 것이다. 전쟁과 피난과 수복으로 이어지는 참극 속에서 새로운 민족문학을 꿈꿨던 희망도 사라졌고, 문학 자체에 대한 열정마저도 상실된다. 새로운 민족문학 운동이 그 출발점에서부터 사회적 기반의 결정적인 파괴에 직면함에 따라, 문학은 일시적인 공백상태를 모면할 수 없게 되는 것이다. 한국전쟁은 남북 분단을 고정시키고 이념적 대립을 지속시킴으로써, 민족적 동질성을 훼손하고 민족문학의 이상도 무너뜨리고 있다.[1]

남한 문학계는 한국전쟁이 발발하자, 간신이 피난한 김광섭·유치환·서정주·조지훈·박연희 등이 '문총구국대'를 조직하여 갖가지 간행물과 삐라 및 격문을 제작한다. '문총구국대' 이외에도 문인들은 종군작가단을 구성한다. 종군작가들에 의해 이루어진 전시문학은 전쟁의 참상과 북한공산정권의 만행을 고발하는 보고문학의 형태를 띤다. 북한의 진군과 함께 서울에 온 좌파 문인들은 잔류문인들을 설득해 공산정권에 협력하도록 한다. 잔류문인들은 공산정권에 협력해 목숨을 보존하거나 김동리처럼 은신처에서 숨어 지내는 양자 택일의 기로에 섰던 것이다. 1945년 9월 28일, 유엔군이 서울을 수복하자 부역 행위를 한 잔류문인들에 대한 사법 처리 문제가 뜨거운

---

1. 권영민, 『한국현대문학사』—민음사, 1993, 100쪽.

감자로 떠오른다. 이것은 한강을 건너 국군 진영에 합류한 도강파와 그렇지 못한 잔류파 문인 사이의 첨예한 대립을 낳게 한다. 의용군에 끌려간 김수영 등은 북한에 의해 강제노역과 전선에 투입되었다가 탈출해 거제도 포로수용소에 수감되기도 한다. 전쟁은 적과 아군이라는 선명한 이분법을 요구하며 중간 지대를 소멸시킨다. 그래서 전쟁 중에 정지용·이근영·박태원·이용악·설정식·김상훈·정인택 등은 월북했고, 김동명·임옥인·황순원·구상·최태응·오영진·박남수·전봉건 등은 월남하여 각자의 진영을 선택한다.

한국전쟁이 종료되자 문단은 원로의 부재 속에 문협 정통파인 김동리, 서정주, 조연현 등을 중심으로 문단 재편이 가속화된다.(류찬열의 「문학의 권력화와 정전화에 대한 성찰과 반성- 서정주와 박목월을 중심으로」 참조) 도강파 대 잔류파라는 앙금과 북한 출신인 월남문인 대 남한 출신 문인이라는 대립 구도는 1954년 '예술원선거'를 계기로 하여 파열음을 생산한다. 예술원 선거 후 문총계의 김광섭·모윤숙·이헌구·이무영 등은 문협계의 염상섭·박종화·김동리·조연현·유치환·서정주 등과 대립한다. 문총계의 인사들을 중심으로 1955년 4월, '한국자유문학자협회'(약칭 자유문협)가 별도로 새롭게 결성된다. 이후의 문단 구도는 〈현대문학〉(1955) 대 〈문학예술〉(1954)과 〈자유문학〉(1956)을 아우르는 범〈사상계〉(1953)의, '문협' 대 '자유문협'의 대립 전선이 구축된다. 문학의 순수성을 옹호하는 보수적인 〈현대문학〉은 1955년에 '현대문학신인상'을, 문화적 계몽주의를 표방한 종합지 〈사상계〉는 '동인문학상'을 제정해 문단의 패권을 향한 경쟁에 본격 돌입한다.(최강민의 「〈사상계〉의 '동인문학상'과 전후 문단 재편」 참조) 앞에서 언급한 잡지 이외에도 1950년대에 〈문학〉(1950), 〈신조〉(1951), 〈자유예술〉〈시와 시론〉(1952), 〈현대공론〉(1953), 〈시문학〉〈시영토〉(1955), 〈시와 비평〉(1956), 〈현대시〉〈신태양〉(1957), 〈지성〉〈소설계〉〈신문예〉〈신문학〉〈시와 시론〉(1958), 〈문학평론〉〈문학〉〈문예〉(1959) 등이 창간된다.[2]

전후 문학계를 뜨겁게 달구었던 화두는 신인론에 바탕을 둔 신세대론, 실존주의문학론, 전통론이다. 특히 신세대론과 전통론은 동전의 앞뒷면처럼 맞물려 전개되어 전후문학계를 강타한 핵폭풍의 근원지였다. 신세대론은 해방기의 좌우 문단분열과 전후문학의 전개 과정에서 제 역할을 하지 못한 기성문인에 대한 신인들의 탄핵적 성격을 띠고 있다. 이어령 등의 전후 신세대문인들은 기성문인들에게서 배울 것이 하나도 없다는 전통 부재론과 새로운 문학의 시조가 될 것이라는 부정의식을 강렬하게 표출한다. 이에 대해 김동리 등의 기성문인들은 새로운 것을 구체적으로 제시하지 못한 신세대에 대한 비판과 한국적 전통의 계승이라는 '전통론'을 통해 대응한다. (이경수의 「순수문학의 구축 과정과 배제의 논리: 1950-60년대 전통론을 중심으로」 참조) 이것은 신세대 문인들에게 기득권을 고수하려는 보수주의적 책동으로 규정된다. 신세대문인들은 서구적 이론을 바탕으로 하여 전통 부재 내지 단절의 입장에서 저항한다. 그들은 실험의식으로 무장한 모더니즘 문학론, 새로운 분석 방법인 뉴크리티시즘, 휴머니즘을 옹호하는 실존주의 문학론 등을 앞세워 새로운 문학 지형도의 창출을 모색한다. 이외에도 창작의 자유와 외설에 관한 논란을 일으킨 소설『자유부인』을 둘러싼 정비석과 황산덕의 문학 논쟁(1954) 등이 있었다.

50년대의 소설은 전쟁소설, 실존주의적 소설, 관념소설, 실향소설, 토속적 전통 소설 등이 형상화된다. 이 시기의 대표적 소설로 염상섭의 「취우」(1952), 정비석의『자유부인』, 안수길의 「제3인간형」, 오상원의 「유예」, 황순원의『카인의 후예』(1954) 김성한의 「오분간」, 손창섭의 「혈서」, 장용학의 「요한시집」, 박연희의 「증인」(1955), 김광식의 「213호주택」(1956), 박경리의 「불신시대」, 서기원의 「암사지도」, 송병수의 「쑈리킴」, 선우휘의 「불

---

2. 잡지의 창간과 폐간이라는 부침의 과정 속에서 동일한 명칭의 잡지가 많이 등장하였다. 따라서 독자들이 이 부분에 대해 착오가 없기 바란다.

꽃」, 하근찬의 「수난이대」, 김동리의 『사반의 십자가』(1957), 손창섭의 「잉여인간」(1958), 이범선의 「학마을 사람들」 「오발탄」, 전광용의 「흑산도」(1959) 등이 있다.

50년대의 시는 전쟁체험의 반공시, 박인환·김경린·김규동 등의 후반기 동인이 주축이 된 모더니즘 실험시, 주지적 서정시, 서정주·조지훈·박재삼 등의 전통적 서정시가 양산된다. 이 시기의 대표적 시나 시집으로 조병화의 『하루만의 위안』(1950), 유치환의 「보병과 더불어」, 모윤숙의 「국군은 죽어서 말한다」(1951), 김현승의 「플라타너스」(1953), 신동집의 「목숨」(1954), 김규동의 『나비와 광장』, 박인환의 「목마와 숙녀」, 김춘수의 「꽃」(1955), 구상의 『초토의 시』, 박봉우의 「휴전선」(1956), 김수영의 「눈」, 김관식의 『시선』, 전봉건의 『사랑을 위한 되풀이』(1957), 김수영의 『달나라의 장난』(1958), 송욱의 『하여지향』, 박재삼의 「울음이 타는 가을 강」, 박남수의 「새」, 신동엽의 「진달래 산천」, 정한모의 『여백을 위한 서정』, 신석초의 『바라춤』(1959) 등이 있다.

전후 한국의 극문학은 국립극장의 개관과 함께 활기를 되찾는다. 기성 극작가 중 유치진과 오영진이 극문학계의 재건에 힘을 쏟았고, 차범석·임희재·하유상·이근삼 등이 새롭게 등장하여 주제의식의 확대와 기법의 다양성을 보여준다.

3. 4.19세대의 등장과 참여문학론

1960년대는 중소관계 악화, 조병옥 대통령 후보 사망, 3.15부정선거, 4.19혁명, 이승만 대통령 하야 및 하와이로 망명, 제2공화국 대통령 윤보선 당선(1960), 소련 유인로켓 보스토크 발사, 베를린 장벽 설치, 5.16군사쿠데타, 반공법 공포(1961), 케네디 쿠바 해상 봉쇄 발표, 제1차 경제개발 5개년 계획, 증권파동, 제2차 통화개혁(1962), 케네디 암살, 제3공화국에 박정희 대통령 취임(1963), 미국의 베트남 전쟁 시작과 한국군 월남 파병, 한일회담 반대 데모와 비상계엄을 초래한 6.3사태(1964), 한일 국교정상화, 이승만 사망(1965), 홍위병을 앞세운 중국의 문화대혁명 시작(1966), 제2차 경제개발 5개년계획, 제6대 대통령 박정희 당선, 동베를린을 거점으로 한 대규모의 간첩단인 동백림 사건(1967), OPEC 성립, 마틴 루터 킹 목사 암살, 1968년 5월의 파리학생 시위, 경부고속도로 건설 시작, 북한 무장 게릴라 서울 침입, 통혁당 사건, 향토 예비군 창설, 주민등록제 실시, 푸에블로 호 납북, 국민교육헌장 선포와 반공교육 강화(1968), 미 우주선 아폴로 11호 달 착륙(1969) 등의 역사적 사건이 있었다.

　이러한 1960년대를 규정하는 것은 무엇보다 국내적으로 4.19혁명, 국외적으로 서구의 68혁명이라 할 수 있다. 모두 청년들이 주도한 이 혁명적 운동은 사회의 억압적인 지배담론에 저항하면서 새로운 세계를 꿈꾼 변혁 운동이다. 반전운동과 히피문화로 상징되는 세대론적 저항의 담론은 기존 지배질서에 순응하지 않으려는 도전적인 젊음의 순수성과 불온함을 보여준다. 한국의 60년대는 전세계적인 변혁운동의 물꼬를 튼 4.19혁명에서 시작한다. 4.19혁명은 전쟁의 피해의식에서 벗어나지 못했던 한국 문학계에 자유민주주의, 현실비판 의식, 민족주의적 자존심의 확인 등을 초래하면서 문학사적 전환점을 이룬다. 4.19혁명은 전후문학의 무기력과 냉소주의에서 벗어나 역사와 사회에 대한 소명의식을 강조하는 참여문학과 감수성의 변화를 동반한 개인주의문학을 탄생시킨 원동력이었던 것이다. 이것은 문단의 세대에서도 전후세대를 대신한 4.19세대가 대거 등장하였음을 의미한다. 이들의 주도적 활동에 의해 문단의 보수적 담론은 점차 영향력을 상실하고 개혁적인 문학 담론이 전면에 나서게 된다.

　4.19혁명은 1960년 이래 한국 문학의 중추를 형성하는 4.19세대가 등장하

는 계기가 되기도 한다. 4.19세대는 대학에 다닐 무렵 4.19를 체험한, 한국어로 생각하고 한국어로 글을 쓴 첫 번째 한글 세대라고 할 수 있다. 4.19세대의 등장은 문화사적으로도 커다란 함의를 갖는다. 이들은 전통적·토속적 농촌적 정서를 지양하고, 도시적 정서와 개인의 내면 의식을 문학의 중요한 테마로 삼음으로써 감수성의 혁명을 일으킨다. 4.19세대는 주체적 정체성을 획득한 한국 문학의 첫 세대라는 맥락에서 그 의미를 짚어봐야 할 것이다.[3]

4.19혁명이라는 변혁 운동은 이듬해에 터진 5.16군사쿠데타라는 반동세력에 의해 일그러진다. 그럼에도 자유라는 금단의 열매를 맛본 이들에게 역사의 반동은 제한적일 수밖에 없었다. 군사정권은 사회문화단체를 정비한다는 명분 아래 여러 단체들을 통합하도록 한다. 한국문학가협회·자유문학가협회·시인협회·소설가협회·전후문학가협회가 참여하여 1961년 12월 30일에 '한국문인협회'(약칭 문협)란 통합 문인단체를 결성하고, 이듬해에 창립된 '예총'의 산하단체로 들어간다. '문협'은 문학의 자유 및 문학인의 권익을 옹호하기 위하여 과거의 병폐를 일소하고, 자율적인 필요성에 따라 통합한다는 취지를 내걸었지만 통합의 원동력이 타율성에 있다는 점에서 이율배반적 괴리를 처음부터 안고 있었다. '문협'은 순수문학을 표방하면서 친체제적인 일종의 관변 문인 단체로 전락했던 것이다.

'문협'은 1964년 3대 임원진 구성에서부터 한국문학가협회 출신의 세력이 한국문인협회 전체를 장악한다. 특히 상징적으로 문단의 최고 원로인 박종화가 있었지만 문단은 김동리와 조연현의 두 세력이 압도적 우위를 점한다. 1968년 한국문인협회 제7차 정기총회에서 부이사장단의 구성을 둘러싸고 김동리와 조연현 사단은 본격적으로 충돌한다. 이러한 두 세력의 갈등

---

3. 장석주, 『20세기 한국 문학의 탐험』 3권 ―시공사, 2000, 100쪽.

은 부이사장단에서 문협의 최고직인 '이사장'으로 옮겨가 과열 양상으로 치달으면서 오히려 문인들의 반목과 파벌을 심화시키는 원인으로 작용한다. 이 싸움에서 승기를 먼저 잡은 것은 김동리측이다. 김동리는 1970, 71년 연속으로 이사장에 당선된다.(홍기돈의「김동리와 문학권력」참조) 하지만 그 이후부터 조연현의 압도적 승리가 계속된다. 최후의 승자는 조연현이었던 것이다. '문협'은 기관지로 〈월간문학〉(1968)을 창간한다.

1960년대 문단을 지배한 것이 문협정통파였다면, 잡지는 여전히 〈현대문학〉과 〈사상계〉가 문학의 흐름을 주도한다. 그렇지만 50년대와 달리 다양한 잡지나 동인지가 창간되면서 견고한 양극체제는 점차 균열이 가기 시작한다. 이 시기에 창간된 잡지나 동인지로 〈한국시단〉〈한국시〉〈시조문학〉(1960), 〈60년대사화집〉〈산문시대〉〈현대시〉〈아동문학〉〈한양〉(1962), 〈돌과 사랑〉〈시단〉〈세대〉(1963), 〈문학춘추〉〈청맥〉(1964), 〈창작과비평〉〈현대시학〉〈한국문학〉〈문학〉(1966), 동인지〈68문학〉〈현대시학〉〈상황〉(1969)이 있다. 특히 이 중에서 〈창작과비평〉〈68문학〉〈상황〉 등은 나중에 70년대 문학계 풍토를 바꾼 근원지가 된다.

5.16군사쿠데타로 집권한 군사정권과 문인들의 관계는 전반적으로 우호적이었다. 하지만 반공이데올로기를 통해 문학의 자유를 억압한 군사정권과 자유를 지향하는 문인들의 충돌은 예고된 것이나 다름 없었다. 1960년대에 대표적인 필화 사건으로 1964년 〈경향신문〉에 연재 중이던 박용구의 소설「계룡산」이 외설스럽다고 서울지검이 작가를 입건했고, 1965년 구상의 희곡「수치」가 용공성을 띤 작품이라는 이유로 상연 보류 조치된다. 같은 해에 남정현의「분지」가 북한의 〈통일전선〉에 실리면서 작가가 반공법 위반으로 구속되어 고문을 당한 끝에 2년을 감옥에서 보내고 선고유예로 풀려난다. 1966년에 시인 마종기는 한일회담 반대성명에 이름을 올렸다고 군 방첩대에 끌려가 고문을 받는다. 1967년에 '동백림 사건'에 연루된 천상

병 등도 혹독한 고문을 받는다. 이러한 사건들은 '반공이데올로기=친미, 진보적 비판=용공'이라는 등식을 확인시켜주면서 작가들의 자유로운 문학적 상상력을 질식시킨다.

이 시기에 중요한 문학 논쟁은 민족문학을 자각할 수 있는 계기가 된 전통론, 현실 참여의 중요성을 언급한 참여문학론이다. 이 중에서 60년대에 무엇보다 중요한 문학논쟁은 참여문학론이다. 참여문학론은 50년대말 김상일과 원형갑이 순수문학을 옹호하는 글을 발표하고, 이어령과 유종호가 이것에 대응하여 사회 비판 내지 현실 참여의 중요성을 언급하면서 참여문학의 기초적 토양이 형성된다. 이러한 풍토에서 60년대 들어 사르트르의 실존주의 문학론이 4.19혁명과 결합되고, 김양수와 김우종의 순수문학 비판이 이어지고, 최인훈의 「광장」을 둘러싼 백철과 신동한의 논쟁(1960)이 불꽃을 피우면서 참여문학론이 본격적으로 점화된다. 이후에 순수참여문학논쟁은 김붕구의 「작가와 사회」를 둘러싼 양측의 팽팽한 논쟁(1967-68), 김수영과 이어령의 불온시 논쟁(1968)으로 계속 이어진다.

이처럼 60년대에 평론계는 50년대보다 활발한 움직임을 보여준다. 더욱이 대학에서 체계적인 이론 수업을 받은 강단비평가가 성장하면서 점차 현장비평가(저널리즘비평가)를 위협하는 수준까지 다다른다. 강단비평은 외국이론을 소개하거나 활용하면서 비평 논의의 수준을 한 단계 성숙시킨다. 이러한 변화의 중심에 외국이론 소개에 많은 지면을 할애한 〈사상계〉가 존재한다. 외국문학 전공자가 중심이 된 서구이론의 수입과 남용은 새것콤플렉스를 유발하면서 민족문학의 주체성을 위협하고, 서구에 대한 식민지적 의존성을 강화시키는 폐단을 낳기도 한다.(오창은의 「1960-70년대 리얼리즘 논의와 외국문학 비평가들의 상징권력」 참조) 비평의 활성화 속에 작품의 해석을 둘러싼 작가와 비평가의 팽팽한 논전도 첨예하게 벌어진다. 황순원과 백철 사이에 벌어진 「나무들 비탈에 서다」 논쟁(1961), 신라정신과 신비주의의 의미를 두고 벌어진 서정주와 김종길의 논쟁, 「상립신화」가 시니시즘의 아류라는 비판에서 제기된 장용학과 유종호의 한자어 논쟁(1964), 「시장과 전장」의 해석을 둘러싼 백낙청과 박경리의 논쟁(1965) 등은 작가와 비평가의 바람직한 관계 설정에 대한 물음을 던지게 한 논쟁들이다. 이외의 문학 논쟁으로 조연현과 정명환의 실존주의 논쟁, 비평의 방향성을 둘러싼 이어령과 정태용·이형기의 논쟁, 정명환과 조연현의 사이비 논쟁(1963), 김수영과 전봉건 시인의 양심을 둘러싼 논쟁, 전후작가인 서기원 대 60년대 비평가인 김현과 김주연의 세대 논쟁(1967-69) 등이 있다. 특히 세대 논쟁은 전쟁체험의 과잉성에서 벗어나 문학을 문학 자체로 바라볼 수 있게 하는 객관적 계기를 제공한다.

60년대 소설은 현실 비판의 참여소설, 감수성 혁명의 내성소설, 수난사로서의 역사소설, 농촌소설, 전통적 소설이 형상화된다. 이 시기의 대표적 소설로 최인훈의 「광장」, 오상원의 「황색지대」, 강신재의 「젊은 느티나무」, 강용준의 「철조망」(1960), 이호철의 「판문점」, 한무숙의 「대열 속에서」(1961), 전광용의 「꺼삐딴 리」(1962), 서기원의 「왕릉과 주둔군」, 장용학의 『원형의 전설』(1963), 김승옥의 「무진기행」, 이호철의 『소시민』, 송병수의 「잔해」, 이문희의 『흑맥』(1964), 김승옥의 「서울, 1964년 겨울」, 남정현의 「분지」(1965), 이청준의 「병신과 머저리」(1966), 방영웅의 『분례기』, 안수길의 『북간도』, 정을병의 「아데나이의 비명」(1967), 서정인의 「강」, 박태순의 「무너진 극장」, 김정한의 「수라도」, 이제하의 「유자약전」(1968) 등이 있다.

60년대의 시는 현실 참여시, 언어 실험의 순수시와 난해시, 전통적 서정시가 창작된다. 또한 시조문학이 전성기를 맞이한다. 이 시기의 대표적 시나 시집으로 신동문의 「아! 신화같은 다비데군들」, 김수영의 「푸른 하늘을」, 김남조의 『정념의 기』(1960), 박두진의 「꽃」, 박재삼의 『춘향이 마음』(1962), 이형기의 「낙화」(1963), 박희진의 『청동시대』, 마종기의 『두번째 겨울』(1965), 문덕수의 『선·공간』(1966), 신동엽의 「껍데기는 가라」『금강』, 전봉건의 『춘향연가』(1967), 박목월의 「이별가」, 김광섭의 「성북동 비둘기」, 김수영의 「풀」, 김현승의 『견고한 고독』, 이성부의 연작시 「전라도」(1968), 김종길의 『성탄제』, 이수복의 『봄비』, 김종삼의 「북치는 소년」, 이수익의 『우울한 샹송』, 박용래의 『싸락눈』, 이승훈의 『사물A』, 서정주의 『동천』(1969) 등이 있다.

60년대 극문학계는 실험극운동이 연극계를 자극하여 동인제 극단시대를 열고, 1962년 드라마센터의 개관으로 연극중흥운동이 일어난다. 이 시기에 오영진, 차범석, 이근삼, 이영찬이 주목할 만한 활동을 보여준다. 이 밖에도 1967년에 등장한 신인인 오태석은 연극계에 새로운 바람을 일으킨다.

4. 유신독재체제와 민족문학론

1970년대는 서울 와우시민아파트 붕괴, 전태일 분신, 새마을운동 시작, 경부고속도로와 호남고속도로 개통(1970), 제7대 대통령 박정희 당선, 서울시 위수령 발동, 재일교포간첩단 사건(1971), 워터게이트 사건, 제3차 경제개발 5개년계획, 유신헌법, 7.4남북공동성명, 10월유신, 신문과 통신의 사전검열제 실시(1972), 제1차 오일쇼크, 베트남전 종결, 김대중피랍사건, 최종길 교수 의문사, 개헌 청원 100만인 서명운동(1973), 대통령 긴급조치 1호와 2호 선포, 박 대통령 암살 미수 및 영부인 육영수 사망, 〈동아일보〉 광고 탄압 사건, 민청학련 사건, 서울시 지하철 개통(1974), 인혁당 사건 8명 사형집행, 긴급조치 9호 발표, 민방위대 발대식, 영동동해고속도로 개통(1975), 박동선의 코리안 게이트 사건과 한미관계 긴장, 민주구국선언(3.1명동사건), 8.18도끼만행 사건, 반상회날 지정, 양정모 올림픽 첫 금메달 획득(1976), 노동자 인권선언, 국내 최초로 고리원자력 1호 발전기 점화, 이리역 폭발사고, 해직교수협의회 민주교육선언(1977), 시험관 아기 탄생, 박정희

9대 대통령 당선(1978), 중소 우호동맹 파기, 카터 미국 대통령 방한, YH무역 여공 200여명 강제해산, 김영삼의원 제명, 부마항쟁, 박정희 대통령의 암살인 10.26사태, 제10대 대통령 최규하 선출, 12.12사태(1979) 등의 역사적 사건이 있었다.

　문학과 정치가 갈등하고 긴장하는 1970년대는 고문과 구속으로 점철되어 있다. 1970년에 신민당 기관지 〈민주전선〉에 김지하의 「오적」이 재수록되어 반공법 위반 혐의로 구속되고, 원고가 최초로 실린 〈사상계〉는 폐간 조치된다. 1971년에 서울 일원에 위수령이 내려지고 13개 간행물이 폐간되고, 〈다리〉에 실린 「사회참여를 통한 학생운동」이 반공법 위반으로 문제가 되어 필자인 임중빈 등이 구속된다. 1972년에 김지하의 장시 「비어」 게재 관련하여 〈창조〉가 자진 폐간한다. 1973년에 최범서의 「저승소식」이 새마을운동을 비판한 작품이라 하여 〈월간문학〉이 판금조치된다. 1974년에 이호철 등 문인 61명이 개헌청원 서명 운동 성명을 발표하고, 당국에 의해 서명한 문인들이 연행되어 조사받는다. 동시에 '문인간첩단' 사건이 발생하여 이호철·김우종·정을병·임헌영·장백일이 구속된다. 문인간첩단 사건의 여파로 〈상황〉이 폐간 조치된다. 김지하는 민청학련사건에 연루되어 군법정에서 사형이 구형된다. 1975년에 양성우의 「겨울공화국」이 파문을 일으켜 시인이 교직에서 파면되고 구속된다. 자유실천문인협의회, 민주회복국민회의, 민주수호국민협의회 등 14개 단체가 국민투표 불참 등에 관한 성명을 발표한다. 긴급조치 9호 위반과 관련하여 15종의 일반도서 및 정기간행물이 판금조치되고, 김지하의 「고행-1974」가 반공법 위반으로 재구속된다. 〈사상계〉의 발행인이었던 장준하가 의문사한다. 1976년에 〈한양〉에 국내현실을 비방하는 내용의 글을 썼다는 죄목으로 이호철·임헌영·김우종·장병희·정을병에 대한 반공법 위반이 원심 확정된다. 1977년에 「노예수첩」의 양성우와 「미친 새」의 박양호가 긴급조치 9호 위반으로 구속된다. 이영희

교수의 『8억인과의 대화』와 『우상과 이성』이 반공법 위반으로 저자가 구속되고, '창작과비평'사를 경영하던 백낙청 교수는 불구속되는 사건이 발생한다. 1979년에 고은 등은 YH농성사건 배후조종 혐의로, 임헌영과 김남주는 '남민전' 사건으로 구속된다. 11월 24일, 유신정부와 잔당을 비판하는 명동 위장 결혼식 사건의 여파로 현기영이 보안사에 끌려가 고문을 당한다.

70년대에 박정희 군사정권은 체제의 불만을 해소하기 위해 대규모 경제개발을 추진하면서 고성장의 산업화시대를 연다. 경제의 급성장과 도시의 팽창, 노동자의 저임금과 빈부격차의 확대, 물질주의적 가치관의 확산, 대중 문화의 등장은 이 시대를 특징 짓는 풍경들이다. 통기타·생맥주·청바지·장발로 대변되는 당대의 청년문화는 60년대처럼 저항적, 비판적 성격을 일부 보인다. 하지만 전반적으로 독재체제의 순응 전략에 길들여진 청년문화는 소비적 상업주의 문화에 젖어든다. 이런 상황에서 문학계는 순수 참여의 이분법적 대응 논리에서 벗어나 당대 현실에 적극 참여하여 비판하는 선구자적 모습을 드러낸다. 이러한 저항과 비판의 문학담론은 민족문학론과 리얼리즘론으로 수렴된다. 1974년에 문학인 101인 선언과 함께 고은·백낙청·신경림·염무웅·박태순·황석영·조해일이 중심이 되어 민족문학운동 단체인 '자유실천문인협의회'가 창립된 것도 현실비판적 문학담론의 확산과 무관하지 않다. '자유실천문인협의회'의 창립은 보수문인단체인 '한국문인협회'의 전일적 지배력의 상실과 새로운 문학세력의 상징적 등장을 의미한다.

이처럼 70년대는 60년대 말에 백낙청이 제기한 '시민문학론'이 '리얼리즘론, 민족문학론, 민중문학론'으로 발전한 시기이다. 1970년대 리얼리즘 논쟁은 리얼리즘의 개념 확정과 한국문학의 적용 가능성에 대한 타진을 중심으로 이루어진다. 리얼리즘 논쟁은 「4.19혁명과 한국문학」이라는 좌담회에서 김현 대 구중서가 1930년대 문학적 성과를 논의하는 과정에서 발생한다. 이 리얼리즘 논쟁은 염무웅과 김병익의 논전으로 이어진다. 1978년에 김동리는 특정 계간지를 사회주의리얼리즘과 연계하여 언급하면서 다시 리얼리즘 논쟁을 촉발시킨다. 이에 대해 자신들이 주장하는 리얼리즘 문학이 사회주의리얼리즘 문학이 아니라고 주장하는 구중서, 임헌영, 염무웅의 반박문이 나온다. 이것은 반공이데올로기가 여전히 작동하는 상황에서 리얼리즘 문학을 용공과 동일시하려는 보수적 책략을 저지하기 위한 다분히 수세적인 반박이었다.

민족문학론은 리얼리즘 논쟁과 거의 같은 시기에 표면화되어 70년대와 80년대를 달군 뜨거운 문학 쟁점이다. 이 시기의 민족문학론은 당대의 구체적인 현실 모순을 극복하고 당대 문학이 나아갈 지향점을 제시한다. 앞에서 언급한 리얼리즘론은 이러한 민족문학을 달성하기 위한 방법론적 차원의 모색이다. 민족문학론은 〈월간문학〉이 1970년, 1972년에 잇따라 민족문학 특집을 만들면서 촉발된다. 이때 김현은 민족문학 용어의 폐기를 주장했고, 김동리는 보수적인 민족문학론을 제시한다. 이에 대해 1970년대 중반에 백낙청은 민족의 주체적 생존과 인간적 발전을 위해 요구되는 문학을 민족문학이라고 가치론적 범주에서 규정한다. 그러면서 그는 민족문학론의 과제에 대해 단기적으로 민주 회복을, 장기적으로 분단 극복을 주장한다. 이러한 민족문학론은 실천의 주체로서 계층적 관점의 민중문학론을 활성화한다. 그 결과 노동자문학론, 농민문학론의 논의가 계속 이어진다. 또한 1970년대 말에 박태순, 백낙청, 김종철, 구중서는 서구 중심의 문학관에서 벗어나 제3세계적 관점을 획득해야 한다고 주장하면서 민족문학을 제3세계적 관점으로 전환시킨다.

70년대 민족문학의 가장 커다란 의의는 무엇보다도 6.25 이후 냉전체제와 반공이데올로기의 지배로 거의 단절되다시피 한 민족문학과 리얼리즘의 전통을 되살렸다는 점이다. 이 점은 아무리 강조해도 지나치지 않는데, 요컨대 보수주의 문학과 예술지상주의 문학에 빼앗겼던 우리 근대 문학사의 정통성을 70년대 민족문학은 당대 현실의 본질을 깊이있게 반영함으로써 리얼리즘의 발전에도 획기적인 기여를 하였다. 민중적 전망을 기초로 농민과 노동자의 삶과 고난과 투쟁을 형상화한 70년대 리얼리즘 문학의 성과가 없었다면 80년대 민중문학의 성장은 불가능했을 것이다. 이와 관련하여 70년대 민족문학이 노동문제·농민문제·분단문제 등에 대한 새로운 인식의 지평을 열러준 점을 주목할 필요가 있다.[4]

70년대는 〈사상계〉의 폐간과 〈현대문학〉의 위축 속에 〈창작과비평〉〈상황〉〈문학과지성〉 등의 영향력이 점차 확대된 시기이다. 백낙청과 염무웅이 중심이 된 〈창작과비평〉은 민중·민족·현실·제3세계·공동체의 연대의식 등과 같은 특수성이나 현실성에 관심을 쏟는다.(고봉준의 「민족문학론 속에 투영된 지식인의 욕망과 배제의 메커니즘: 백낙청과 〈창작과비평〉을 중심으로」 참조) 임헌영·구중서·김병걸·신상웅이 중심이 된 〈상황〉은 〈창작과비평〉과 연대하여 현실 참여적인 목소리를 독자적으로 낸다. 이에 비해 김현·김주연·김치수·김병익이 중심이 된 〈문학과지성〉(1970)은 지성·문화·이론·서구·개체적인 실존의식 등과 같은 보편성이나 추상성에 치중한다.(하상일의 「전후비평의 타자화와 폐쇄적 권력지향성: 1970년대 〈문학과지성〉을 중심으로」 참조) 이들 잡지의 괄목할 만한 성장 속에 에콜이 활성화되면서 선도적인 비평담론이 제시되고, 작가들의 창작이 견인되는 비평 우위의 시대가 개막된다. 물론 이러한 징후는 60년대 후반에 이미 나타난 바 있다.

이외에도 70년대에 창간된 잡지나 동인지로 〈다리〉〈토요문학〉〈현대시조〉〈연극평론〉〈중앙문예〉〈현대수필〉〈샘터〉(1970), 〈수필문예〉〈비평문학〉〈순수문학〉〈창조〉(1971), 〈수필문학〉〈문학사상〉(1972), 〈심상〉〈한국

---

4. 하정일, 「민중의 발견과 민족문학의 새로운 도약」, 『민족문학사 강좌』 하 ―창작과비평사, 1995, 258쪽.

문학〉〈아동문학〉(1973), 〈한국수필〉〈시조문학〉(1974), 〈한국문예〉〈소설문예〉〈소설문학〉〈시와 의식〉(1975), 〈세계의 문학〉〈자유시〉(1976), 〈문예중앙〉(1977), 〈해외문학〉(1979)이 창간된다. 이 중에서 특히 이어령이 중심이 된 〈문학사상〉은 문단 파벌주의 배격, 문학자료 발굴, 해외문학 소개 등 다양한 편집과 대중주의를 앞세워 독자층을 확장한다.(염철의 「비어 있는 중심을 위하여— 이어령과 〈문학사상〉」 참조) 김우창과 유종호가 중심이 된 〈세계의 문학〉은 인본주의와 문학의 보편성을 지향하면서 〈창작과비평〉〈문학과지성〉과의 차별성을 구축한다.

　70년대의 소설은 분단소설, 노동소설, 농촌소설, 최인호의 『별들의 고향』(1973)으로 대표되는 대중소설(상업주의소설)의 대두가 두드러진다. 이 시기의 대표적 소설로 박완서의 「나목」(1970), 최인호의 「타인의 방」, 황석영의 「객지」(1971), 신상웅의 「분노의 일기」, 조해일의 「아메리카」(1972), 황석영의 「삼포 가는 길」, 김원일의 「어둠의 혼」, 윤흥길의 「장마」, 최인호의 『별들의 고향』, 조선작의 「영자의 전성시대」(1973), 송영의 『선생과 황태자』(1974), 최일남의 「서울 사람들」(1975), 유현종의 『들불』, 이청준의 『당신들의 천국』(1976), 이문구의 『관촌수필』, 송기숙의 「자랏골의 비가」, 윤흥길의 『아홉켤레의 구두로 남은 사내』, 박영한의 『머나먼 쏭바강』, 한수산의 『부초』, 홍성원의 『남과 북』(1977), 조세희의 『난장이가 쏘아올린 작은 공』, 이청준의 「잔인한 도시」, 이병주의 『지리산』, 김원일의 『노을』(1978), 오정희의 「중국인 거리」, 이문열의 『사람의 아들』, 김성동의 『만다라』, 전상국의 「아베의 가족」, 현기영의 「순이 삼촌」(1979) 등이 있다.

　70년대의 시는 무의미로 대표되는 형식실험의 순수시, 기층 민중 지향의 민중시, 문명비판의 도시시, 전통적 서정시 등이 활발하게 창작된다. 이 시기의 대표적 시나 시집으로 박남수의 『새의 암장』, 김지하의 「오적」「황톳길」, 조태일의 『식칼론』(1970), 천상병의 『새』(1971), 정현종의 『사물의 꿈

(1972), 오규원의 『순례』, 신경림의 『농무』(1973), 김춘수의 『처용』, 이성부의 『우리들의 양식』(1974), 황동규의 「삼남에 내리는 눈」, 조태일의 『국토』, 양성우의 『겨울공화국』(1975), 최하림의 『우리들을 위하여』, 이시영의 『만월』(1976), 노향림의 『K읍 기행』, 김준태의 『참깨를 털면서』(1977), 정희성의 『저문 강에 삽을 씻고』, 고은의 「화살」, 감태준의 『몸 바뀐 사람들』(1978), 정호승의 『슬픔이 기쁨에게』, 김명인의 『동두천』, 김광규의 『우리를 적시는 마지막 꿈』(1979) 등이 있다.

70년대의 극문학계는 1973년 공연법 개정 이후 소극장이 많이 늘고 극단 수도 증가한다. 따라서 희곡작가들도 많은 수의 작품을 생산한다. 1974년에 희곡계의 거목인 유치진과 오영진이 사망하여 희곡계의 변화를 예고한다. 이 시기에 오영진, 김희창, 차범석, 하유상 등은 주목할 만한 활동을 보여준다.

제1부 상징권력과 정전의 형성

사랑, 따뜻함이 필요한 순간

문학 텍스트의 정전화 과정과 문학권력
미군정기 중등국어 교과서의 선택과 배제를 중심으로

강진구◆

1. 문제 제기

춘원 이광수가 스물 다섯의 젊은 나이에 「문학이란 하오」[1]를 발표한 것은 지금부터 정확히 88년 전인 1916년 11월이었다. 그는 당시 학문일반을 지칭하여 사용되던 문학이란 용어를 서양의 'Literature'라는 개념으로 규정하여 전통적인 문학관으로부터 분리해 낸다. 그 후 우리 문학에서 '문학' 이란 어휘는 시, 소설, 희곡, 수필, 평론 등 장르를 총칭하는 개념으로 사용되었으며 이것은 현재도 마찬가지다.

그 동안 우리 문학은 "조선문학은 과거는 없고 오직 장래가 유할 뿐"[2]이라는 이광수의 단언을 증명이라도 하듯 양과 질에서 괄목할 만한 발전을 이룩했다. 이러한 사실은 근 40여 권에 달하는 '문학사' 서적[3]을 통해서도 여실히 드러난다. 이것은 다음 두 가지 점에서 새로운 관심을 요한다. 하나는

◆ 상지대 강사. 문학박사.
1. 이광수, 「문학이란 하오」, 『이광수전집』 1—삼중당, 1966.
2. 이광수는 조선의 문학은 오직 장래만이 있을 뿐이라며 다음과 같이 말한다. "조선인의 과거에는 문예라고할만한 문예가 업다 공예비슷한 것은 다소 잇섯겟지마는 시도 업고 소설도 업고 극도 업다. 정신문명의 상징이라고할 것은 전무하다."—이광수, 「부활의 서광」, 〈청춘〉 12호, 1918, 19쪽.

우리 문학이 40여 권의 서로 다른 문학사를 구성할 만큼 양적인 면에서 성장했다는 것을 의미하는 것이요, 다른 하나는 수많은 문학 작품과 작가들이 '문학사'란 특정한 형식으로 인해 어쩔 수 없이 선택되거나 배제되었다는 것이다. 이 과정에서 몇몇 작가와 작품은 문학사에서 빠져서는 안 될 중요한 작품이 되고 나머지 대다수의 작가와 작품들은 문학사에 명함 한 번 들이밀지 못하고 사라진다.

통상적으로 어떠한 문학 텍스트가 문학사가에 의해 문학사에 편입된다는 것은 그것이 다른 것들보다 더 보존할 가치가 있기 때문이라고 생각하기 쉽다. 게다가 문학사가들은 자신이 문학사에 편입시킨 그 텍스트가 "연속적인 세대를 통해서, 가능하면 많은 세대를 통해서, 독자들이 계속해서" 위대한 작품으로 인정해 주길 원한다.[4] 필자는 문학사가나 문학사에서의 이러한 선택과 배제를 문제 삼을 생각은 없다. '문학사'는 그 특성상 모든 문인과 그들의 작품을 다 수록할 수도 없을뿐더러 수록해서도 안 되기 때문이다.

다만, 40여 종에 달하는 문학사가 다소간의 차이는 있지만 텍스트 선정에서 일정한 틀을 공유하고 있다는 점을 문제 삼고 싶을 뿐이다. 즉 문학사가의 사관에 따라 선택된 작가와 텍스트 목록들은 약간의 차이를 보이지만 핵심적인 텍스트에 대해서는 평가의 호불호好不好를 떠나 대동소이하다. 이러한 사실은 한국문학에서 적어도 몇몇 작가와 텍스트들은 이미 '정전'이 되었거나 정전화 단계에 도달하고 있음을 보여주는 것이라 하겠다. 이 점에서 우리는 한 가지 의문을 가질 수밖에 없었는데 오늘날 우리들이 보고 있는 지금과 같은 형태의 한국문학사는 언제, 누구에 의해, 어떠한 역사적 상황

---

3. 국회도서관 소장 도서목록을 검색하면 '~문학사'란 이름으로 현재까지 37종의 서적이 출판되었음을 알 수 있다.—고전문학사 제외.
4. 존 길로리, 박찬부 역, 「정전」, 프랭크 렌트리키아·토마스 맥로프린 공편, 정정호 외 공역, 『문학연구를 위한 비평용어』—한신문화사, 1996·2쇄, 307쪽.

에서 만들어졌는가 하는 점이다.⁵

 이 논문을 통해 필자는 문학텍스트의 정전화 과정과 그 속에 숨어 있는 권력의지를 밝히고자 한다. 이를 위해 필자는 미군정기 중등국어 교과서의 문학 텍스트 선정 방식을 탐구 대상으로 삼았다. 그 이유는 40여 종에 달하는 각각의 '문학사'를 비교 검토하는 작업이 필자의 능력을 벗어나는 일이라는 점, 일반적으로 오늘날 정전이란 용어가 "학교 교육과정 속에서 공인된 텍스트"⁶를 뜻한다는 점, 그리고 한국문학에서 정전 형성은 문학사적 평가에서 비롯된 것이 아니라 학교라는 제도를 통해 시작되었다는 역사적인 사실 때문이다.

> 개개의 작품의 가치나 보존의 적합성을 판단하는 일은 항상 학교와 학교가 필요로 하는 것, 그리고 학교의 사회적 기능이라는 제도적 맥락 속에서 이루어졌다. 더구나, 학교는 작품을 보존하는 기관으로서 부상했던 것만은 아니다. 오히려 학교는, 무엇을 읽고 쓸 것인가에 대한 것뿐만 아니라 어떻게 읽고 쓸 것인가에 대한 지식을 포함한 다양한 종류의 지식을 전파하는 전반적인 사회적 기능을 부여받았다.⁷

개별 문학텍스트의 문학적 가치는 학교로 상징되는 교육제도의 요구에 의해서 부여된다. 게다가 학교는 텍스트의 목록뿐만 아니라 구체적으로 읽는

---

5. 이러한 필자의 문제 의식은 『창조된 고전: 일본문학의 정전 형성과 근대 그리고 젠더』에 의해서 더욱 촉발되었다. 이 책의 저자들은 "현재 '일본고전문학'이라고 생각되는 것의 절반 이상은 근대 이후에 고전으로 정착된 것"으로 일본이 근대국가체제로 확립되는 과정에서 일본문학사가 요구되었고, 국민·국가의 정체성 창조와 깊은 연관 속에서 일본고전문학이 편성 또는 재편성되었다고 주장한다. ―하루오 시라네·스즈키 토미 엮음, 왕숙영 옮김, 『창조된 고전: 일본문학의 정전 형성과 근대 그리고 젠더』, 소명출판사, 2003, 5쪽.
6. 위의 책, 18쪽.
7. 존 길로리, 박찬부 역, 「정전」, 앞의 책, 312쪽.

방법까지 제시함으로써 텍스트의 가치를 재생산하기까지 한다. 따라서 해방 후 미군정기 중등국어 교과서에 대한 분석은 학교라는 제도를 통해 개별 문학 텍스트들이 어떻게 한국문학의 정전으로 구성되는가 하는 점을 밝히는 중요한 열쇠라 하겠다.

2. 한국문학이라는 개념: 보편적인 문학 가치에 감춰진 권력의지

한국인 작가에 의해 생산된 문학 텍스트에 대한 연구와 강의는 이제 엄연히 하나의 독립된 학문으로 자리 잡고 있다. 이것을 우리들은 한국문학[8]이라고 부른다. 그런데 이러한 사실은 한국문학이 문학 일반으로 이미 제도적 차원에서 보장받고 있는 동시에 보편적인 문화가치를 지닌 것으로 인정받고 있음을 의미한다. 또한 이것은 궁극적으로 한국문학이 우리 사회 공동체의 공동이념을 내포하고 있다는 것을 전제하는 것이기도 하다. 이러한 인식은 한국문학에 대한 교육과 보존을 당연히 한국사회라는 공동체가 담당해야 할 몫으로 규정하게 만든다. 왜냐하면 공동체의 이념은 시대를 초월해 계속해서 이어져야만 하고 그러했을 때에만 그 공동체는 유지·발전할 수 있기 때문이다. 따라서 한국문학 교육은 공동체의 이념을 가르치는 것이기에 '가치중립'적인 일이며, 보편성과 객관성을 지닌다는 논리적 정당성을 획득하게 된다.

이와 같은 논리는 일견 타당해 보인다. 그러나 공동체의 이념을 내포하고 있는 것으로 인정된 문학 텍스트가 누군가의 선택에 의해 공동체의 이념을 대표하는 것으로 구성된다는 점에서 이 문제는 그리 간단하지 않다. 엄밀한

---

8. 여기서 필자는 의도적으로 '한국문학'과 '우리 문학'을 구분하여 사용하고 있다. 이것은 한국문학이란 개념의 사용을 보다 엄밀히 하기 위해서이다. 필자는 한국문학을 오직 해방 이후 이루어진 우리 문학에 대한 일체의 논의와 그 대상이 되었던 텍스트를 지칭하는 데만 사용하고자 한다. 따라서 일제 식민지 시대의 논의와는 구별되는 개념이다.

의미에서 '한국문학'이란 개념은 문학 텍스트의 선정이 누구에게나 적용될 수 있는 객관적이고 보편적인 원리와 기준에 의해서 선택되었다는 것을 무의식 중에 전제하고 있다. 이것은 '한국문학'을 고정된 실체로서 규정하는 것으로 필연적으로 그 '기원에 대한 은폐'[9]를 동반하게 된다. 아직까지 '한국문학'이란 개념이 역사적 구성물 ―역사화된 개념― 이라는 명시적인 연구가 미미한 상태에서 속단하기는 어렵지만, 영문학과 일본문학에 대한 선행 연구[10]들은 '한국문학'이란 개념 역시 '역사화된 개념'이라는 점을 시사해준다. 물론 한국문학은 과거 제국주의와 함께 발전한 영문학 및 일본문학과는 그 성격이 판이하다. 그러나 이들 문학들이 비록 특수한 정치·사회적 상황에서 구성되었다고 하더라도 그 구성이 그 사회가 요구했던 공동의 이념을 내포한 것으로 평가받는 문학 텍스트를 중심으로 이루어진다는 점에서 동일한 양상을 띨 수밖에 없다.

일제에 의해 철저히 주변부 문학 또는 말살의 대상이 되었던 조선문학은 해방과 더불어 '민족에게 열렬한 애국심과 충성심을 고취하여 전 인민을 위한 조국 건설의 도구'로 부활한다. 그러나 사회 시스템 전체가 일제 식민지 체제로 구성되어 있던 상황에서 당시 문학계는 한동안 방향을 상실하고 만

---

9. 가라타니 고진柄谷行人은 보편적 이론이 성립되면 곧 바로 그 기원이 은폐되는 현상을 '풍경의 발견'으로 설명한다.
"풍경이란 일단 성립되면 그 기원은 잊혀져버린다. 그것은 처음부터 외부에 존재하는 객관물object처럼 보인다. 그러나 객관물이라고 불리는 존재는 거꾸로 풍경 안에서 성립한 것이다. 주관 또는 자기 자신 역시 마찬가지다. 주관(주체)/객관(객체)이라는 인식론적 공간은 〈풍경〉에 의해 성립된 것이다." ―가라타니 고진, 박유하 옮김, 『일본근대문학의 기원』, 민음사, 2001·3쇄, 48쪽.
10. 영문학과 일본문학에서 그 기원을 탐색한 연구들로 다음을 참고할 수 있다.
테리 이글턴, 『문학의 입문』 ―창작과비평사, 1986. 송무, 「영문학 교육의 정당성과 정전의 문제」 ―고려대 대학원 박사학위논문, 1994. 가라타니 고진, 박유하 옮김, 『일본근대문학의 기원』 ―민음사, 2001·3쇄. 하루오 시라네·스즈키 토미 엮음, 왕숙영 옮김, 『창조된 고전: 일본문학의 정전 형성과 근대 그리고 젠더』 ―소명출판사, 2003·2쇄.

다. 저마다 일제를 척결하고 "신조선의 조선인을 위한"[11] 정책을 수립하려 했지만, 구체적으로 어떤 방식으로 그것을 이룩해야 하는지에 대한 사회적 합의가 전무했다. 이러한 현상은 한국문학 역시 마찬가지였다. 과거 카프 진영이 '조선프롤레타리아문학동맹'과 '조선문화건설본부'로 분리된 것은 물론이고 우파진영 역시 '전국문필가협회'를 결성하여 심각한 이론 투쟁을 전개하였다. 이희복은 당시의 상황을 "조선어에서 국어로의 역사적 전환은 되었으나, 실질적인 국어교육의 길은 요원하"였으며 "뚜렷한 목표와 방법을 세우지 못하고, 오직 매일매일의 수성隋性을 계속 유지해 나가는 면이 많"[12]았다고 평가한다.

이와 같은 상황에서 한국문학은 자신의 정체성을 증명할 수 있는 문학텍스트를 선정하고 그것을 중심으로 하나의 체계를 구성해야만 했다. 왜냐하면 식민지 지배로부터 벗어난 신흥민족국가의 경우 어떻게든 자신들을 기존의 식민지와 구별해야만 하는 절대적인 과제를 안게 되기 때문이다. 이를 위한 방식의 하나로 민족 정체성이 활용된다는 것은 이미 역사적으로 증명된 사실에 속한다. 민족 정체성 형성에 정전의 구성이 결정적인 역할을 담당함은 물론이다.[13]

한국문학의 정전 형성은 문학사 기술에 의해 만들어지기보다는 학교제도를 통해 먼저 구성되는데, 가람 이병기에 의한 중등국어 교과서에서부터 시작되어 김동리로 대표되는 문협정통파를 거치면서 더욱 강고해진다.

일반적으로 '정전'이란 측정의 도구로 사용된 '갈대'나 '장대'를 의미하는 고대 그리스어 'kanon'에서 유래한 것으로 '규칙' 또는 '법'을 뜻한다. 보존하거나 학습할 가치가 있는 텍스트나 작가의 목록을 말했던 정전은 고대에

---

11. 중앙대학교부설 한국교육문제연구소, 『문교사』─중앙대출판국, 1974, 81쪽.
12. 이희복, 『국민학교 국어교육의 이론과실천』─건문사, 1948, 5쪽.
13. 하루오 시라네, 앞의 책, 42쪽.

는 읽어야 할 신학의 경전이 중심이었지만 근·현대로 접어들면서 위대한 책[古典]과 그것을 선정하는 분야로까지 확대되었다.[14] 그러나 1970년대 들어 영문학에 가해진 무차별적인 비판은 정전 개념에 대해 근본에서부터 다시 생각하게 만든다. 즉 영문학을 구성하고 있는 정전에는 '죽은 백인 남성 dead white males'밖에 없으며 영문학은 본질적으로 제국주의와 인종주의에 근거하고 있다는 비판이 그것이다. 비판론자들은 정전이란 대표적인 종족의 문화적 특성을 전경화시키고 다른 종족 구성원의 문화적 특질을 억압하는 방식을 통해 소수종족의 문화를 부당하게 왜곡하고 있다고 주장한다.[15]

이러한 비판의 결과 현재의 정전 논의는 정전이란 단순히 '미학적인' 근거에 의해서만 판단할 수 없으며, 정전의 형성 과정이 항상 힘 있는 자들의 관심에 의해서 결정되어 왔다는 것을 고려해야 한다는 것이다. 이런 점에서 정전 연구는 정전의 가치가 누구에 의해 어떤 목적으로 어떻게 생성되고 보존되며 전달되는가 하는 과정을 밝히는 것이 우선적으로 되어야 한다.

정전에 대한 이와 같은 논의는 '한국문학' 논의에서 많은 유익함을 주지만 곧바로 한국문학과는 등치시킬 수는 없다. 왜냐하면 제국주의와 인종주의 같은 개념은 논란의 여지가 없는 것은 아니지만 외형적으로 봤을 때 한국문학에서는 부차적인 문제이기 때문이다.

필자는 이 논문을 통해 중등국어 문학텍스트의 선정 과정에 나타난 권력의지와 한국문학을 구성하고 있는 핵심 텍스트들이 누구에 의해 어떤 목적으로 구성되었는가를 밝히고자 한다. 이것은 '정전'이 특정한 역사적 산물이라는 점과 그럼에도 그것이 자명한 질서나 기준처럼 제시되고 있는 현상에 대한 비판인 동시에 그 속에 숨어 있는 권력 의지에 대한 탐구를 의미한다.

---

14. 존 길로리, 박찬부 역,「정전」, 앞의 책, 303쪽.
15. 송무, 앞의 논문, 101-3쪽.

3. 나라 만들기와 정전 구축: 편수 책임자 가람의 역할과 의미

최초 한국문학의 정전화 과정은 일제 식민지와 구별되는 민족 정체성 형성과 한국어 교육의 문제점 해결이라는 이중적인 성격에서 출발한다. 1945년 9월로 접어들면서 각급 학교가 개교되었지만 해방된 국가의 학생들에게 맞는 교육 내용과 교과서는 존재하지 않았다.[16] 따라서 학생들은 특별한 교과서 없이 매일 네 시간씩 한국문화사, 국사개요, 한글 철자법 및 일상 회화, 애국가와 창가 등을 배우는 이른바 '국민강좌' 교육을 받아야만 했다.[17] 교사와 학생 모두에게 해방된 국가에 맞는 교과서의 필요성은 절대적인 것이었다.[18] 교과서에 대한 관심은 본격적인 미군정이 시작되기 이전에 이미 조선어학회에서 임시 국어 교과서를 엮어 사용한 것에서도 드러나는데, 이러한 교과서에 대한 열망은 "일본의 제도를 없애고 미국의 교육제도로 대체시키"[19]고자 했던 미군정의 정책과도 맞아떨어지는 것이었다.

미군정청은 오천석의 도움으로 김성달(초등교육), 현상윤(전문교육), 유억겸(초등교육), 김성수(고등교육), 백낙준(교육전반), 김활란(여자교육), 최규동(일반교육) 등 미국에 우호적이거나 미국 유학파들로 조선교육위원회를 조직하였다. 조선교육위원회는 비록 형식상 자문기관에 불과했지만 실질적으로는 교육의 모든 부분에 걸쳐 중요한 문제를 심의·결정하였을 뿐만 아니라 각 도의 교육책임자, 기관장과 같은 주요 인사문제를 다룰 정도로 막대

---

16. 교재 부족으로 한글을 배우고 싶어도 배울 수 없었던 암담한 현실을 폭로한 기사들이 당시 신문들에 자주 등장한다. 참고로「배우려도 책없는 설움」(〈한성일보〉, 1946.3.4)은 당시 상황을 이해할 수 있는 좋은 참고가 된다.
17. 정재찬,「현대시 교육의 지배적 담론에 관한 연구」—서울대대학원 박사학위, 1996, 22쪽.
18. 교과서 문제가 얼마나 심각하고 긴급한 문제였는가 하는 점은 문교부장 이었던 유억겸이 당시 교육의 가장 큰 문제로 교과서의 원활한 공급 부족을 꼽고 있는 점에서도 여실히 드러난다. 유억겸,「조선교육개황」—〈민주경찰〉제1권 제2호, 1947.8.
19. 김동구,「미군정기간중 천원의 교육활동」—〈교육발전〉제19집 1호, 2000.2, 8쪽.

한 권한을 지닌 기관이었다. 이 단체는 1945년 11월 23일 교육계와 학계 권위자 100명이 참여하는 '조선교육심의회'로 확대 재편된다. 세부 구성을 살펴보면 교육이념을 담당했던 제1분과에서부터 의학교육을 담당하는 제10분과로 되어 있다. 안재홍, 하경덕, 백낙준, 김활란, 홍정식, 정인보 등이 참여한 제1분과는 해방된 국가의 교육이념으로 '홍익인간'을 선정한다.[20]

홍익인간의 건국이념에 처하여 인격이 완전하고 애국심이 투철한 민주국가의 공민을 양성함을 교육의 근본이념으로 함.
위의 이념관철을 위하여 하기下記 교육방침을 수립함.
1. 민족적 독립자존의 기풍과 국제우호·협조의 정신이 구전俱全한 국민의 품성을 도야함.
2. 실천궁행實踐躬行과 근로역작勤勞力作의 정신을 강조하고, 충실한 책임감과 상호 애조의 공덕심을 발휘케 함.
3. 고유문화를 순화앙양醇化昂揚하고, 과학기술의 독창적 창의로써, 인류문화에 공헌을 기함.
4. 국민체위의 향상을 도모하며 견인불발堅忍不拔의 기백을 함양케 함.
5. 숭고한 예술의 감상, 창작성을 고조하며 순후醇厚 원만圓滿한 인격을 양성함.[21]

교육이념을 '홍익인간'으로 정하는 데는 논란이 따랐다. 당시 제2분과와 제3분과에 참여했던 백남훈, 오천석, 허현 등은 일제가 조선인들을 일본인화하는데 즐겨 사용되었던 '팔굉일우八宏一宇'라는 말과 '홍익인간'이 비슷한 냄새를 피운다는 점을 들어 반대하였다. 하지만 정인보, 현상윤, 하경덕, 안재홍, 안호상, 손진태 등 대부분의 위원들이 찬성함으로써 '홍익인간'은

---

20. 박호근, 「한국 교육정책과 그 유형에 관한 연구 1945-1979」 ─고려대 박사논문, 2000, 64-66쪽.
21. 오천석, 『한국신교육사』 ─현대교육총서, 1964, 401쪽.

한국의 교육이념이 된다.[22] 이렇게 형성된 교육이념을 구체화시키는 역할은 교과서를 담당했던 제9분과 위원의 몫이었다. 최현배(조선어학회), 장지영(조선어학회), 조진만(변호사), 조윤제(조선어학회), 피천득, 황신덕, J.C. Welch(미군 중위), 군정청 학무국 직원 등으로 구성된 제9분과 위원회는 학무국장 유억겸 체제하에서 각각의 교과서 편찬에 참여하게 된다. 중등국어 교과서의 발간은 편수국장 최현배, 편수과장 웰치 밑에 국어교과서 편수관으로 이병기가 취임하면서 본격화된다.

해방된 나라의 새로운 국어교과서를 만드는 것은 그리 간단한 일이 아니다. 왜냐하면 "교과서는 한 나라의 문화발전의 원천"[23]이며, 그 중에서도 "국어는 민족정신의 표현"[24]이기 때문이다. 따라서 이러한 책무를 짊어진 이병기에게 그 일은 보통의 일이 아니었을 터이다. 이병기는 국어교과서 편수 주임으로 임명되자 곧바로 문화건설협회에 가서 이원조와 교과서 문제를 상의한다. 가람이 이처럼 교과서 문제를 가지고 상의할 수밖에 없었던 것은 적어도 '나라 만들기' 과정에서 국어가 차지하는 의미가 "단순이 학과만이 아니라, 애국적 정열이 흐르고 민족적 의식이 모이는 그것인 것"[25]이라는 인식을 하고 있었음을 의미한다. 즉 국어의 목적은 "국민정신의 함양에 그칠 것이 아니고, 국민정신을 통해 민족문화의 창조에 있"는 것이며 국어교과서는 "문학적 문장에 둔다고 하였으나, 이는 순수문학이라는 것보다는, 광의의 문학으로 국민적 기질, 취미, 이상을 내용으로 하며, 국민생활이나 사회생활의 각도로 보아; 실용적인 동시에 어학을 배우는 기초가 되는 것"[26]

22. 홍익인간을 둘러싼 논쟁에 대해서는 박호근의 앞의 논문을 참조할 것.
23. 윤석기, 「조선교육의 당면과제」—〈人民〉1·2호, 1946; 이길상·오만석 공편, 『한국교육사료집성』, 미군정기편 II —한국정신문화연구원, 1997, 103쪽.
24. 이희승, 「국어교육의 당면과제」—〈조선교육〉, 1947.4; 이길상·오만석 공편, 『한국교육사료집성』, 미군정기편 III —한국정신문화연구원, 1997, 63쪽.
25. 이희복, 앞의 책, 3쪽.

이라는 당시의 논의 구조로부터 자유로울 수 없었다는 것을 보여준다.

이병기는 이원조로부터 국어과 편찬위원으로 임화, 이태준, 김남천과 손진태, 박노갑 등을 추천 받는다.[27] 가람은 이들과 함께 새로운 중등국어 교과서 편찬 작업에 착수하게 되는데 여기에는 적지 않은 문제들이 있었다.

우선 국어교과서는 개관적이고 보편적인 원리와 기준에 의해서 구성된다는 합의에도 불구하고 어떤 텍스트가 이러한 것들을 대표하고 있는가를 선택하는 것이 일차적으로 편수관의 가치관에 의지할 수밖에 없다는 점이다. 다음으로는 교과서는 편수관이 어떤 사람이었으며 그가 어떤 이념적 지향에 서 있는가에 따라 질적인 변화가 심각하다는 것이다.[28] 이 상의 두 가지 문제점 때문에 우리는 편수 책임자 이병기에게 다시 관심을 돌리지 않을 수 없게 된다.

'조선어학회' 핵심 멤버였고 『가람시조집』을 편찬한 시조시인으로, 그리고 〈문장〉지 창간부터 참여했던 이병기가 왜 자신과는 다른 길을 걸어왔던 '문학가동맹'과 교과서 편찬에서 생각이 일치했냐는 점이다. 비록 해방이

---

26. 위의 책, 48쪽.
27. "국어교과서 중학교의 것은 내가 편수의 주임을 맡았다. 초등, 중등 기타 국어 교과서 편수編修에 대한 토의를 문예, 학술, 교육단체를 망라하여 하자 하고, 나는 문화건설협회文化建設協會에 가 이원조李源朝군을 보고 상의하니, 게서 여러 문화단체와 이미 이 문제를 의논하고 건의문建議文을 지었다 하며 그 건의문을 낭독하여 들린다. 그 취지가 편수과編修課의 생각과 부합하였다. 서로 좋다 하고 나는 게서 위원 다섯만 추천해 달라고 부탁하였다."—1945년 11월 2일-이병기, 김병욱·최승범 편, 『가람 일기 Ⅱ』, 신구문화사, 1976, 562-63쪽.
28. "교과서의 질적변화를 가져오는 요인으로는 국어과 편수관이 누가 되며 또 그 사람이 무엇을 전공했느냐가 약간의 영향을 가져 온다. 즉 전공이 문학이냐 어학이냐에 따라 양대분야에 단원 비중이 달라지며, 문학중에서도 시, 소설, 수필중 어느 것을 전공했느냐 라든가 어학내에서도 약간의 기호적 경향에 따라 나타난다는 것이다."—박붕배, 「광복이후 중등국어교과서사 개관」, 『광복40년의 교과서 2 소설』, 나랏말쓰미, 1987, 389쪽.

란 특수한 상황에서 과거 계급문학을 주장했던 문학가동맹이 계급주의 대신 민족문학을 주장하고 나섰고, 이병기가 해방 후 '문장파' 시절 제기했던 순수문학론보다는 진단학회의 이념적 지표였던 '신민족주의'[29]에 경도되었다는 저간의 사실을 인정한다고 하더라도 이들이 교과서 문제에서 생각이 쉽게 일치했다는 것은 분명 간단히 넘길 일이 아니다. 이 문제의 해명을 위해서는 이병기가 어떠한 과정을 거쳐 국어교과서 편찬이란 막중한 업무를 맡게 되었는가 하는 점에 대한 이해가 선행되어야 한다. 가람이 국어교과서 편수 책임을 맡게 된 상세한 기록은 남아 있지 않다. 가람은 자신이 편수관이 된 경위를 학무국에서 국사편찬 일을 맡고 있던 이병도가 제의해 옴에 따라 조선어학회와 진단학회에서 활동했던 동료들과 상의한 후 받아들였다는 식으로 짤막하게 기술하고 있다. 그런데 그 당시 미군정에서 교육을 담당했던 인물들의 면면을 살펴보면 그의 편수관 등용은 결코 우연이라 할 수 없다.

당시 학무국에는 박종현, 이숭녕, 이희승, 조윤제, 이병도 등 과거 가람과 함께 활동했던 지인들이 직·간접적으로 일을 하고 있었다. 막강한 권력을 행사했던 조선교육위원회의 초대 회장이 조선어학회 사건으로 함께 고초를 겪었던 안호상(초대 문교부 장관)이었다. 게다가 교과서 편찬의 전권을 쥐고 있었던 유억겸은 편수국장 최현배를 연희전문학교 교수로 채용한 장본인이며, 당시 연희전문학교 학감이자 조선교육위원회의 핵심멤버였던 백낙준(2대 문교부 장관)을 교수로 채용한 인물이기도 했다. 가람을 편수관으로 추천했던 인물은 편수국장 최현배다. 이러한 사실로 미루어 봤을 때 교

---

29. 안재홍 등에 의해서 제창된 '신민족주의'는 '민족통일국가 건설'을 당면 목표로 제시한 이념이었다. 신민족주의자들은 좌우 양극단을 배제하고 민족주의와 사회주의의 이념을 적절히 조합하여 좌우협력을 통해 민족적 단합을 도모하는 한편 몰아적沒我的인 국제추수주의를 배격하는 동시에 대외배타성을 지양하는 조화로운 민족국가 건설을 꿈꾸었다.

과서 편찬의 책임 맡고 있었던 학무국은 물론이고 교육계 인물 전반이 가람과 일정한 인간적 교우를 맺고 있었음을 알 수 있다.

교과서 편찬을 책임졌던 제9분과의 경우는 유억겸과 최현배를 중심으로 한 연희전문[30]내지 범유억겸 인맥[31]으로 구성되었다. 가람이 유억겸의 전폭적인 신임을 받고 있었던 최현배 밑에서 편수 일을 맡았다는 것은 최현배와 함께 진단학회와 조선어학회에서 함께 활동했다는 개인적인 친밀감을 떠난 것으로 그가 당시 교육계의 한 축을 장악하고 있었던 범연희전문의 인맥 풀 안에 편입되었음을 의미한다.

미군정하 교육에서 유억겸으로 대표되는 연희전문의 인맥 못지않게 중요한 또 하나의 변인은 안호상, 손진택 등으로 대표되는 진단학회 내지 범보성전문 인맥의 이른바 '신민족주의'를 들 수 있다. 미군정시절 조선교육위원회 초대 회장을 지냈고 대한민국 정부 수립 후 초대 문교부 장관이었던 안호상 등은 해방과 더불어 찾아온 극심한 좌우익의 대결을 민족의 존망과 직결되는 문제로 인식하면서 약소민족의 생존을 위한 유일한 방안을 '민족주의'에서 찾는다. 그들은 소련과 미국으로 대표되는 '계급적 민주주의'나 '개인적 민주주의'가 나름의 합리성을 갖추고 있지만 일제로부터 해방된 지 얼마 되지 않는 상황에서 어느 한쪽만을 주장하는 것은 결국 민족을 팔아먹는 매국자(친미주의자—필자)와 민족 분열자 내지 파괴자(계급주의자—

---

30. 장지영과 최현배는 주시경 선생에게서 직접 한글을 배웠던 동문수학한 사이였고, 나중에 유억겸과 최현배의 권유로 연세대학교 교수가 되어 정년을 맡게 된다.
31. 황신덕은 황국신민화가 강화될 무렵인 1938년 일제의 국방 헌금 모금운동에 참여한 뒤, 1940년에는 중앙여고를 설립하고 교장에 취임한 인물이다. 그녀는 그해 10월 친일단체인 국민총력조선연맹國民總力朝鮮聯盟 후생부위원을 거쳐 1941년 10월에는 조선임전보국단朝鮮臨戰報國團 평의원이 되었는데, 이 단체 활동을 통해 유억겸, 김성수, 백낙준, 김활란 등과 함께 교육계의 친일인맥으로 활동한다. 유억겸으로 대표되는 조선임전보국단에서 활동했던 교육자들은 해방 후 교육전문가로 활동할 수는 있었지만 친일의 논란에서 자유로워지고자 적극적으로 자신들의 친일행위를 은폐한다.

필자)에 불과하다고 주장한다.³² 그러면서 이들은 민족을 제일의 가치로 내세운 교육의 중요성을 강조하는데 그것이 이른바 '민주주의 민족교육'이다.

> 우리三千萬의 모든 努力과 일함은 항상 우리 民族全體를 目的하지 아니하면 아니된다. 모든 努力과 일함이 그러함거든, 어찌, 하물며 모든 努力과 일을 가르치는 그 教育的努力과 일이리요. 教育은 반드시 民族的이라야만 한다. "民族教育"이 없이는, 모든 다른 努力과 일을 民族的이 되게스름 가르처줄수 없다. 民族을 위하여 일하게스름 가르처주는 "民族教育"이 없이는 民族은 멸망한다.³³

민주주의 민족교육론이 미국식 '개인적 민주주의'와 일정부분 거리를 두고 있는 점도 흥미롭지만, 한 발 더 나아가 미군정과 미국식 민주주의를 소련과 동일한 세계지배 전략으로 인식한다는 점은 자못 놀랍기까지 한다.

안호상과 함께 초대 문교정책을 이끌었던 손진태(초대 문교부 차관)는 소련의 '계급적 민족주의'가 정치적으로 강자가 약자를 지배하려는 전략이라면, 미국의 '개인적 민족주의'는 경제적으로 강자가 약자를 지배하려는 것으로 본질적으로 양자가 동일하다고 주장한다. 약소민족인 한국의 처지에서 가장 필요한 것은 민족이 단결하여 강자의 지배를 벗어나는 것인데 이들 이념은 오히려 민족의 단결을 방해한다는 것이다. 따라서 그는 민족의 단결을 위해서는 오직 "민족 내부에 현수한 불평등을 없이하는데서만 얻을 수 있는 것"³⁴이라고 전제한 뒤 민족 내부의 정치적·경제적·사회적 불평등을 해소하는 방안의 하나로 '민주주의 민족교육'을 제시한다. 손진태는 민주주

---

32. 안호상, 「민족교육을 외치노라」―〈새교육〉 창간호, 1948.7, 22쪽.
33. 같은 쪽.
34. 손진태, 「민주주의민족교육-민주주의 민족교육론의 이념」―〈새교육〉 4호, 1949, 10쪽.

의 민족교육론을 다섯 가지로 정리하였는데 이를 살펴보면 다음과 같다. 첫째, 민족자주적이어야 할 것. 둘째, 자주적이지만 배타적 독선적 국수적이어서는 안 될 것. 셋째, 민족자주적이면서도 국제협력적이어야 할 것. 넷째, 개성을 존중할 것. 다섯째, 민족내부의 계급투쟁을 거부할 것 등이다.[35] 결국 안호상 등으로 대표되는 '민주주의 민족교육론'은 당시 첨예하게 대립되었던 계급과 개인 및 세계사적인 문제를 민족의 입장에서 포섭 정리한 것이라 할 수 있다.

이러한 민주주의의 민족교육론은 몇몇 친미주의 교육자들을 제외하고 분열 없는 통일 민족국가의 건설과 민족적 단합을 도모하고자 했던 대부분의 인사들의 공감을 얻는 것으로 보인다. 특히 과거 진단학회와 조선어학회에서 활동했던 이들은 적극적으로 이 이념을 주도하기까지 하는데, 가람 역시 마찬가지였다.

그러므로 최초의 국어 교과서 편수 책임자인 가람의 존재는 민족을 제일의 가치로 내세운 신민족주의 세력(보성전문)과 학무국 실세인 이른바 유억겸 사단으로 분류되는 연희전문 세력의 절충 내지 타협의 결과라 할 수 있다. 가람은 두 세력의 경계에서 국어교과서를 편찬해야만 했다. 민족 우선과 계급투쟁의 배제, 그러면서도 동시에 민족의 분열을 막고 단합을 꾀하고자 했던 염원과 교육계의 실세들의 바람마저 한꺼번에 충족시켜줘야 했던 교과서가 바로 최초의 중등국어 교과서였다.

이병기가 그들 모두의 염원을 어떻게 수렴했는가는 조선어학회를 저자로 군정청 학무국을 발행자로 하여 발간된 『중등국어교본』에서 찾을 수밖에 없다. 상·중·하 3권 3책으로 되어 있는 '중등 국어교본'은 1946년 9월 1일 상권 발간을 시작으로 1947년 1월 10일에 중권을, 1947년 5월 17일에 하권

---

35. 민주주의 민족교육론에 대한 자세한 사항은 위의 글, 10-12쪽 참조.

을 발행한다. 이것으로 편수관 이병기의 임무도 끝이 난다.

4. 국어교육 이념: 너무나 정치적인 정전 구축

해방 후 중등교육을 위해 최초로 만들어진 중등국어교과서는 앞에서 지적한 바와 같이 단순히 국어과라는 특정한 학과를 위한 교재로서의 의미만을 지닌 것이 아니었다. 그것은 애국적 열정이 흐르고 민족적 의식이 모이는 그 무엇인 동시에 새로운 국가의 미래를 짊어진 후속 세대들을 키우는 양식이었다. 따라서 교과서에 실린 텍스트는 당연히 당시 시대 상황과 사회 공동체가 요구하는 이념을 대표하는 텍스트들로 채워지거나 최소한 누구에게나 적용될 수 있는 객관적이고 보편적인 원리와 기준에 의해서 선택된 것들로 구성되어야 한다. 중등 국어 교본에 실린 문학 텍스트를 도표로 표시하면 오른쪽 표와 같다.

53단원 199쪽으로 발간된 중등국어 교본 상권[36]에는 표에서 볼 수 있는 바와 같이 소설 2편과 시 14편 등 모두 16편의 문학작품이 실려 있다. 이 교과서는 이기영, 이병철, 임화, 조명희 등 구 카프 계열과 문학가동맹 회원들의 작품이 실려 있다는 점에서 이후 다른 국어교과서들과 구별되는 특징을

---

36. 참고로 중등국어 교본 상권의 목차는 다음과 같다.
1.무궁화 2.청년 3.청년이여 앞길을 바라보라 4.어린이 예찬 5.아버님전상서 6.봄ㅅ비 오는 소리 7.비ㅅ소리 8.발명가 에디슨 9.자연물의 이용 10.화단을 바라보면서 11.고시조 12.금강 13.첫여름 14.나막신 15.힘을 오로지함 16.비 갠 여름 아침 복종 17.농업 18.금일 19.파초 난초 20.사회의 조직 21.향토기 22.우리집 정원 23.원터 24.용기 25.부지런 26.주시경 27.고시조 28.어머님께 올리는 글월 29.혜촌 일지 30.엄마야 누나야 경이 31.공중의 경치 32.가을 33.낙엽 34.벌레소리 35.소 36.가고파 바다 37.일초일목에의 사랑 38.시선에 대하여 39.팔월 십오일 40.활발 41.성공 42.게으른 물장수 43.친목과 경쟁 44.음악 45.도덕과 법률 46.설처녀의 정절 47.향수 벗들에게 48.온돌과 백의 49.운명과 노력 50.우리 오빠와 화로 51.의복과 색채 52.사회의 질서 53.네개 화살 —박붕배, 『한국국어교육전사』· 개정판 상, 대한교과서주식회사, 1992, 550-51쪽.

권수	작품	작가	장르	지속여부	작품별 게재수
상권 1946.9.1	금강	채만식	소설	48년	11
	빗소리	주요한	시	47년	9
	나막신	이병철	시	48년	3
	비갠 여름 아침	김광섭	시	48년	13
	복종	한용운	시	48년	17
	파초	김동명	시	47년	30
	난초	정지용	시	47년	2
	원터	이기영	소설	48년	3
	엄마야 누나야	김소월	시	48년	22
	경이	조명희	시	47년	2
	가을	이병기	시조	47년	2
	가고파	이은상	시조	50년	20
	바다	김동명	시	48년	3
	향수	김기림	시	47년	2
	벗들이여	변영로	시	50년	5
	우리오빠와 하로	임화	시	47년	2
중권 1947.7.10	마음	김광섭	시	49년	18
	아차산	이병기	시조	48년	20
	녹음 애송시	정지용	시	48년	2
	산촌 모경	백기만	시	48년	2
	선구자	양주동	시	49년	3
하권 1947.5.17	그대들 돌아오시오	정지용	시	48년	2
	석탑의 노래	오장환	시	48년	2
	초혼	김소월	시	48년	2
	마음의 태양	조지훈	시	47년	2
	가신 님	정인보	시조	48년	2

한국국어교육 전사 및 광복 40년의 교과서 소설 및 시 표 참조

지닌다. 이병기에 의해 편찬된 국어 교과서가 다수의 문학가동맹 작가들의 작품들로 교과서의 한 축을 구성하고 있다는 것은 작가의 선정에서만큼은 양자의 생각이 일치했음을 보여준다. 그러나 이러한 일치는 작가 선정에만 국한된다. 즉 실제 교과서에 실린 텍스트를 살펴보면 임화의「우리오빠와 화로」를 제외하고는 이기영의「원터」나 이병철의「나막신」, 조명희의「경이」등에서 볼 수 있듯이 옛 카프나 문학가동맹 작가들이 제기한 계급주의적인 경향이 완전히 제거되어 있다.

은하 푸른 물에 머리 좀 감아 빗고/ 달 뜨걸랑 나는 가련다./ "목숨수"자 박힌 정한 그릇으로/ 체할라 버들ㅅ잎 띄워 물 좀 먹고/ 달 뜨걸랑 나는 가련다./ 삽살개 앞세우곤 좀 쓸쓸하다만/ 고운 밤에 딸그락 딸그락/ 달 뜨걸랑 나는 가련다. ―이병철, 「나막신」 46-48쪽

어머니, 좀 들어주셔요./ 저 황혼의 이야기를./ 숲 사이에 어둠이 엿보아 들고./ 개천 물ㅅ소리는 더 한층 가늘어졌나이다./ 나무나무들도 다 기도를 드릴 때입니다. ―조명희, 「경이」 1연, 46-48쪽

위의 시들에서 우리는 "저 - 동쪽 하늘에서 붉은 피로 물들인 태양을 떠받치여 올릴 것을/ 거룩한 프로레따리아트의 새날이 올 것을 굳게 믿고 나아간다!"(「짓밟힌 고려」)며 사회주의 혁명을 통한 식민 지배 현실을 극복하고자 했던 조명희의 열망도 "왜놈들과 왜놈들의 붙이는 아주 사뭇 쫓아버리고/ 봄이 오면 틀림없이 이 땅에 봄이 오면,/ 이불봇짐과 함께 가지고 오신 어머니의 씨앗을 갈아 꽃 피우겠습니다"(「곡- 오호애재」)는 이병철의 결연한 의지와 투쟁 정신도 찾아 볼 수 없다. 계급성은 물론이고 시적 자아의 결연한 의지마저 배제된 서정성 깊은 시어로 이루어진 시를 통해 학생들은 비로소 우리말로 된 시의 전형을 체득[37]하게 된다.

그런데 이러한 과정은 학생들로 하여금 일제의 조선어 말살과 일본어에 오염된 한글을 바로 잡고 한글의 아름다움을 적극적으로 전파하고자 했던

---

37. 일제하 조선어 교육은 1938년 3월 3일 '조선교육령'이 발표된 이래 파행적으로 진행되다가 1943년 '교육에 관한 전시 비상 조치령'으로 인해 금지된다. 따라서 해방이 되기까지 8년 동안이나 조선어 대신 일본어를 국어로 교육받아왔던 학생 ―해방 당시 중등학생― 들이 우리말 시에 대한 체계적인 인식을 갖고 있었다고 보기는 어렵다. 아울러 이병기는 일제 시대 우리말이 얼마만큼 말살되었는가 하는 점을 다음과 같이 단적으로 보여주고 있다.
"우리말 강습은커녕 신문잡지도 다 없어지고 그뿐만 아니라 우리가 우리말을 한번도 아니쓴다는걸 도리어 자랑하고 지내던 분들도 없지 않았다." ―이병기, 「해방후 국어교육」, 〈새교육〉 2호, 1948, 34쪽.

'조선어학회'와 편수관들의 '미문美文의 관념'[38]을 아무런 비판 없이 습득하게 만든다. '국어의 부활'과 '숭고한 예술의 감상을 통해 순후醇厚 원만圓滿한 인격의 양성'을 꾀하겠다는 당시 국어 교육의 목표는 종국에는 텍스트 감상에서 비판의식을 제거시킴으로써 문학적 논리라기보다는 차라리 정치적 논리에 가깝게 된다. 이것은 문학 장르의 본래적 향유 방식마저도 왜곡하게 만드는 일이다.

> 금강錦江…….
> 이 강은, 지도를 펴 놓고 앉아 가만히 들여다보느라면, 물줄기가 중간쯤에서 남북으로 납작하게 퍼져 가지고는 그것이 아주 재미있게 벌어져 있음을 알 수 있다. 한번 비행기라도 타고 강줄기를 따라 가면서 내려다보면 또한 훌륭한 경치일 것이다.
> 저 험준한 소백 산맥(소백산맥)이 제주도(제주도)를 건너다보고 뜀을 뛸 듯이, 전라도의 뒷덜미를 급하게 달리다가 우뚝…, 또 한 번 우뚝…, 높이 솟구친 갈재와 지리산 두 산의 산협 물을 받아 가지고 장수로 진안으로 무주로 이렇게 역류하는 게 금강의 남쪽 줄기다. 그놈이 영동 근처에서는 다시 추풍령과 속리산의 물까지 받으면서 서북으로 좌향을 돌려 충청 남북도의 접경을 흘러 간다. (…중략…)
> 강안으로 뻗친 찻길에서는 꽁지 빠진 새같이 방정맞게 생긴 기관차가 경망스럽게 달리면서 빽빽 성급한 소리를 지른다. 그럴라치면, 까마득한 강심에서는 커다랗게 드러누운 기선이, 가끔가다가 "우" 하고 내흉스럽게 대답을 한다.
> 준설선이 저보다도 큰 크레인을 무겁게 들먹거리면서 시꺼먼 개흙을 파 올린다.
> 마트로스의 정취는 없어도 항구는 분주하다. ―「금강」, 『탁류』, 『해방후 40년 교과서』, 16-18쪽

---

38. 최태호, 「편수비화」―〈교단〉39, 1970.3, 13쪽.

위의 인용문은 채만식의 장편소설 『탁류』의 한 장면이다. 가람을 비롯한 편수관들은 채만식의 장편소설 『탁류』를 「금강」이란 제목으로 싣고 있다. 발표 당시부터 "가난한 서민들의 욕망의 엇갈림이 빚어내는 도덕적 타락상"[39]을 절묘하게 묘파한 작품으로 의의를 인정받았던 채만식의 『탁류』가 교과서에 게재되면서 「금강」이란 이름으로 제목까지 바뀌었다는 것은 그것이 이미 소설 『탁류』와는 별개의 독립된 텍스트로 취급되었다는 것을 의미한다. 그렇다면 편수관들은 왜 이렇게 제목을 바꾸어 게재했을까? 필자는 가람을 비롯한 편수관들이 『탁류』를 소설이란 문학 장르의 중요성보다는 학생들에게 한글의 다양한 활용 모습을 가르치기 위한 적당한 산문이란 측면에 더 많은 관심을 기울였기 때문이라고 생각한다. 다시 말해 그들의 관심은 소설이란 문학 형식이 아니라 한글로 대상을 명확하게 표현할 수 있느냐에 있었다. 그렇기 때문에 소설 장르가 갖고 있는 본원적 특성의 하나인 서사 부분이 배제된 장면묘사만을 끌어오게 된다. 때문에 이 부분을 게재하면서 굳이 『탁류』라는 소설을 연상시키는 제목을 쓸 하등의 이유가 없었던 것이다. 이러한 경향은 소설 『고향』의 공간적 배경인 '원터'를 묘사한 이기영의 「원터」 역시 마찬가지다.[40]

장면묘사로 일관된 위와 같은 부분에서 소설 장르가 갖고 있는 특성과 묘미를 발견할 수 없다는 것을 가람과 이태준, 김남천, 박노갑 등 당시 편찬위원들은 누구보다도 잘 알고 있었을 것이다. 이것은 편찬위원들이 소설가이기 때문에 그러했을 것이란 단순한 추측에 근거한 것이 아니다. 이들이 교과서를 편찬하면서 소설의 장르적 특성을 염두에 두고 있었다는 것은 동일한 편찬자들에 의해 같은 교과서에 실린 앙드레 지드의 「온실」을 살펴보면

---

39. 신동욱, 「채만식의 소설연구」─⟨동양학⟩ 12집, 1982, 49쪽.
40. 실제로 박봉배는 이기영의 「원터」와 채만식의 「금강」을 소설이 아닌 수필로 분류하는 실수를 범하기도 한다. ─박봉배, 앞의 책, 참조.

명확해진다. 우선 「원터」와 「금강」이 기본적인 서사구조마저 파악할 수 없을 만큼 짧은 분량인 데 반해 「온실」은 거의 다섯 배에 달한다. 따라서 「온실」은 앞의 두 작품에서 발견할 수 없었던 서사구조가 뚜렷하다. 다음으로 장면묘사로 인해 화자의 모습이 감추어졌던 두 작품과 달리 「온실」은 시종일관 작중 화자인 '나'에 의해서 서사가 전개된다. 이러한 점들로 인해 「온실」은 학생들에게 「금강」과 「원터」와는 다른 최소한 일정한 서사를 갖고 있는 텍스트로 인식된다.

결국 편찬위원들이 『탁류』의 일부분을 「금강」이란 이름으로 게재한 것은 그들이 이 텍스트 ─교과서에 실린 부분─ 를 소설의 장르적 특성에 근거한 텍스트로 인식했기보다는 국어 교육을 위한 하나의 도구쯤으로 여겼다는 것을 보여주는 것이라 하겠다. 따라서 소설 장르의 제반 특성이 사라진 위와 같은 텍스트를 통해 감상과 그것을 통한 인격의 완성을 이룩하겠다는 교과서 발간의 목적은 국어교육 이념에 의해 처음부터 일정한 한계에 부딪힐 수밖에 없었다.

그렇다면 편찬위원들은 왜 이런 방식을 사용하면서까지 교과서를 만들었을까? 이 지점에서 우리는 앞서 논의한 가람의 위치로 다시 돌아갈 필요가 있다. 가람에게 좌익작가들은 결코 배제의 대상이 될 수 없었다. 왜냐하면 좌익을 배제한 채 민족적 단합을 주장할 수는 없었기 때문이다. 그렇다고 이념적으로 사회주의에 가깝다는 의심까지 받았던 가람이 '좌익과의 조화'라는 명목하에 무작정 좌익작가를 포섭할 수도 없는 일이었다. 따라서 가람은 민족의 단합이라는 대명제에서 벗어나지도 않으면서 좌익에 경사되지도 않는 방법을 추구할 수밖에 없었다. 그 결과 "좌익작가의 작품은 실려 있으되, 좌익작품은 거의 실리지 않"[41]는 국어교과서가 만들어진다. 이 속에

---

41. 정재찬, 앞의 논문, 31쪽.

서 채만식의「금강」과 이기영의「원터」는 장르 자체가 갖고 있는 본원적 속성마저 왜곡당한 채 실리기까지 한다.

그런데 이러한 이병기의 노력에도 불구하고 해방 후 불안한 정세는 그와 그 교과서로 하여금 사상성의 시비에 휘말리게 한다.[42] 계급성은 물론이고 시적 자아의 결연한 의지마저도 배제된 채 서정성 깊은 시어로 이루어진 시 텍스트와 장르 자체의 특성마저 왜곡하면서까지 순수문학 텍스트들로만 구성된 교과서에 대해서마저 사상성을 문제 삼는 당시의 상황을 비춰봤을 때 필자는 한 가지 의문을 갖지 않을 수 없다. 적어도 임화, 이태준, 김남천 등 문학가동맹 계열의 편찬위원들은 교과서가 발간되면 자신들의 작품이 실렸다는 것만으로도 어느 정도 탄압을 예상했을 터인데도 왜 좀더 적극적으로 자신들의 문학적 경향을 주장하지 않았냐는 점이다.[43] 여기에 대해 두 가지를 유추해 볼 수 있다. 하나는 문학가동맹 계열의 편찬위원들마저도 새로운 교과서는 오염된 국어를 바로잡아 '국어를 부활'시키는 원천이 될 것이라는 당시 유행했던 국어교육 이념을 무비판적으로 수용했을 것이라는 점이고, 다른 하나는 교과서와 그것을 둘러싼 권력 그 자체에만 관심을 집중했을 것이라는 점이다. 만약, 이들이 첫 번째에 관심을 두었다면「나막신」과「경이」와 같은 텍스트는 국어의 아름다움을 충분히 드러낼 수 있는 것들이기에 그들로서는 만족할 수 있었을 것이다. 반면 후자에 관심을 집중

---

42. "문교부 국어교본國語敎本에 넣은 작자 가운데 좌익이 있다 하여 공보처公報處서 지적하여 빼기로 하여 큰 문제가 되었던 모양인데, 고등교육국장高等敎育局長 사공환司空桓은 내가 문학가동맹文學家同盟 부위원장이라고 또한 말썽을 부려 왜 서명서를 아니 내는가 하였다 한다. 그러나 공보처서는 좌익을 A 중간을 B 우익을 C로 표시하여 문교부에 보낸 바 나는 C로 하였다고 한다." 1949년, 9월 18일. —이병기,『가람일기』, 앞의 책, 616쪽.
43. 당시 좌익계 인사들은 교과서는 "무엇을 읽히고 무엇을 씨울것인가하는 소재의 선택에있어서 이미 정치성을 띠게된다"고 주장하면서 교과서는 현실의 실제생활을 토대로 해야 하는데 현행 교과서는 그렇지 못하다고 비판한다. —윤석기, 앞의 글, 103쪽.

했다고 하더라도 그들로서는 크게 문제 삼을 필요가 없었다. 왜냐하면 해방 후 새로운 나라만들기의 한 과정인 교과서 제작에 자신들이 참여하였고 그렇게 만들어진 교과서에 자신들의 작품이 어떤 식으로든 게재되었다는 것은 이미 그들 스스로가 교과서로 대표되는 권력 속에 포함되는 것을 의미하기 때문이다. 교과서에 텍스트가 실림으로써 그들은 자신들의 문학적인 역량을 공인 받게 되었고, 이것은 문학가동맹원의 조직원으로서의 활동을 하는 데도 나름대로 도움을 주었을 것이다.

해방 후 최초의 중등국어 교과서는 신민족주의 노선을 견지했던 가람과 문학가동맹의 이해관계가 어느 정도 일치하여 만들어진 것으로써 우파진영의 반발은 필연적이었다. 교과서 발간시부터 제기되었던 좌익계열 작가들에 대한 논란은 1948년 대한민국 정부 수립 후 더욱 가속화되다. 1949년에 이르러 거의 정점에 다다른다. 문학가동맹은 정부의 체포령에 따라 거의 궤멸되다시피 하였고 좌익 문인에 대한 자수 권유(11.5)와 각종 저작 활동 및 저서 판매금지(11.8) 등은 교과서에서 좌익 작가의 작품을 삭제하게 만든다. 이 과정에서 가람은 공안 당국의 조사까지 받게 된다.

가람과 국어교과서에 대한 이와 같은 논란에 대해 김윤식은 순전히 '정치적 감각'에 의한 구분이라고 일축한 뒤, 정작 가람 교과서에서 문제 삼아야 할 것은 좌익 작가들의 포함 여부가 아니라 "국어교과서가 보편적인 이념이나 원칙에 의해서 만들어진 것이 아니라 철저하게 이병기를 둘러싸고 있는 문장파 이데올로기에 의해서 만들어졌다는 점"[44] 이라고 비판한다. 그는 이병기를 비롯한 문장파의 미학을 "반근대적인 폐쇄적 퇴영적인 미학"이라고 규정한 뒤 문장파의 미학은 일제말기라는 특수한 상황에서는 일제에 대

---

44. 김윤식, 「문학교육과 이데올로기(국어교과서의 역사성 비판)-」, 난대 이응백박사 고희기념론문집 간행위원회 편, 『난대이응백박사고희기념론문집』 ─한샘출판사, 1992, 181-83쪽.

한 저항이라는 측면에서 나름대로 의의가 있었지만 새로운 나라를 만드는 '나라만들기' 과정에서는 유효하지 않다는 견해를 제시한다. 즉 나라의 기틀을 다져나가는 시기에는 반근대적이고 퇴영적인 미학보다는 현실과 역사의 방향성에 대한 적극적인 관심을 갖는 산문적 미학이 요구되었음에도 이병기가 여전히 과거 문장파의 미학을 고수함으로써 종국에는 오히려 문협정통파의 미학만을 과장하게 만드는 계기가 되었다는 것이다.[45]

김윤식의 이와 같은 지적은 가람 교과서를 구성하고 있는 텍스트들에 대한 분석과 이후 발간되는 국어 교과서를 살펴보면 상당한 설득력을 지닌다. 그러나 다음 두 가지 지점에서 혼란과 개념의 충돌 등 여전히 해결되지 않는 문제들을 남겨놓고 있다. 첫째, 국어교과서는 보편적인 이념이나 원칙에 의해서 만들어져야 한다는 견해를 제시하고 있는데, 이것은 그 자신이 교과서의 '역사화 과정'을 통해 비판했던 것을 뒤집는 것으로 교과서가 보편적인 이념이나 원칙에 의해 마련되는 것이라는 그릇된 견해를 유도한다. 둘째, 이병기가 산문정신에 입각한 교과서를 만들지 않았기 때문에 이후 간행된 교과서가 문협정통파 중심으로 흘러갔고 결과적으로 그들의 미학을 강화했다는 주장은 어디까지나 결과론적인 추론에 불과하다. 왜냐하면 이 주장은 이병기가 산문정신에 입각해 교과서를 편찬했다면 이후 발간된 교과서들은 문협정통파 중심으로 흘러가지 않았을 것이라는 역추론 또한 성립하는데 이것은 순전히 김윤식 개인의 열망에 지나지 않는다. 아마도 여기에는 이병기를 대신한 새로운 편수책임자들이 이병기가 이룩해 놓은 모범을 참고 삼아 교과서를 편찬했을 것이기 때문에 큰 변화가 있었겠냐는 김윤식 나름의 기대가 작용하고 있는 것으로 보인다. 그런데 이러한 추론은 이병기에 대한 조사와 편수관 전원에 대한 사표 종용 등에서 볼 수 있듯 급변

---

45. 위의 글, 183-84쪽.

한 해방정국의 정치적 상황을 고려하지 않는 것이다.[46] 그런데도 김윤식이 이렇게 주장한 것은 교과서를 역사화된 개념으로 인식했음에도 불구하고 실제 논의에서 객관화된 실체로 인정하는 데서 발생하는 개념의 충돌 때문으로 보인다. 즉 그는 교과서의 구성이 "문학적 심급과 정치적 심급이라는 중층적인 결정심급을 내포하고 있"[47]음을 인정함에도 정작 논의과정에서는 정치적 심급을 애써 생략하고 있는 것이다. 이 지점에서 우리는 텍스트의 정전화 과정을 더욱 면밀히 공구하기 위해서는 이에 작용하는 정치적 심급에 대한 검토가 절실하다는 것을 알 수 있다.

5. 문단권력과 텍스트 선정: 김광섭의 경우

굳이 보편적인 정전 개념을 도입하지 않더라도 흔히 국어교과서는 문학사적으로 가치가 있거나 문학성이 뛰어난 텍스트들로 구성될 것이라고 생각하기 쉽다. 그러나 지금까지 살펴본 바에 따르면 최초 가람에 의해 만들어진 국어 교과서에 실린 문학 텍스트들은 한국문학의 문학사적 평가와는 거리가 있다는 것을 알 수 있다. 이것은 당시 우리 문학이 엄밀한 의미에서 '한국문학'에 대한 문학사를 가지고 있지 않았기에 문학사적으로 의미 있는 텍스트로 교과서의 텍스트를 구성할 수 없었다는 역사적 사실만을 의미하는 것은 아니다. 문제는 당시 교과서에 실린 텍스트들이 과연 공동체의 보편적 이념을 대표하는 텍스트였는가 하는 점이다.

다시 가람 교과서로 되돌아가자. 상권에 실린 작품(표 참조)들을 살펴보

---

46. 남로당원인 선생들이 국민학생을 가리키는 것을 '학원을 적화'하려는 계획 하에서 이루어진 것이라며 전원 검거한 사건 등을 미루어 볼 때, 당시 좌익에 대한 탄압이 얼마나 강도 높게 진행되었는가를 알 수 있다.—「학원 적화 사건 영등포서 또 발각」, 〈동아일보〉, 1947.9.16.
47. 정재찬, 앞의 논문, 1쪽.

면 앞에서 언급한 카프계열 작품을 제외하고도 이병기와 이은상으로 대표되는 시조 작품이 문학 텍스트의 한 부분을 이루고 있다. 김소월과 한용운 등 작고 문인을 제외할 때, 김광섭과 김동명이 단연 주목되는 시인이라 할 수 있다. 그 결과 김광섭은 최초 가람교과서에 텍스트가 실린 이래, 1987년까지 국정 국어교과서에 총 50회에 걸쳐 「비갠 여름아침」 「마음」 「조국」 「민족의 축전」 「생의 감각」 등의 작품이 게재됨으로써 1970년대 이후 집중적으로 작품이 실린 청록파와 생명파에 비견될 만한 시인으로 부상한다.

1. 비가 갠 날/ 맑은 하늘이 못 속에 내려와서/ 여름 아침을 이루었으니,/ 녹음이 종이가 되어/ 금붕어가 시를 쓴다. ─김광섭, 「비갠 여름 아침」, 46년, 74년, 13회

2. 나의 마음은 고요한 물결./ 바람이 불어도 흔들리고,/ 구름이 지나가도 그림자 지는 곳.// ─김광섭, 「마음」 1연, 47년, 52년, 18회

3. 반만 년의 역사가 바다가 되고, 또는 시내가 되어,/ 모진 바위에 부딪쳐 지하로 숨어 드어갈지라도,/ 이는 나의 가슴에서 피가 되고, 동맥이 되는 생명일지니,/ 나는 어디로 가나 이 끊임 없는 생명에서 큰 영광을 찾아. 남북으로 양단되고 사상으로 분렬될 나라일 망정, /나는 좀처럼 이 무거운 나라를 끌고 신성한 곳으로 가리니// ─김광섭, 「조국」 3연, 48년, 1회

4. 오, 삼천만 민족! / 역사의 손길로./ 눈물을 씻고./ 마음을 가다듬어,/ 오늘 저 붉은 태양과, 새로운 인연을 맺고, 무궁한 화환으로 향하여, 나아가자 나아가자.// ─김광섭, 「민족의 축전」 마지막 연, 49년, 1회

최초 가람의 교과서부터 1987년까지 발간된 교과서에 실린 김광섭의 작품 일부를 옮겨 놓았다. 위에서 확인할 수 있듯 김광섭의 텍스트는 가람 교과서에 실린 것은 물론이고 새롭게 교과서가 만들어질 때마다 실리게 된다. 전통적인 정전 개념에 입각한다면 김광섭의 작품이 교과서에 실린 것은 그의 작품이 문학사적으로 다른 작가들의 작품보다 가치가 있거나 아니면 적어도

공동체의 이념을 적절히 대표하고 있기 때문일 것이다. 그러나 필자는 이러한 견해에 동의하지 않는다. 왜냐하면 교과서에 실린 「비갠 여름 아침」이 상재된 시집 『동경』(1938)을 발표할 당시에는 김광섭의 시문학에 대한 적절한 문학사적 평가가 이루어지지 않았고 그가 시작활동보다는 연극관련 비평활동에 주력한 시기이기 때문이다. 즉 그의 시 작품이 비록 발표 당시 문단의 호평을 받았지만 당시 김광섭은 시인으로서보다는 해외문학파의 비평가로서 더욱 주목을 받았었다.[48] 게다가 「비갠 여름 아침」이나 「마음」 등 가람에 의해 교과서에 실린 작품들은 아무리 살펴봐도 일제 식민지 잔재 청산과 '분열 없는 통일 민족국가 건설'이라는 시대적 이념을 포함하고 있다고 보기는 어렵다. 다시 한 번 김윤식의 표현을 빌리자면 "현실과 역사의 방향성에 대한 적극적인 관심을 갖는 산문적 미학"의 요구에서 한참이나 떨어져 있는 작품들이다.[49] 그런데도 그의 작품이 가람을 비롯한 편수관들에 의해 교과서에 실렸다는 것은 적어도 교과서를 만들 당시 편수관들에게 「비갠 여름 아침」이 그들의 편수 정책에 부합한 텍스트였거나 아니면 김광섭이 그들로서는 간단히 무시할 수 없는 존재였을 거라는 추측이 가능하다. 필자는 그의 작품이 새로운 교과서가 편찬될 때마다 그것도 텍스트를 바꿔가며 교과서에 실린 것으로 보아 후자가 더 큰 변인으로 작용했을 것이라고 생각한다.

그렇다면 김광섭이 이처럼 해방 후 갑자기 부상한 이유는 어디에 있을까? 필자는 김광섭이 일제 말기 옥중생활을 했다는 전기적 사실과 해방 이후 그의 행적과 관련된 것으로 순전히 문학적 평가보다는 오히려 당시 문단에서

---

48. 김윤식은 해외문학파는 서구 문학이론의 소개라는 자신들의 활동이 한계에 부딪히자 점차 시작, 평론, 수필, 희곡 등으로 자신들의 활동방향을 변화시키는데, 김광섭 역시 시와 비평 쪽으로 나아갔다고 주장한다. —김윤식, 앞의 책, 158쪽.
49. 시집 『동경』에는 일제 식민지의 '질식할 상황과 고민'을 폐병환자의 심정으로 그린 「자화상37년」 같은 작품 등이 있어 굳이 「비갠 여름 아침」이 아니더라도 얼마든지 김광섭의 문학 세계를 보여줄 수 있는 작품들이 있었다.

차지하고 있는 그의 위치, 정치적 평가에서 기인한 것이라고 판단한다. 김광섭은 가람의 교과서에 함께 실린 여타의 문인들과 달리 일제의 황민화 정책이 강화되는 시기인 1941년 "민족의식을 포회抱懷하여 조선독립을 의도한"[50] 죄로 만 3년 8개월간 감옥 생활을 한다. 조선총독부 판사 오다 모토히라小田基衡에 의해 작성된 예심판결문에 의하면 김광섭은, 첫째 내선일체에도 불구하고 여전히 조선인은 차별 받고 있으며, 둘째 조선어과목폐지는 조선어의 말살을 목표로 하는 정책이라고 비판했고, 셋째 이광수와 이태준을 조선의 민족주의자로 소개하면서 그들의 작품을 읽으라고 권유했으며, 넷째 〈조선일보〉와 〈동아일보〉의 폐간은 조선문자를 근절시킬 것을 목적으로 한 것으로 조선인을 문맹케 하는 제 일보라고 주장했다는 것이다.[51]

이러한 김광섭의 행동은 "조선문인 보국회報國會의 출발점은 만인萬人에게 빛을 줄 것"이기에 시를 쓰는 시인들은 "국어를 능숙하게 구사"하여 "국민문학"으로 나아가야 한다고 주장한 주요한[52]은 물론이고 "동생아 적국을 두들겨 부숴라! 미·영을 두들겨 부숴라! 불구대천의 원수를 두들겨 부숴라! 대동아 10억의 주인이 되거라!"라며 학병 참여를 적극적으로 권유한 박종화[53]나 학병 참여를 "정의의 대로"로 나가는 것이며 학병에 참여한 그 순간 "폐하의 충량한 신자요, 국가에는 튼튼한 간성이요, 사회에는 거룩한

---

50. 김광섭,『나의 옥중기』—창작과비평사, 1976, 329쪽.
51. 위의 글, 14쪽 참조.
52. 주요한,「이기지 않으면 안된다」, 김상웅 편저,『친일파 100인 100문: 친일의 궤변과 매국의 논리』—돌베개, 1995, 52-53쪽.
53. 박종화,「입영의 아침」, 위의 책, 206쪽. 박종화와 같은 경우는 다른 작가들에 비해 적극적으로 친일활동에 나선 것은 아니다. 그는 창씨개명은 물론이고 문인보국대에도 참여하지 않았는데 일제가 그를 회유하기 위해 명월관에 초대했을 때 그곳에서 보국대에 참여했던 문인들과 주먹다짐을 벌이기도 하였다. 그러나 이러한 박종화도 문화전선 총공세를 위해 1944년 8월 부민관에서「애국시」를 낭송했으며 1944년 1월 21일자〈매일신보〉에「입영의 아침」을 발표하였다.

질서보호자가 된다"고 설파한 김동인[54] 등과는 분명 다른 것이다.

해방 후 일제의 식민지 교육을 청산하고 민족정신을 함양하여 민족문화의 창조를 이루고자 했던 편수관들에게 일제 말기 몸으로 일제에 항거했던 김광섭의 존재는 그들의 활동에 정당성을 부여해 줄 수 있는 최상의 카드였을 것이다. 게다가 당시 김광섭이 문단 내외에서 차지하고 있었던 위치 또한 그들로서는 무시할 수 없었다.

해방은 극심한 좌·우익의 대립을 초래하였다. 좌익진영은 해방이 되자마자 임화, 김남천, 이원조 등 구 카프계열 작가들이 중심이 되어 문장파의 정지용, 이태준 등을 포함한 '조선문화건설 중앙협의회'(1945.8.16)를 결성한 후 문단의 주도권을 확보해 나아간다. 여기에 이기영, 송영, 윤기정 등이 중심이 된 '조선프롤레타리아 예술가 동맹'(1945.9)까지 합세하여 결국 '문학가동맹'(1945.10)을 결성하는 등 공격적으로 자신들의 세력을 넓혀간다. 이에 위기감을 느낀 우익 진영은 '중앙문화협회'(1945.9.18)를 결성하는데, 이 단체의 결성에 주도적인 역할을 한 이가 바로 박종화와 김광섭이었다. 김광섭은 자신들이 '중앙문화협회'를 결성한 것에 대해 "우익진영 문화도 있다는 것을 과시誇示하고자 했기 때문"[55]이라고 밝히고 있는데 여기에는 좌익진영에 비해 도덕적으로 우월하다는 자의식이 스며들어 있다. 한마디로 김광섭의 해방 후 활동은 언론인이자 조선문필가협회(총무부장), 전국문화단체 총연합회(출판부장), 한국문학가협회(외국문학분과 위원장) 등의 활동에서 보여주듯 '좌익과의 투쟁에서 우익진영의 전위대'[56]역할을 담당한다. 뿐만 아니라 그는 미군정청 공보국장(1948)과 이승만 대통령 공보비서관을 역임하기까지 했다.

---

54. 김동인, 「일장기의 물결」, 위의 책, 260-61쪽.
55. 김광섭, 앞의 책, 330쪽.
56. 손종호, 「김광섭 문학연구」—충남대 박사학위논문, 1988, 20쪽.

식민지 말기를 옥중에서 보낸 독립투사이자, 당시 우익진영을 대표하는 핵심적 문인으로서 문단과 언론은 물론이고 관계에까지 상당한 영향력을 행사했던 김광섭은 편수관들이 쉽게 무시할 수 있는 존재가 아니었을 것이라 추정된다. 이러한 추정이 전혀 근거가 없는 것은 아닌데, 정부수립(1948.8.15) 직후부터 편수관으로 참여했던 최태호에 의하면 교과서 편찬에 있어 문단권력은 직·간접적으로 편수관들을 압박[57]했음을 알 수 있다. 게다가 김광섭이 지향하는 문학이 문학의 순수성보다는 민족을 제일의 가치로 내세운 문학이고 보면, 교과서 편찬에서 민족을 제1의 가치로 내세운 편수관 이병기의 입장에서도 김광섭은 충분히 수긍이 가는 인물이었을 것이다.

> 文學을 하는 사람 가운데는 자기의 作家的 氣質이나 感興에만 의거하야 文學을 創作하는 사람도 있고 革命과 鬪爭을 爲하여서만 文學을 創作하는 사람도 있으나 …중략… 文學은 民族全體를 한 개의 共同된 運命體로 인식하고 그 知性과 感性을 다하야 民族이 當面한 危機를 극복하여야 할 것이다.[58]

작가적 기질이나 감흥에 의한 문학을 하는 사람들이 누구를 지칭하는 것인지 명확하지 않다. 하지만 혁명과 투쟁을 위한 문학을 계급문학이라고 상정한다면, 아마도 계급문학과 치열한 이론적 투쟁을 벌인 '조선청년문학가협회'의 작가들을 가리키는 것으로 보인다. 김광섭은 해방정국이라는 혼란한 시기에는 계급문학뿐만 아니라 이른바 '문학을 위한 문학'마저도 문제가 있는 것으로 파악하고 있는데 이러한 그의 문학관은 당시 교육계의 한 축을 담당하고 있었던 이른바 '민주주의 민족교육'과도 흡사하다.

---

57. 최태호는 박모라는 작가의 작품이 기준에 미달하여 제외했더니 문단 원로 문인의 작품을 교과서에서 제외했다고 호된 질책을 받았다고 술회하고 있다.—최태호, 「편수비화」, 앞의 글, 14쪽.
58. 김광섭, 「민족문학을 위하야」—〈백민〉 14호, 1948.5. 29쪽.

6. 정전구축의 파급력: 이광수와 김동인

지금까지의 논의를 통해 우리는 가람 교과서의 텍스트 선정이 문학사적 평가나 공동체의 이념을 대표한다는 정전이론보다는 오히려 문단권력 및 교과서를 구성하는 정치적 심급에 해서 이루어졌다는 사실을 알 수 있었다. 그런데 이와 같이 텍스트 선정에 문단권력이나 정치적 심급이 중요한 변인으로 작용한 것은 비단 가람의 교과서에만 있었던 일이 아니라 이후 교과서에서도 빈번히 발생한 일이었다. 대표적인 텍스트가 김동인의「조국」과 강소천의「방패연」을 들 수 있는데, 여기서는 김동인의 경우만을 살펴보자.

김동인의 경우 가람의 교과서에는 실리지 않았으나 대한민국 정부가 수립되면서 새롭게 재편된 교과서에는 1932년 〈삼천리〉 25호에 발표한「붉은 산」이「조국」이란 제목으로 실리게 된다. 춘원과 함께 한국 근대 단편소설을 개척한 공적을 염두에 둔다면 그의 텍스트가 교과서에 실린 것은 하등 놀랄 만한 일이 아니다. 필자가 이 작품을 눈여겨보는 것은 이 텍스트가 기존의 교과서에 실린 여타의 다른 소설들과는 다른 방식[59]으로 게재된다는 점과 왜 하필「조국」이냐는 점이다. 이광수류의 계몽주의 문학을 거부하고 문학의 독자성을 주장했던 김동인의 문학관에 비추어 볼 때「조국」이라는 작품을 교과서에 실어 의도적으로 부각시키는 것은 어떤 의미에서 김동인 문학에 대한 왜곡이라고도 할 수 있다. 이것은 김동인 스스로가 '완전한 의미에서 자신의 최초의 단편소설이자 조선 최초의 단편소설'로 칭했던「배따라기」나 '동인미'에 도달한 작품으로 꼽은「명문」과「감자」에 비교해 봤을 때도 마찬가지다. 그런데도 왜 교과서 편수자들은「배따라기」와 같은 작품이 아닌「조국」을 실었을까?

---

59. 이기영의「원터」나 채만식의「금강」이 소설 장르가 갖고 있는 특성의 하나인 서사 부분이 배제된 장면묘사만으로 일관된 데 반해 김동인의「조국」은 뚜렷한 서사를 지니고 있어 소설의 특성을 알 수 있게 한다.

"보고 싶어요. 붉은 산이…. 그리고 흰 옷이…."

아아, 죽음에 임하여 그는 고국과 동포가 생각난 것이었다. 여는 감았던 눈을 고즈너기 떴다.

…중략…

"선생님, 노래를 불러 주셔요. 마지막 소원… 노래를 해 주셔요. 동해물과 백두산이 마르고 닳도록…."

여는 머리를 끄덕이고 눈을 감았다. 그리고, 입을 열었다. 여의 입에서는 창가唱歌가 흘러나왔다. 여는 고즈너기 불렀다.

"동해물과 백두산이…."

고즈너기 부르는 여의 창가 소리에, 뒤에 둘러섰던 다른 사람의 입에서도 숭엄한 노래는 울리어 나왔다.

"…무궁화 삼천리

화려 강산…."[60]

일제 치하 만주로 이주한 동포들의 수난사를 '삵'이라는 특이한 인물의 삶을 통해 형상화한 「조국」은 붉은 산과 백두산이 상징하듯 조국에 대한 애정과 향수를 그린 작품이다. 이 작품에서 국토와 동포에 대한 사랑의 감정을 일깨우는 것은 그리 어려운 일이 아니다. 충분히 애국심을 고취할 수 있다는 얘기다. 이러한 애국심은 비록 김동인의 작품세계에서는 매우 이질적인 요소지만 대한민국 정부를 막 건국하고 그 기틀을 잡아나갔던 정부 당국의 처지로서는 매우 유용한 기제였을 것이다. 단정 반대라는 극심한 반대를 극복하고 사회 곳곳에서 활약하던 좌익세력마저 제거[61]한 정부로서는 애국심

---

60. 김동인, 「조국」, 광복40년 교과서 편집위원회, 『광복 40년의 교과서2; 소설』—앞의 책, 32-33쪽.
61. 대한민국 정부 수립과 동시에 교과서에서도 좌익작가들의 작품이 제거되는데, 월북한 이기영, 임화, 이병철 등은 물론이고 보도연맹에 가입한 정지용 등이 교과서에서 완전히 배제된다. 그 빈자리를 소설가로는 김동인과 김동리가 시인으로는 서정주, 박두진, 유치환 등이 차지한다.

이야말로 취약한 정권을 유지하는 근본적 이념이었을 터이다.

「조국」이 애국심 고취라는 편수관들의 의도에 의해서든 아니든 간[62]에 교과서에 실렸다는 것은 김동인에게는 또 다른 의미로 다가온다. 교과서를 통해 처음으로 김동인을 접한 학생들에게 김동인의 이미지는 「조국」의 작가로 인식될 것이다. 이것은 작가 김동인에게 매우 중요한 의미를 지니는데, 두 가지 지점에서 그렇다. 하나는 김동인은 역시 단편소설의 개척자 또는 귀재라는 식의 문학적 권위를 부여한다는 점이다. 앞서 살펴봤듯 김동인 이전에 교과서에 실린 소설 텍스트들은 기본적인 서사구조가 생략된 것들이 대부분이었다. 그런데 「조국」은 뚜렷한 서사는 물론이고 시종일관 '여'라는 관찰자를 통해 사건을 전개하고 있어 「온실」과 외형적으로 비교했을 때 큰 차이를 발견할 수 없게 한다.

다른 하나는 「조국」을 통해 일제 식민지 시기의 반민족적 행위를 변제 받는다는 것이다. 식민지라는 암울한 상황에서도 애국심을 고취하는 작품을 발표했던 김동인이 일제 말기 반민족 행위를 한 것은 강요에 의한 어쩔 수 없는 선택이었을 것이란 이해를 조장하는 데 이 작품은 적지 않는 영향을 미친다. 결국 김동인은 애국심을 강조한 「조국」을 통해서 반민족 행위에 대한 면죄를 사회적으로 공인 받는 셈인데, 이것은 당시 친일의 문제로부터 자유롭지 못했던 교육당국은 물론이고 문인들에게도 공통된 관심사였다고 판단된다.

여기서 우리는 한 가지 의문을 제기하지 않을 수 없다. 대한민국 정부 수

---

62. 김동인의 작품이 교과서에 실린 정확한 이유는 찾을 수 없다. 다만 유추할 수 있는 것은 편수관 이병기가 가람 교과서의 좌익작가 문제로 사임을 하고 서울대학교 교수직으로 자리를 옮긴 후에도 여전히 국어과 편수관으로 있었던 전영택(평양), 박창해(함흥), 최태호, 홍웅선(평양) 등 다수의 북한출신 편수관들과의 관련성 정도를 생각할 수 있다. 게다가 편수관 전영택의 경우 김동인과 함께 〈창조〉의 동인활동을 했는데, 이러한 지역적 친밀감과 동인의식이 어느 정도 영향을 미쳤을 것으로 보인다.

립 이후 문단 권력은 외형적으로는 한국문학가협회문협가 주도권을 잡지만 실질적으로는 김동리가 회장으로 있었던 청문협쪽으로 기운다. 청문협의 좌장이었던 김동리는 좌익문학은 물론이고 민족문학에 대해서도 일정한 거리를 둔다. 그는 '순수 문학이야말로 문학 정신의 본령'이라고 전제한 후 '개성 향유를 전제한 인간성의 창조'에 근거한 휴머니즘이 순수문학의 본질이라고 규정[63]하면서 일체의 이념적 색채를 배제한다. 그러한 그의 입장에서 보면 애국심을 강조한 「조국」은 분명 문제가 있는 작품이었을 터이다. 그런데도 김동리를 비롯한 문협정통파에서 김동인의 「조국」을 문제 삼지 않은 것을 보면 교과서에 선택된 텍스트들은 문학적 논리나 문학사적 평가 또는 문단의 권력관계보다는 정치적 심급에 더 많은 영향을 받는다고 할 수 있다.

이 지점에서 우리는 똑같이 우리 문학의 개척자의 한 사람이었는데도 불구하고 한국문학 정전의 원형이라고 할 수 있는 교과서에 실리지 못한 춘원과 김동인을 비교하지 않을 수 없게 된다. 춘원의 문학사적 공적은 김동인은 물론이고 교과서에 실린 어느 누구에 비해서도 결코 뒤떨어지지 않는다. 그런데도 춘원은 가람의 최초 교과서에는 물론이고 1987년도 국정교과서에까지 단 한 번도 작품이 실린 적이 없다. 춘원이 대표적인 반민족주자였기에 그의 작품을 교과서에 실을 수 없다는 논리는 왜소해 보인다. 왜냐하면 춘원 못지않게 반민족주의 행위를 했던 주요한이나 모윤숙 등의 작품이 별다른 비판 없이 실린 것을 보면 과거 친일을 했기 때문에 배제되었다는 것은 아무래도 설득력이 없다. 춘원이 교과서에서 배제된 원인은 다음 몇 가지 지점에서 유추해 볼 수 있다.

첫째는 속죄양을 만들어 자신들의 과거 행적을 지우고자 했던 교육계 및 문단의 공모관계에서 비롯되었을 것이라는 가능성, 둘째는 해방 후 춘원이

---

63. 김동리, 「순수문학의 진의- 민족문학의 당면 과제로서」, 유종호, 김윤식, 이문구, 『김동리 전집 7권- 문학과 인간』—민음사, 1997, 79쪽.

보여줬던 일련의 행적이 문단의 중심과는 거리가 멀었다는 점, 셋째는 춘원이 추구했던 계몽주의적 문학관이 당시 문단권력을 장악하고 있었던 문협정통파의 순수문학론과 맞지 않았다는 점 등이다.

춘원을 속죄양으로 만들어 과거 자신들의 행위에 대한 면죄부를 얻고자 했던 행위는 해방과 더불어 곧바로 진행된다. 해방 후 최초의 문인단체를 결성하고자 했던 임화와 이원조 등은 '조선문화건설 중앙협의회'(1945.8.16)를 결성하면서 다른 모든 문인들은 참여할 수 있지만 이광수만큼은 제외해야 한다고 주장하여 결국 관철시켰는데, 이러한 이들의 행위는 대표적인 민족반역자를 속죄양으로 하여 자신들의 과거 행적에 대한 면죄부를 얻으려한 것이다. 이러한 속죄양은 교육계에서 마찬가지인데, 당시 교과서 편찬의 총 책임자였던 유억겸의 경우 교과서 편찬의 원칙으로 '친일민족반역자의 척결'을 내세워 그 자신에게로 향했던 친일논란[64]으로부터 자유로워지고자 한다. 다음으로 춘원은 해방과 더불어 여타의 문인들이 서울에서 활동했던 것과 달리 삼종제인 이학수가 기거하고 있었던 봉선사에서 칩거함으로써 문단과는 거리를 두었는데 이 점도 직·간접적으로 영향을 미쳤을 것으로 사료된다.

마지막으로 덧붙일 것은 춘원이 추구했던 계몽주의 내지 민족주의 문학론은 해방정국이 요구하는 산문미학에 가장 근접한 문학론이었다는 점이다. 그러나 이러한 문학론은 좌·우 대립이 극심했던 당시의 상황에서 필연적으로 양자의 대결을 더욱 가열시켰을 것이다. 좌우대립을 극복하고 민족단결을 제1의 가치로 내세운 가람에게도 춘원은 부담스러운 존재였을 것이고, 이후 순수문학론을 주장했던 문협정통파에게도 춘원의 문학론은 어떻게든 극복해야 할 난제였을 것이다. 이들은 춘원을 민족반역자로 규정하고

---

64. 당시 좌익계열의 신문 〈노력인보〉(1947.6.22)는 문교부가 "유억겸 등 친일파 민족반역자 계열에 점령되어 있어" 결국에는 "일제와 같은 노예 교육을 강제"한다고 주장한다.

그의 문학을 철저히 무시함으로써 그의 문학 작품이 교과서에 실려 불러일으킬지도 모르는 파장들을 미연에 방지한 것으로 보인다.

이상의 김동인과 춘원을 통해 우리는 가람의 교과서를 비롯한 미군정기에 발간된 교과서의 텍스트 선정이 문학사적 평가나 공동체의 이념에 근거한 것보다는 정치적 심급 또는 문단권력에 의해 선택되었음 살필 수 있었다.

7. 논의를 정리하며

지금까지 필자는 문학텍스트의 정전화 과정과 그 속에 숨어 있는 권력의지를 미군정기에 발간된 중등국어 교과서의 문학 텍스트 선정 방식을 중심으로 탐구하였다. 일반적으로 국어교과서의 텍스트 선정은 객관적이고 보편적인 원리와 기준에 의해 이루어질 것이라고 생각한다. 그러나 이 연구를 통해 우리는 이러한 생각이 학교 교육을 통해 제도화된 고정된 실체에 불과하며 교과서 텍스트 선정 과정에 대한 은폐를 통해 이루어진 결과라는 사실을 인식하게 되었다.

해방 후 최초의 중등국어 교과서인 이른바 '가람 국어교과서'는 편수 책임자로 가람이 선택된 것부터 문학적이기보다는 정치적인 것이었다. 편수 책임자 가람은 민족을 제일의 가치로 내세운 신민족주의 세력(보성전문)과 학무국 실세인 이른바 유억겸 사단으로 분류되는 연희전문 세력의 절충 또는 타협의 산물이었다. 따라서 그는 교과서 편찬 과정에서 이들 두 세력의 요구 조건을 충족시켜야 했다. 그 결과 다음과 같은 문제점을 낳게 되었다.

첫째, 국어교과서의 문학 텍스트 선정이 국어교육 이념에 종속되었다는 점이다. 이것은 일제 식민지와 해방이란 특수한 상황에서 '한글을 부활'시켜야만 한다는 어쩔 수 없이 시대적 한계 속에서 발생한 것이다. 그러나 이것은 이른바 '미문의 관념'이 교과서의 문학 텍스트를 지배하게 만드는 원인이 되기도 한다.

둘째, 교과서 텍스트 선정이 공동체의 보편적 이념이나 문학사적 가치보다는 당시 문단권력의 영향으로부터 자유로울 수 없었다는 점이다. 김광섭의 경우에서 볼 수 있듯 문단권력은 편수관들의 텍스트 선정에 일정한 영향을 미치게 된다. 이것은 텍스트 선정이 실제로는 문학사적 평가나 공동체의 이념을 대표하는 것이란 기왕의 정전 논리와는 일정한 거리를 두고 있다는 것을 보여주는 예라 할 수 있다.

셋째, 김동인의 「조국」에서 볼 수 있듯 교과서의 텍스트 선정이 정치적 요구에 의해 지배된다는 점이다. 애국심 고취를 필요로 했던 정권의 요구에 부합했던 「조국」이 교과서에 실림으로써 김동인은 반민족 행위에 대한 면죄를 사회적으로 공인 받고 문인으로서의 권위 또한 인정받는다. 그러나 이광수는 속죄양을 통해 자신들의 과거 행적을 은폐하고자 했던 교육계 및 문단의 공모관계에 의해 교과서에서 배제됨으로써 끝내 민족반역자로 전락하고 만다.

이상의 논의를 통해 우리는 국어 교과서의 텍스트 선정과 이를 통한 정전의 구축이 엄밀한 의미에서 문학적이기보다는 정치적인 구축이라는 사실을 알 수 있었다.

순수문학의 구축 과정과 배제의 논리
1950-60년대 전통론을 중심으로

이경수◆

1. 문제 제기

문학사는 늘 새롭게 쓰여져야 한다는 당위적 명제는 '지금, 여기'의 동시대의 문학에 대한 고민을 문학사 기술이 안고 있어야 한다는 문제 의식을 내포하고 있다. 이 글에서 1950-60년대의 문학 비평 논의 중 전통론을 중심으로 남한에서 순수문학이 구축되어 가는 과정을 살펴보려고 하는 이유는[1] 궁극적으로 '지금, 여기'의 문학에서 사회·역사적 상상력을 보여주는 문학작품들이 위축되어 가는 과정에 대한 다각적인 이해의 통로를 마련하기 위해

◆ 고려대 강사. 문학평론가. 〈작가와비평〉 편집동인.
1. 이 글에서 1950-60년대의 전통론에 한정해서 순수문학의 구축 과정을 살펴보려는 이유는 논의의 효율성을 위해서이다. 1950년대에 제기된 문학 비평 논의들은 대체로 1960년대 중반까지 이월되는 경향을 보인다. 전통론의 경우에 이러한 현상은 특히 두드러진다. 그런데 그렇다고 해서 1960년대의 문학 비평을 논의 속에 포괄하게 되면 신비평의 수용 문제라든가 순수·참여 논쟁으로까지 논의가 확장되게 된다. 이러한 논의들이 순수문학의 구축 과정의 다음 단계로서 중요한 맥락을 형성하는 것은 사실이지만, 한 편의 논문에서 다 다루기에는 너무 광범위한 주제이다. 따라서 이 글은 1950-60년대의 전통론에 한정해서 순수문학의 구축 과정을 살펴보고자 한다. 1960년대의 비평 논의 ―신비평 수용의 문제라든가 순수·참여 논쟁을 포괄하는― 가 순수문학의 구축에 마련하는 새 장에 대한 논의는 별도의 논문을 통해 후속 과제로 해결해 나갈 계획이다.

서이다. 1950-60년대의 문학에서 순수문학이 구축되어 가는 과정을 섬세하게 살펴보는 작업은 '지금, 여기'의 문제를 타자의 시선으로 바라볼 수 있게 해 줄 것이다.

해방 공간의 문학은 다양한 가능성을 지니고 있었다. 비록 짧은 시기이기는 했지만 1945년으로부터 남한의 단독 정부 수립이 이루어진 1948년에 이르기까지 해방 공간의 문학은 친일 문학에 대한 반성과 새롭게 형성해 가야 할 민족문학에 대한 기대와 전망 속에서 다양한 욕망이 들끓으며 충돌하고 있었다. 그러나 남북의 분단과 한국전쟁을 겪으면서 이데올로기의 대립과 함께 문학 역시 남북이 극단적으로 나뉘는 단절의 양상을 보이게 된다.[2] 분단이 고착화되고 냉전 이데올로기가 지배적이 되면서 북한과 남한에서도 각각 체제 순응적인 문학이 주류를 이루게 된다.[3] 남한의 경우 순수문학이

---

2. 공유와 대화의 가능성을 지니고 있었던 남북한의 문학은 한국전쟁 이후 서로 다른 길을 걷게 된다. 그러나 전후 복구의 문제가 중심으로 떠올랐다는 점에서는 남북한의 문학이 유사한 맥락을 형성하고 있었다. 전쟁기의 문학만 하더라도 남북한 모두 전쟁이라는 상황에 압도당한 흔적을 강하게 드러내지만, 1953-59년에 이르는 전후의 문학에서는 정신적·물리적 차원에서의 전후 복구라는 문제가 중요한 주제로 떠오르게 된다. 남북한의 문학이 인식적 기능과 교양적 기능이라는 특징을 좀더 본격적으로 드러내게 되는 것은 1960년대 이후의 일이라고 보는 것이 좀더 정확하겠지만, 1950년대의 전후 문학에서부터 그러한 조짐은 나타나기 시작한다. 1953-58년에 걸친 종파 투쟁은 북한의 전후 문학이 전후 복구라는 목표를 향한 교양의 무기로서 일사불란하게 움직인 것만은 아니었다는 사실을 반증하는 것이기도 하다. 그러나 결과적으로는 이러한 과정을 통해 북한의 문학은 체제 순응적인 길로 접어들게 된다. 한국전쟁은 남한의 문학에도 압도적인 영향력을 행사한다. 문명에 대한 부정과 비판, 관료주의 등의 전후 현실에 대한 비판, 전통에 대한 옹호와 복고 취향, 휴머니즘 등의 다양한 경향을 보이지만, 한국전쟁과 그것이 남긴 상흔에 대해 객관적 거리를 두고 응시하며 전쟁의 의미에 대해 성찰하기 시작한 것은 1960년 이후의 일이었다고 할 수 있다.
3. 1953-59년에 걸친 반종파 투쟁을 거치면서 북한 문학에서 도식주의를 비판하는 목소리는 점차 사라지게 된다. 이후 북한 문학은 긍정적인 인물 형상을 창조하는, 당 주도의 체제 순응적인 문학으로 자리잡게 된다.

구축되어 가는 과정은 이러한 시대적 분위기와 긴밀히 관련되어 있었다.[4]

이 글에서는 1950-60년대에 전개된 문학 비평 논의 중 전통론을 중심으로 남한에서 순수문학이 구축되어 가는 과정을 상세히 살펴보고자 한다. 전통론이 처음 제기될 당시에는 1950년대 문단의 정신적 공백 상태를 타개하기 위한 대안으로 전통의 문제가 부각되었다.[5] 전통론은 해방 후 비평사에서 결과적으로는 1970년대의 민족문학론으로 이어지는 교량의 역할을 한 셈이지만,[6] 1950년대 중반에서 1960년대 중반에 이르기까지 십여 년 가까이 계속된 전통론의 전개 과정은 1950-60년대의 문단에서 순수문학이 구축되어 가는 과정을 보여준다는 점에서도 의의를 지닌다.

순수문학의 구축 과정에는 문학의 예술성과 사회성을 나누어 보는 대립의 논리가 작동하고 있었다. 이러한 대립의 논리를 통해 순수문학의 구축 과정에서 사회·역사적 상상력을 지닌 문학은 그 미학적 성취 여부를 떠나 배제되기에 이른다. 이 글에서는 1950-60년대의 문학 비평 논의 중에서도 순수문학의 구축 과정과 긴밀히 관련되어 있다고 판단되는 전통론을 중심으로 '순수' 문학이 '참여' 문학의 대타 개념으로서 발견되는 과정을 추적해 볼 것이다.

---

4. 한국의 해방 이후 정치 사회적 지배 담론에 대한 최근의 연구는, 반공주의-발전주의 지배 담론이 민족주의와 결탁하는 과정에 대해 흥미로운 시사점을 던져주고 있다. 1950년대에 고착된 반공주의적 정서가 '의사' 민족주의적인 형태로 변형되어 대북 적대적 정서로 표출된다는 것이다.(조희연 편, 『한국의 정치사회적 지배담론과 민주주의 동학』, 함께읽는책, 2003, 22쪽) 이러한 당대의 정치사회적 지배담론은 1950-60년대의 문학 담론에도 영향력을 행사했을 것으로 보인다.
5. 윤고종, 「문예시평-1955년의 회고와 신년에의 희망」―〈새벽〉, 1956.1, 105-06쪽.
6. 민족문학론으로 이어지는 교량의 역할을 한 데 1950년대 전통론의 의미가 있다고 정리한 대표적인 연구자는 전기철이다. ―전기철, 『한국 전후 문예비평 연구』, 서울, 1994, 208쪽.

2. 전통론의 전개 과정과 대립 관계의 구축

전통을 논점으로 삼는 태도는 우리 문학사에서 대체로 보수적이고 고답적인 가치관을 드러내왔다. 1920년대에 전개된 국민문학파의 시조부흥론이나 1930년대 후반기에 〈문장〉을 중심으로 제기된 전통론도 대체로 보수적이고 복고적인 성격을 지니고 있었던 것이 사실이다. 그나마 일제하의 전통에 대한 논의는 국권 회복이라는 대의명분으로 인해 정당성을 획득할 수 있었지만,[7] 전후인 1950년대에 제기된 전통론은 일반적으로 수세적이고 복고적인 방향의 전후 극복이라는 성격으로 이해되었다.[8] 그러나 1950년대에 전통에 관한 논의가 시작된 맥락에는 한국적 현실에 대한 이해를 요구하는 역사의식이 작용하고 있었다. 당시 유행하던 실존주의로는 전후의 한국 현실을 제대로 이해할 수 없다는 인식이 전통에 대한 관심을 불러일으킨 것이다.[9]

전통에 대한 논의가 1950년대의 한국 문단에서 다시 일어난 데는 이러한

---

7. 황종연은 1930년대 후반기에 '문장파'가 보여준 반근대적 성격에 긍정적인 가치를 부여함으로써 전통을 고수하려는 1930년대 후반기의 지향이 지니는 문학사적 의의를 정당한 것으로 평가하였다. 그러나 이때의 반근대적 성향이라는 것은 전통적인 것의 가치를 긍정하는 태도로서 결국 한국적이고 토속적인 것을 전통적인 것으로 보는 전통에 대한 하나의 태도를 형성하는 데 기여하게 된다.
8. 1950년대 전후 문학의 성격은 한마디로 부정의 정신으로 규정될 수 있다. 모든 기반을 앗아간 한국전쟁의 체험은 모든 것을 무無의 상태로 되돌렸고, 기댈 것이 아무것도 없는 상태에서 처음부터 다시 시작해야 한다는 인식은 불안감과 절망감, 기존의 가치에 대한 부정의 태도를 낳았다. 사회 전체가 극도의 허무주의 상태에 이르렀을 때 후반기 동인을 중심으로 한 모더니즘 시인들은 그러한 전후의 불안의식을 극단적으로 드러내는 방식으로 문학 활동을 해나갔다면, 청록파, 서정주 등의 전통 서정시를 쓴 시인들은 우리 것의 가치를 옹호하고 고수함으로써 전후의 불안의식을 극복하려고 시도한다. 우리 것 속에서 긍정적인 가치를 발견하자는 태도는 일면 긍정적으로 평가할 수 있지만, 이때 긍정되는 '우리의 것'이 대개는 특정한 성향에 한정되어 있다는 데서 오히려 문제가 발생한다. 온건한 것, 서정적인 것, 토속적인 것이 우리가 계승하고 지켜가야 할 전통으로 둔갑하는 변이가 여기서도 일어나게 된다.
9. 전기철, 앞의 책, 197쪽.

맥락이 작용하고 있었지만, 많은 수의 논자들이 전통론에 참여하면서 애초의 문제의식은 흐려지고 은폐된다. 전통론은 1950년대 중반에서부터 1960년대 중반경까지 이어지는데, 십여 년 간 계속된 논쟁에도 불구하고 전통에 대한 논의는 우리의 현대문학을 전통 계승으로 볼 것이냐, 단절로 볼 것이냐라는 문학사적 관점과 전통이란 무엇인가라는 개념에 대한 이해를 중심으로 이루어진다. 전통의 개념에 대한 합의를 도출하기까지 너무 오랜 시간을 끈 논쟁이었고, 구체적인 작품을 대상으로 논의가 진전되지 못함으로써 애초의 문제의식에서 이탈하여 이론과 실제의 괴리를 단적으로 보여준 논쟁이었다. 또한 우리의 것의 가치를 발견하자는 의도에서 시작된 논쟁조차 T.S. 엘리엇의 전통론으로 대표되는 서구의 모델에서 벗어나지 못하는 서구 이론 의존적인 경향을 노출하고 만다.

적지 않은 논쟁이 그런 성격을 지니지만, 전통론도 논의가 전개되어 갈수록 대립적인 성향이 두드러지면서 온당한 비판과 대화를 통해 공유할 수 있는 합의점을 찾기보다는 뚜렷한 경계를 그어놓고 자신의 주장만 되풀이하는 방식의 논쟁이 주가 되어 버린다. 이 장에서는 대립 관계가 어떻게 구축되어 갔는지를 중심으로 전통론의 전개 과정을 살펴보고자 한다. 이러한 대립적 논쟁의 과정은 전통에 대한 입장 차이를 강화하게 된다.

2.1 단절이냐, 계승이냐

전통론의 전개 과정에서 쟁점으로 떠오른 것은 현대 문학의 연속성에 관한 문제였다. 임화가 신문학사에서 우리의 근대 문학은 서구 문학의 이식의 역사라고 선언한 이후 문학사에 대한 단절적 인식은 백철, 조연현에게로 이어진다. 1930년대 후반기에 이태준, 정지용 등을 필두로 하는 〈문장〉의 전통주의적 관점이 우리 문학사에서 다시 부상하기도 하지만, 한국전쟁으로 폐허가 된 1950년대에는 전통 단절론적 입장이 두드러지게 된다.

전통 단절론의 입장을 표명한 전통론의 논자는 조연현, 이어령, 유종호, 이봉래 등이다. 물론 이들 사이에도 관점의 차이는 나타난다. 이어령이 전통 부정론자에 가깝다면, 조연현과 유종호는 전통 단절론적 입장에 서면서도 전통이 부활되거나 올바르게 계승되어야 한다는 입장을 나타낸다. 이어령이 전통 부정론적 견해를 편 이유는 김동리, 서정주로 대표되는 전통주의에 대한 반발 때문이기도 했다.[10] 그는 전후의 현실 속에서 기성의 것을 부정하고 전통주의와 같은 '우상'을 파괴하는 데 주력한다. 전통주의의 현실 패배주의적 성향을 경계한 것이다.[11] 그런가 하면 전통 단절론적 견해를 드러내면서도 조연현은 바람직한 전통 계승의 예로서 서정주와 김동리의 경우를 거론함으로써 이어령과는 다른 문학적 입장을 드러낸다. 그는 서정주의 『귀촉도』 이후의 세계와 김동리의 초기 소설이 민족적 특성을 드러낸다고 긍정적으로 평가한다. 민족적 특성에서 전통을 발견한 조연현의 전통론은 결국 '민족적=전통적=한국적=토속적'이라는 애매모호한 개념 사용에 바탕을 두고 있다. 한국적인 것과 전통적인 것, 민족적인 것과 전통적인 것 등이 혼동되어 쓰인 이러한 현상은 1950년대의 전통론 전반에 걸쳐서 나타나는 특징이기도 했다.

유종호는 최근에 한 대담에서 1950년대를 회고하며 당시의 문맥에서 전통이란 김동리, 서정주, 조연현 등이 말하는 바에 따르면 '한국적인 것이 전통적인 것'이었고, 여기서 한국적인 것은 '김동리적인 것'이거나 '서정주적인 것'이라는 식으로 이야기되고 있었다고 증언하였다.[12] 그는 기본적으로

---

10. 이어령·이상갑 대담,「전후문학과 '우상'의 파괴」, 강진호·이상갑·채호석 편,『증언으로서의 문학사』—깊은샘, 2003, 63-64쪽.
11. 이후 세대론의 구도가 확립되면서 순수-참여의 대립 구도 속에서 전후 세대에 속한 이어령은 60년대 논자와의 대타적 자리인 '순수' 문학론 쪽에 가담하게 된다. 모더니즘과 전통 서정이 현실 참여적이지 않다는 측면에서 하나의 입장으로 통합되고 그 대척점에 참여 문학이 서게 되는 기이한 변이가 일어나게 된 것이다.

전통 단절론자였지만, 전통을 부정하는 입장은 아니었고, 전통의 문제는 구체적인 맥락 속에서 논의되어야 한다는 판단에 따라 토착어의 세계에 대해 관심을 기울이게 된다.

전통론 초기만 하더라도 논자들 사이에는 다양한 입장 차이가 있었고, 전후의 한국적 현실을 좀더 분명히 인식하자는 취지에서 전통론이 제기된 맥락이 자리잡고 있었다. 그러나 전통론이 논쟁의 양상을 띠어갈수록 전통 단절이냐 계승이냐라는 입장의 차이가 두드러지면서 현실과 관련된 문제의식은 흐려져 가고, '단절이냐 계승이냐'의 문제로 논점이 모아지는 역사적 변질이 일어나게 된다.

1960년대 초에 〈사상계〉에서 기획한 대담에서는 이러한 성향이 더욱더 두드러져서 대담에 참여한 논자들이 대화를 통해 서로간의 차이를 인정하고 극복하려 하기보다는 자신의 입장만을 반복해서 재확인하는 데 그치고 만다.[13]

당시의 대표적인 전통 계승론자는 조지훈, 김종길, 구중서 등이었는데 이들의 전통론도 대개는 T.S. 엘리엇의 전통론에 근거한 것이었다. 전통은 인습과는 다른 것이고, 과거의 것일 뿐만 아니라 현재적이고 미래적인 가치를 지닌 것이라는 데에는 전통 논의에 참여한 대부분의 논자들이 동의하고 있었다. 사실상 이들의 차이는 어떤 것을 현재적이고 미래적인 가치를 지닌 전통으로 보느냐에 있었다고 할 수 있다. 그것은 한국의 현대문학을 전통 단절로 보느냐 전통 계승으로 보느냐의 문제와는 다른 차원의 문제였다.

전통론이 좀더 생산적인 논의를 끌어내기 위해서는 구체적으로 어떤 것이 현재적이고 미래적인 가치를 지닌 전통이냐의 문제에 논의가 집중되었

---

12. 유종호·이남호 대담, 「1950년대와 현대문학의 형성」, 강진호·이상갑·채호석 편, 『증언으로서의 문학사』—깊은샘, 116-17쪽.
13. 「단절이냐 접합이냐」, 문학 심포지움 신문학 오십년—제1회 시 —〈사상계〉, 1962.5, 310-29쪽.

어야 했다. 구체적인 작품을 토대로 논의가 이루어졌다면 십여 년 동안 공전을 거듭하는 방식으로 전통론이 전개되지는 않았을 것이다. 우리의 문학적 '전통'에 대해 논의하면서도 그 이론적 근거를 T.S. 엘리엇의 「전통과 개인의 창조적 재능Tradition and the Individual Talent」이라는 논문에 두고 있었다는 점[14]은 1950년대 전통론자들의 논의 수준을 보여 주는 아이로니컬한 사건이라 할 만하다.

2.2 전통성과 현대성의 대립

논의를 거듭할수록 전통 단절이냐 전통 계승이냐라는 입장의 대립이 전통론에서 두드러지게 부상하면서 전후의 한국 현실에 대한 올바른 인식이라는 문제의식은 논의의 표면에서 사라지게 된다. 1950년대의 전통론자들은 대부분 엘리엇의 전통에 대한 견해를 이론적으로 수용하고 있었다. 그것은 우리의 현대문학이 과거의 전통으로부터 단절되었다는 전통 단절론의 입장에 서면서도 전통의 계승을 지향했던 조연현 같은 문학사가의 경우나 외국문학 전공자였던 이봉래의 경우나 전통과 인습을 구분할 것을 주장한 조지훈의 경우나 정병욱 등과 같은 고전문학 전공자의 경우가 모두 마찬가지였다. 이들은 입장의 차이를 떠나 전통이 과거는 물론 현재와 미래에도 통용될 만한 가치를 지니고 있어야 한다는 데 동의했다. 전통의 개념은 이들에게 선험적으로 주어진 것이었다고도 할 수 있다. 그러나 엘리엇의 전통론에서 이들이 수용한 것은 전통에 대한 이론적 개념에 불과했다. 엘리엇의

---

14. T.S. 엘리엇의 「Tradition and the Individual Talent」는 〈자유문학〉 1956년 12월호에 '고전과 전통'이라는 특집의 하나로 「전통과 개인적 재능」이라는 제목으로 번역되어 실렸다. 번역은 양주동이 담당했다. '고전과 전통'이라는 특집에 실린 나머지 글들이 최일수, 정병욱, 전광용, 이태극, 한교석 등의 필자가 쓴 고전과 전통에 관한 글들이고, 번역문은 엘리엇의 글 하나밖에 없었다는 사실만으로도 1950-60년대의 전통론자들에게 엘리엇이 미친 영향을 짐작해 볼 수 있다.

전통론을 토대로 쓰여진 시 「황무지」는 당대의 논자들에게는 '서구적' 전통의 모델일 뿐이었다. 전통에 대한 1950년대의 논의가 '한국적'인 것과 '토속적'인 것에 대한 논의로 흐르게 된 까닭은 그 때문이었다.

 옛것에서 '전통적'인 것, 또는 '한국적'인 것을 찾는다고 했을 때 어느 것을 전통적이거나 한국적인 것으로 보느냐의 문제는 결국 현재적이고 미래적인 가치를 어디에 두느냐에 따라 달라질 수 있다. 그러나 당대의 논자들은 대부분 이러한 문제를 간과한다.[15] 옛것에서 그들이 찾아낸 '전통'은 대체로 1920년대와 1930년대 후반에 '전통'이라는 이름으로 부활했던 복고적이고 토속적인 취향에 국한된 것이었다. 김동리의 소설이나 서정주와 청록파의 시가 전통 계승의 바람직한 예로서 자주 거론된 데는 이들이 해방 후 문단에서 차지하고 있던 입지 이외에도 이런 이유가 작용하고 있었다.

 전통적인 것이 한국적이거나 민족적이거나 토속적인 것으로 오인되는 개념의 착종이 일어나면서 전통적인 것의 의미는 점점 더 협소해지게 된다. 대부분의 논자들이 전통은 인습과 구별되는 것이고 과거의 것이면서 현재적이고 미래적인 가치를 지니는 것이라는 데 동의하면서도, 논의의 과정 속에서 전통성과 현대성을 대립시키는 논리를 드러내게 된 것도 전통적인 것의 의미가 협소해지는 맥락과 관련되어 있었던 것으로 보인다. 그 단적인 예를 조연현의 경우에서 찾을 수 있다.

 조연현은 전통이란 과거를 지배해 왔고, 현재에 작용되면서 미래를 좌우할 힘으로서 변모해 가는 불멸의 근원적 주체적인 역량이라고 보았다.[16] 그는 서정주와 김동리의 경우를 바람직한 전통 계승의 예로 거론하면서 서정주는 『화사집』에서 반전통적 면모를 보이지만, 이후 전통적 세계로 변모해 갔고, 김동리는 초기 소설에서 전통적 세계를 보여주다가 이후 반전통적 세

---

15. 뒤에서 자세히 논하겠지만, '어떤' 전통이냐의 문제에 관심을 가진 논자였다는 점에서도 최일수는 1950년대의 전통론에서 중요한 위치를 차지한다.

계로 변모해 갔다고 이들의 작품 세계를 정리한다. 그런데 이때 조연현이 말하는 '전통적'이라는 개념은 '정관적, 정신적, 윤리적, 도덕적'인 성격을 지니는 것인 반면 그에 대립되는 '반전통적'이라는 개념은 '행동적, 육감적, 반윤리적, 반도덕적'인 성격을 지니는 것이다.[17] 그는 정관적인 것과 행동적인 것을 각각 '전통적'인 것과 '반전통적'인 것에 짝지어 놓았는데 이는 현실에 대한 상반된 태도를 형성하는 것이다. 조연현은 '전통적'인 것을 기존의 가치에 순응하는 정적인 개념으로 파악하고 그로부터 행동적이고 반윤리적인 성격을 배제함으로써 전통적인 것의 개념을 축소시키기에 이른다. 그밖에도 조연현은 자연과 인사人事의 대립으로 전통적인 것과 반전통적인 것의 대립을 설명하기도 한다. 그에 따르면 자연은 동양문학적 전통에 가까운 것이요, 인사는 서구문학적 전통에 가까운 것이다. 우리의 문학적 전통이 인사, 즉 사람살이의 문제보다는 자연의 문제에 더 많은 관심을 기울여 왔다는 발언을 통해 조연현은 '전통적'인 것으로부터 '인사,' 즉 현실의 문제를 자연스럽게 배제한다. 조연현의 전통론에서 전통적인 것과 반전통적인 것의 대립은 자연과 인사의 대립을 거쳐 전통적인 것과 현실적인 것의 대립으

---

16. 조연현은 해방 공간에서 전통 단절론적 인식을 보여주었던 대표적인 논자였으나, 전후의 전통 논의에는 적극적으로 참여하지 않았다. 그런 그가 서정주와 김동리를 바람직한 전통 계승의 예로 거론하며 전통 논쟁에 적극적으로 뛰어들게 되는 데는 세대 논쟁의 맥락이 자리잡고 있었다. 「우상의 파괴」(《한국일보》, 1956.5.5), 「화전민 지역」(《경향신문》, 1957.1), 「신화 없는 민족」(《경향신문》, 1957.3) 등으로 이어지는 구세대의 문학에 대한 이어령의 공격은, 문협 정통파인 조연현을 신세대의 공격에 맞서 구세대를 옹호하는 자리에 서게 만들었다. 결국 그는 해방 공간에서 자신이 펼쳤던 전통 부정적 인식과는 거리가 먼, 전통 계승의 논리로 전통 논쟁에 참여하게 되었다. 그런데 60년대 순수-참여론이 제기되면서 60년대 세대에 의해 조연현·이어령을 비롯한 50년대의 비평가들은 다시 한 번 비판의 대상이 된다. 60년대 세대가 주장한 참여 문학에 대응하는 논리를 펴기 위해 '순수' 문학 역시 하나로 결집하게 되는데, 이때 서로 다른 문학적 입장을 보였던 조연현과 이어령은 '순수' 문학적 입장에서 하나로 만나게 된다.
17. 조연현, 「민족적 특성과 인류적 보편성」─《문학예술》, 1957.8.

로 나아가게 된다. 이러한 대립항의 설정은 이후 '순수' 문학과 '참여' 문학의 대립을 예고하는 것이기도 했다.

전통이라는 개념의 변질은 조지훈에게서도 나타난다. 전통 계승론자인 조지훈은 우리의 시사詩史를 '전통적·서정적' 경향과 '민중적·의욕적' 경향으로 나누어 보았다. 그는 이러한 대립이 정지용과 임화에게 와서 더욱 더 두드러졌다고 본다.[18] 전통적·서정적인 것과 민중적·의욕적인 것을 나누어 보는 이러한 대립 구도는 정지용으로 대표되는 전통적·서정적 경향과 임화로 대표되는 현실 참여적 경향을 나누어 봄으로써 자연스럽게 '전통적이고 서정적인 것=민중적·의욕적이지 않은 것,' 즉 '현실 참여적이지 않은 것'이라는 구도를 드러내기 시작한다. 이러한 대립 구도는 이후에 '전통적·서정적 경향=순수 문학,' '민중적·의욕적 경향=참여 문학'이라는 구도로 이어지게 된다.

2.3 이론과 실제의 괴리

1950-60년대에 전개된 전통론은 이론과 실제의 괴리가 두드러진다는 특징을 지니고 있었다. 당대의 전통론자들은 전통의 개념을 논하거나 당위로서 '전통'에 대해 이론적으로 접근할 때에는 전통이 역사적·사회적 소산이라는 점을 강조했지만, 실제로 이들에 의해 '전통적'이라고 논의된 작품들이 그러한 특성을 충분히 반영하지는 못했다.[19]

1950-60년대의 전통론은 이론적으로 엘리엇의 지배적인 영향 아래에 놓여 있었다.[20] 현재적이고 미래적인 가치가 강조되거나 개성을 뛰어넘는 개인의 창조적 재능이 중요시된 맥락은 엘리엇의 영향이었다. 이러한 현상은

---

18. 「문학 심포지움 신문학 50년— 제1회 시」 —〈사상계〉, 1962.5, 324쪽.
19. 서정주, 김동리, 청록파의 경우가 대표적이다. 전통적이라고 주로 논의되어 온 이들의 작품에는 대체로 역사적·사회적 상상력이 소거되어 있었다.
20. 「문학 심포지움 신문학 50년— 제1회 시」 —〈사상계〉, 1962.5, 312쪽.

엘리엇이 말한 의미에서의 전통이 우리에겐 없다고 말한 이어령 같은 논자에게서나 엘리엇의 전통론을 우리가 지향해 가야 할 목표점으로 설정해 놓은 한교석, 이봉래 등의 영미문학 전공자들에게서나 공통적으로 나타난다. 그런데 엘리엇이 유럽적 전통을 포괄적이면서도 창조적으로 계승하여 「황무지」라는 문제작을 낳은 데 비해 1950-60년대의 전통론에서 전통 계승의 구체적인 예로서 거론된 작품은 지극히 제한적이었다. 청록파, 서정주, 정지용, 김동리 등의 작품이 전통 계승의 예로서 주로 거론되었다. 그 배후에는 앞에서 말한 것처럼 전통적인 것은 한국적인 것이고, 한국적인 것은 '서정주적'이거나 '김동리적'인 것이라는 식의 논리가 작용하고 있었다.

이론에 걸맞은 전통의 실제에 대해 논의하기 위해서는 전후의 현실에 대한 정확한 이해와 철저한 인식을 바탕으로 과거의 것 중에서 우리가 계승해야 할 현재적이고 미래적인 가치가 무엇인지에 대한 구체적인 논의가 선행되어야 했다. 그래야만 현재적이고 미래적인 가치를 지니는 문학적 전통에 대해서도 구체적이고 실질적인 논의가 이루어졌을 것이다. 그러나 1950-60년대의 전통론은 구체적인 작품을 대상으로 논의가 진전되지 못함으로써 논의의 깊이를 확보하는 데까지 나아가지는 못했다. 전통론에서 집중적으로 거론된 작품의 실례를 기준으로 볼 때에는 1950-60년대의 전통론은 1930년대 후반기에 〈문장〉을 중심으로 전개된 복고적이고 수세적守勢的인 전통론에서 그다지 나아가지 못했던 것으로 보인다.

이론과 실제의 괴리를 단적으로 보여주는 1950-60년대의 전통론을 거치면서 서정주와 김동리의 작품은 전통적인 문학의 대표성을 획득하기에 이른다.[21]

3. '순수' 문학과 '참여' 문학의 발견

전통론에서 대립적 성향이 두드러지게 되면서 '전통적'인 것과 '반전통적'

인 것의 대립은 '전통적'인 것과 '현대적'인 것, 또는 '전통적'인 것과 '현실적'인 것의 대립으로 변질되게 된다. 이와 함께 몇몇 논자들에 의해 '전통적'인 것은 '전통적→ 전통적·서정적→ 순수'와 같은 변모를 겪게 되고 마찬가지로 대립적 짝인 '반전통적인 것' 역시 '반전통적→ 현실적→ 참여'와 같은 변모를 겪게 된다. '순수' 문학과 '참여' 문학은 애초부터 대립적인 짝으로서 존재했다기보다는 전통론의 대립적 성향이 강해짐에 따라 '발견'된 개념이었다고 보는 것이 좀더 정확할 것이다.[22]

 이 장에서는 1950-60년대의 전통론에서 독보적인 존재였다고 평가할 만한 최일수의 전통론을 중심으로 '순수' 문학과 '참여' 문학이 발견되는 과정을 추적해 보려고 한다. 최일수는 전통성과 현대성을 이분법적으로 나누어 보지 않고 공존하는 것으로 본 논자였지만, 복고적 전통과 현실 비판적 전통을 구분한 그의 전통론은 결과적으로 '순수'와 '저항 정신'을 나누어 보는 분리적 시각에 기여하게 된다.

---

21. '어떤 전통이냐를 문제삼지 않는 한 이러한 오류는 '지금, 여기'에서도 여전히 반복된다. '전통' '전통적'인 것 '전통 서정시'라는 지칭에서 일반적으로 연상되는 의미를 생각해 보면 여전히 우리가 '전통적인 것'에 대해 선입견을 가지고 있음을 인정하지 않을 수 없다. 고려가요나 사설시조, 민요가 보여준 에로티시즘의 미학이라든가 판소리, 마당극 등으로 이어져 오는 서민 문학의 전통, 김삿갓이라는 파격적 전통 등이 우리 문학사에도 엄연히 존재해 왔음에도, 전통적이라고 하면 '전통 서정'을 먼저 연상하는 태도나 '전통 서정'과 거리가 먼 이상이나 김수영의 시를 또 하나의 전통으로 인정하기보다는 이단이나 반전통적인 것으로 취급하는 분리의 시선에 훨씬 더 익숙함을 상기해 볼 필요가 있을 것이다.
22. 김동리가 1946년「순수문학의 진의」에서 '휴머니즘'을 강조하며 민족문학의 당면 과제로서 순수 문학의 정신을 강조할 때부터 이러한 대립은 어느 정도 예견된 것이기는 했지만, 이분법적 대립 구도가 강화되는 것은 1950-60년대의 전통론을 거치면서였다.(김동리,「순수 문학의 진의」—〈서울신문〉, 1946.9.14(김동리,『문학과 인간』—민음사, 1997, 79-81쪽))

3.1 논리의 역전— '복고적'이냐 '현실 비판적'이냐에서 '순수'나 '참여'냐로

'전통'이나 '전통적'이라는 개념이 지나치게 협소하게 쓰이는 현상이라든가 전통론이 보여준 이론과 실제의 괴리 현상에 대해 반론을 제기한 논자로서 주목할 만한 비평가는 최일수이다. 그는 서정주와 청록파의 시를 예로 들면서 전통론이 영원주의나 신비주의로 흐를 위험을 경고한다.[23] 전통론에서 그가 강조하는 것은 '저항 정신'과 '현대적인 정신'이다. 최일수는 청록파와 서정주의 신비주의나 영원주의를 복고적 전통이라 규정하면서 이는 바람직한 전통이 아니라고 보았다. 청록파와 서정주의 시는 근대문학적 '순수'의 개념에 가까운 것이라는 비판을 통해 그는 '순수'와 '저항 정신'을 나누어 보는 시각을 마련하였다. 그가 현대적인 정신이라고 지칭하기도 한 '저항 정신'은 이후 '참여' 문학의 정신으로 이어지게 된다.

청록파와 서정주의 시를 '근대문학적 순수'의 예로 보았던 최일수는 '현대적'인 시의 예로 김규동과 김종삼의 시를 거론한다.[24] 다만, 김종삼의 시에 대해서는 현대문학적 '순수'에 해당하는 시라고 함으로써 '현대적'인 것과 '현실 비판적', 또는 '참여적'인 것을 바로 동일시하지는 않는다. 단순한 일반화나 동일시에서 벗어나 있었기 때문에 최일수의 전통론은 동시대의 다른 논자들에 비해 풍부해질 수 있었다. 초시대적인 영원성을 고수하려는 시와 그런 경향에 대해 심각하게 우려했던 최일수는 '어떤' 전통이냐의 문제를 중요하게 제기한 논자라는 점에서도 주목되어야 한다.

최일수는 전통 논의를 전개하면서 '복고적'인 태도와 '현실 비판적' 태도를 구분한다. 현대 시인들의 전통 부정의 맥락이 전통주의의 복고적 요소에 대

---

23. 최일수, 「종착역의 기수(1)」—⟨현대문학⟩, 1964.1, 225쪽; 최일수, 「종착역의 기수(3)」—⟨현대문학⟩, 1964.3, 245쪽.
24. 최일수, 「종착역의 기수(2)」—⟨현대문학⟩, 1964. 2, 264-65쪽; 최일수, 「종착역의 기수(3)」—⟨현대문학⟩, 1964.3, 243쪽.

한 것임을 단언함으로써 최일수는 동시대의 시인들, 특히 모더니즘 계열의 시인들을 옹호하기도 했다.[25] 그는 1960년대의 시인들과 청록파로 대표되는 이전 세대의 시인들을 구분하는 세대론적 태도를 드러내기도 한다. 이전 세대의 시인들이 전통 우위주의, 복고주의를 표방한 데 비해, 1960년대의 시인들은 현재와 미래에 기여하는 전통을 중시하였다는 것이다. 최일수가 복고적 전통과 현재와 미래에 기여하는 전통의 예로서 든 작품은 춘향전을 소재로 한 서정주의 「춘향유문」과 박재삼의 「춘향이 마음」이었다. 서정주의 「춘향유문」을 봉건적 모럴을 드러낸 시로 평가한 반면, 박재삼의 「춘향이 마음」을 불의에 대한 저항 정신이 드러난 시로 평가하였다. 그러나 서정주와 박재삼의 작품에 대한 최일수의 평가는 객관적이지 못하다는 한계를 드러낸다. 서정주의 시는 신비주의와 복고주의에 빠진 근대적인 시로 보면서 박재삼의 시는 「춘향전」의 저항적 정신을 살린 현대적인 시로 본 점, 청록파와 서정주의 시가 지닌 감상성을 비판하면서 〈후반기〉 동인들의 시에 보이는 감상성은 인식하지 못한 점, 현대시와 근대시를 가르는 기준이 사실상 모호하고 주관적인 점, 현대와 근대, 현대성과 근대성의 질적인 차이에 대해 강조하면서도 정작 그 개념을 분명히 하지 못한 점 등은 최일수가 지닌 한계였다.

그는 우리가 계승해야 할 문학적 전통으로, 향가정신으로부터 이어져 내려와 춘향전 등과 같은 평민문학의 내면에 흐르는 민족 정신을 인식하고 있었다. 향가의 독자성과 판소리 문학, 특히 춘향전의 저항 정신을 높이 산 최일수의 견해는 조윤제와 김태준의 전통론을 계승한 것으로 보인다.[26] 아울러 서구의 레지스탕스 정신까지 우리가 계승해야 할 문학적 전통으로 보고

---

25. 이후 전통론에서 민족문학론으로 나아가면서 최일수는 모더니즘 시인들에 대한 비판을 감행하게 된다. '어떤' 전통이냐를 문제삼을 때 복고적 전통과 현실비판적 전통 중에서 모더니즘 계열의 시인들이 후자에 속한 반면, 순수냐 참여냐가 대립항으로 설정될 때 모더니즘 계열의 시는 오히려 '참여'적인 태도에 미달한 시, 즉 '순수'에 가까운 시로 분류되는 변질이 다시 한 번 일어나게 된다.

있었다.[27]

　최일수의 전통론에서는 저항정신, 주체성, 현실의식 등이 강조된다. 그의 전통론은 '전통→ 전통 서정·순수' '반전통→ 저항·참여' 식의 이분법적 구도를 넘어서는 논의의 수준을 보여준다. 최일수는 전통론이 민족문학론으로 이어지는 과정에서 교량의 역할을 담당한 논자였다고 평가할 수 있다. 순수·참여 논쟁은 전통론이 민족문학론으로 흡수·통합되는 과정에 자리잡고 있었다. 전통론이 민족문학론으로 흡수·통합되면서 민족문학론자는 대개 문학의 현실 참여론을 주장하는 논자로, 복고적 전통을 옹호하는 문학의 전통주의자들은 순수문학론자로 나뉘게 된다. 최일수의 전통론은 '어떤' 전통이냐를 문제 삼음으로써 이분법적인 대립의 논리를 넘어선 풍요로움을 지니게 되었지만, 복고적 전통과 현실 비판적 전통의 구분은 결과적으로는 전통론이 순수·참여 논쟁을 거쳐 민족문학론으로 나아가는 데 기여하게 된다. 최일수의 민족문학론은 복고적 전통의 문학과는 거리를 두는 것이었으므로 그의 논리 전개 과정 속에서도 현실 비판적 전통은 참여 문학으로, 다시 민족문학으로 계승되었으며, 상대적으로 복고적 전통은 순수 문학으로 계승되는 전이가 일어나게 된다.

　이후 최일수는 극단의 전통주의와 세계주의를 비판하며 새로운 민족문학을 창조하고 분단을 극복할 것을 제창한다.[28] 민족문학론으로 이어지는 교량의 역할을 담당했다는 점에서도 최일수의 전통론은 중요한 의의를 지닌다.

---

26. 최일수가 자신의 글에서 조윤제와 김태준의 전통론에 대해 직접 언급하지는 않았지만, 향가정신을 우리가 계승해야 할 문학적 전통으로 강조하는 대목에서는 조윤제가, 춘향전의 저항정신을 높이 평가하는 대목에서는 춘향전을 역사·경제학적 관점에서 유물론적으로 분석·연구한 김태준이 자연스럽게 연상된다. 최일수는 이전 시대의 대표적 전통론자의 견해를 계승하는 것으로써 자신의 전통론의 출발점을 삼은 것이다.
27. 최일수, 「우리 문학의 현대적 방향─전통의 올바른 계승을 위하여」─〈자유문학〉, 1956.12.
28. 최일수, 「전통주의와 세계주의」─〈현대문학〉, 1969.9.

3.2 '사이'의 부재

순수·참여 논쟁은 1960년대의 비평사에서 가장 커다란 쟁점이 된다. 그러나 '순수' 문학과 '참여' 문학은 애초부터 있어 왔던 개념이라기보다는 1950-60년대의 전통론을 겪으면서 '발견'된 개념이라고 할 수 있겠다. '순수' 문학적 입장과 '참여' 문학적 입장의 대립은 1950년대의 전통론이 전개되는 과정에서 배태된 것이라고 할 수 있다.

논쟁이라는 것이 기본적으로 대립적 성격을 지니게 마련이지만, 완강한 이분법적 대립의 논리 속에서 세밀한 '차이'는 사라지게 된다. 마찬가지로 여기에도 저기에도 속하지 않거나 양쪽에 다 속하는 사이의 영역이 사라지고 선명한 경계만 남게 된다. 서로 공유하는 지점이 사라져 감에 따라 논의의 풍요로움은 사라지고 배제의 논리가 강화되기에 이른다.

염무웅은 1960년대의 순수·참여 논쟁을 당시 비평계의 성숙 과정이자 이론 훈련 과정으로서 긍정적으로 평가하였지만,[29] 그에 못지 않은 부작용도 있었다. 전통론이 그랬던 것처럼 논쟁의 과정에서 '순수냐 참여냐'의 대립이 강화될 때 문학과 현실의 관계에서 순수도 참여도 아닌 중간 지대는 자연히 설 자리를 잃어버리게 된다. 그것은 순수냐 참여냐의 대립항이 설정된 후의 절충주의와는 또 다른 문제이다.

〈창작과비평〉 창간호 권두논문에서 백낙청은 문학의 이월가치라든가 자율성을 중시하면서 참여문학론에 비판적인 입장을 나타내었다.[30] 이렇게 논쟁의 초기 단계까지만 해도 순수문학적 입장과 참여문학적 입장 사이에도 '문학의 자율성'을 공유하는 부분이 있었던 것으로 보인다. 논쟁이 진행되어 가면서 대립적 입장이 분명해지고, 서로를 적으로 규정하게 됨으로써

---

29. 염무웅·김윤태 대담, 「1960년대와 한국문학」, 강진호·이상갑·채호석 편, 앞의 책, 421쪽.
30. 백낙청, 「새로운 창작과 비평의 자세」—〈창작과비평〉 창간호, 1966 겨울.

'문학의 자율성'을 강조하는 논의는 자연히 순수 문학의 입장에 서게 되고, 문학의 사회적 참여를 강조하는 논의는 '참여' 문학의 입장에 서게 되는 이분법적 대립의 구도가 마련되었을 것으로 보인다.

4. 결론

이상에서 살펴본 바와 같이 1950년대의 전통론은 1960년대의 순수·참여 논쟁을 거쳐 민족문학론으로 계승되는 변이의 과정을 겪는다. 순수 문학은 1950-60년대의 전통론에서 대립 관계를 구축해 나감으로써 '발견'된 것이었다. 이후 참여 문학과의 대립적 관계를 유지해 나가면서 순수 문학과 참여 문학은 점차 적대적인 논리를 강화해 나가게 된다. 1960년대에 '순수-참여' 논쟁이 일어난 후 한국의 현대문학사에는 순수문학과 참여문학의 대결 구도가 오랫동안 지속된다. 문학은 사회적이거나 역사적인 요구라든가 시대적인 요청으로부터 벗어난 것이어야 한다는 논리는 우리의 경우에 결코 전통적인 문학관으로부터 비롯된 생각도 아니었고, 역사가 오랜 입장도 아니었다. 오히려 전통적인 재도지기載道之器의 문학관은 사회·역사적인 문제로부터 문학이 자유로울 수 없다는 생각에 더 가까웠다.

순수문학은 한국전쟁과 그로 인한 분단의 고착화를 겪으면서 만들어진 개념이라고 할 수 있다. 순수문학의 구축 과정에는 순수문학을 옹호하고 고수하려는 논리 못지 않게 사회·역사적인 상상력을 지닌 문학을 축소하고 은폐하려는 배타적인 배제의 논리가 작동하고 있었다. 이러한 배타성은 참여 문학의 경우에도 예외는 아니었다. 사회·역사적 상상력이 어떻게 나타나는지에 대해서는 무관심했고, 자연스럽게 리얼리즘만이 사회·역사적 상상력을 표방한 형식미학이자 세계관으로서 정당성을 획득하게 된다. 이러한 논리 아래 '참여' 문학을 표방한 입장에서는 전통 서정에 기반한 '순수' 문학과 '모더니즘' 문학을 모두 배제하게 된다.

대립적 관계는 상대방을 적으로 규정하는 절차나 논리를 필연적으로 가져오게 된다. 우리의 경우에도 전통론을 거쳐 민족문학론으로 정착되어 가는 과정에서 겪게 되는 순수-참여 논쟁은, 이러한 대립 관계에 서로를 위치하게 함으로써 적대적인 입장을 견지하여 마침내 서로의 공통 분모나 서로가 포섭하지 못하는 '외부'를 잃어버리게 하는 결과를 초래한다.

동시대의 우리 문학에 대해 사회·역사적 상상력이 부재한다는 지적이 일고 있다. '지금, 여기'를 살아가는 많은 사람들이 동의하는 일이겠지만, 그렇다고 해서 사회·역사적 상상력의 공백을 성급히 메우려는 태도는 오히려 역효과를 자아낼 수 있다. 좀더 중요한 것은 사회·역사적 상상력이 발휘된 작품을 무조건 옹호하려는 태도가 아니라 그 공백이 의미하는 바를 정확하게 꿰뚫어 보고 '어떻게' 그 공백을 메울 수 있을지를 근본적으로 사유하는 일이다.

1990년대에 들어와 〈창작과비평〉으로 대표되는 민족문학 진영은 몸 바꾸기를 시도하며 전통 서정시와의 만남을 모색하고 있다. 1992년에 씌어진 염무웅의 글에서 이러한 사실을 구체적으로 확인할 수 있다. 1960년대에 참여문학론자로 활동했고, 이후 민족문학 진영을 대표해 온 논자 중 한 사람인 염무웅은 '기만적인 언어유희'라는 말로 1950년대 모더니즘 시를 비판한다. '전통적·한국적'과 '민족적'에는 대립되는 점이 있다고 하면서도 난해시보다는 낯익은 정서와 익숙한 가락의 시, 즉 전통적이고 한국적인 서정시에 좀더 우호적인 태도를 드러낸다.[31] 그러나 이러한 견해는 기존의 시,

---

31. 그는 김수영, 송욱, 전봉건 등 50년대의 모더니스트들이 김기림의 한계를 넘어서지 못했다고 비판하면서 상대적으로 전통 서정시 계열이 이룬 성취에 대해 다음과 같이 평가하였다.
"서정주를 우두머리로 하는 일군의 시인들이 내놓은 업적은 '난해시'라고 통칭되었던 기만적인 언어유희(사실상 모국어의 파괴이자 모국어에 대한 난폭한 유린)에 비할 때 일정한 민족문학적 의의를 갖는다고 보아야 한다." —염무웅, 「5, 60년대 남한문학의 민족문학적 위치」, 〈창작과비평〉, 1992 겨울, 57쪽.

또는 시적인 것에 대한 기성적 인식의 옹호라는 태도를 낳음으로써 기존의 것을 비판하고 새로운 것을 창조해 내려는 정신을 억압, 부정하는 것이 될 수 있다. 1990년대의 한국 시단에서는 리얼리즘과 복고 또는 보수의 만남이라는 역사적 사건이 일어나게 되는데, 이는 대중적 상업주의와 궁극적으로 연관된다. 대립 구도의 강화가 개념이나 논리의 착종을 일으키고 사이의 영역을 사라지게 하는 일은 '지금, 여기'의 문학에서도 여전히 반복되고 있다.

1960-70년대 리얼리즘 논의와
외국문학 전공 비평가들의 상징권력

오창은◆

1. 김동리와 '사회주의적 사실주의'

1978년 9월 13일, 〈조선일보〉는 「한국문학 오도하는 일부 비평」[1]이라는 자극적인 제목의 기사를 내보냈다. 이 기사는 1978년 9월 12일 태창출판부 주최의 문학강연회에서 김동리가 「한국문학의 나갈 길」이라는 제목으로 행한 강연을 보도한 것이었다. 〈조선일보〉는 "사회주의적 사실주의 흐름에 우려"라는 부제를 달고 5면의 주요기사로 배치하여 독자들의 눈길을 잡아끌었다. 기사에 의하면 김동리는 "우리나라에서는 문학의 사상성思想性이라 할 때 독자나 평론가나 작가 자신들도 정치성-사회성만을 생각하는 것이 통념화되어 있는데, 이는 크게 잘못된 것이며 이것이 일반적인 세계문학의 경우와는 다른 한국문학의 특질"이라는 주장을 펼쳤다고 한다.[2]

◆ 상지대 강사. 문학평론가. 〈모색〉 편집위원.
문학과비평연구회는 '문학 권력과 정전의 탄생'이라는 주제로 2003년 6월 21일 중앙대에서 심포지엄을 개최했다. 필자는 '외국문학 전공자들의 상징권력 획득에 관한 고찰'을 발표했는데, 권성우 교수가 토론을 맡아주었다. 이 논문은 권성우 교수의 질의와 조언을 받아들여 당시 발표문을 일부 수정한 것이다.
1. 「한국문학韓國文學 오도誤導하는 일부 비평批評」—〈조선일보〉, 1978년 9월 13일자, 5면.

당시는 '긴급조치 9호' 등 공안의 칼바람이 엄혹했던 유신체제였다. 따라서 누가 어떤 의도로 '사회주의'라는 용어를 사용했느냐에 따라 파문의 정도는 달라질 수밖에 없었다. 한국 문단의 영향력 있는 원로였던 김동리가 '특정 계간지를 중심한 일부 비평그룹'을 향해 이 용어를 들이대며 비판의 예봉을 세웠으니 문제는 심각할 수밖에 없었다. 당시 '사회주의 사실주의'라는 것은 단지 학문적 용어로 얌전히 받아들일 수 있는 것이 아니라, 친북이적 행위와 바로 연결되는 불순한 기운을 잔뜩 자아내는 용어였던 것이다. 따라서 비판을 받은 측은 즉각적인 반박을 해야하는 상황에 내몰리게 됐다.

이에 임헌영·구중서·염무웅이 김동리의 주장에 반론을 제기한다. 「현실現實 고발이 사회주의社會主義인가」³라는 글을 통해 임헌영·구중서는 '사회주의 사실주의' 개념을 김동리가 악의적으로 사용하고 있음을 비판했다. 임헌영은 '사회의 그늘이나 부조리를 그린 문학을 비난'하는 김동리의 문학관 자체를 비판하고 있다. 반면 구중서의 논의는 상당히 조심스럽다. 구중서는 '1970년 이후 리얼리즘 논의와 해방 후 일시 휩쓸렸던 사회주의 계열'은 전혀 다른 맥락이라고 해명하고 있다. 구중서의 이러한 조심스러운 태도는 당시 '사회주의'라는 용어가 갖고 있는 '불온성'을 다시 한 번 확인하게 해 준다.⁴ 염무웅도 "오늘의 작가들이 물질物質의 편이 아닌 인간人間의 편에 서서

---

2. 이 강연 원고는 김동리가 일부 내용을 다시 추가하고 정리해 〈월간문학〉 1978년 11월호에 게재했다. ―김동리, 「한국적 문학사상의 특질과 그 배경」, 〈월간문학〉 1978년 11월호.
3. 임헌영, 「「인본人本」 토착화 위해 부조리不條理 외면 못해」 - 순수·종교문학宗敎文學만 「진짜」는 아니다」 ―〈조선일보〉, 1978년 9월 24일자, 5면; 구중서, 「문학사文學史의 사실주의寫實主義 흐름을 취한 것뿐 - 해방解放 후의 「좌익」 연관은 지나친 비약」 ―〈조선일보〉, 1978년 9월 24일자, 5면.
4. 이 논쟁은 이후 김동리가 「문학文學엔 「임무任務」가 있을 수 없다」(〈조선일보〉, 1978년 9월 27일, 5면)로 대응하자 백낙청, 염무웅, 구중서 등이 다시 대응하는 양상으로 변해갔다.

허위虛僞 아닌 진실眞實을 위해 증언하려는 자각自覺"을 가져야 한다고 주장하면서, 이러한 논의가 "김동리金東里씨가 우려하는 것처럼 과거 카프문학의 때 지난 계급주의로 돌아가는 것일 수도 없고, 어떤 종류의 목적문학目的文學이나 도구문학道具文學으로 되는 것일 수도 없다"고 주장했다.[5]

이 논쟁은 1970년대 '리얼리즘' 논의의 한 정점을 보여준다. 김동리는 해방기 우익 문단의 첨병이었던 '조선청년문학가협회' 회장이었고, '한국문인협회의 이사장'을 역임했으며, 1978년 당시에는 중앙대학교 예대 학장이었다. 그런 원로 문인이 1978년에 새삼스럽게 어깨를 걷어붙이고, 젊은 중진 평론가들과 싸워야 했던 이유는 무엇이었을까? 김동리는 표면상 평단의 일부 경향을 비판하고 있는 듯하지만, 그 이면에는 1960년대 후반부터 한국 문학 비평의 중요한 이론으로 자리잡아가고 있던 '리얼리즘'에 대한 견제의 의도가 깔려 있었다. 김동리의 이러한 위기의식은 1970년대 한국 문학에서 리얼리즘 논의가 그만큼 급속히 성장했음을 반증한다. 임헌영은 당시 상황에 대해 "백낙청 구중서 염무웅, 그리고 박현채와 나 등 몇몇이 모여 이 혼탁해지는 논쟁의 대응 방안을 논의한 결과 더 이상 대꾸하지 말자는 결론"[6]을 내렸다고 전한다. 임헌영의 증언은 1970년대 후반 박정희 독재체제에 맞서기 위해 진보적 지식인들이 특정 사안에 대해 공동 논의했음을 암시한다. 게다가 영문학을 전공한 백낙청과 독문학자 염무웅, 국문학 전공자인 구중서·임헌영과 경제학자 박현채 등은 모두 〈창작과비평〉에 직·간접적으로 관여하고 있던 지식인들이었다. 김동리는 강연에서 〈창작과비평〉을 직접적인 공격 대상으로 지칭하지는 않고 있다. 그러나 당시 〈창작과비평〉은 '자유실천문인협의회'와 유대 관계를 맺고서 '리얼리즘론→ 민족문학론→ 민족문학론의 제3

---

5. 염무웅, 「인간人間편에 선 진실眞實의 증언證言 – 김동리씨의 논지에 평론가 염무웅씨의 대한 답신答信」―〈조선일보〉, 1978년 10월 11일자, 5면.
6. 임헌영, 「문학 논쟁 비화 두 가지」, 『문단유사』―월간문학출판부, 2002, 93쪽.

세계 문학론 수용'이라는 이론적 경로를 거치고 있었다.

김동리는 '자유실천문인협의회'와 〈창작과비평〉이 '한국문인협회'와 '순수문학이념'을 위협하는 존재로 인식했다. 그는 1961년 한국문인협회 결성을 실질적으로 주도했고, 〈월간문학〉(1968)과 〈한국문학〉(1973) 등의 매체를 주도하며 자신의 순수문학론을 한국 문단의 주요 이념으로 유지시켜왔다. 비록 1973년 이후 조연현의 주도하에 한국문인협회가 운영되고 있었고 〈현대문학〉의 영향력이 막강했다고는 하지만, 김동리는 〈창작과비평〉과 '자유실천문인협회'가 문학이념을 달리하는 경계의 대상으로 비쳐졌던 것이다. 이 논쟁에서 행해진 김동리의 비판은 '순수문학'이나 '인간주의 민족문학'으로 지칭했던 자신의 문학관을 다시 피력하는 수준에 머물렀고, 또한 수시로 '경향문학이나 목적주의 문학'을 들먹이는 정치적 의도성을 드러냈다. 따라서 김동리가 촉발시킨 논쟁은 박정희 체제의 한 정점에서 남북분단 이데올로기를 다시 한 번 호명함으로써 자신과 문학이념을 달리하는 진영을 공격하기 위해 '정치적으로 계산된 싸움'이었다.

그렇다면, 과연 리얼리즘론은 1960-70년대 한국문학에서 어떤 위치를 차지하고 있었을까? 한국문학사에서 볼 때, 리얼리즘은 1920년대와 1930년대 카프KAPF 진영의 문학이념이었으며, 해방기에는 좌익 문학운동진영의 논리적 기반이었다. 1950년대에 간헐적으로 리얼리즘 논의가 제기되기는 했으나 분단현실 때문에 항상 주변부로 밀려나야 했다.[7] 그러다 4.19의 영향으로 1960년대 중후반부터 리얼리즘에 관한 논의가 확대되기 시작했다.

---

7. 1950년대 리얼리즘 주창자로는 최일수를 꼽을 수 있다. 최일수는 1955년 〈조선일보〉 신춘문예 등단작인 「현대문학과 민족의식」에서 '민족적 리얼리즘'을 주창하면서 "민족문학의 현대적 정신은 민족의 자주정신의 '모티브'를 가장 현실적으로 반영하고 있는 '리얼리즘'과 결합된다"고 주장했다. —최일수, 「현대문학과 민족의식」, 『현실과 문학』, 형설출판사, 1976, 22쪽.

필자는 '리얼리즘' 논의 과정에 대한 재구성 작업을 통해, 1960-70년대 남한의 비평계의 특징을 살펴보고자 한다. 특히, 리얼리즘 논의와 관련해 외국문학 전공자들이 획득한 '상징권력symbolic power'[8]과 국문학 전공자들과 해외문학전공자들의 이론적 연대에 주목하려 한다. 사소한 오해를 방지하기 위해 '외국문학 전공자'와 '국문학 전공자'의 구분 자체에 어떤 가치평가가 전제돼 있는 것은 아니라는 사실을 밝혀둔다. 필자가 1960-70년대 리얼리즘론 전개 과정에서 살피고자 하는 것은 이른바 서구 문학이론이 한국에 적용되는 과정에서 나타나는 수용양상이다. 이러한 접근법은 서구의 문학이론이 변형되는 과정을 추적하는 것이기에 탈식민주의적 연구방법론과 연관된 것이기도 하고, 한국의 분단 현실이 이념과 이론에 작동하는 방식을 문제삼는 것이기에 이데올로기 비판적 성격을 지니기도 한다. 더불어 필자는 부르디외의 상징권력을 원용해, 영향이라는 측면에서 상징권력을 바라보려 한다. 영향은 뚜렷한 흔적을 남기며 현재에도 지속되는 경우도 있지만, 흔적을 남기지 않는 심리적 현상으로 내면화되는 경우도 있다. 그러므로 상징권력이 전개되는 양상을 살필 때는 외부에서 강제된 부분과 내부의 자발적 합의를 동시에 바라보는 성찰적 태도가 필요하다고 본다.

2. 1960년대 후반, '리얼리즘의 귀환'은 어떻게 이뤄졌는가

1960-70년대 리얼리즘 논의는 어느 순간 비평진영의 주요한 담론으로 유행

---

8. 상징권력은 획득되는 것이 아니라, 특정한 상황에서 나타나는 효과를 일컫는다. 따라서 다양한 차이에 기반한 관계가 차별적 질서로 전환되면서 타자의 인정을 통해 발휘되는 권력이라고도 할 수 있다. 이에 대해 부르디외는 "상징권력은 권력을 행사하고 그것에 복종하는 사람들 사이의 주어진 관계속에서 그 관계를 통해 정의되는데, 즉 믿음이 생산되고 재생산되는 장의 구조속에서 정의된다"고 밝히고 있다.
—Bourdieu, Pierre. *Language and Symbolic Power*, translated by G. Raymond and M. Adamson. Cambridge: Polity Press, 1991, p.170.

하기도 했지만, 그 이면에는 다양한 역사적 조건들이 작용하고 있었다.[9] 필자가 역사적 조건을 언급하는 것은 결정론적 사고를 전제하는 것이 아니다. 주체는 선택을 통해 끊임없이 운명을 개척해 가는 존재이기도 하지만, 역사 속에 던져진 채 과거로부터 부여된 것들을 떠안아야 하는 존재이기도 하다. 현재의 행위가 지나간 과거의 조건에 영향을 미칠 수는 없다. 주체는 현재에 대한 자기 결정권을 지니면서 '지금과 미래'에 영향을 미칠 뿐이다. 현재의 자기 결정권도 주관적으로 주어진 것이 아니라, 이미 주어진 조건들에 대한 면밀한 분석을 통해서 더욱 큰 영향력을 발휘할 수 있다. 1960-70년대 '리얼리즘 논의'에 대한 접근에서 주체역량과 그 시대의 사회문화적 조건을 따지는 것도 이런 이유 때문이다.

그렇다면 1960년대 중반에 '리얼리즘론'이 재등장할 수 있었던 시대적 조건은 어떤 것이었을까. 이는 '과거로부터 부여받았거나 계승된 사회문화적 상황'에 대한 고찰을 통해 재구성해야 한다.

첫째, 4.19혁명과 5.16 군사 쿠데타를 겪으면서 '근대적 시민 주체'에 대한 논의가 진행된 상황에 주목할 필요가 있다. 1960년대 지식인들은 '희망'(4.19)과 '좌절'(5.16)이 한 몸이라는 사실과 '상승'이 있으면 '하강'이 뒤따른다는 현실 논리를 아프게 경험했다. 1960-70년대의 전체적 상황은 발전 이데올로기에 의한 파시즘적 동원체제였다. 박정희식 개발독재는 불균등 경제 성장을 당연한 것으로 생각했기에 착취의 보편화를 통해 자본의 축적을 이루려 했다. 따라서 박정희 체제의 모순은 민중생존권은 물론 자유민주주

---

9. 1970년대 초의 분위기는 염무웅의 다음과 같은 언급을 통해서도 짐작할 수 있다. "수년래 '순수'니 '참여'니 하는 엇갈린 논쟁들이 있었고 최근에는 '리얼리즘'이 인기 있는 항목으로 등장했으나, 그 어느 것이든 참으로 의미있는 문학적 실천에서 동떨어져 말로써만 논의된다며 그것은 무엇인가 불순한 동기를 감추었거나 불행한 결과를 초래할 하나의 미명美名임을 면치 못할 것이다."—염무웅,「창간 5주년을 맞이하여」,〈창작과비평〉, 1991년 봄호, 263쪽.

의적 논의까지 억압하는 방식으로 은폐될 수 밖에 없었다. 이 와중에서 일군의 지식인 진영은 스스로를 4.19세대라고 지칭하면서 자신의 정체성을 적극적으로 표명했다.

이들은 '주체의 문제'에 대한 인식이 한국사회에는 결여돼 있다고 보고, 그 대안으로 '시민 주체'에 주목하게 됐다. 그 초기의 문제의식은 문학진영에서 이른바 '소시민 논쟁'으로 촉발됐다. 김현·김주연은 '소시민의식'을 '시민의식'으로 가는 과정의 문제로 파악한 반면 백낙청은 궁극적 지향점을 '시민의식'으로 상정하고 '소시민 의식'을 부정적으로 평가했다. '시민 주체'가 1960년대 젊은 비평가들의 쟁점이 된 것은 '사회와 개인'의 관계에 대한 고민 때문이다. 만약 시민 주체가 구성된다면 어떤 방식으로 사회와 관계를 맺을 수 있을 것인가? 이에 대한 해답은 사르트르의 앙가주망을 중심에 놓고 진행된 '순수/참여' 논쟁의 이론적 기반을 뛰어넘는 새로운 논의를 통해 탐구될 수 있었다. 바로, '리얼리즘 논의'가 하나의 진전된 대안으로 인정받게 된 것이다.

둘째, 문단 및 문학 제도의 분화에 이은 1960년대 문단의 다원화에 주목할 필요가 있다. 1960년대 초까지 한국 문단은 자유문협과 한국문협으로 양분돼 있었으며, 〈현대문학〉과 〈자유문학〉이 주요한 매체였다.[10] 그런데 1960년대 초를 넘어서면서 다양한 매체들이 등장해 한국 문단이 활성화되었다. 구체적인 매체의 분화 양상을 살펴보면 〈한양〉(1962), 〈세대〉(1963) 〈청맥〉(1964), 〈문학춘추〉〈신동아〉(1964), 〈창작과비평〉〈한국문학〉〈현대시학〉

---

10. 1950년대는 〈문예〉〈현대문학〉〈자유문학〉 등이 이미 추천제도를 활성화해 신인배출을 주도하면서 문단의 인적 확대를 일궈냈다. 조연현 주간·오영수 편집장의 〈현대문학〉(1955년 1월 창간-현재), 오영진 발행·박남수 편집주간의 〈문학예술〉(1954년 4월 창간-1957년 12월 종간), 자유문학자협회 기관지 〈자유문학〉(1956년 6월 창간-1963년 5월 종간)은 1950년대의 주요 매체였다. ―김윤식, 『발견으로서의 한국현대문학사』, 서울대학교 출판부, 1997, 414-16쪽 참고.

〈문학〉(1966), 〈월간중앙〉〈월간문학〉(1968), 〈상황〉〈68문학〉(1969), 〈다리〉〈문학과지성〉〈현대시조〉(1970) 등이 창간됐다. 1950년대는 문단조직과 연관돼 있는 기관지 성격을 지닌 문예지가 우월적 지위를 확보하고 있었는데, 1960년대에 접어들면서 종합지 성격을 지닌 매체의 창간이 두드러진다. 물론 1950년대에도 〈사상계〉의 영향력이 두드러지기는 했지만, 1960년대에 들어서는 진보적 성향의 종합지인 〈한양〉〈세대〉〈청맥〉〈창작과비평〉 등이 창간됨으로써 다양한 소집단 운동이 활발해졌다. 더불어 〈현대시학〉과 〈현대시조〉와 같이 장르에 따른 매체분화 양상도 보여주고 있다.

매체의 분화가 바로 문단질서의 재편을 의미하지는 않는다. 이는 하나의 법 아래 다양한 하위법이 생겼다고 해서 법질서가 재편되지 않는 것과 같다. 근본적으로는 법 철학이 바뀌어야 하고, 또 최상위법이 변해야만 한다. 문학제도도 다양한 매체들의 발흥이라는 양적 확대가 질적 전화로 이어지기 위해서는 문학이념의 분화가 이뤄져야 했다. 그런 측면에서 각 매체들은 정체성 확보를 위해 '토론'과 '논쟁'을 강화하는 등 문학이념의 경합을 벌이게 된다. 바로 여기서 '차이'의 문제가 논점으로 제기될 수밖에 없다. 월간지 중심의 매체가 계간지 발간체제로 바뀐 것이라든지, 장르별 전문 매체가 등장한 것도 형식적 차이를 확보하기 위한 것이었다. 내용적 측면에서도 이들 새로 창간한 매체들은 새로운 언어와 문학이념을 어떤 식으로든 생산해 내야 했다. 이를 부르디외식으로 표현하면 '차이 속에서, 그리고 차이를 통해서 존재의 의미를 찾으려는 것이 상징권력의 속성'이라고 할 수 있다.[11] 1960년대 중반 '리얼리즘 논의'도 차이의 인정을 통한 타자로부터의 상징권력 획득 과정이었다.

셋째, 1960년대에 접어들면서 세계문학과의 접촉면이 넓어지면서 외국

---

11. 삐에르 부르디외, 최종철 옮김, 『구별짓기: 문화와 취향의 사회학 (상)』—새물결, 1995, 364-65쪽 참고.

문학전공자의 활동이 두드러졌다. 역사적으로 볼 때 외국문학전공자들은 한국문학에 대한 '비평 및 이론화 작업'을 지속해 왔다. 1926년 해외문학파의 활동을 비롯해 주지주의문학론을 통해 카프문학의 도식성을 비판한 최재서의 활동이 대표적이다. 1950년대 후반부터는 유종호와 김우창 등 영문학 전공자들이 적극적인 비평활동으로 한국문학의 풍부화에 이바지했다. 그러나 외국문학 전공자들이 매체를 창간하면서 한국문학에 대한 제도적 개입을 본격적으로 시작한 것은 1960년대에 이르러서다. 1960년대에 등단한 신진평론가 진영은 외국문학전공자와 해외유학파를 다수 포함하고 있었다. 더욱 구체적으로 살펴보면 백낙청은 영문학을, 김현·김치수는 불문학을, 염무웅·김주연은 독문학을 전공했다. 특히 이들 중 미국에서 유학한 영문학자 백낙청, 프랑스에서 유학한 김현·김치수의 활동은 외국 문학 이론의 한국적 수용에 많은 영향을 끼쳤다. 비평활동에서 이들은 한국문학과 외국문학을 넘나들며, 다양한 서구문학사의 이론과 텍스트를 비평의 도구로 활용했다. 외국문학 전공자들은 원전의 인용을 통해 권위를 보증받았으며, 이 권위가 누적돼 일부에서는 권력 효과가 발생하기도 했다. 리얼리즘 논의의 경우는 백낙청·김현·염무웅 등이 세계문학의 보편성과 한국적 상황을 결합시키면서 논지의 구체성 획득에 기여했다.

마지막으로 외국문학 전공자들이 1960년대 중반 들어 활발한 활동을 할 수 있었던 배경에 대해 첨언할 필요가 있다. 1960년대에 접어들면서 한국문학계는 세계문학의 다양한 원전 번역 텍스트를 보유할 수 있게 되었다. 1950년대를 시작으로 1960-70년대에 외국문학 원전 번역이 눈에 띄게 활발해졌다.[12] 그 중 19세기 사실주의와 자연주의를 대표한 프랑스 작가들의 번역 현황이 눈길을 끈다. 1950년대부터 1970년대까지 모파상 작품이 117편, 발자크 작품이 63편, 스탕달 작품이 54편, 플로베르 작품이 42편, 졸라 작품이 33편 번역되었다.[13] 1960년대 후반에는 리얼리즘 논의에서 주요하게 거론되는 프랑스 작가들의 작품이 이미 대부분 한국어로 번역된 상태였다. 이러한 원전 텍스트의 번역은 한국 작가들의 작품 활동에 직·간접적으로 영향을 미쳤고, 외국문학 전공자들은 외국 원전의 용이한 인용을 통해 이론적 논의를 보다 수월하게 전개할 수 있게 되었다. 리얼리즘과 관련한 구체적 텍스트가 이미 한국어로 번역돼 있는 상황이고, 더불어 이들 작품들은 대부분 세계문학의 정전canon으로 간주됐다. 따라서 리얼리즘 논의가 한국문학과 세계문학 텍스트에 대한 구체적 비교 작업을 통해 진전될 수 있었다.

3. 외국문학 전공자와 국문학 전공자의 이론적 연대

대부분의 이론은 현실로부터 출발해 추상화되는 것이므로, 그 형성과정에는 도전과 논쟁, 충돌과 굴절이라는 이야기성을 지닐 수밖에 없다. 이를 흔히 이론의 서사, 또는 '개념의 역사'라고 지칭하기도 한다. 따라서 모든 개념은 표상된 것의 이면에 생존의 증거이자 투쟁의 흔적인 상처를 지니고 있다. 개념에 들러붙은 흔적은 수많은 주체들이 행한 개입이며, 훼손이며, 원본으로부터의 이탈이다. 그리고 그 상처들이 '어떤'이 아닌 '바로 그 문학이념이나 이론'이 되게 하는 역사성으로 작용한다.

문학 이론의 형성에 개입하고 있는 행위자들은 무의식적으로 자신의 흔적을 '개념'에 새겨 넣게 된다. 따라서 하나의 개념이 현재까지 지속적인 영향력

---

12. 근현대 서양문학이입사연구 및 번역문학사 연구는 김병철 교수에 의해 실증적 자료와 통계 자료를 확인할 수 있다. 김병철 교수는 1950, 60, 70년대 영국, 미국, 프랑스 3국의 소설 번역 양상을 다음과 같은 통계 자료로 제시하고 있다. —김병철, 『한국현대번역문학사연구(하)』, 을유문화사, 1998, 580쪽.

연대	영국	미국	프랑스
1950	128	192	258
1960	246	332	372
1970	782	1158	937

13. 위의 책, 581쪽.

을 발휘하고 있다면, 그 개념에는 다양한 주체들이 새겨 넣은 치열한 싸움의 흔적과 더불어 시대의 요구가 응축돼 있다. 분단 이후 한국 문학사에서 '리얼리즘론'은 가장 치열한 싸움이 벌어졌던 전장戰場이었다고 할 수 있다.

1960-70년대 리얼리즘 논의 과정에서 기록할 만한 전투는 1970년과 1978년에 벌어졌다. 1978년 김동리가 제기한 '사회주의적 사실주의'에 논쟁은 이미 앞에서 진상을 확인했다. 1970년의 논쟁은 〈사상계〉 1970년 4월호에 게재된 「4.19와 한국문학」이라는 좌담으로 표출됐다.[14] 이 좌담을 다수의 국문학자들은 리얼리즘 논의의 출발점으로 거론하고 있다. 예를 들면, 이동하는 "리얼리즘의 문제를 둘러싼 논쟁은 (중략) 구중서와 김현 두 사람이 한 좌담회 석상에서 첨예한 의견대립을 보인 것으로부터 시작되었다"[15]고 주장한다. 백문임도 "60년대 현실과 문학을 바라보는 관점 내지 문학적 방법론의 문제가 '리얼리즘'이라는 주제로 집약되기 시작한 것은 70년대 「4.19혁명과 한국 문학」 좌담 이후 김현과 구중서가 논쟁을 벌이고 염무웅·김치수·김병익이 가담하면서이다"[16]고 보고 있다. 유문선도 1970년대 초반의 리얼리즘 논의가 1970년 4월호 〈사상계〉 좌담에서 시작된 것으로 보고 있다.[17] 그러나 이러한 국문학계의 통념은 수정돼야 한다. 리얼리즘론이 논쟁으로 사건화된 것은 「4.19와 한국문학」이라는 좌담을 통해서지만, 이미 1960년대 중후반부터 리얼리즘론의 필요성에 관한 제기는 지속적으로 있어 왔다. 좌담의 사회를 봤던 임중빈도 1970년 벽두에 「70년대 문학전망— 우리에게 리얼리즘은 가능한가?」라는 도전적 화두를 이미 던진 바 있다.[18] 그

---

14. 좌담, 「4.19와 한국문학韓國文學」—〈사상계〉 1970년 4월호, 289-316쪽.
15. 이동하, 『한국문학과 비판적 지성』—새문사, 1996, 7쪽.
16. 백문임, 「70년대 리얼리즘론의 전개」, 『1970년대 문학연구』—소명출판, 2000, 252-53쪽.
17. 유문선, 「남한 리얼리즘론의 전개과정」, 『다시 문제는 리얼리즘이다』—실천문학사, 1992, 27-28쪽.

의 입장은 "한국문학사의 방향전환이 리얼리즘의 지평위에서 수행되기를 바란다"[19]라는 언술에 집약돼 있다. 임중빈은 이러한 입장을 가지고 바로 3개월 후에 개최된 〈사상계〉 좌담회에서 사회자로 나선 것으로 보인다. 좌담회는 어떤 문제를 돌발적으로 제기하는 형식이 아닌 기간의 문제를 정리하고 점검해 보는 성격이 강하다. 따라서 1970년 〈사상계〉의 좌담회도 논란중인 리얼리즘론을 정리하고 점검하는 차원에서 기획되었다고 볼 수 있다. 그러므로 논쟁 중심으로 리얼리즘론 전개 과정을 파악하면서 〈사상계〉 좌담회인 「4.19와 한국문학」을 과도하게 중시하는 태도는 수정돼야 한다.

그럼에도 이 좌담회는 무시할 수 없는 중요한 논점들을 품고 있어 검토가 필요하다. 4.19혁명 10주년을 기념하기 위해 1970년 3월 14일 사상계사 회의실에서 개최된 이 좌담회에는 원래 임중빈의 사회로 최인훈·김윤식·김현·구중서가 참석하기로 돼 있었다. 그러나 최인훈의 불참으로 인해 좌담은 구중서와 김현이 '리얼리즘론'을 놓고 대립하는 양상으로 나아갔다.[20] 기조발제를 맡은 김윤식은 개인의 자유가 4.19 이후에 한국사회에서 가능해졌다는 측면을 주목해 '리얼리즘은 4.19로부터 출발했다'는 주장을 펼쳤다. 김윤식과 구중서는 4.19와 리얼리즘의 관계를 시민층의 형성이라는 측면에서 긍정적으로 보는 편이나, 김현은 '4.19 좌절로 인해 리얼리스트들은 자기 계층의 부재라는 쓰디쓴 확인'을 하는 데 그쳤다고 반박한다. 여기서 주목할 부분은 김현과 구중서의 리얼리즘에 대한 이해방식의 차이가 아니라, 김현과 구중서가 전개하는 논리의 유사성이다. 구중서와 김현은 서로의 논의를 반박하면서 각각 최인훈·하근찬과 최인훈·김승옥을 구체적 텍스트로 제시

---

18. 임중빈, 「70년대의 문학전망文學展望 - 우리에게 리얼리즘은 가능한가?」 ―〈사상계〉 1970년 1월호.
19. 위의 책, 299쪽.
20. 구중서·강진호 대담, 「1960, 70년대와 민족문학」, 『증언으로서의 문학사』 ―깊은샘, 2003, 374쪽 참고.

하고 있다. 그러나 자신이 옹호하는 텍스트에 대한 정당화의 근거는 구중서의 경우 아르놀트 하우저에게서, 김현의 경우는 루카치와 골드만에게서 끌어오고 있다. 이는 일종의 '원본 회귀 욕망'이라고 지칭할 수 있다. 김현과 구중서는 '리얼리즘론'에 대한 입장차이를 피력하고 있는 듯 하지만, 환원 가능하다고 생각하는 원본(거울)을 갖고서 대리전을 치렀다고 볼 수 있다.

그렇다면 한국에서 발생한 4.19혁명을 중심에 놓고 한국 문학의 가능성을 탐색하는 자리에서 어떤 이유 때문에 '리얼리즘론'이 중요하게 부각된 것일까? 게다가 지속적으로 아르놀트 하우저와 게오르그 루카치, 그리고 발자크의 리얼리즘론을 인용해야만 했던 이유는 무엇이었을까?

바로 이 부분에서 1960-70년대 리얼리즘 논의에서 서구이론의 수용과 변용을 주도했던 백낙청을 주목하게 된다. 백낙청은 1955년 미국으로 건너가 브라운 대학에서 독문학과 영문학을 분할전공한 후 1960년 하버드 대학 영문학 석사과정을 마치고 귀국했다. 그는 1963년 서울대 영문과에 임용된 후 1966년 1월에 〈창작과비평〉을 창간해 '한국문학과 서구문학의 만남'을 주도하게 된다. 리얼리즘과 관련해서는 1967년 1월 〈신동아〉에 발표한 「서구문학의 영향과 수용— 그 부작용과 반작용」(〈신동아〉 1967년 1월호)이 눈에 띤다. 이 글에서 백낙청은 "6.25 이후 좌파문인들의 대폭 제거除去와 반공反共태세의 강화로 한국문단韓國文壇의 보수주의적 성격이 더욱 굳어지면서 이러한 현상이 일층 두드러지게 된 것이다. 문학에 있어서 그 주요主要 결과를 말한다면 그것은 일반적으로 문학인들의 사회의식社會意識의 쇠퇴, 그리고 소설에 있어서 리얼리즘의 부정否定이라고 하겠다"[21]고 지적하며 진보주의와 리얼리즘의 관계를 적극적으로 제시했다. 더불어 백낙청은 같은 해 (1967) 〈동아일보〉에서 "한국소설의 고민을 집약하는 리얼리즘의 문제는 문

---

21. 백낙청, 「서구문학의 영향과 수용 - 그 부작용과 반작용」 ―〈신동아〉 1967년 1월호, 동아일보사, 401쪽.

학의 문제이자 사회 전체의 문제"²²라고 강한 어조로 주장하기도 했다. 그렇다면 백낙청은 한국 리얼리즘의 비판적 전통을 회복시키려 했던 것일까? 만약 한국 리얼리즘의 비판적 전통이 회복되려면 '금지된 것에 대해 이야기하기'가 이뤄져야 한다.

기존의 문학 장내에서 배제된 것을 다시 불러 낼 때, 그 호명 행위는 역사성으로부터 자유로울 수 없다. 리얼리즘이라는 문학이념의 몸에 들러붙어 있는 '이데올로기적 공포'도 쉽게 떨쳐질 수 있는 것은 아니었다. 사실주의가 리얼리즘이라는 외투를 둘러쓴 '귀환병'으로 바뀌었을지라도, '귀환병'의 몸에 배어 있는 전투의 흔적은 지워지지 않는다. '귀환병'은 스스로 침묵할지라도, 주변인물들은 귀환병의 과거흔적을 환상적으로 생성해 유포시킨다. 리얼리즘 논의에 비판적인 논자들은 과거의 흔적으로 '사회주의 리얼리즘론'을 환기시키면서 공격적인 몸짓을 취한다. 선우휘는 1968년에 '요즘 60년대의 평론가라는 젊은 작가들이 소설을 평하는 것은 사회주의 리얼리즘에서 요구하는 동반자의 문학'²³이라고 몰아붙이기도 했고, 1970년대 초 리얼리즘 논쟁이 진행되면서 김현도 "레닌·스타린에 이르러 조직화된 사회주의 리얼리즘은 후진국의 문학인들을 좌파이론左派理論에만 이끌리게 하여 예술을 사멸시킨다"²⁴고 경계한 바 있다. 김동리가 1978년에 '사회주의적 사실주의'를 들이대며 공격적인 태도를 취한 것은 이미 앞에서 지적한 바 있다. 이렇듯 리얼리즘 논의가 다시 이뤄지기 위해서는 반공 이데올로기의 먹음직스러운 표적인 '사회주의 리얼리즘'의 역사적 흔적과 싸워야만 했다. 그러기 위해서는 귀환병(리얼리즘)이 스스로 말하고, 자신이 새로운 존

---

22. 백낙청, 「한국소설韓國小說의 리얼리즘의 전망展望」―〈동아일보〉 1967. 8. 12.
23. 선우휘 외, 「근대소설·전통·참여문학」―〈신동아〉 1968년 7월호.
24. 김현, 「한국 소설의 가능성 – 리얼리즘론 별견」―〈문학과지성〉 1970년 가을호, 일조각, 46쪽.

재임을 증명할 수 있는 이론적 토대를 마련할 필요가 있었다. 백낙청은 이 싸움을 '서구이론'의 보편성이라는 설득구조를 갖고 우회한다. 그렇게 해서 그가 선택한 것이 레이먼드 윌리엄스와 아르놀트 하우저다.

따라서 〈창작과비평〉 1967년 가을호에 백낙청이 번역해 게재한 레이먼드 윌리엄스의 「리얼리즘과 현대소설」[25]과 염무웅이 번역한 아르놀트 하우저의 「스땅달과 발자크」[26]는 단순한 외국이론의 소개 이상의 의미를 지닌다. 영국 노동계급 출신의 좌파 지식인인 레이먼드 윌리엄스는 당시 한국 사회에는 알려지지 않은 인물이었다. 윌리엄스의 「리얼리즘과 현대소설」은 『장구한 혁명The Long Revolution』(1961)에 수록돼 있다. 영국에서도 『장구한 혁명』의 발간은 '전후 영국 지적 전통에서 획기적 사건'으로 평가받고 있다. 스튜어트 홀은 이 저작을 "의미와 정의가 사회적으로 구축되고, 역사적으로 변화하는 '전체적 과정'으로 정의" 했다는 점을 높이 평가하고 있다.[27] 『장구한 혁명』은 '고대 이후 19세기 낭만주의 시기까지 '리얼리티reality'와 '예술art'을 이분법적으로 분리해 사고'해온 일반적 인식을 비판하고 있다. 이 책에서 윌리엄스는 경험을 통한 규칙들의 습득에 대해 언급하면서 '규칙들은 불변하는 것이나 초월적인 것이 아니라 역사적이며, 변화하는 인간 환경에 따라 다양하게 전개'된다는 사실을 중시한다. 백낙청도 한국의 구체적인 '사회적 역사적 상황'이 세계 자본주의 사회의 변화 과정에서 이해돼야 한다고 보고 있다.

아르놀트 하우저는 역사적이면서도 사회사적인 변화를 강조하면서 예술

---

25. 레이먼드 윌리엄스, 백낙청 역, 「리얼리즘과 현대소설」 ―〈창작과비평〉 1967년 가을호.
26. 아르놀트 하우저, 염무웅 역, 「스땅달과 발자크: 19세기의 사회와 예술(2)」 ―〈창작과비평〉 1967년 가을호.
27. Turner, Graeme, *British cultural studies: an introduction*, New York: Routledge, 1992, p.52.

사를 기술했다. 그는 루카치와 만하임 등의 영향으로 예술을 유물론적 시각에서 해명한 좌파 지식인이다. 아르놀트 하우저는 그의 대표작 『문학과 예술의 사회사』에서 자본주의화 산업화 와중에서 예술의 성격이 어떻게 변화했는가를 추적한 바 있다. 따라서 레이먼드 윌리엄스와 아르놀트 하우저는 정태적 예술론보다는 동태적 예술론을 강조한 좌파 지식인이었다. 백낙청은 사회적 역사적 맥락에서 예술의 역할도 변화해가는 것으로 파악했고, 그 변화과정을 해명할 수 있는 서구 이론가로 레이먼드 윌리엄스와 아르놀트 하우저를 제시하고 있다.

이 두 서구이론가는 이후 한국사회에서 전개되는 대부분의 리얼리즘 논의에서 반복적으로 인용된다. 조동일은 1967년 〈현대문학〉 10월호에 발표한 「리얼리즘 재고再考」에서 이 두 논문에 대해 논평한 후 "미완성인 채로 남아 있는 전통적 리얼리즘에 대한 관심이 어느 때보다 구체화할 기미를 보이며, 이로부터도 시대적인 제약을 철폐한다면 오늘날을 위해서 큰 힘이 될 수 있다"[28]고 언급한다. 즉 새로운 리얼리즘에 대한 강한 긍정을 이 두 논문에 대한 논평을 통해 제시하고 있는 것이다. 특히 아르놀트 하우저의 「스땅달과 발자크」는 1970년대 리얼리즘 논의의 준거틀이라고 할 수 있다. 하우저의 이 글은 구중서와 김현이 논쟁한 좌담 「4.19와 한국문학」에서 주요하게 인용된 바 있다. 이후에도 '발자크의 리얼리즘'은 구중서·염무웅·김병걸뿐만 아니라, 김현·김병익까지 인용하는 리얼리즘 논의의 정전이 되었다. 그 근간에는 '리얼리즘의 승리'로 일컬어지는 발자크의 리얼리즘이 자리하고 있다. '리얼리즘의 승리'는 '반동적 세계관을 지녔음에도 불구하고 더욱 진보적인 예술가'로 평가받은 발자크의 문학적 태도를 지칭하는 것이다. 따라서 1970년대 리얼리즘 논쟁은 항상 발자크의 리얼리즘을 어떻게

---

28. 조동일, 「리얼리즘 재고」—〈현대문학〉 1967년 10월호, 268-70쪽.

이해할 것인가에 대한 입장 차이로 수렴되는 경향이 강했다. 한편 백낙청은 제1기 문학론의 결산이라고 할 수 있는 「시민문학론」(1969)에서 '리얼리즘론과 시민문학론의 유대관계'를 설파했다.[29] 백낙청은 이후 다시 미국 하버드 대학으로 1969년부터 1972년까지 유학을 떠나게 되고, 그가 하버드 대학 박사과정을 이수하는 동안에 한국에서는 리얼리즘 논쟁이 진행됐다.

백낙청이 중심이 돼 제기한 리얼리즘론이 외국문학 전공자의 제안에 그쳤다면, 그 파급력은 미미했을 것이다. 그러나 리얼리즘론은 1969년 창간한 〈상황〉 동인들이 가세하면서 한국 문단 전반으로 확산된다. 1969년 상반기에 창간된 〈상황〉의 편집동인으로는 임헌영·구중서·백승철·김병걸·신상웅·주성윤이 참여했다.[30] 임헌영은 "당시의 한국문단에 대한 전반적인 비판 의식에서, 새 계간지들이 나왔지만 어딘지 우리의 현실을 적절하게 담아내는 문학이 아니라는 의견을 같이 하는 문학인들"이 모여 〈상황〉을 창간하게 됐다고 밝혔다.[31] 그러나 리얼리즘 논의에서는 계간지 〈창작과비평〉과 〈상황〉이 이론적 연대를 한 것으로 보인다. 실제로 리얼리즘론과 관련된 논쟁적 문제제기는 〈상황〉 동인인 임헌영, 구중서, 김병걸이 주도하기도 했다. 〈상황〉 동인은 창간호에 수록된 「상반기 소설평」에서 비평의 이념으로 '엑추얼리티(사실주의)'를 제시하고 있어 눈길을 끈다. 이 글에서 백승철과 임헌영은 "오늘의 사실주의는 그냥 그리는 게 아니다. 창조하는 힘을

---

29. 백낙청, 「시민문학론市民文學論」—〈창작과비평〉 1969년 가을호.
30. 〈상황〉은 1969년 창간호 이후 1974년 7호까지 발간했다. 제1기 동인으로는 임헌영·구중서·백승철·주성윤·신상웅이 참여했고, 제2기 동인으로 김병걸이 가세했다. 〈상황〉이 지속적으로 발간되지 못하고 중단된 것은 1974년 긴급조치에 이은 정치적 상황 때문이었다. 1974년 1월 임헌영이 문인간첩단 사건으로 구속된 후 바로 문공부에서 발간 취소 통보가 있었다고 한다.
31. 필자는 〈상황〉의 창간과 활동에 대해 임헌영 선생에게 이메일로 질의했다. 필자의 질의에 대해 임헌영 선생은 2004년 5월 9일에 이메일로 답변을 해왔다. 인용문은 답변 내용의 일부이다.

부여하는 것이 사실주의의 임무다"라고 말하면서, 남정현의 「옛날이야기」와 이호철의 「역리가」를 "일상성 속에서 엑츄얼리티를 발굴해 내는 작품"으로 평가하고 있다.³² 이렇듯 〈상황〉은 사실주의를 비평원리로 삼아 실제 텍스트 비평에 적용하고 있었다. 〈창작과비평〉과 〈상황〉의 연대는 백낙청의 "1970년대에 들어서는 『상황』 동인들이 창비와 여러 모로 협력하면서 제가 많이 배웠고 그 분들도 창비에 적잖은 기여를 했어요. 그래도 일정한 차이는 유지되지 않았나 싶습니다"³³는 진술에서도 확연히 드러난다.

1967년 레이먼드 윌리엄스와 아르놀트 하우저의 글이 번역된 이후 리얼리즘 논의가 신흥 문학집단인 〈창작과비평〉 그룹과 〈상황〉 그룹을 중심으로 활발하게 진행됐다는 사실은 일련의 논의 전개 과정에서도 확인할 수 있다. 구중서는 「한국 리얼리즘 문학의 형성」(1970)을, 염무웅은 「리얼리즘의 심화시대」(1970)와 「리얼리즘의 역사성과 현실성」(1972)을, 임헌영은 「한국문학의 과제–민족적 리얼리즘의 길」(1971)을, 김병걸은 「김정한 문학과 리얼리즘」(1972)을 각각 발표했다.

리얼리즘과 관련한 다양한 논의는 결국 이론적 검토의 필요성을 낳았고, '서양의 현대문학 및 문학이론'을 소개하는 『문학과 행동』³⁴의 발간으로 이어진다. 백낙청의 책임편집으로 1974년에 간행된 이 책은 리얼리즘의 이론화를 위한 서구 문학 검토 작업의 일환이었다. 특히 이 책에는 한국전쟁 이후 최초로 게오르크 루카치의 글이 실려 있다.³⁵ 리얼리즘 논의의 한 정점에 있는 루카치의 글이 본격적으로 소개됨으로써 리얼리즘 논의는 1980년대

---

32. 백승철·임헌영, 「상반기 소설평」—〈상황〉 1969년 전반기, 범우사, 1969, 97쪽.
33. 백낙청·하정일 대담, 「민족문학운동의 역사와 미래」, 『증언으로서의 문학사』, 앞의 책, 455쪽.
34. 백낙청 편, 『문학과 행동』—태극출판사, 1974.
35. 이 책에는 루카치의 「졸라 탄생백년제誕生百年祭에」(신경림 역)와 「제거스–루카치 왕복서간往復書簡」(신태영 역)이 실려 있다.

리얼리즘 논의와 연결되는 계기를 마련하게 된다. 〈창작과비평〉 진영의 주도하에 이뤄진 루카치의 수용은 리얼리즘 논의에서 중요한 의미를 지닌다. 이미 백낙청은 〈창작과비평〉 1967년 봄호에 쓴 「역사소설과 역사의식」에서 '역사소설'의 개념을 루카치의 『역사소설』을 참고해 기술한 바 있다. 이는 1960년대 영어권에서 루카치가 유행한 것과 깊은 관계를 맺고 있다.[36] 또한 1968-69년에는 루카치 전집이 일본 하쿠스이샤白水社에서 간행됐는데, 김윤식·구중서·임헌영 등 국문학자들은 이 전집을 참고한 것으로 보인다.[37] 루카치의 비중은 마치 마르크스와 레닌을 '부분적으로 인용할 수는 있어도 긍정할 수는 없는 상황'에서 사회과학자들이 마르크스 이론의 서구 변용인 프랑크푸르트 학파의 논의를 긍정적으로 수용했던 것에 비견된다. 문학계에서 당시 루카치 수용은 사회주의 리얼리즘과의 구분을 통해 이뤄졌다. 냉전적 분단체제 하에서 루카치의 리얼리즘은 리얼리즘 문학의 이론적 기반을 형성하는 데 도움을 주었다.

4. 서구 보편주의의 영향과 '인용 콤플렉스'

사건은 순간적으로 발생한다. 앞에서 기술했듯이 '리얼리즘론'은 1960년대 후반부터 외국문학전공자들의 번역과 논의를 통해 비교적 활발하게 거론되었다. 그러나 그 논의가 문학계 전반에 파장을 형성하지는 않았다. 파장

---

36. 김경식, 「게오르크 루카치의 철학과 문학이론 – 스탈린주의에 대한 비판을 중심으로」—연세대 대학원 박사학위 논문, 1998, 29쪽.
37. 일본 하쿠스이샤에서 간행한 게오르크 루카치(Lukacs, Gyorgy: 1885-1971)의 전집은 총 14권으로 구성돼 있다. 전집의 내용은 다음과 같다. 『영혼과 형식』(1969), 『소설의 이론』(1968), 『역사소설론』(1969), 『괴테와 그 시대』(1969), 『하이네에서 토마스만』(1969), 『세계문학에 있어서의 러시아 리얼리즘』(1969), 『마르크스주의 미학을 위하여』(1969), 『리얼리즘論』(1969), 『역사와 계급의식』(1968), 『청년 헤겔 (상)』(1969), 『청년 헤겔 (하)』(1969), 『이성의 파괴(상)』(1968), 『이성의 파괴(하)』(1969), 『루카치 연구(별책)』(1969).

은 상이한 입장의 충돌에 대해 다양한 주체들이 반응할 때 형성된다. 그래서 사건은 순간적인 부딪침이며, 부딪침이 만들어낸 효과이다. 마치 1960년대 후반의 논의는 바로 이 사건을 위해 준비된 것처럼 보일 정도였다. 리얼리즘 논의에서 다소 과장된 측면은 있지만 〈사상계〉의 1970년 4월호 좌담인「4.19와 한국문학」은 파장을 일으킨 사건이었다. 그렇다면 1970년대에 접어들어서 리얼리즘 논의는 한국문학계에 어떤 효과를 발생시켰을까? 외국 문학이론의 영향하에서 진행된 '리얼리즘 논의'가 한국비평 문학의 글쓰기 스타일과 문단 질서에 어떤 작용적 힘을 가한 것일까?

〈사상계〉 좌담 이후 1970년대에 진행된 일련의 논의들은 분단 이후 남한에서 벌어진 대표적인 문학논쟁이라는 측면에서 면밀한 검토를 요한다. 이 논의에는 구중서, 염무웅, 김현, 임헌영, 김병익, 김병걸 등 외국문학 전공자와 국문학 전공자를 대거 참여했다. 동일 주제에 대한 다양한 논자들의 논쟁이기에 글쓰기 스타일과 논리 전개방식이 쉽게 대비된다. 그중 김현과 염무웅은 당시 〈문학과지성〉과 〈창작과비평〉의 대표논자였을 뿐만 아니라 리얼리즘론 비판과 옹호라는 상이한 태도를 취하고 있기 때문에 주목할 필요가 있다. 특히 불문학 전공자인 김현과 독문학 전공자인 염무웅이 '리얼리즘'에 논의 양상은 외국문학 전공자들의 글쓰기 태도를 보여주는 전범이라고도 할 수 있다.[38]

백낙청·김현·염무웅 등 외국문학 전공자들은 의식적으로 주체적 시각을 갖고 비평활동을 해야 한다고 강조한다. 김현의 경우는 "오늘날 우리에게 가장 필요한 것은 새것 콤플렉스로 인한 성급한 이념형의 설정이 아니라, 이념형의 설정이 얼마나 어려운가, 왜 어려운가 하는 것을 깨닫고, 그 속에서

---

38. 이동하는「한국 비평의 재조명·1-1970년대의 리얼리즘 논쟁과 김현·염무웅」을 통해 두 사람의 글쓰기에 대해 분석적으로 논한 바 있다. ―이동하,「한국 비평의 재조명·1-1970년대의 리얼리즘 논쟁과 김현·염무웅」, 앞의 책.

새로운 이념형을 추출해 내려는 노력이다"[39]라고 주장했다. 김현의 태도는 근대성 획득에 대한 주체적이면서도 성찰적 태도를 촉구하는 것이라고 할 수 있다. 백낙청도 서구 문학 수용에 대해 "영향이라는 것은 어느 정도 원숙한 차원에서의 이해와 재창조를 뜻하는 것"[40]이라면서 생산적 전화에 대해 강조했다. 따라서 1960년대의 외국문학 전공자들은 단순 번역자 이상의 주체성과 한국문학에 대한 소명의식을 갖고 있었다. 그럼에도 굳이 '외국문학 전공자의 상징권력'이라는 수사를 동원하는 것은 '관념과 현실 사이의 간극' 때문이다. 외국문학 전공자들은 수사적 차원에서 주체성을 강조하고 있지만, 실제 글쓰기의 스타일과 논리 전개방식은 검토를 요한다. 이에 대해서는 1970년 초반의 '리얼리즘 논의'를 중심으로 점검해 볼 필요가 있다.

리얼리즘에 관한 김현의 글쓰기는 용어의 문제로부터 출발한다. 그는 「한국 소설의 가능성— 리얼리즘론 별견」에서 리얼리즘을 "서구문학의 문맥속에서 리얼리즘이 차지하고 있는 위치에 대하여 정직하게 편견없이 접근"[41]하자고 제안한다. 그래서 김현의 글에는 '문학용어로 리얼리즘이라는 어휘가 최초로 쓰여진 것은'이라든지, '라루스 사전辭典에도 간략하게 설명되어 있는 것이지만' '샤를르 뻬리에를 읽으면' 등 직접인용과 간접인용이 자주 등장한다. 이와 같은 인용을 통한 설명은 개념에 대한 명료한 해설을 위해 필요한 것이다. 리얼리즘의 의미를 개념적으로 파악하고자 하는 김현의 태도는 표면적으로는 문제가 없어 보인다.

그러나 사전에 명료하게 정의된 개념은 이미 '사어死語'에 가깝다. 개념은 현실의 추상화이지만 언어의 역사성과 당대의 맥락성을 거세해 버린다. 따라서 개념을 둘러싼 다양한 논의들은 생략되거나 무시된다. 게다가 그 개념

---

39. 김현,「한국문학의 가능성」—〈창작과비평〉1970년 봄호, 58쪽.
40. 백낙청,「서구문학의 영향과 수용— 그 부작용과 반작용」, 앞의 책, 398쪽.
41. 김현,「한국소설의 가능성— 리얼리즘론 별견」, 앞의 책, 32쪽.

이 이데올로기 투쟁이 진행되는 문학이념과 관련된 것이라면 문제는 더욱 심각해질 수밖에 없다. 동일한 개념에 대해서도 어떤 정치적 입장을 취하고 있느냐에 따라 전혀 다른 맥락에서 배치해 해설하기 때문이다. 이런 이유 때문에 김현의 진술은 리얼리즘에 대한 긍정과 부정이 교차하는 혼선을 보이게 된다. 김현은 스스로 이것을 인식하고 있기 때문에 '리얼리즘'과 '리얼리티'(또는 위대한 리얼리즘)를 구분해서 논의를 전개하고 있다. 리얼리즘은 뒤랑띠와 샹프레리의 '소박한 리얼리즘'이나 레닌·스탈린의 '사회주의 리얼리즘'으로 규정해 혹독한 비판을 가한다. 반면, 리얼리티는 "시대를 항상 어렵고 힘든 것으로 생각하는 자의 상상력"이 포착해낸 진실이라면서 높게 평가한다. 그래서 김현은 "리얼리즘이라는 것을 한 시대의 핵을 파악하는 능력으로 파악한다면, 그것을 리얼리즘이라고 구태여 부를 필요가 없을지도 모른다. 위대한 문학은 어느 곳에서도, 어느 시대에서도 그것을 행해냈기 때문이다"[42]라고 강조하게 된다. 또 로브 그리예와 루시앙 골드만, 하비 콕스를 인용하면서 자신의 주장의 근거를 제시하고 있기도 하다.

김현의 리얼리즘에 대한 일련의 진술은 초반부터 화려한 인용으로 독자들을 압도한다. 그러나 서구의 논의를 인용함으로써 자신의 권위를 확보하려는 김현의 태도는 차지하고라도, 서구의 기법으로서의 리얼리즘을 일반화해 보편적 사실로 제시하고 있는 것에 대해서도 비판이 필요하다. 그는 끊임없이 '새것 콤플렉스'에 대해 경계했음에도 불구하고, 한국 내에서 발생한 논쟁을 외부로부터 가져온 개념을 통해 해결하려는 태도를 버리지는 못했다. 이는 1970년대 현실이 서구의 근대를 보편적인 것으로 바라볼 수밖에 없도록 규정했기 때문이기도 하다. 김현의 이러한 태도는 당시 서구유학을 다녀온 지식인이라면 가질 수 있는 신식민지적인 지식의 종속 때문이

---

42. 위의 책, 47-48쪽.

었던 것으로 보인다.

그렇다면, 염무웅의 경우는 어떠한가? 김현이 루시앙 골드만과 로브 그리예에 기대고 있다면, 염무웅은 레이먼드 윌리엄스와 아르놀트 하우저에 의존하고 있다. 레이먼드 윌리엄스는 리얼리즘과 자연주의를 구분하면서 리얼리즘의 현대화를 시도했다. 그리고 사회주의 리얼리즘을 리얼리즘 일반에서 구별해 내려 했다. 이는 일견 루시앙 골드만의 견해와 합치하는 부분이기도 하다. 사실, 레이먼드 윌리엄스와 루시앙 골드만은 각각 영국과 프랑스의 특수성을 표상하고 있기는 하지만 둘다 넓은 의미에서는 유럽의 좌파 지식인이었다. 그러나 김현과 염무웅의 입장은 확연히 갈렸다. 염무웅은 "'발자크'와 '톨스토이'는 물론이고 '조이스'와 '카프카'와 '브레히트'를 포함하는 「리얼리즘」이란 예술의 세부적 규칙들에 이리저리 구애받는 소심한 완벽성의 추구追求나 심미주의적審美主義的 실험이 아니라, 인간의 참된 삶이 있어야 할 구체적 방식을 밝히려는 끝없이 뜨거운 정열情熱과 용기勇氣가 순간순간 변모하는 상황에 대처하여 예술 속에 자신의 불가피한 모습을 드러낼 때, 그때 우리가 부르는 이름인 것이다."[43]라고 말한다. 조이스, 카프카까지 리얼리즘으로 포괄하려는 것은 일종의 과욕이다. 이는 리얼리즘을 문학에 대한 보편주의적 태도로 확장하려는 염무웅의 욕망이 작용하고 있기 때문이다. 이런 과욕은 다음과 같은 진술에서 더욱 확연히 드러난다. "작가가 사실과 현실을 정직하게 객관화할 때 그것은 작가가 주관적으로 의도했든 의도하지 않았든 간에 일상의 기성화된 관념에 길들여진 범인들에게 계몽적·해방적인 작용을 하게 되는 것이며, 이것이야말로 문학과 예술이 인간의 소외疏外를 극복하고 인간의 삶을 풍부하게 하는 데 기여하는 탁월한 기능인 것이다."[44] 아이러니하게도 염무웅의 이러한 진술은 리

---

43. 염무웅, 「리얼리즘의 심화시대深化時代」—〈월간중앙〉 1970년 12월호, 중앙일보사, 105-06쪽.

얼리즘의 태도를 넘어서는 문학의 보편적 가치지향으로 나아가고 만다. 염무웅은 글쓰기 스타일에서도 김현처럼 레이먼드 윌리엄스, 레오 코플러, 리드, 아르놀트 하우저, 어니스트 그로쎄 등을 인용함으로써 '리얼리즘 논쟁'이 마치 서구 문학론의 향연장처럼 보이게 하는 데 일조한다. 즉 이러한 글쓰기의 태도는 서구의 보편적 문학이론을 선점한 사람은 엘리트라는 의식의 일면을 보여준다. 서구 문학이론을 보편적 진리로 설정하면, 그러한 진리를 먼저 획득한 주체는 한국 문학의 미래를 결정하고자 하는 욕망에 사로잡히게 된다. 따라서 이러한 서구적 가면을 쓴 주체는 의식·무의식적으로 특권화된 권력의지를 발현한다. 리얼리즘의 쟁점이었던 소재를 대하는 태도냐, 아니면 상상력의 문제이냐는 리얼리즘을 역사화할 것인가 현재화할 것이냐의 문제이기도 했다. 이 분기점에서 서로 상반된 태도를 취하는 경쟁그룹들은 결국 영향력을 통한 상징권력 강화로 나아갈 수밖에 없다. 따라서 염무웅은 리얼리즘을 태도와 연관된 포괄적 개념으로 확장하려 했고, 이를 통해 리얼리즘론을 중심으로 문학의 이념 확립의 길로 나아가려 했다. 반면 김현은 리얼리즘론의 개념 확대를 거부하면서 '역사적 개념'으로만 한정하려 하고 있다. 김현의 이러한 입장은 다른 한편으로 새로운 문학이념을 주도하기 위해 가능성을 넓혀 놓으려는 '의도된 거부'였다고 할 수 있다.

김현과 염무웅으로 대표되는 외국문학 전공자들이 남긴 상징권력의 흔적은 문학이념의 분화에만 머물지 않았다. 리얼리즘 논쟁 와중에서 보여준 이들의 글쓰기 스타일은 '서구이론'에 대한 종속적 태도를 심화시키는 계기로 작용했다. 예를 들면 국문학 전공자인 구중서의 경우 "보수주의자였던 발자크였는데도 민주주의적인 작품을 쓰게 되었던 것이며 여기에 리얼리즘의 비결이 있는 것이다. 이 비결을 체득하지 못한 때문에 가장 리얼리스트

---

44. 염무웅, 「리얼리즘의 역사성歷史性과 현실성現實性」―〈문학사상〉 1992년 10월호, 221쪽.

가 될 수 있었던 채만식蔡萬植에게서도 리얼리즘 문학이 탄생하지 못했으며, 30년대 한국문학에서 리얼리즘의 성립이 실패했던 것"[45]이라고 말한다. 채만식의 문학을 평가하는 기준점으로 발자크가 제시되는 상황은 서구문학의 보편성이 한국문학을 평가하는 움직일 수 없는 잣대로 제시되고 있음을 보여준다. 리얼리즘을 구체적 텍스트에 적용시킨 대표적 성과로 일컬어지는 김병걸의 「김정한문학과 리얼리즘」의 경우도 비슷한 양상을 보여주고 있다. 김병걸은 "김정한문학의 리얼리즘은 공꾸르 형제의 이른바 『너무도 가치 없는 어떤 계급, 너무나 보잘 것 없는 어떤 비참』에다가 의미를 부여하고, 생기를 잃은 삶에 활력소를 주입한다"[46]라고 진술한다. 이렇듯 한국문학비평은 서구문예 이론에 대한 이해나 인용을 통해 전개되는 것이 낯설지 않는 상황에 처하게 됐다. 외국문학 전공자와 국문학 전공자를 막론하고 논의의 정당성은 '서구 이론이 보편성을 갖고 있다'는 당위론적 전제에 기반했을 때, 확보될 수 있는 것처럼 간주되고 있다. 한국 문학의 분석방법론을 외국 이론에서 가져와야만 인정받는 풍토는 저 악명높은 '이식문화론'을 다시 상기시키게 한다.

　1960-70년대 리얼리즘에 관한 일련의 논의들은 비평문학의 입지를 강화시키면서 작가군의 분화를 촉발시켰다. 사실, 비평가들은 서구 이론비평만으로 상징권력을 획득할 수 있는 것은 아니다. 서구 문학이론을 이야기하더라도 끊임없이 한국문학 텍스트를 터전으로 삼아야만 한다. 그런 의미에서 외국문학 전공자들은 작가를 이데올로기적으로 호명했고, 그 근간에는 비평가 중심이 된 〈창작과비평〉〈문학과지성〉 같은 매체들이 자리하고 있었다. 작가군의 분화과정은 리얼리즘 논의가 진전되면서 가속화되는 경향을 보이고 있다. 백낙청은 초기에 「서구문학의 영향과 수용」(1967.1)에서 당

---

45. 구중서, 「한국 리얼리즘 문학의 형성」—〈창작과비평〉1970년 여름호, 341쪽.
46. 김병걸, 「김정한문학과 리얼리즘」—〈창작과비평〉1972년 봄호, 111-12쪽.

대 주요 작가로 하근찬·최인훈·김승옥·이호철·서기원 등을 거론하고 있다. 하근찬은 상대적으로 고평하고 있지만 나머지 작가들에 대해서는 장단점을 함께 짚으면서 가능성을 열어놓고 있었다. 한편 김현도「한국 소설의 가능성」(1970. 가을)에서 주요 작가로 최인훈·이호철·김승옥·박태순 등을 거론하고 있다. 그러나 1972년에 접어들면 〈창작과비평〉과 〈문학과지성〉의 작가 평가 양상은 사뭇 다른 면모를 보여준다. 염무웅이「리얼리즘의 역사성과 현실성」(1972.10)에서 하근찬·오유권·이호철·박경수·서기원·남정현·최인훈·서정인·김승옥과 함께 김정한을 거론하고 있는 반면, 김병익은「리얼리즘의 기법과 정신」(1972.10)에서 최인훈·이청준·서기원만을 거론하고 있다. 김병익은 특히 이들 세 사람이 "리얼리즘의 기법技法을 파기하는 대신에, 그리고 소박한 해답을 제시하는 '현실現實의 재현再現'을 포기하는 대신에 현실의 근원을 포착하고 그것의 핵심을 탐구하는 근대 리얼리즘의 정신을 실현"[47]하고 있다고 밝히고 있다. 이러한 작가군의 구분은 점차 현실로 고착화되는 방향으로 나아가면서 이른바 〈창비〉작가군, 〈문지〉작가군으로 구분되는 경향을 지니게 됐다.

5. '성찰적 권력'의 '생성적 힘'을 위하여

한국문학과 외국문학의 관계는 1950년대 후반에 새로운 국면에 접어들었다. 김병철 교수에 의하면 1950년대 후반부터 대학에서 외국문학을 전공했던 이들이 본격적으로 문학 작품에 번역에 뛰어들기 시작했다는 것이다. 이들을 김병철 교수는 해방 제2세대라고 지칭하고 있다.[48] 해방 제2세대 외국문학전공자들은 비록 전공언어를 다루는 솜씨가 수준에 올라있었다고 하더라도, 식민지 시대에 성장했기 때문에 일본어 구사 경험을 이미 갖고 있

---

47. 김병익,「리얼리즘의 기법과 정신」—〈문학사상〉 1972년 10월호(창간호), 234쪽.
48. 김병철, 앞의 책, 25쪽.

었다. 그러나 1960년대 중반에 접어들면서 해방 제2세대들은 이른바 4.19 세대들에 의해 대체되기 시작한다.

1960년대 중반부터 활동하기 시작한 이들 비평가 진영은 서구문학 수용에서 주체적인 면모를 보이기 시작했다. 이들은 사회의식과 역사의식을 지니고 전공언어 국가의 문학과 사회를 바라보려 했으며, 더불어 수용양상도 한국적 특수성을 고민하는 태도를 보여주었다. 예를 들면 1950년대 백철이 최신이론으로서 '신비평'을 수용했던 양상과는 달리 어떤 식으로든 한국사회의 구체적 현실과 역사적 상황과 연관해 서구문학을 바라보려 했다. 외국문학 전공자들은 정확한 원전을 밝혀 인용하려고 노력했으며, 더불어 한국적 맥락을 형성하려는 진지함을 보여주었다. 그런 측면에서 1960년대 후반과 1970년대 초반의 '리얼리즘론'은 외국문학 전공자들의 주체적 고민의 소산이었음을 간과할 수는 없다.

그러나 외국문학 전공자들의 '상징권력'의 전개 양상에 대해서는 성찰적인 반성과 비판이 필요하다. 여기서 말하는 상징권력은 일방적으로 관철되는 권력을 의미하는 것이 아니다. 상징권력이 한국 문학의 장場에서 작용하고 있다고 했을 때, 이는 의식·무의식적 합의에 의해 영향력이 용인되고 있다는 것을 의미한다. 상징권력을 포함한 권력관계는 권력행사자와 그 권력의 영향력하에 있는 이들의 상호작용 속에서 효과를 만들어 간다. 권력관계는 모방을 통해 관성적으로 복제되기에, 성찰적 면모를 확보하지 못하면 '차이없는 반복'을 지속하고 만다. 반면, 성찰적 태도를 끊임없이 견지하면, 독자적인 인식과 작품을 생산하는 생성적 힘을 갖게 된다. 서구 문학이나 서구적 가치에 대해서도 비슷한 접근이 가능하다. 서구의 보편적 이념을 획득의 대상으로만 바라보면 의도하지 않게 주체는 종속의 길로 접어들고 만다. 따라서 서구세계와 접촉면이 넓은 외국문학 전공자들은 '근대형성'과 '탈식민의 과제'를 함께 수행해야만 했다. 1960-70년대 리얼리즘 논의는

'근대 형성'에서는 비교적 긍정적 효과를 낳았지만, '탈식민의 과제'에서는 '자생적 지식'을 생산했다고 보기 어렵다.

필자는 본문에서 1960-70년대 외국문학 전공자들의 이론 전개 양상을 논하면서 이들이 어떤 방식으로 차이를 형성하면서 '상징권력'을 획득했는가를 살펴보았다. 외국문학 전공자들의 상징권력은 국문학 전공자와 작가·시인들의 용인에 기반해 있다. 본문에서도 언급했듯이 리얼리즘 논의 과정에서 문단 구도의 변화와 작가군의 분화가 이뤄졌다. 새로운 문학제도를 형성하려는 신진 그룹들은 문학이론을 구성해 나가는 과정에서 헤게모니 투쟁을 할 수밖에 없었던 것이다. 이는 외국문학 전공자들의 의도적인 욕망에 기초해 있었던 것만은 아니다. 분단 이데올로기가 관철되고 있는 유신체제 하에서 리얼리즘 논의가 갖고 있는 운동적 성격은 분명 시대적 요청이기도 했다. 또한 리얼리즘 논의는 민족문학론의 방법론으로 포함되면서 농민문학론·제3세계 문학론과 연결돼 한국적으로 변형되는 양상을 보이기도 했음을 밝혀둔다.

그러나 외국문학 전공자들이 한국 비평계를 주도하면서 드리운 그림자에 대해서는 성찰적 반성이 있어야 한다. 백낙청과 김현, 염무웅으로 대표되는 이들은 외국문학의 주체적 수용을 역설하면서 한국 비평의 발전에 기여했지만, 의도하지 않게 국문학 전공자들의 활동을 위축시킨 결과를 야기시켰다. 1960년대 중반 이후 문학비평이 외국이론에 기대야만 설득력을 가질 수 있다는 논리를 내면화시킴으로써 한국문학의 내적 발전 구조의 이론화를 더디게 한 것이다. 국문학의 주체적 발전 경로를 구성해 내야 할 과제를 안고 있던 국문학 전공자들은 어느 순간 '서구 이론 인용 콤플렉스'에 경도되는 양상을 보이기 시작했다. 국문학에 대한 주체적 연구는 지역주의적인 것으로 평가되고, 서구문학의 보편성과 한국문학의 특수성을 대비시키는 연구활동은 세계주의적인 것으로 고평되는 상황이 발생하기도 했다. 이런 과정에서 국문학 연구자들마저도 자신의 독자적 연구방법론(비평방법론)을 탐구하지 못하고, 서구 이론에 의존하는 경향이 강화된 것이다. 이러한 경향의 극복을 위해서는 한국 문학비평계에 만연돼 있는 '인용 콤플렉스'에서의 탈피가 시급하다. 더불어 서구 문학이 이제까지 한국문학에 가한 영향을 인정하면서도, 이를 지혜롭게 극복하려는 포월包越의 자세를 통해 한국적 문학연구방법론이 새롭게 구성돼야 한다.

제2부 문단권력의 생성과 파행

김동리와 문학권력

홍기돈◆

1. 문학을 바라보는 김동리의 이중성

문학제도의 관점에서 김동리金東里를 이해하는 일은 난감할 수밖에 없다. 문학의 범주에 대한 김동리의 입장이 일관되지 못하기 때문이다. 먼저 해방기에 벌어졌던 조연현의 김동리 비판과 이에 대한 김동리의 대응을 살펴보자. 조연현은 1948년 〈백민〉 5월호에 발표한 「문학의 영역— 종교와 철학과 문학의 기초적 내용」을 통해 다음과 같이 김동리를 비판하였다. "김동리씨는 구경의 생의 형식에 대한 공동의 의욕을 갖었다는 동일한 목적의식에 현혹되어 관념과 신앙을 사상과 혼동함으로써 문학을 종교나 철학의 령역에까지 유도해 가고 있지 않은가."[1] 김동리가 문학(사상)과 종교(신앙)와 철학(관념)의 영역을 혼동하고 있다는 내용의 비판이다. 이에 대해 김동리는 「문학하는 것에 대한 사고私考」(『문학과 인간』, 1948)를 통해 자신의 입장을 이렇게 정리하고 나섰다.

내가 '문학하는 것'을 '구경적 생의 형식'으로 보는 것이 문학의 자율성을

◆ 중앙대 강사. 문학평론가. 〈비평과전망〉 편집위원. 평론집 『페르세우스의 방패』.
1. 조연현, 「문학의 영역—종교와 철學과 문학의 기초적 내용」—〈白民〉, 1948.5, 백민문화사, 77쪽.

침해하지 않음은 이상과 같거니와 여기서 특히 내가 한 가지 경고하고자 하는 것은 서양인의 관념적 체계가, 그것도 더구나 근대에 와서 문학이니 철학이니 종교니 정치니 과학이니 수학이니 하는 것을 너무나 직업적으로 분업화 내지 분열화시켰다는 사실이다. 우리는 그 어느 부문도 다른 부문에 의하여 예속되고 지배됨을 용인할 수 없는 동시 또 그 어떠한 부문도 그 구심적 위치에 '구경적 생'을 거부해서는 안 된다고 생각하는 것이다.[2]

김동리의 대응 방식은 한 문장에 집약되어 있다. "내가 한 가지 경고하고자 하는 것은 서양인의 관념적 체계가, 그것도 더구나 근대에 와서 문학이니 철학이니 종교니 정치니 과학이니 수학이니 하는 것을 너무나 직업적으로 분업화 내지 분열화시켰다는 사실이다." 여기에는 근대주의에 맞서고자 하는 김동리의 기획이 드러나 있다. 이 기획에 따르면, "문학(사상)과 종교(신앙)와 철학(관념)의 영역을 혼동하고 있다"는 조연현의 비판은 서양 근대주의의 분업화·분열화 경향에 오염되었기 때문에 가능해지는 것일 따름이다. 이를 통해 김동리는 조연현이 비판했던 "구경적 생의 형식에 대한 공동의 의욕"을 한 번 더 강조하는 데로까지 나아가고 있다. 따라서 「문학하는 것에 대한 사고」를 통해 파악한다면, 김동리는 '문학'을 한 개 독립된 영역으로 따로 떨어뜨려 생각하는 입장에 반대한다고 생각할 수 있을 것이다.

하지만, 김윤식의 「김동리의 유고 「미정고」론」[3]을 읽어보면 문제가 그렇게 단순하지 않다는 사실을 깨닫게 된다. 「김동리의 유고 「미정고」론」은 "해방 후의 첫 작품인 「윤회설」(《서울신문》, 1946.6.6-26)의 경우는 문학사적 개입을 가능케 할 만큼 사건성을 띤 것이기도 하였다."는 평가를 바탕으로 하여 "어떤 이유인지 김동리는 이 해방 후의 첫 작품이자 신예 경연작인 「윤회설」을 그의 어떤 창작집에도 수습하지 않고 버렸던 것이다."[4]라는 의문

---

2. 김동리, 「문학하는 것에 대한 사고」, 『문학과 인간』—민음사, 1997, 74쪽.
3. 김윤식, 『미당의 어법과 김동리의 문법』—서울대출판부, 2002.

위에서 씌어진 논문이다. 그러니까 김윤식은 「윤회설」이 문학사적인 의미가 충분한 작품인데, 작가가 그것을 버렸을 때에는 나름의 이유가 있지 않겠느냐고 물음을 던지는 것이다. 문학가동맹 서기장 이원조의 비판[5]과 구카프계의 비평가 홍효민의 평가[6]를 염두에 두고, 김윤식은 다른 글에서 그 이유를 이렇게 추론한 바 있다. "마르크스주의에 대한 그 빈정댐이라든가 시국 문제가 깃든 국민대회 등을 제거한 자리에서 쓰여진 김동리의 작품이 있다면, 그러니까 김동리 문학의 본령이 송두리째 드러난 작품이 출현한다면 그때 비로소 이른바 순수문학의 강점이 좌익측 문학의 강점과 어느 수준에서 공평하게 비교될 수 있을 것이다. 김동리의 창작은 과연 그런 쪽으로 열렸던가. 물을 것도 없이 부정적이다."[7]

하지만, 「윤회설」에 대해 "엄청난 정치소설을 썼다"는 이원조의 주장은 다소 과장된 바 있다. 김윤식 자신이 적절하게 정리하였듯이, 발표되었을 당시의 평가는 "김동리의 「윤회설」이 '정치소설'과 '문학적 소설'의 중간 형태로 제시되었던 것으로 요약할 수 있"기 때문이다.[8] 이러한 평가는 민간설화에 나오는 '두꺼비 설화'의 차용에 힘입은 바 크다. 설화를 소설 창작의 모티프로 끌어들이는 김동리의 장점은 이 대목에서도 여전히 빛을 발한다. 그리고 그 설화는 김동리가 꾸준히 다뤄온 운명 타개의 주제에 속한다. 그렇다면 김동리가 굳이 「윤회설」을 버려야 할 까닭은 없는 것이 아닐까. 「두꺼비」(1939)의 연작으로 '운명 타개'에 대한 탐구가 어느 정도는 녹아 있기에, 근대주의에 맞서는 김동리의 입장에서라면, '정치소설'이냐 '문학적 소설'이냐 하는 논란은 부차적일 수밖에 없기 때문이다. 더군다나 당시는 "문학 행위

---

4. 김윤식, 「김동리 문법의 존재방식— 숭고의 정체」—위의 책, 2002, 57-58쪽.
5. 이원조, 「허구와 진실」—〈서울신문〉, 1946.9.1
6. 홍효민, 「해방이후 소설계의 회고와 전망」—〈신문학〉 4호
7. 김윤식, 『해방 공간 문단의 내면 풍경』—민음사, 1996, 185쪽.
8. 김윤식, 위의 책, 184쪽.

는 곧 정치 행위요 정치 행위는 곧 문학 행위라는 사실"⁹이 선명하게 드러나는 시대였다. 따라서 "정치소설이냐 문학적 소설이냐"하는 논란은 근대주의에 오염된 이들이나 할 수 있는 것에 불과하다. '김동리 문학의 본령' '이른바 순수문학의 강점'을 중심에 두고 추론하는 김윤식의 입장도 마찬가지이다. 이는 문학과 정치를 별개로 나누었을 때에야 비로소 성립하는 관점이다. 이것은 "근대에 와서 문학이니 철학이니 종교니 정치니 과학이니 수학이니 하는 것을 너무나 분업적으로 분업화 내지 분열화시켰다"고 주장하는 입장에서 보자면 수긍하기 힘든 비판이라고 볼 수 있다.

그런데, 김동리가 「문학하는 것에 대한 사고私考」에서 밝혔던 문학관을 꾸준히 유지했던 것은 아니다. 「윤회설」을 둘러싸고 논쟁이 벌어진 지 삼십여 년이 지난 뒤 발표된 김동리의 에세이를 보면 알 수 있다. 윤리적 충동과 미적 충동을 대립적으로 파악하는 관점이 이를 증명한다.

> 작가가 작품을 쓴다는 것은 작품 속에 자아를 투입하는 일이다. 사회를 대상으로 자아를 개방한다는 것은 작가가 작가임을 포기하는 거나 같은 행위가 아닌가. 왜냐하면 작가가 사회를 대상으로 참회를 한다는 것은 심한 윤리적倫理的인 충동의 발로라고 보아야 하는데, 윤리적 충동으로 쏠린 작가의 자아가 미적 충동이란 이중 임무二重任務를 겸행한다는 것은 원칙에 있어 모순된 일이며, 가능하다 하더라도 예외적인 일이며 부차적인 것이라고 볼 수밖에 없는 것이다.¹⁰

이러한 관점에 따르면 김동리의 평론 행위는 한낱 "예외적인 일이며 부차적인 것"에 머무를 뿐이다. 해방기에 그가 펼친 평론 활동은 좌파와 맞서면

---

9. 김윤식, 「문제적 시대와 개인의 재능」 —위의 책, 5쪽.
10. 김동리, 「성자도 신도 아닌 것을」, 『끝나지 않는 빙하— 고독의 에세이』 —진문출판사, 1976, 73쪽.

서 우파의 입지를 마련하는 행위로 귀결될 터인데, 이는 결국 자신이 옳다고 믿었던 세계를 향해 나아가는 '윤리적 충동'에서 기원했기 때문이다. 더군다나 평론에 대한 이러한 평가도 '가능하다 하더라도'라는 조건 아래서만 비로소 한정적으로 가능해지고 있다는 사실에 주목해야 할 것이다. 김동리는 평론을 문학(작가)의 범주에서 생각할 수 없다는 쪽으로 나아갔던 것일까. 이러한 변화는 「문학하는 것에 대한 사고」에서 보여주었던 근대와의 대결 의지를 철회했을 때만이 가능해진다고 봐야 한다. '윤리'(선, 정치)와 '미'(예술)를 나누어 생각하는 것은 진/선/미 영역을 기계적으로 분리하여 접근하고자 하는 근대적 사고의 결과임이 명백하기 때문이다. 따라서 이 순간 "내가 한 가지 경고하고자 하는 것은 서양인의 관념적 체계가, 그것도 더구나 근대에 와서 문학이니 철학이니 종교니 정치니 과학이니 수학이니 하는 것을 너무나 직업적으로 분업화 내지 분열화시켰다는 사실이다."는 진술은 허공 속으로 사라져 버리는 형국이라고 볼 수 있다.

그렇다면, 다시 물을 수 있다. 김동리는 과연 서구가 주도하는 근대와의 대결을 포기했던가. 불교의 화엄사상을 집어넣어 형상화시킨 「까치 소리」(《현대문학》, 1966.10)와 무속을 통해 서구 기독교와 맞서고자 했던 『을화』(《문학사상》, 1978.4)의 존재에서 알 수 있듯이 김동리는 그러한 대결을 결코 포기하지 않았다. 그러면 대체 이를 어떻게 이해해야 할까. 이는 다시 김동리가 '윤리적 충동'과 '미적 충동'을 변별하여 대립시키는 지점으로 되돌아가야 해답을 얻을 수 있다. 「까치 소리」나 『을화』를 미적 충동의 결과물로 파악한 김동리는 이로써 서구와의 대결을 이어나가되, 윤리적 충동이라든가 여타의 영역들은 도저히 미적인 범주에 다가갈 수 없는 것으로 폄하하면서 서구(근대)와의 대결이 불가능한 부분으로 이해해 버렸던 것이다. 이에 따라 미적 충동에서 빚어지는 소설과 시 정도가 김동리의 관심 대상으로 온전히 남게 되었고, 문학정신과 사회를 매개하는 평론을 포함한 문학제도는 고려의 대상에서 제외되는 결과로 이어졌다.

　근대를 중심에 두고 보자면, 김동리가 파악한 문학정신과 문학제도의 관계는 극단적으로 분열되어 대립하는 양상으로 드러난다. 「문학하는 것에 대한 사고」를 쓸 당시 김동리로서는 문학정신과 문학제도의 관계에 대해 고민할 필요가 전혀 없었다. 자본주의와 사회주의를 '근대주의'로 한데 묶어 내심 그 이후를 모색하고 있었기 때문이다. 이럴 때 문학정신의 추구도 문학제도의 구축도 근대 너머를 지향하는 방향에서 하나로 통합될 것은 당연하다. 하지만 자본주의와 사회주의를 '근대주의'로 한데 묶을 수 없을 때라면 문제가 달라진다. 자본주의냐 사회주의냐의 선택 위에서 문학제도는 구축될 것이고, 문학정신은 그러한 제도와 어떤 방식으로 관계를 정립해야 할 것인가라는 문제에 직면하는 것이다. 김동리가 「문학하는 것에 대한 사고」에서 나타내었던 문학관을 그대로 이어갈 수 없었던 까닭은 여기에 존재한다.

　이러한 상황에서 김동리가 택한 방식은 무엇이었던가. 바로 문학정신과 문학제도의 대립적 규정이다. 즉 문학정신을 이전부터 자신이 추구해 오던 '문학'으로 파악하는 한편, 자본주의와 맞댈 수밖에 없는 문학제도는 '문학의 바깥' 영역으로 규정하기에 이른 것이다. 이를테면 이것이 근대의 틀 내에서 근대주의와 맞서는 김동리 나름의 방식인 셈이다. 문학정신과 문학제도에 대한 김동리의 대립적 사고를 간략히 정리하면 다음과 같다.

　김동리는 문학을 통해 근대주의와 맞서는 세계를 꾸준히 지향하였다. 이러한 세계를 드러내는 문학을 가리켜서 김동리가 내세운 것이 바로 '순수문학'(본격문학)이다. 이 때 '구경적 생의 형식' 탐구가 순수문학의 중심에 놓이는 것은 주지의 사실이고, 김동리가 구경적 생의 형식 탐구를 주장했던 까닭은 '제3휴머니즘'을 창출하기 위해서였다. 따라서 김동리가 평생 순수문학을 주장하고 지향했다는 사실은 문학정신(창작)의 차원에서 끊임없이 근대주의와 맞서고 있었다는 증거가 된다.

그런데, 제3휴머니즘이 "자본주의 사회의 모순과 결함을 근본적으로 시정하는 일방 마르크시즘 체계의 획일적 공식적 메커니즘을 지양"[11]하는 지점에서 비로소 가능해진다는 사실은 눈여겨봐야 한다. (문학)정신적으로만 따진다면야 그러한 지양이 가능할 수 있다. 하지만 문학제도는 자본주의와 사회주의를 극복한 데서 구축될 수는 없는 일이다. '자본주의/사회주의'라는 근대의 쌍생아 중 하나의 체제를 선택한 위에 비로소 문학제도는 그 물질성을 획득할 수 있기 때문이다. 그러한 까닭에 문학제도는 근대주의에 맞서고자 하는 김동리의 기획에서 배제될 수밖에 없다. 김동리가 문학정신과 문학제도를 대립적으로 파악한 이유가 여기에 있다. 평론이 김동리에게 "예외적인 일이며 부차적인 것"으로 남게 되는 까닭도 문학제도의 흔적을 떨쳐낼 수 없는 장르인 탓이다. 이렇듯 근대주의와의 대결을 포기하지 않는 한 문학제도는 그에게 문학 이외의 영역으로 치부될 따름이었다.

　김동리가 순수문학 혹은 본격문학을 주장할 때 그것은 오로지 창작의 영역에만 해당한다. 평론이라든가 문학제도 속에서의 활동(문단 활동)은 그가 말하는 문학의 범주에 포함되지 않는다. 이러한 사실을 바탕에 깔고 남한에서 문학제도가 구축되는 과정을 김동리를 통해 살펴보고, 이와 함께 발생하는 문단 주도권의 향방을 추적해 보고자 한다.

2. 한국문학가협회의 양 날개 〈문예〉와 〈신천지〉

해방기 김동리의 활동은 상당 부분 저널리즘과 관련이 있다. 당시가 정치적 혼란기였던 탓에 누구든 나름의 입장을 천명하기 위해서는 저널리즘을 이용하지 않을 수 없었을 것이다. "1945년 말까지 창간된 신문만도 40종 이상이 되었다. 1947년 미군정의 발표에 따르면 일간지 85개(서울에 40개), 주간

---

11. 김동리, 「본격문학과 제3세계관의 전망」, 『문학과 인간』—민음사, 1997, 93쪽.

지 68개, 격주간지 12개, 월간지 154개에 이르렀다."¹² 김동리도 이러한 사정과 무관하지 않다. 〈민주일보〉〈민중일보〉〈민국일보〉에서 일을 보거나 1947년 〈경향신문〉 문예부 차장에 취임했던 이력은 그러한 맥락에서 이해할 수 있을 것이다.

하지만, 〈문예〉의 주간, 편집고문 경력이나 〈서울신문〉에 몸을 담았던 사실은 그렇게 단순하게 이해하고 넘어가기에는 너무도 중요하다. 이 두 가지 사실은 남한의 문학제도 형성에 커다란 영향을 끼치고 있기 때문이다. 〈문예〉는 훗날 한국문학사의 한 축을 담당하는 〈현대문학〉의 모태가 된다. 조연현이 실질적으로 움직였던 〈현대문학〉은 잡지가 표방하는 바나 조직의 운영 방식에서 〈문예〉의 사례와 동일했으며, 김동리 역시 이러한 사실로 인해 〈현대문학〉을 〈문예〉의 후신으로 인정하였다.¹³

〈현대문학〉이 출발했을 때 많은 사람들은 〈문예〉의 후신이라 했다. 그럴만한 이유가 있었다. 〈문예〉와 〈현대문학〉의 발행인은 달라도 문예지의 성격은 거의 같았다. 〈문예〉에서 내걸었던 순수 문학 지향, 민족주의 문학 표방이 같았고, 편집 책임자가 바로 〈문예〉를 이끌던 조연현 선생이기 때문이다. 조연현 선생이 실제로 한국 문학가 협회의 중추적인 역할을 했기 때문에 자연 모여든 문인들도 그러하였다. 또 여기에다 〈문예〉의 추천 심사 위원들이 〈현대문학〉 추천 심사 위원을 그대로 맡은 데에서도 그러한 말을 듣게 되었다.¹⁴

〈서울신문〉은 〈매일신문〉을 전신으로 한다. 해방 후 〈매일신문〉이 좌익 계열과 밀접한 관계를 가진 데 따라 미군정은 1945년 11월 10일 정간 명령을 내렸

---

12. 강준만, 『카멜레온과 하이에나— 한국 언론 115년사』—인물과사상사, 1998, 106-07쪽.
13. 김동리, 「신인추천이십년기」, 『思索과 인생』—일지사, 1973, 118쪽.
14. 이성교, 「1950년대 〈현대문학〉 출신들과 명동 풍경」, 『문단유사』—월간문학출판부, 2002, 72쪽.

고, 이에 대응하는 방편으로 〈매일신보〉는 11월 23일부터 제호를 〈서울신문〉으로 바꾸게 된 것이다. 이러한 〈서울신문〉이 정부의 기관지로까지 나아가 친이승만계로 자리하게 되는 계기는 1949년의 정간 처분을 통해서 마련되었다. "우익지라도 정부에 대해 비판적인 신문은 용납되지 않았다. 1949년 5월 3일 정부는 뚜렷한 이유 없이 이승만에 대해 비판적인 〈서울신문〉에 대해 정간 처분을 내렸다. 6월 20일 속간시 간부를 친이승만계로 바꾸었는데, 서울신문 주식의 48.8퍼센트가 귀속재산이었으므로 그러한 인사로 〈서울신문〉은 사실상 정부의 기관지로 변신하게 되었다."[15] 변신을 이룬 〈서울신문〉의 사장으로 들어선 이가 월탄 박종화(1949.6.15-1954.4.18 사장 재임)다. 박종화 사장 체제에서 김동리는 〈문예〉 주간이란 자리를 버리고 〈서울신문〉 출판국 차장으로 들어가게 된다. 이때 〈문예〉의 주간과 〈서울신문〉의 출판국 차장 자리를 두고 볼 때 김동리와 조연현의 위상 차이는 두드러지게 표가 난다.[16]

〈문예〉는 1949년 8월 창간된 월간지이다. 발행인 모윤숙은 건물과 자금

---

15. 강준만, 앞의 책, 116쪽.
16. 좌파와의 대립 구도가 해소될 무렵부터 조연현은 김동리를 의식하고 공격적으로 분석해 나아간다. 대표적인 평론이 앞에서 살폈던 「문학의 영역— 종교와 철학과 문학의 기초적 내용」(〈백민〉, 1948.5)과 「고갈한 비판정신— 진정한 가치판단을 위하여」(〈백민〉, 1948.3)이다. 「고갈한 비판정신」에서 조연현은 "나는 元來 評論이라는 한 개의 文學形式에 對하여 不信任해 온 者다. 그것은 評論이라는 것이 正確해 보이면서도 至極히 曖昧한 論理라는 방법에 依據해 있을 뿐 아니라 評論이란 創作과 달라 作者가 얼마든지 그 곳에서 自己를 속일 수 있게 마련되어 있기 때문이다. 그러므로 最近에 가장 많이 活動하고 있는 金東里氏의 여하간 評論의 文字도 나에겐 氏의 가장 低劣한 作品의 어느 한 句節보다도 無價値하게 생각되는 것이다."라고까지 써 나가고 있다.
한편, 김동리는 평론집 『문학과인간』에 실은 「문학하는 것에 대한 사고」를 통해 답변에 나섰다. 김동리가 〈백민〉 1948년 3월호에 실린 「문학하는 것에 대한 사고— 문학의 내용적(사상적) 기초를 위하여」를 평론집에 묶이면서 '나의 문학 정신의 지향에 대하여'로 부제를 바꾼 것은 조연현을 의식했기 때문이다. 또한 내용을 가다듬어서 "서양인의 분업적 관념 체계"를 비판하는 데 주안점을 두었던 것도 영역을 따져 물었던 조연현에게 반박하기 위한 장치였다.

을 대는 한편, 미국공보원으로부터 용지의 무상 지원을 끌어들이면서 나름의 역할을 톡톡히 해 낸다. 발행 당시 주간은 김동리였으며, 편집장은 조연현이었다. 이에 따라 창간호의 「편집후기」는 모윤숙, 김동리, 조연현의 차례로 실려 있다. 김동리가 조연현보다 한 단계 위에 자리한 격이다. 〈문예〉 9월호가 나올 때부터 조연현은 주간의 자리로 올라앉게 된다. 김동리가 〈서울신문〉으로 자리를 옮겼기 때문이다. 이후 김동리는 '편집고문'이라는 직함을 통해 〈문예〉와의 관계를 유지하게 된다.

김동리는 〈문예〉 창간호의 「편집후기」를 통해 "해방이후 사년간 내가 하루같이 되풀이하여 온 구호는 '권위있는 순문예지를 발행해야 한다'는 것이었다."라고 말하고 있다. 그런 그가 〈문예〉의 주간 자리를 버리고 〈서울신문〉의 출판국 차장으로 옮기게 되었던 까닭은 무엇일까. 〈서울신문〉에는 출판국에서 발행하는 문학 중심의 종합지 〈신천지〉가 있었기 때문이다. 즉 〈문예〉 외에도 몇 개의 잡지를 통해 영향력을 확보하는 것이 나으리라는 판단이 개입했던 것이다. 상황이 그러했으므로 '〈신천지〉의 실질적 책임을 맡기에 누가 적임자인가' 하는 문제는 김동리 개인의 판단 수준을 넘어선 곳에 자리하게 된다. 이를테면 문단 구조의 구축에 관련 있는 이들의 관심사로 떠올랐던 사안이었다. 이 대목에서 김동리와 조연현은 경합을 벌이게 되며, 이번에도 역시 김동리의 승리로 끝난다.

〈신천지〉의 실질적 책임자를 누구로 정할 것인가. 신념이 강하고 배짱도 두둑한 인물이어야 한다는 중론에 따라 김동리가 내정됨으로써 이 문제는 일단락 지어졌다. 곧 김동리는 〈문예〉지의 편집 고문으로 조연현이 편집인(주간)으로 되어 5권 2호로 마감될 때까지 그 소임을 다하였다. 〈신천지〉냐 〈문예〉지냐의 선택 앞에 노출된 김동리, 조연현 두 사람 중 결국 김동리가 〈신천지〉 쪽으로 기울었다는 것은 어떤 의미를 갖고 있을까. "다른 유능한 사람들이 그 당시에도 우리 주변에 많이 있었지만 웬일인지 그때의 분위기는 김동리씨나 나나 둘 중의 누가 맡지 않으면 안 된다는 방향으로 고정되어 있었다."고 조연현이 말해 놓았지만 결과는, 김동리가 선택된 것이라면 우익 저널리즘의 문단적·문학적 세력의 정상에 김동리가 올라섰음을 단적으로 말해주는 사건이라 하는 것이다. 이로써 정부 수립과 더불어, 우익 문단의 기틀이 완전히 잡혔으며, 그 실세의 정상에 김동리가 군림하였음이 확연히 드러난다.[17]

〈문예〉와 〈신천지〉를 바탕으로 하여 청문협은 조직의 외연 확장으로까지 나아간다. 1949년 12월 창립된 한국문학가협회가 그것이다. 김윤식은 그러한 사실을 이렇게 정리하고 있다. "문협의 창립총회는 1949년 12월 17일이었고(김동리, 조연현의 기록은 9일이나 이는 착오이다), 회장에 박종화, 부회장에 김진섭, 소설 분과 위원장에 김동리, 시 분과 위원장에 서정주, 희곡에 유치진, 평론에 백철, 아동문학에 윤석중, 외국 문학에 김광섭, 고전문학에 양주동, 사무국장에 박목월이었다. 이 인원구성으로 보면 청년문학가협회가 중심권이었음이 일목요연하게 드러난다. 〈서울신문〉을 장악한 세력이 그 실세였던 셈이다. 훗날 중앙문화협의회 측이 문총을 지속시키면서 김동리를 제명하는 사건을 일으키게 되어 문총파와 문협파로 갈라지는 것도 이로써 어느 정도 설명될 수 있다.[18]

〈문예〉의 폐간으로 이어지는 문총파와 문협파의 대립은 '예술원 파동'을 계기로 불거졌다. 1952년 8월 부산에서 '문화보호법'이 통과되었고, 이에 따라 1954년 3월 25일 예술원이 창설되었다. 이 때 예술원 회원으로 뽑힌 문학계 인사는 염상섭, 박종화, 오상순, 유치환, 윤백남, 김동리, 서정주, 조연현 등이다. 40대 초반·30대 중반의 김동리, 서정주, 조연현이 뽑혔던 데 반해 김광섭·이헌구·이하윤·박계주·모윤숙 등 문단의 원로급 인사들

---

17. 김윤식, 『해방 공간 문단의 내면 풍경』, 172-73쪽.
18. 위의 책, 219쪽.

이 탈락해 있는 점이 특징적이다. 이런 결과가 나타난 배후에는 김법린金法麟[19]과 김동리가 존재한다. "문교부 장관 김법린과 김동리 둘이 짜고, 예술원 회원을 선거한 예술가들의 인선까지도 모두 김동리 가까운 사람들로만 등록해 놓았기 때문에 그게 자기들의 낙선의 원인이라고 분개하고 있다."는 서정주의 진술은 이를 뒷받침한다.[20] 그러니 예술원 회원 선거에서 탈락한 문단의 원로급 인사들이 반발했던 것은 당연하며, 김동리를 주된 공격 대상으로 삼았던 것도 충분히 이해할 수 있는 일이다. "예술원 선거 바로 다음에 있는 전국문화단체 총연합회(지금의 예술문화단체 총연합회의 전신) 그 총회에서 한바탕 되게는 벌인 일인데…제일 많이 공격의 대상이 된 건 김동리씨였다. '문단에 섹트sect를 구성해서 정실로 자파의 이익만을 일삼은 사람-모모를 핀셋으로 집어내라!'"[21]

김동리가 '문단에 구성한 섹트'는 당연히 문협파를 가리키는 것이다. 따라서 이런 갈등은 '예술원 회원'이라는 명예직의 선출 문제를 넘어 문단 주도권 쟁탈전으로까지 확대하게 되었다. "문총을 장악하고 있던 이들은 예술원 회원이 된 현제명을 친일파로 규정하고 김동리를 제명하는 한편 문협을 문총 산하단체에서 제명하고 예술원 회원 선거 결과에 강력하게 저항하였다. 언론도 이들 '문총계' 입장에 동정적이었다. 조연현이나 김동리 등의 입장에서 보면 이러한 김광섭 등의 저항이 합법적 선거 결과를 거부하고 민주적 절차를 무시한 폭거였겠으나 '문총계'의 입장에서 보면 이는 단순히 예술원 구성이라는 문제를 넘어서는 보다 근원적인 위기, 즉 문단 내에서의

---

19. 프랑스 소르본에서 베르그송의 지도로 공부를 마친 김법린은 귀국 후 동국대학교 전신인 중앙전문中央專門의 교수로 있다가 다솔사로 내려가서 생활한 바 있다. 김법린 역시 김동리와 마찬가지로 '해인사 학파'의 일원인 것이다. 서정주가 김법린과 관련을 맺은 것도 1936년 봄, 여름 해인사(다솔사)에서였다.
20. 서정주, 「명천옥 시대」, 『미당 자서전』—민음사, 1994, 349쪽.
21. 위의 책, 348쪽.

주도권의 결정적 박탈이라는 위기의 명백한 현실화였다."²²

이러한 갈등을 겪으면서 문단의 주도권은 김동리, 조연현, 서정주 등의 문협파에게로 넘어간다. 김광섭, 이헌구, 이하윤, 모윤숙 등 문총계 인사들이 문협을 탈퇴하여 1955년 6월 자유문학자협회(자유문협)를 결성하는 과정은 이를 보여준다. 이렇게 하여 문총파와 문협파는 대립하게 되는데, 그 결과 모윤숙의 지원에 의해 발행되던 〈문예〉가 폐간으로 이어진 것은 당연하다고 하겠다. 〈문예〉의 폐간 이후 문협파는 〈현대문학〉을 통해 결집하고, 문총파는 〈자유문학〉을 통해 자신들의 목소리를 내게 된다. 〈현대문학〉은 1955년 1월 창간되었고, 〈자유문학〉은 1956년 5월부터 발행되기 시작하였다.

3. 〈현대문학〉과 〈자유문학〉의 대결

조연현이 혜화전문 동창생인 김영태金永泰로부터 자금을 빌려 〈예술부락〉을 창간했던 것은 1946년 1월이고, 〈문예〉의 주간으로 올라선 때는 1949년 9월이다. 그리고 1955년 1월에는 〈현대문학〉 창간호를 만들었다. 대한교과서주식회사 사장이자 문화당출판사 사장인 우석 김기오愚石 金琪午로부터 후원을 받아내고, 창간 후 2년 동안 미국의 '아세아재단'으로부터 무상용지 지원 약속을 이끌어 내면서 〈현대문학〉은 든든한 물적 토대를 마련했다. 〈현대문학〉의 전권은 단연 조연현에게 있었다. 잡지 창간에 앞서 "한 가지 청이 있습니다. 모든 일은 제 마음대로 하게 해 주시는 것입니다."라고 조연현은 부탁을 했고, 이에 대해 김기오는 "일을 하는 데에는 그러한 기개와 책임이 있어야 한다."면서 "좋소. 죽이 되든, 밥이 되든 마음대로 하시오. 큰일은

---

22. 김명인, 『조연현 연구』 —인하대 박사학위 논문, 1998, 88쪽.
필자는 '문단내 주도권'이란 관점에서 접근하는 김명인의 관점에 동의하지만, 과연 조연현이나 김동리가 '합법적 선거 결과'와 '민주적 절차'를 내세울 만한가에 대해서는 회의적이다.

그래야만 성공하오. 나도 어느 편이냐 하면 그런 태도를 좋아합니다."라고 수락함으로써 가능해진 것이다.[23] 〈현대문학〉이 〈문예〉의 후신이었던 만큼 '문협파'가 이를 통해 결집했던 것은 당연한 현상이다.

이 즈음까지만 해도 문협파의 대표를 김동리로 파악해도 무방할 듯하다. '예술원 파동'의 와중에 김동리가 문총에서 제명당하고, 문협 역시 문총 산하단체에서 제명당하는 데서 '문협 대표=김동리'라는 상징성이 명확히 드러나기 때문이다. 문협 내부에서도 그러한 분위기는 포착된다. 1955년 제5차 정기총회를 통해 종전의 위원장제가 집단지도 체제로 바뀌는데, 상징적으로 존재하는 수석대표위원 박종화를 제외한다면, 김동리가 가장 윗자리를 차지하고 있다. 당시 개편된 임원진은 다음과 같은데, 사무국장이 곽종원에서 박용구와 이종환으로 바뀐다는 사실만 제외하고는 이 체제가 1961년 5월 15일까지 그대로 유임되었다.

　　수석대표위원; 박종화
　　대표위원; 김동리, 서정주, 황순원
　　시 분과 위원장; 박두진
　　소설 분과 위원장; 오영수
　　희곡 분과 위원장; 이광래
　　아동 분과 위원장; 강소천
　　평론 분과 위원장; 조연현
　　외국문학 분과 위원장; 원응서
　　고전 분과 위원장; 구자균
　　사무국장: 곽종원

〈현대문학〉이라는 매체를 거느리게 된 조연현은 상당히 의욕에 넘쳤던 듯

---

23. 조연현, 「내가 살아온 한국문단」, 『조연현문학전집』 1 ―어문각, 1977, 317-31쪽.

하다. 세계를 파악하는 인식은 물론 작품을 평가하는 기준까지 현격하게 달라졌기 때문이다. 비극적인 세계관에서 낙관적인 의식의 고취로 나아갔으니 정반대로 바뀌었다고 해도 무방할 정도이다. 김명인은 그 변화를 이렇게 정리하고 있다. "1948년에서 1950년까지 쓰여진 글들과 전쟁이 끝난 이후인 1955년 무렵부터 쓴 글들 사이에는 그의 문학에 대한 두드러진 단층이 엿보인다. 즉 전자에 속한 글들이 전반적으로 비극적인 정조가 두드러진 세계인식 속에서 근대의 초극이라든가 인간의 구원이라는 주제를 다루고 있는 데 반하여 후자에 속한 글들은 비극적 세계인식의 흔적이 말끔히 가신 상태에서 작가들에게 부단히 건전하고 낙관적인 의식을 요구하고 있다."[24] 그만큼 〈현대문학〉은 조연현에게 각별한 의미로 다가섰던 것이다.

이러한 비평관의 변화는 김동리에 대한 평가의 변모까지 동반하게 된다. 이를 보여주는 평론이 〈현대문학〉 1958년 6월호에 발표한 「무대의 확대와 사상의 심화— 김동리 제4창작집 『실존무實存舞』」이다. 1948년의 나름의 비평관 정립기가 지난 후 조연현은 「허무에의 의지—"황토기黃土記"』를 통해 본 김동리」(《국제신문》, 1949.1.30)를 발표한 바 있다. 조연현은 이 글에서 "허무가 인류의 운명이라면 이것을 타개하는 것은 인류의 과제"라고 주장하며, 김동리는 종교가 허무를 해결하는 데 가장 유력한 능력을 담당해 온 사실을 알았기 때문에 자신의 문학을 허무를 해결하려는 인간의 노력 표현으로 자처했다고 보았다. 여기서 더 나아가 허무에 대한 김동리의 의지는 강렬한 정신에서 유래된 것이기에 서구의 니힐리즘이나 노자의 허무주의와는 근본적으로 다른 것이라고까지 주장하고 있다.[25]

그런데 「무대의 확대와 사상의 심화」에 이르면 논리는 정반대로 바뀐다. 동일한 대상의 인물군에 대하여 "비생산적인 낙오자(황진사)거나 무교양한

---

24. 김명인, 앞의 논문, 113-14쪽.
25. 조연현, 「김동리①」, 『조연현문학전집』 6 —어문각, 1977, 16-20쪽.

탐욕자(송차상)거나 삶의 보람을 쏟을 때가 없는 허무적 군상(득보나 억쇠)들이거나 그렇지 않으면 자기가 낳은 아이를 빼앗기고 살아야 하는, 혹은 수탉 한 마리를 안고 친정어머니 생일에 가는 것이 유일한 즐거움인 순녀(「동구앞길」)와 같은 인생이다.… 비생산적인 것은 결코 창조적인 것이 못된다."고 평가하는 것이다. 이는 해방 이후 "허무적 절망적 색조가 의지적 낙관적인 방향으로" 바뀐 김동리의 세계를 옹호하기 위한 포석이다.[26] 굳이 조연현의 변화가 없었더라도 김동리의 작품 세계가 긍정적으로 변모한 것은 사실이라고 볼 수 있다. 그런데 그 시기 발표된 조연현의 다른 평문들에서도 비슷한 인식의 변모가 나타난다. 따라서 이는 〈현대문학〉이란 막강한 매체를 장악한 조연현이 그만큼 세상을 낙관적으로 보고 싶어했던 흔적이라고 파악할 수 있다. 김명인은 그 변화에 대해 "갑자기 많은 사회적 특권과 기득권이 주어지고 문단에서의 위치도 공고해지고 유수한 문예잡지의 주간이 되고 하면서 그는 절망과 비극을 사는 문학인의 위치에서 기득권을 유지해야 하는 지배집단의 지식귀족의 위치로 옮겨간 것이다."라고 분석하고 있는데, 이 외에는 조연현의 변모에 대한 다른 설명이 힘들 듯하다.[27]

〈현대문학〉의 반대편에는 '자유문협'의 〈자유문학〉이 존재했다. 1956년 5월 창간되어 1963년 폐간된 〈자유문학〉은 시인 김광섭의 주도로 운영되었다. 김광섭은 정부 수립 후 초대 대통령 공보비서를 역임했으며, 〈자유문학〉 발간 당시 자유당 서울시 위원장·경희대 교수·문총 대표 최고위원·자유문협 위원장·〈세계일보〉 사장을 겸임하고 있었다. 김광섭의 막강한 정치적 배경과 사회적 지위, 문단에서의 영향력을 바탕으로 하여 〈자유문학〉은 〈현대문학〉과 팽팽한 긴장 관계를 유지할 수 있는 정도에 이르렀다. "대한교과서라는 인쇄 매체를 배경으로 간행되는 〈현대문학〉(주간 조연현)에 비해 〈자유

---

26. 조연현, 「김동리②」―위의 책, 21-24쪽.
27. 김명인, 앞의 논문, 126쪽.

문학〉의 생존 자구책은 가히 필사적이었다고 할 만했다. 창간 3년 만에 1만 2천 부를 자랑하던 〈현대문학〉 발행 부수를 따라잡는 것만으로도 그 노력을 짐작할 만하다."[28] 〈현대문학〉이 문협이라는 조직을 배경으로 하고 있었다면, 〈자유문학〉은 자유문협의 기관지로 창간되었던 만큼 자유문협과 분리하여 생각할 수 없다. 문협에 맞서 1955년 4월 1백 32명의 명의로 발기대회가 열린 후 출범한 자유문협의 임원진은 다음과 같다.

    위원장: 김광섭
    부위원장: 이무영, 백철
    시 분과 위원장: 모윤숙
    소설 분과 위원장: 김팔봉
    희곡 시나리오 분과 위원장: 서항석
    평론 분과 위원장: 이헌구
    외국문학 분과 위원장: 이하윤
    아동문학 분과 위원장: 정홍교

〈현대문학〉과 〈자유문학〉의 문단 양분 체제는 1960년 4월혁명을 계기로 붕괴하게 된다. 잡지를 운영하였던 조연현, 김광섭이 이승만 정권으로부터 자유롭지 않았으며, 이들에 대한 비판이 4월혁명 이후에 거세게 제기되었기 때문이다. 단적인 예를 들자면 조연현의 경우 1958년 12월 국가보안법 개악이 논의되자 국회 공청회에 나가 보안법 개정지지 연설을 했는가 하면, 이기붕을 지지하는 원고지 8매 분량의 글을 써서 당시로서는 거금인 5만 원의 원고료를 받기도 했다. 그러니 4.19 혁명으로 불어닥친 변화의 분위기 속에서 조연현이 느꼈을 두려움은 충분히 짐작할 수 있다. 박정희의 5.16

---

28. 김시철, 「〈자유문학〉과 김광섭 시인」, 『문단유사』—월간문학출판부, 2002, 211-12쪽.

쿠데타를 어둠 속 한 줄기 빛처럼 파악했던 것은 바로 그 때문이 아닌가.

5월 16일 새벽, 朴正熙 將軍의 指揮로 한강을 넘어온 一群의 軍隊는 무능과 혼란 속에서 어디로 가고 있는지도 알 수 없는 위험한 우리의 祖國과 現實 앞에 하나의 秩序와 方向을 던져 주는 신호가 되었다. 革命의 성공으로 祖國의 새로운 建設은 촉진하게 되었고, 混亂은 秩序를, 分裂은 統一을 가져왔다. 이것이 비록 軍에 의한 他律的 要素가 더 많이 개입된 결과라 할지라도 그렇게 될수밖에는 다른 도리가 없을 정도로 4.19 이후 過政民主黨執權 등을 겪는 동안의 이 나라의 모든 형편은 모든 分野가 위험한 混亂 속에 있었던 것이다. 革命의 成功에 의한 이러한 새로운 現實的 條件은 다른 모든 분야에 있어서도 그러했던 것처럼 文壇에도 새로운 질서를 가져오게 했다. 그 새로운 질서란 文化界의 모든 派閥과 英雄主義를 해소시키는 各分野別 單一團體의 구성이었다."[29]

물론 4.19혁명 이후 〈현대문학〉과 〈자유문학〉이 폐간된 것은 아니다. 〈현대문학〉은 지금까지도 발간되고 있으니 더 이상 말할 필요가 없겠고, 〈자유문학〉은 1963년까지 발간되었다. 하지만 4.19혁명 이후의 〈자유문학〉은 별다른 의미를 갖지 못한다. 권력으로부터 밀려난 김광섭 개인의 문학지에 불과하기 때문이다. 〈자유문학〉의 제3대 편집장을 역임했던 김시철의 진술은 이를 증명한다. "〈자유문학〉 초대 주간은 김용호 시인이고, 편집장은 소설가 박연희, 2대 주간은 소설가 김송, 편집장은 시인 한무학, 3대 편집은 필자(김시철)가 맡았는데, 사실상 〈자유문학〉 전성 시대는 김광섭 발행인에 김송 주간, 김시철 편집장이 맡은 4년간이었다. … 필자가 손 뗀 후 그러니까 4.19 직후 자유문협이 문총의 자진 해체와 더불어 해산된 후 〈자유문학〉은 자유문협 기관지에서 벗어나 순전히 김광섭 개인 문학지가 된 것이다."[30] 반면

---

29. 조연현, 「내가 살아온 한국문단」—『조연현문학전집』 1, 342-43쪽.
30. 김시철, 앞의 글, 211-12쪽.

〈현대문학〉은 문협이란 조직적 힘을 배경으로 하여 5.16 쿠데타가 성공할 때까지 버티어 냈기 때문에 생명력을 유지할 수 있었다.[31]

    5.16 쿠데타로 정권을 잡은 군사정부는 1961년 6월 17일 포고령 제6호를 공포하여 기존의 모든 정치, 경제, 사회, 문화, 예술 단체들을 해산시켰다. 그리고 나서 12월 5일 공보부와 문교부 초청으로 해체 이전의 각 단체 대표 30여 명을 불러모아 문화예술 단체의 단일화를 강력하게 촉구한다. 이러한 과정을 거쳐 12월 30일 수도여자사범대학(오늘날 세종호텔 자리) 강당에서 한국문인협회의 결성대회를 개최하게 되었다. 이 자리에서 선출된 임원진은 다음과 같다.

    이사장: 전영택
    부이사장: 김광섭, 이희승, 김동리
    상임이사: 이종환
    시분과 회장: 서정주
    소설분과 회장: 황순원
    희곡분과 회장: 이광래
    평론분과 회장: 이철범
    아동분과 회장: 김영일
    수필분과 회장: 조경희
    번역분과 회장: 이하윤

---

31. "'문학 단체는 전부 해체되어야 한다.'는 여론이 우리 문단에 큰 파장을 일으켰다. 그 여파로 자유 문협은 해산을 즉각 단행했고 한국 문협도 그러한 여론에 의해 임시 총회를 소집하기에 이르렀다. 한국 문협의 임원진은 사의를 표명하고 단체의 해산을 표명했다. 그러나 총회에 참석한 회원 다수는 '해산을 해야 할 아무런 이유가 없다'고 단정하고, 임원진이 제출한 사표를 반려하고 한국 문협을 그대로 존속시키기로 의결했다." — 윤병로, 「한국문인협회가 창립되기까지」, 『文壇遺事』, 171쪽. 덧붙이자면, 자유문협이 총회를 소집하여 해체를 결의한 날은 1961년 5월 21일이었다.

이미 문단을 떠나 문단 파벌과 무관한 76세의 고령목사 전영택이 이사장을 맡고, 자유문학자협회 회장이던 김광섭과 한국문학가협회 대표위원 김동리가 부이사장에 선출된 대목이 눈에 뜨인다. 한국문인협회는 혁명정부가 내건 통합의 취지에 이끌려서 기계적으로 결합한 문인단체였던 까닭이다. 또 한 명의 부이사장 이희승은 정치색 짙은 문단을 비판적으로 바라보며 학문에만 전념하던 이였다. 이러한 이희승은 문협 부이사장직 취임을 강력하게 거부하여 마지막까지 문학제도에 거리를 두었기에 문단 권력으로부터 거리를 유지할 수 있었다. 하지만 1964년 3대 임원진 구성에서부터는 한국문학가협회 출신의 세력이 한국문인협회 전체를 장악하고 있음을 확인할 수 있다. 바야흐로 문협 정통파의 시대가 도래한 것이다.

4. 이사장 박종화가 물러난 이후 한국문인협회의 지형도

김동리는 자신이 서정주나 조연현보다 앞서 있다고 생각했던 듯하다. 문단정치로부터 비교적 초연했다고 평가받는 김현승은 김동리에 관한 이런 에피소드를 남기고 있다. 김현승은 전체적인 문맥에서 '생리적 연령生理的 年齡' '문단文壇의 연조年條' 따위를 제시하며 김동리의 합리성을 부각시키고 있으나, 그 이면에서 짙게 배어 나오는 것은 서정주·조연현에 대한 김동리의 우월감이다.

> 내가 朝鮮大學校에 있을 때의 일이었다. 당시 서울에서 著名한 文人들을 招請하여 學生들의 士氣를 북돋아 주기 위하여 서울에서 金東里씨와 徐廷柱씨 그리고 趙演鉉씨를 招聘하여 왔다. 어느 地方에서고 그러하거니와 이 특별한 손님들을 特別招請하여 光州의 名門校인 全南女子高等學校에서 文學講演會가 開催되었다. 講演에 들어가기 전에 한 文學擔當敎師가, 演士로 나와 앉은 세 文人을 紹介하고 있었다. 맨 먼저 詩人 徐廷柱씨를 소개하고 다음은 金東里씨를 紹介할 차례였다. 그러나 金東里씨는 의자에 앉은 채로

일어나지도 않고 演壇으로 나가려 하지도 않았다. 얼굴에는 氣分이 좋지 않은 表情이 역력하였다. 나는 그 순간 누구보다도 그러한 그분의 氣分을 直感하고 있었다. 찬물을 마시는데도 위아래가 있다는 우리네 俗談과 같이 演士를 紹介할 바에는 生理的 年齡으로 보나 文壇의 年條로 보나 세文人중에는 金東里씨가 으뜸인데, 그 전날밤 세文人의 市中講演 때에도 司會者의 不察로 徐廷柱씨를 먼저 紹介하여 버렸는데 이번에도 같은 司會者의 不察로 紹介의 順序가 뒤바뀌었으므로 金東里씨의 自尊心은 傷하고 말았던 것이다. 당시 光州에는 서울文壇의 事情을 잘 아는 사람은 나밖에 달리 없었는데 그것은 文壇에 어두운 無知가 낳은 失手였었다.[32]

1934년 시「백로」를 통해〈조선일보〉로 등단하고, 이듬해에는〈조선중앙일보〉에 소설「화랑의 후예」가 당선했으며, 1936년에는 소설「산화山火」로〈동아일보〉신춘문예를 장악한 김동리로서는 그럴 만도 하다. 당시 3대 민간신문을 모두 석권했을 뿐만 아니라, 등단연도로 보아도 서정주보다 2년 앞서며, 조연현과는 비교조차 할 수 없을 정도이기 때문이다. 나이로 보더라도 1913년생인 김동리는 1915년 출생의 서정주나 1920년 태어난 조연현보다도 앞서는 양상이다. 하지만 이러한 자존심의 배경에는 문단 내 영향력도 한몫 했을 것이다.

해방 이후 문단 내 김동리의 영향력은 날이 갈수록 확대되는 양상이었다. 이를 살피기 위해서는 먼저 김동리의 매체 장악력에 관심을 기울일 필요가 있다. 주지하다시피〈新天地〉〈서울신문〉〈주간 서울〉〈문예〉〈현대문학〉등 굵직한 매체를 쥐고 있었던 만큼 신인의 심사, 추천을 통한 영향력의 확대가 가능했기 때문이다. 김동리가 남긴「신인추천이십년기」[33]를 보면 신인 추천

---

32. 김현승,「내가 아는 인간 김동리」―〈서라벌문학〉8집, 서라벌예술대학, 1973, 194쪽.
33. 김동리,「신인추천이십년기」,『사색과 인생』―일지사, 1973, 109-19쪽.

에 대한 그의 영향력이 어느 정도였는가를 짐작할 수 있다. 이 글은 "내가 문단文壇에 신인新人을 천거하기 시작했던 것은, 一九四七년부터가 아닌가 기억된다. 그러므로 그것은 지금으로부터 十九년 전의 일이 된다."로 시작된다. 그러니까 대략 1966년까지의 추천 상황이 이 글에 나타나는 셈이다. 구구절절한 사연을 접고 김동리를 통해 등단한 사람의 면면만 정리한다면 다음과 같다. 참고적으로 덧붙인다면, 1961년 한국문인협회가 '사회단체등록 신청서'를 제출했을 때 임원진 10명을 제외한 회원 수는 3백7명이었다.

시; 김윤성金潤成, 김춘수金春洙, 김구용金丘庸
소설; 홍구범洪九範, 이상필李相弼, 강신재康信哉, 오영수吳永壽, 정한숙鄭漢淑, 정지삼鄭芝三, 김성한金聲翰, 권선근權善根, 장용학張龍鶴, 서근배徐槿培, 임상순任相淳, 박신오朴信吾, 손창섭孫昌涉, 곽학송, 최일남崔一男, 정병우鄭炳禹, 박상지朴常志, 이범선李範宣, 추식秋湜, 정구창鄭求昌, 박경리朴景利, 한말숙韓末淑, 손장순孫章純, 송숙영宋肅瑛, 최미나崔美娜, 오지영吳知英, 백인빈白寅斌, 이문희李文熙, 이채우李彩雨, 이광숙李光淑, 오영석吳榮錫, 정종화鄭鍾和, 천승세千勝世

김동리의 문단 영향력을 다른 한 축에서 담당했던 것은 '문인 제조공장'으로 불렸던 서라벌 예술대학 문예창작과(이하 문창과)다. 1953년 초급대학으로 신입생을 선발했던 서라벌예대 문창과는 당시 서울시 미아리에 위치해 있었으며, 1964년 4년제 예술대학으로 발전하였고, 1972년 6월 서울시 흑석동에 자리잡고 있던 중앙대와 합병함으로써 정규 4년제로 개편되어 발전적 기반을 마련하였다. 1982년에는 흑석동 시대를 마감하고 안성군 대덕면으로 옮겼고, 그 역사가 오늘에 이른다. 2002년 12월 현재까지 서라벌예대·중앙대 문창과 출신의 문인들은 어림잡아 4백20명으로 알려져 있다. 매년 평균 7,8명씩 문인을 배출한 셈이다. 서울 흑석동에서 안성으로 캠퍼

스가 이전한 뒤 문인 배출이 다소 느슨해졌다는 점을 염두에 둔다면, 1980년대 이전 그 영향력은 더욱 대단했으리라 짐작할 수 있다.[34]

서라벌 예대·중앙대 문창과의 혁혁한 전통 가운데 50년대 후반, 60년대 초반은 서라벌 예술대학 문창과의 분위기가 절정에 이르렀던 시기이다. 당시 "서라벌 예술대학 문예창작과에 입학만 하면 누구나 문인이 될 수 있다."는 소문이 나돌 정도였다. 그만큼 서라벌예대 문창과의 활약은 대단했다. 예를 들어 당시 서라벌 예술대학 문예창작과 교수진의 대표격이었던 김동리의 회고에 따르면 58년 입학생 42명 가운데 무려 93퍼센트에 육박하는 39명이 문단에 진출했다고 한다. 소설의 유현종·천승세·김문수·송상옥·김주영·오찬식, 시의 박경용·이근배·박이도·김사림·김민부·조상기, 평론의 홍기삼, 희곡의 윤혁민, 아동문학의 조장희 등이 그 면면이다.[35] 1953년 개교 당시부터 강의를 담당했던 김동리가 바로 이 '문인 제조공장'의 공장장격이었으니 서라벌 예대를 거느리고 있던 그의 문단 영향력은 가히 짐작할 만하다.

김동리의 「신인추천이십년기」(1966)의 반대편에서 묘하게 비교 욕망을 자극하는 글은 조연현의 「〈현대문학〉의 기적」[36]이다. 〈현대문학〉의 역사를 정리하고 있지만, 어찌 보면 〈현대문학〉의 세 과시라는 느낌도 들기 때문이다. 창간한 지 "14년째 들어서고 있다."는 문장에 따른다면 이 글은 1969년 상반기에 쓰였을 것이다. 〈월간문학〉이 〈현대문학〉에 맞서 창간된 것이 1968년 11월이니 「〈현대문학〉의 기적」에서 세 과시가 느껴지는 것도 무리는 아닐 것이다. 「〈현대문학〉의 기적」은 제목 그대로 "〈현대문학〉은 하나의

---

34. 신승철, 「49년 전통의 문예창작과의 효시— '서라벌예대'의 맥을 이은 중앙대」—〈문학사상〉, 2003.1.
35. 정규웅, 「미아리의 '문인 제조공장'」, 『글동네에서 생긴 일』—문학세계사, 1999.
36. 조연현, 『조연현전집』 1 —359-65쪽.

기적을 이루어 놓았다"라고 주장하는 평론이다. 이런 주장은 "한때 '라인 江의 기적'이라는 말이 성행했었다."는 사실 위에 포개진다. 조연현은 열 가지 사항에 걸쳐 〈현대문학〉의 기적을 설명하고 있다.

그 가운데 가장 관심을 끄는 것은 네 번째 부분 "다수의 신인을 문단에 등장시킨 사실과 매년 신인문학상을 시상해 온 사실"을 강조하는 대목이다. 이 대목은 김동리가 쓴 「신인추천이십년기」에 정면으로 맞서는 형국으로 다가온다. 이 부분만 놓고 따진다면 조연현의 위세가 「신인추천이십년기」의 김동리에 비해 한층 두드러진 모양을 하고 있다. "지금까지 통권 160여 호가 나오는 동안 시에 105명, 소설에 45명, 평론에 30명, 희곡에 4명, 총 184명의 새로운 신인을 발굴하여 문단에 내보냈으며, 매년 1,2명 내지 3,4명에게 신인문학상을 시상한 것이 이미 34명에 달하고 있다."며 조연현은 그 위세를 자랑하고 난 후, 열병식을 하듯 분야별로 나누어 그 명단을 하나하나 나열한다. 이쯤 되면 〈현대문학〉이란 매체 하나를 가지고 조연현이 어떠한 영향력을 행사할 수 있었는가를 짐작하게 된다. 70년대에 이르러서도 조연현은 〈현대문학〉을 통해 자신의 영향력을 확대재생산한다. 예컨대 1978년에 이르러 〈현대문학〉의 추천을 통해 등단한 문인들은 오유권을 비롯한 소설가 78명, 김관식을 비롯한 시인 196명, 김양수를 비롯한 비평가 43명이며, 신인문학상을 수상한 작가도 손창섭 등 66명으로 늘어나는 상황은 이를 보여준다.[37] 서라벌 예대·중앙대 문창과를 통해 김동리가 문단 영향력을 줄기차게 이어가는 장면과 포개어서 바라볼 수 있는 사실이다.

1960년대 후반에 이르러 문단의 실력자는 단연 김동리와 조연현으로 압축된다. 이러한 사실은 김동리와 조연현의 대결 상황이 언젠가 도래할 것을 암시한다. 1964년부터 문협의 이사장으로 피선되었던 박종화는 다분히 상

---

37. 조연현, 「현대문학 출신 문인들」, 『남기고 싶은 이야기들』―부름, 1981, 211-12쪽.

징적인 의미를 획득하고 있었다. 연령이나 문단 경력으로 파악했을 때 박종화는 한국문단의 최고원로였으며, 당시의 문인들은 이를 존중했던 것이다. 따라서 상징적인 존재 박종화의 퇴장 시기가 임박하면 그 자리를 누가 차지하게 되는가는 상당수 문인들의 관심사일 수밖에 없었다. 그러한 관심은 수면 아래서 세력을 가다듬던 '김동리 사단'과 '조연현 사단'의 수장들에게 쏠리면서 표출되었다. 그리고 그러한 대결 가능성이 현실로 드러난 것은 1968년이다. 1월 27일 열린 한국문인협회 제7차 총회에서 힘 겨루기가 벌어졌던 것이다. 상징적으로만 존재하던 문협 이사장을 대신하여 모든 실무를 담당하던 부이사장단의 구성을 둘러싸고 사건은 터지기 시작하였다.

5. 1968년 한국문인협회 제7차 정기총회

당시 사건의 발단 원인과 전개 과정에 대해서는 진술들이 엇갈린다. 먼저 김명인은 '김동리 사단'과 '조연현 사단'의 대결을 이렇게 요약하고 있다. "1967년 문협 사무국에서 공금유용 사건이 발생하여 일부 젊은 문인들이 문협지도부를 탄핵하기에 이른 일이 있었다. 그 결과 1968년 이사장 선거에서는 반박종화 계열의 대표인 김동리가 당선되고 친박종화 계열, 즉 조연현 계열에서 내세운 서정주가 낙선하였다. 이때 선거 결과에 불만을 품은 조연현과 그 일파들은 문협을 탈퇴하기에 이른다."[38]

김동리 사단의 일선에서 활동했던 김상일의 회고는 김명인이 정리하는 바와 상당 부분 다르다. "당시 작품 발표지는 〈현대문학〉밖에 없었다. 주간은 유명한 조연현 선생이다. 유명하다는 뜻은 몇 가지 있지만, 하나만 소개하면, 문인들의 생사 여탈권(!)을 장악하고 있는 염라대왕의 위력을 가지고 있지 않았는가 싶다. 그도 그럴 것이 선생 눈에서 벗어나기라도 하면 원고

---

38. 김명인, 앞의 논문, 142-43쪽.

발표 기회는 영원히 소실될 것이기 때문이다. 그러한 조연현 선생께서 월탄 이사장을 지지하고 나선 것이다. 사정이 이렇게 되고 보니 우리들 7인(이동주, 이형기, 송영택, 성춘복, 이성교, 김상일, 실명씨— 필자 주)은 바야흐로 광대무변한 황야에서 모진 황사를 한몸에 받으며 전전긍긍하지 않을 수 없었던 것이다. 우리는 동리 선생을 업었지만(새 이사장으로) 외로웠다. 천하는 조연현 주간이 몽땅 장악하고 있었으니 우리는 고전 분투하지 않을 수 없었다. 그런데 이게 어찌된 영문이냐. 선거전에서 우리가 이긴 것이다. 5백 명쯤 되는 문협 회원이 겉으로는 〈현대문학〉 주간에게 굽신굽신했지만 속으로는 염라대왕이 아주 미웠지 뭐야."[39]

김명인의 논문에 따르면 김동리는 이사장 선거에서 서정주와 맞서 승리한 것이 된다. 여기에는 조연현이 문협 이사장 후보로 서정주를 내세웠다는 전제가 깔리고 있다. 반면 김상일은 당시 이사장 선거를 김동리와 박종화의 경합으로 회상한다. 조연현이 박종화를 지지했다는 것이다. 하지만 여러 자료를 종합해 보면, 1968년 문협 이사장으로 선출된 이는 박종화이고, 김동리는 부이사장으로 맨 앞머리에 이름이 올라 있다. 그러므로 이사장 선거에 관한 부분은 김명인의 정리나 김상일의 회고가 부정확하다고 할 수 있겠다. 그리고 문협 사무국의 '공금유용 사건'이 문협에서 전면적으로 불거진 것은 1968년 3월 3일 개최된 임시총회를 통해서이다. 임시총회에서 이를 폭로한 사람은 제7차 정기총회에서 부이사장으로 선출된 서정주였고, 이를 밝혀낸 이는 '황야의 7인' 중 한 사람인 김동리 계열의 새로운 상임이사 이형기이다. 그러니 조연현과 서정주가 손을 잡았다기보다는 김동리와 서정주가 연대했다고 접근하는 것이 올바른 판단이라고 생각된다. 이러한 관점에서 당시 상황을 기술하는 이는 〈중앙일보〉 기자를 역임했던 정규웅이다.

---

39. 김상일, 「황야의 7인과 〈월간문학〉의 창간」, —『문단유사』, 175-76쪽.

정규웅의 『글동네에서 생긴 일』의 「한국문인협회의 주도권 다툼」을 바탕으로 당시의 상황을 정리하면 다음과 같다.

  김동리 사단과 조연현 사단의 대결은 문협 부이사장 선출을 둘러싸고 야기되었다. 조연현 계열의 문인들이 평론분과 회장이던 조연현을 부이사장으로 추대하기 위해 안간힘을 썼으나, 김동리·서정주 계열의 반대로 무산되었던 것이다. 선거 결과 박종화 이사장은 유임되고, 부이사장으로는 김동리·서정주·모윤숙이 선출되었으며, 분과회장으로는 시에 이동주, 소설에 황순원, 평론에 곽종원, 희곡에 이광래, 아동문학에 장수철, 수필에 조경희, 외국문학에 양원달이 뽑혔다. 이사장단 선거에서 수적 우세를 확인한 김동리·서정주 계열의 문인들은 몇 가지 운영상의 이유를 들어 상임이사 선임 방식의 규약을 개정하기에까지 이르렀다. 종래 이사회 선출 방식에서 총회 선출 방식으로 바꾼 것이다. 이렇게 하여 조연현의 가까운 측근이자 상임이사인 이종환이 물러나고 김동리 계열의 이형기가 새로운 상임이사로 들어서게 되었다. 제7차 문협 정기총회는 이렇게 막을 내렸다.

  정기총회가 끝난 후 조연현 계열은 그 결과에 반발하여 이를 무효화하고자 세 규합에 나선다. 무효화의 근거는 다음 세 가지였다. 첫째, 규약개정은 참석인원의 3분의 2의 찬동을 얻어야 하는 것이 통상관례인데 과반수로 통과시켰다는 점, 둘째 회원 아닌 사람들이 회의에 많이 참석했고 이사에 선출되기까지 했다는 점, 셋째 이사 수를 늘리자는 동의가 두 번이나 폐기되었음에도 불구하고 억지로 이사의 수를 배나 늘렸다는 점. 조연현 계열의 방기환, 이종환, 문덕수, 김우종, 윤병로, 원형갑 등 중견문인들이 주도하여 이런 움직임을 이끌었다. 조연현은 이들의 권유를 받아들여 임시총회 소집을 호소하는 연판장을 돌렸고 소기의 목적에 달성한다.

  하지만, 3월 3일 열린 임시총회 역시 김동리·서정주 계열에 의해 진행이 주도되었다. 인수인계 과정에서 전 상임이사 이종환의 공금 50만 원 횡령 사실을 신임 상임이사 이형기가 발견했고, 이 사실을 부이사장 서정주가 임시총회에서 폭로하였기 때문이다. 김동리·서정주 계열의 이러한 계산이 주효하여 임시총회는 혼란을 거듭하게 되었는데, 이때 박종화 이사장이 절충안을 제시하기에 이르렀다. "지난 번 정기총회에서 상임이사 선출 방식을 총회 직선으로 바꾼 것을 종전대로 환원, 이사회에서 선출토록 한다"는 것이 절충안의 내용이다. 이에 따라 상임이사 이형기의 총회 선출은 무효로 처리되고, 대신 곽종원이 상임이사로 새롭게 선출되었다.

임시총회는 이렇게 어렵게 폐회에 이르렀지만, 조연현 사단의 문인들이 그 결과에 승복한 것은 아니었다. 정태용, 원형갑, 최일수, 문덕수, 김우종, 신동한, 장백일, 윤병로 등 20여 명 비평가들이 문협을 탈퇴하여 '비평문학연구회'를 발족시킨 사건은 단적인 예이다. 당시 비평문학연구회의 발족은 문협의 한 분과가 이탈한 것으로 간주될 정도로 충격을 몰고 왔다. 조연현의 〈현대문학〉이 민감한 반응을 보였음은 당연하다. 〈현대문학〉 4월호에 실린 「무소속문인 정담無所屬文人鼎談」, 5월호의 좌담회 「문학활동과 단체활동」·김현승의 「문학단체 무용론」, 그 즈음 연재된 조연현의 「세월의 앙금」 따위를 대표적 사례로 꼽을 수 있다.[40] 하지만 이런 분란에도 불구하고 조금 시간이 지나자 탈퇴 문인들은 슬그머니 문협 내부에 주저앉았고, 문협 내에서의 주도권 획득을 위한 동면에 들어가게 된다. 동면에서 깨어나 조연현이 문협 이사장에 오르게 되었던 때는 1973년이었다.[41]

덧붙여서, 세부적 사실의 이해를 돕기 위해 문협의 역대 이사장과 부이사

---

40. 정규웅, 「한국문인협회의 주도권 다툼」—앞의 책, 256-69쪽.
임시총회를 전후하여 문협 사무실에 탈퇴서를 제출했다고 하여 모두 조연현 계열로 보기는 어려울 것이다. 문협의 조직 생리에 거부감을 느꼈던 인사도 있을 수 있기 때문이다. 또한 당시 〈현대문학〉 주최의 좌담회에 참석했거나 문학단체 비판 글을 게재했다고 해서 조연현 계열로 보기도 어렵다. 조연현이 문단 정치에 초연한 이들에게 〈현대문학〉의 지면을 제공하여 문협 비판의 분위기를 조성한 혐의도 뚜렷하기 때문이다.

장단의 명단을 정리하면 다음과 같다.

1961-63년(1, 2대): 전영택, 김광섭, 김동리
1964-69년(3-8대): 박종화, 김동리, 모윤숙, 서정주
1970년(9대): 김동리, 김현승, 모윤숙, 서정주
1971년(10대): 김동리, 조연현, 김현승, 서정주
1973년(11대): 조연현, 김현승, 김요섭, 조병화
1975년(12대): 조연현, 김요섭, 문덕수, 이동주
1977년(13대): 서정주, 이동주, 김요섭, 박양균
1979년(14대): 조연현, 이원섭, 조경희, 이범선, 박양균
1981년(15대): 조연현(작고로 조경희 직무대행), 곽학송, 박양균, 황명
1983년(16대): 김동리, 조경희, 김윤성, 황명, 이근배
1986년(17대): 김동리, 조병화, 서정범, 구인환, 황명, 김양수
1989년(18대): 조병화, 황명, 구인환, 원종성, 김시철, 김해성

---

41. 조연현이 김동리를 이길 수 있었던 것은 치밀한 준비가 뒷받침되었기 때문이다. 여기에 대해서는 이근배의 기록을 참고할 수 있다.
"그(조연현— 필자)의 선거 급수는 9단쯤이 아니었던가 싶다. 왜냐하면 그가 73년 김동리와 대회전을 치루기 위해서 71년부터 포석布石을 하고 있었던 것을 김동리는 까맣게 몰랐기 때문이다. 조연현은 정초 이석, 문덕수, 신세훈을 불러 시인 단체를 새로 만들라고 한다. 1957년 한국시인협회가 결성되어 잘 해오고 있는 터에 문예지 주간이 왜 시인 단체가 필요했을까. 그 까닭은 이렇다. 그때나 지금이나 문단 인구에서 시인이 절반 이상을 차지하고 있는데 한국시인협회는 초대 대표간사 유치진에서 신석초, 조지훈, 박목월이 회장을 맡아오고 있었다. 목월은 김동리와 동향으로 조연현으로서는 움직여지지 않는다고 보고 시인 단체를 새로 만들어서 시인들의 표를 얻겠다는 것이었다.
둘째는 〈시문학〉의 창간이었다. 〈현대문학〉 하나로는 팽창하는 시단 인구를 다 감당할 수 없어서라면 설득력이 있겠으나 71년 8월에 창간하고 선거에서 이긴 뒤인 73년 9월에 내놓았으니 문협 이사장을 위한 득표 전략의 하나임이 명백해진다. 이것은 겉으로 드러난 큰 문단적 사건이지만 이럴진대 〈현대문학〉 주간의 칼자루를 쥐고 전국 방방곡곡의 문인들 하나하나에 어떤 당근과 채찍이 오고갔는가는 짐작할 일이다." —이근배, 「우리 문학의 순간들: 문단을 두쪽 낸 두 거장의 충돌— 김동리·조연현이 맞선 1973년 문협 이사장 선거」, 〈대산문화〉, 2003년 가을, 126-27쪽.

1992년(19대); 황명, 김해성, 성춘복, 홍승주, 구인환, 김시철
1995년(20대); 황명, 성춘복, 신세훈, 함동선, 이유식, 이철호
1998년(21대); 성춘복, 이철호, 신세훈, 구혜영, 이은방, 김원중
2001년(22대); 신세훈, 홍문표, 최광호, 이수화, 장윤우, 엄기원
―앞은 이사장, 뒤는 부이사장[42]

6. 〈월간문학〉의 창간 배경

김동리는 〈월간문학〉(1968.11)과 〈한국문학〉(1973.11)을 연이어 창간했다. 김동리가 그러한 수순으로 나갈 수밖에 없었던 까닭은 조연현과의 결별에서부터 비롯되었다. 그 동안 김동리가 나름의 영향력을 행사할 수 있었던 근거 중 하나는 〈현대문학〉이라는 잡지였다. 〈현대문학〉이 전적으로 조연현의 의지대로 움직였다고는 하나, 〈문예〉의 후신이었던 만큼 김동리에 대한 배려가 어느 정도 있었던 것이 사실이다. 소설 분야에 대한 신인 심사의 권한이 김동리에게 부여되었던 장면은 이를 뒷받침한다. 하지만 1968년 1월 27일 개최된 한국문인협회 제7차 정기총회 이후 상황은 완전히 달라졌다. 조연현과 완전히 등진 상황이었기에 〈현대문학〉으로부터 김동리가 기대할 것은 아무것도 없었다. 오히려 자신의 사단으로 분류되는 문인들을 위해서라도 어떻게 해서든지 안정적인 발표지면을 마련해야만 하는 처지에 이른 것이다. 김동리를 위해 전면에서 활동했던 김상일은 그 심각성을 이렇게 전달하고 있다. "경솔하게도 선거전에서 이기긴 했지만 정신을 차리고 보니, 우리는 큰 실수를 감행했다. 목숨과 견줄 수 없는 발표지가 없어진 것이다. 〈현대문학〉지는 우리를 불구대천의 원수쯤으로 여기지 않았을까. 왜냐하면 그 주간 얼굴에 똥칠을 했기 때문이다."[43]

---

42. 임헌영, 「제도적 문학과 반제도」, 『한국적 문학 제도의 재인식(Ⅰ)』―제21차 한국문학평론가협회 심포지엄 발제문, 2001.10.17, 41쪽.

문협 기관지 〈월간문학〉의 창간에는 이런 절박함이 깔려 있었다. 이런 절박함은 김동리로 하여금 청와대로 향하게 만들었다. 김동리는 대통령 박정희와의 면담 결과에 승부를 걸었던 것이다. 〈월간문학〉의 발간 배경을 살펴보기 위해서는 먼저 1968년 박정희 정권이 문인들에게 내린 두 가지 혜택에 주목할 필요가 있다. 하나는 정부수립 이후 최초로 문예활동기금을 마련하여 매년 대상자를 선정·창작기금을 보조한다는 것이고, 다른 하나는 문인들의 집합체인 한국문인협회에 기관지 〈월간문학〉을 발행할 수 있도록 별도의 지원금을 지급한다는 것이다. 박정희 정권의 이러한 정책 뒤에는 김동리가 감행한 모험이 놓여 있다. 김동리의 모험이 성공했기에 박정희의 이런 시혜가 가능해진 것이다.

〈현대문학〉에 맞서는 잡지가 필요했던 김동리에게 가장 시급했던 것은 문학잡지 발간의 후원인이었다. 하지만 그게 여의치 않자 김동리는 대통령을 찾아가 문학잡지를 내자고 호소해 볼 작정을 하기에 이르렀다. 김동리 사단의 비평가 이형기가 청와대 비서실에서 근무하는 친구를 두고 있었고, 김동리와 동향이자 등단 전부터 절친한 관계를 맺어오던 박목월이 영부인 육영수의 가정교사에 상당하는 자리를 차지하고 있었기에 가능한 구상이었다. 이들의 힘을 빌어 박정희 대통령과 김동리의 면담은 주선되었다. 당시 문협 사무국장이었던 김상일은 면담의 장면을 이렇게 기록하고 있다.

> 당일(날짜와 시간은 잊어버렸다), 필자는 동리 선생을 모시고(당시 나는 문협 사무국장) 택시를 잡아타고 청와대로 찾아갔다. 적어도 나는 죄지은 것도 없는데 가슴이 벌떡벌떡 뛰는 것이었다(나중에 알았지만 고혈압 때문이었다). 경비실에 들렀더니 벌써 알아차리고 안내자가 나와 여간 굽신거리는 게 아

---

43. 김상일, 앞의 글, 176쪽.

니었다. 흐뭇했다. 한편 여간 부러운 것이 아니었다. 권력이 좋긴 좋구나, 비서실에 들어서니 뜻밖에도 썰렁했다. 방 크기도 서너 평이 되는 둥 마는 둥 했고, 실내 장식도 없었으며, 근무자도 우리를 상대하는 비서 하나 외에 눈에 띄지 않았다. 바라크에 든 기분이었다. 대통령이 진짜 질소 검박해서 그런 것일까? 연극을 하고 있겠지?

비서는 동리 선생만 대통령 집무실에 공손히 안내했다. 안에서 두 사람이 무슨 말을 나누었는지 나는 알지 못한다. 가끔 비서가 찻잔을 받쳐들고 문을 드나들며 고개를 갸우뚱거리더니 이렇게 귀엣말을 전해 주었다.

"두 분 도통 말이 없으시네요. 김동리 선생님의 얼굴은 벌겋게 달아 있구."

비서가 전해 준 후일담은 대충 이런 것이었다. 동리 선생은 수인사도 변변치 않게 마치는 것 같았고, 얼굴만 붉히신 채 창 밖만 바라보았다고 한다. 문단을 대표해서 전권 대사로 대통령을 방문한 이가 말 한 마디 없이 빈손으로 돌아오신 것이다. 우리는 이 사실을 어떻게 평가하고 있을까. 정녕 집무실에 들어서고 보니 별안간 구걸하러 찾아온 것 같아 아무 말도 못 하고 상기된 채 창 밖만 바라보았을 것이다.

나는 공상해 본다. 만약에 우리 동리 선생께서 선비로서 염치도 없이, 더구나 난데없는(당시 대통령의 역할은 '기아선상에 허덕이는 민생고를 하루 빨리 해결하는' 데 있지 문화 사업 따위는 안중에 있을 턱이 없었다) 문학 잡지 따위를 발간할 테니 지원해 달라고 채신머리없이 굽실거렸다면 고지식하기로 이름난 박정희 씨(고명하신 한 시조 시인 유택에 조문 왔다 살던 저택을 보고 싹 돌아서서 그냥 나가 버린 것을 목격한 적이 있다)가 손수 앞장서서 광명인쇄소(이른바 혁명 공약을 남몰래 인쇄했던 곳이다)에 발간을 위한 도급을 주진 않았으리라(나중에 알았지만 정부 재정은 당시 바닥이 나 있었다. 유명한 혁명 후일담이다)고 상상해 보는 것이다.

박정희 대통령을 미워하는 사람들은 많지만 그러나 〈월간문학〉지는 그의 살신성인의 인정이 없었더라면 햇빛을 보지 못했을 것이다.

〈월간문학〉지는 생색을 낼 줄 모르는 박정희 대통령과 염치를 지키는 한국

마지막 선비 동리 선생이 피차 위신을 확보하며, 그러나 일은 성사시키자
는 무언의 신사 협정에 따라 창간된 것이다.[44]

〈월간문학〉의 창간으로 김동리는 잠깐 숨통을 틀 수 있었다. 그런데 〈월간
문학〉은 문협의 기관지 〈월간문학〉이었지 김동리의 〈월간문학〉이 아니었
다. 문인들의 집합체인 한국문인협회에 정부가 지원금을 지급한 까닭이다.
그것이 조연현의 〈현대문학〉과 크게 다른 점이었다. 이 때문에 1973년 제
11대 문협 이사장 선거에서 패배한 김동리는 〈월간문학〉에 대한 영향력을
전부 잃고 〈한국문학〉의 창간으로 나서게 된다. 반면 문협 이사장 선거에서
승리한 조연현은 한 손에 〈현대문학〉을, 다른 한 손에는 〈월간문학〉을 틀어
쥔 양상이었다. 당시의 분위가 어떠했는가는 「우리동네 촌장 이문구」라는
황석영의 글에 어느 정도 드러나 있다. 황석영이 김동리의 오른팔 이문구를
바라보는 시각에서 내용이 기술되어 있지만, 갈등의 분위기만은 생생하게
전달된다.

이사장으로 나올 사람도 정해져 있어서 조연현 김동리 양씨가 엎치락뒤치
락했는데, 당시에 문예지도 별로 없던 시절에 조연현이 자리잡고 있던 〈현
대문학〉이 막강했고 김동리가 이사장이 되면서 문협 기관지로 만든 〈월간
문학〉이 있었다. 조연현측의 오른팔은 조정래였고 김동리측은 이문구였
다. 기존의 문단에서 한 걸음 옆으로 비켜서 있던 사람들은 주로 젊은 사람
들이었는데 나도 문협 선거에 참여한 적이 없어서 강 건너 불 보듯 하던 판
이었다. 김동리가 낙마한 뒤에 이문구는 머리를 삭발하기까지 했다. 속 모
르는 구경꾼들은 그러한 그의 열정과 울분에 민망스러워 했다. 나도 전화로
욕깨나 먹어야 했다. 선거날 투표하러 오지 않았다는 것이 그가 화를 낸 이

---

44. 위의 글, 178-79쪽.

유였다.… 그 시절에 편집자들의 소심함으로 몇 군데 잡지들을 전전하며 되돌려 받았던「낙타누깔」을 속없이〈월간문학〉에 싣기도 해서 사실 선거에 참여하지 않은 나는 이문구 쪽에서 본다면 '의리 없는 놈'이었던 셈이다."[45]

제11대 문협 이사장 선거에서 조연현에게 패한 김동리는 권토중래를 꿈꾸었다. 1973년 11월 창간한 월간지〈한국문학〉은 그러한 의지의 표상이다.〈한국문학〉은 김동리의 부인 손소희가 곗돈으로 탄 3백만 원으로 창간할 수 있었다.〈한국문학〉이 권토중래의 발판이었던 만큼 초대 편집장으로 김동리의 오른팔 이문구가 들어섰던 것도 당연하다. 하지만 이런 준비에도 불구하고 김동리는 이후 조연현과의 대결에서 단 한 번도 이길 수 없었다. 문협의 역대 이사장 명단이 이러한 사실을 보여준다. 김동리가 문협의 이사장으로 피선될 수 있었던 것은 1983년부터 가능했는데, 이 때는 경쟁상대 조연현이 사망한 뒤였다. 조연현은 1981년 11월 28일 제15대 문협 이사장을 역임하던 중 일본 여행에서 심장마비로 사망하였다.

7. 문학정신과 문학제도의 괴리가 낳은 '사회주의적 사실주의 논쟁'

김동리가 평생 벌인 커다란 논쟁은 대략 네 번으로 기록된다. 첫 번째, 유진오와 벌였던 1939년의 신세대 논쟁, 두 번째 김병규·김동석을 상대로 했던 해방 직후의 좌우익논쟁, 세 번째 김우종·이어령과 벌였던 1959년의 '실존

---

45. 황석영,「우리동네 촌장 이문구」—〈창작과비평〉, 2003년 여름, 204쪽.
이근배의 기록은 다음과 같다. "1973년 1월 27일, 서소문 명지대 대강당에는 6백53명의 문인들이 운집해서 투표를 하고 있었다. 중풍으로 병석에 누운 칠순의 김광섭이 간신히 부축을 받아 투표장까지 나왔으니 얼마나 많은 문인들이 문단의 두 세력에 휘둘리고 닦달질을 당했을까. 이희승, 김팔봉, 부산의 김정한도 투표를 했다. 결과는 김동리 3백21표 대 조연현 3백12표, 9표차로 김동리가 앞섰으나 과반수 미달로 재선거를 치러야 했다." —이근배, 앞의 글, 127쪽.

성' 논쟁, 네 번째 1978년 구중서·임헌영·염무웅을 상대로 펼친 '사회주의적 사실주의 논쟁'이 그것이다. 이 가운데 네 번째의 논쟁은 엄밀한 의미에서 논쟁이라고 파악하기 어렵다고 판단된다.

1978년 9월 12일 태창출판부 주최의 문학강연회에서 행한 강연에서 김동리는 당시의 민중문학을 가리켜 '사회주의적 사실주의'로 분류하였다. "당시는 유신체제가 10.26의 총성과 더불어 무너지기 1년 전이었다. 그러니까 서슬 퍼런 긴급조치 9호가 한국 땅을 온통 내리누르며 한창 공포분위기를 조성하고 있던 시기였다. 이런 시기에 김동리는 당대의 민중문학론자들을 가리켜 '당신들은 사회주의적 무엇무엇을 신봉하는 자들이다'라고 규정한 것이다."[46] 〈월간문학〉 1978년 11월호에 게재된 김동리의 「한국적 문학사상의 특질과 그 배경— 한국문학의 나아갈 길」이라든가 논쟁 과정에서 선보인 글들을 보면 김동리는 그러한 규정에서 한 발짝 더 나아간 논의를 진척시키지 못하고 있다. 필자가 '사회주의적 사실주의 논쟁'을 문학논쟁이라고 파악하기보다는 정치적 공세로 이해하는 까닭이다.

사실 이것이 논쟁인가 아닌가의 여부는 부차적인 사항이다. 오히려 이 사건은 김동리가 한국문학사의 가파른 굽이굽이를 거치면서 마지막에 도달한 자리를 상징적으로 보여준다는 점에서 더욱 문제적으로 파악된다. 문학정신과 문학제도를 통일된 관점에서 파악하지 못하고 나아가는 자의 한계를 여실히 드러내고 있기 때문이다. '사회주의적 사실주의 논쟁'에 이르면 김동리의 문학 논쟁은 정치 공세와 구분하기 힘들 정도가 아닌가. 논쟁의 직·간접적 상대들이 결국 침묵으로 맞서는 방식을 선택을 했던 이유도 바로 여기에 있다. "백낙청 구중서 염무웅, 그리고 박현채와 나 등 몇몇이 모여 이 혼탁해지는 논쟁의 대응 방안을 논의한 결과 더 이상 대꾸하지 말자

---

46. 이동하, 「한국 비평의 재조명3— 김동리와 '사회주의적 사실주의' 논쟁」, 『한국문학과 비판적 지성』—새문사, 1996, 87쪽.

는 결론이었는데, 마무리는 당사자가 아니었던 홍기삼이 〈동대신문〉을 통해 정리해 주었다."⁴⁷

김동리를 대타항 삼아 자신의 문학/문단 내 자리를 끊임없이 모색했던 조연현 역시 김동리의 이러한 모습으로부터 결코 자유롭지 못할 것이다. 김동리처럼 커다란 관심을 모으지 못했을 뿐이지, 그가 발표한 「참여주의 문학에 대하여」(〈월간문학〉, 1979.1)라든가 「민족문학과 민중문학」(〈현대문학〉, 1979.8)에는 그런 흔적이 다분히 드러나고 있기 때문이다. 김명인은 이 두 평론을 통해 종착역에 다다른 조연현의 비평 세계를 읽어내고 있다. 「참여주의 문학에 대하여」를 통해 조연현은 '참여주의 문학'에 내재하는 '특정한 정치적 목적'이 사실상 '사회주의 혁명'이 아니겠는가 하는 함의를 노골적으로 드러내고 있으며, 「민족문학과 민중문학」에서는 민족문학론이 사실상 '사회주의 문학론' 아니냐 하는 혐의를 강하게 암시하고 있다는 것이다. 이를 바탕으로 김명인은 '파시즘적 문학관'으로 기울어지는 조연현의 모습을 비판하고 있다.⁴⁸

문학-제도의 관점에서 파악했을 경우 김동리, 조연현의 면모는 이렇게 정리된다. 이는 결국 문협 정통파의 자화상이기도 한 것이다. 문학-제도를 둘러싼 자화상 위에서 그들이 주장하는 '순수문학(본격문학)'은 유령처럼 창백하게 떠돌고 있다. 문학제도를 둘러싸고 정치적 이전투구의 양상이 첨예해지면 첨예해질수록 '순수문학(본격문학)'이라는 문학정신은 더욱더 신비한 관념의 영역으로 옮겨간다. 해방 이후 1970년대 말까지의 김동리, 조연현의 문단 활동은 이를 선명하게 증명하는 과정이라고 할 수 있겠다.

---

47. 임헌영, 「문학 논쟁 비화 두 가지」, 『문단유사』, 93쪽.
48. 김명인, 앞의 논문, 148-50쪽.

해방기 유치진의 연극 이론 및 역사극 고찰

김성현◆

1. 유치진, 대가와 정전의 탄생

지명도만으로 본다면, 100년에 가까운 현대희곡사를 통해 유치진만큼 대중적인 인지도를 확보한 극작가는 그리 많지 않을 것이다. 그러나 우리는 이러한 대중적 명성이, 사실상 국가가 관리·통제하는 제도권 교육에 의해 형성되었다는 점에 주목할 필요가 있다. 실제로 현행 중학교 국어교과서에 실린 희곡 작품 세 편 중 한 편이 유치진의 「원술랑」이고, 6, 7차 교육과정에 근거한 고등학교 문학교과서에서 공히 최고의 수록 빈도를 차지하고 있는 작품 또한 유치진의 희곡인 「토막」이다.[1] 이른바 '베스트셀러'가 대중에 의해 선택된 것이라기보다 언론과 출판자본에 의해 '만들어진' 마케팅의 결과물인 것처럼, 국어교과서의 수록작 선택도 교육 수요자의 요구에 앞서 공급자들의 판단에 의해 결정되는 형편이다. 이 점에 주목할 때, 우리는 중고등

◆ 중앙대 강사. 박사과정 수료.
이 논문은 2003년 6월 21일에 '문학 권력과 정전의 탄생'이라는 주제로 중앙대학교에서 진행된 문학과 비평연구회의 제2회 심포지엄에서 발표된 논문을 수정·보완한 것이다. 토론에 응해주신 동신대학교의 정호순 선생님 이하 배석하여 여러 조언을 아끼지 않으신 연구자 제위께 깊이 감사드린다.

학교 교육을 거쳐온 이른바 '일반인'들이 유치진에 대해 가지는 기억과 관련해 두 가지 정도의 의문을 던져볼 수 있다.

첫 번째 의문은, 왜 하필 유치진인가에 대한 것이다. 이 의문에 서둘러 답하기 위한 단서가 되는 것은, 고등학교 교과서에 희곡작품이 처음 실린 시기인 1973년에 실시된 제3차 교육과정 개편의 결과이다. 이 시기에 최초로 교과서에 실리는 영예를 누린 두 편의 희곡 작품은 하나같이 유치진의 희곡인「청춘은 조국과 더불어」와「조국」이다. 한 극작가만의 작품이 그것도 두 편이나 교과서에 실린 이 부자연스런 상황이 가리키고 있는 배경은 무엇일까. 여기에는 크게 이 시기를 전후하여 연극계 원로이자 핵심권력으로서 유치진의 위치가 공고해졌다는 개인사적 맥락[2]과, 유신체제가 강화되면서 교과서를 '국민을 대상으로 한 이데올로기 교화자료'로 활용해야 하는 정치적 필요성이 교차하고 있다. 다시 말해, '유치진'이라는 이름이 이미 개인에 있어서나 작품에 있어서 충분히 권력적이고 정치적이라는 혐의를 부인하기 힘들다는 것이다.

한편 두 번째 의문은, 왜 유치진 외의 다른 극작가를 딱히 기억해낼 수 없는가에 관한 부분이다. 표면적으로만 본다면 이는 유치진의 희곡사적 위치가 그만큼 중요하다는 사실의 반증일 수 있겠으나, 사실상 그 '중요성'은 해방기의 상황하에서 좌익연극과 흥행극을 소거해낸, 즉 대중의 기억 자체를

---

1. 1995년에 개정된 6차 교육과정을 예로 삼자면, 이 시기의 문학 교과서는 총 18종으로 구성되어 있는데, 이 중 총 10권의 교과서에「토막」이 수록되어 있다. 한편 2002년에 개정된 7차 교육과정하의 문학 교과서 역시 총 18종으로 구성되어 있는데, 이 중 6권에「토막」이 수록되어 있다. 국정 국어교과서와 문학교과서 수록 희곡의 구체적인 내역에 대해서는 김희라,「공연 중심의 희곡 지도 방안 연구— 고등학교 국어 및 18종 문학 교과서를 중심으로」—이화여대 교육대학원, 2001, 35-38쪽 참조.
2. 유치진은 1971년에 한국극작가협회장으로 취임하고『유치진희곡전집』(성문각)을 간행한다.

봉인한 결과로 이루어진 공백의 산물임이 확인된다. 즉 사상적 편식이 심했던 우리의 국정교과서로서는 선택할래야 선택할만한 극작가가 그다지 없었던 것이다. 적어도 이 사정은 차범석, 이근삼, 이강백 등 해방 후 등단한 전후 세대 극작가들의 작품이 교과서에서 그 위치를 확보해가고, 함세덕, 송영 등 월북 작가들의 복권 후 그에 따른 논의가 활발해지는 90년대 초반까지 지속된다.

위에서 살핀 바처럼, 우리 희곡사에서 유치진은 대단히 정치적인 좌표 위에 서 있다. 좌익계를 위시한 여러 연극인들의 대규모 월북 이후, 해방기 연극계의 공백은 우익 연극인들에 의해 본격적으로 재편성되는데, 이 과정의 중심에 있었던 가장 핵심적인 극작가, 또는 연극인이 유치진인 것이다. 이 공백을 메우는 과정이 곧 유치진의 권력 획득 과정이라 할 수 있는데, 문제는 이 권력화 과정이 해방 이후 남한 연극 제도의 형성 과정과 궤적을 같이 하며 국가와 연극계 간의 밀월 관계를 공고히 한다는 데 있다.

여기서 우리는 다시 두 가지 정도의 가설을 상정할 수 있는데, 첫째는 해방기의 유치진 연극론을 살피는 과정을 통해 국가재건기에 연극- 연극계가 취해야 할 당면 과제에 대한 그의 제반 입장들을 추출해낼 수 있으리라는 것이다. 두 번째는, 이 당시에 창작된 —그리하여 오늘날 우리에게 일종의 정전으로 인식되는— 그리 많지 않은 유치진의 희곡들이 이러한 입장들과 시각에 근거한 일련의 경사를 보여주고 있으리라는 것이다. 이상의 가설에 기반할 때, 이 당시 유치진의 연극론을 분석하는 일은 남한의 연극계 내지 희곡문단이 우익 중심으로 재편되는 과정을 고찰하기 위한 중요한 토대가 될 것이다. 그리고 이렇게 형성된 극계와 문단은, 사실상 이후 연극활동과 극작활동을 통제하는 '제도'로 작동하게 된다. 한편 이렇게 형성된 제도는 앞서의 교과서 수록 현황에서처럼 텍스트를 나름의 방식으로 전유하며 정전화하고, 당대의 텍스트 또한 이러한 통제에 적극적으로 부응하게 된다.

따라서 본고는 해방기의 유치진 연극론과 실제 활동에 근거하여, 그의 연극론과 작품이 남한 극계와 희곡문단 형성에 어떠한 영향을 미쳤는지를 고찰해 보고, 그 과정에서 필연적으로 수반되었을 문제점들을 검토하는 데 그 목적이 있다.

이를 위해 본고는 해방기에 논의된 유치진의 연극론 중 연극제도와 국가의 관계를 고찰해 볼 단서가 되어줄 공연법 제정과 국립극장 창립에 관한 논의를 점검하는 한편, 당시 창작된 몇 편의 역사극이 유치진의 정치적 입장을 조망해 볼 수 있는 좋은 대상이 되리라는 전제하에 이들을 분석하는 구성을 취하고자 한다. 물론 '제도'와 '텍스트'는 일관된 관점이나 방법론으로 계열화하여 분석하기 힘든 것이 사실이다.[3] 그럼에도 본고가 이러한 편제를 따르는 것은, 국정교과서에 의해 '대가'로 기억되는 극작가 유치진과 '정전'으로 배치된 그의 작품들이 동일한 틀 위에 서 있기 때문이다.

2. 국민연극의 기억과 우익극의 권력 획득: 공연법과 국립극장

해방 직후 잠깐 동안 침묵을 지켰던 유치진은 1946년 5월 '극예술연구회' 재건을 기점으로 해방기 연극계에 뛰어들었고, 이후 1947년 5월 이 단체를 '극예술협회'로 개칭하여 우익연극계의 주도적 위치에 서게 된다. 해방 이후부터 한국전쟁 이전까지 유치진의 행보를 거칠게나마 연보로 정리해 보면 아래와 같다.

1946.5 극예술연구회 재건.
1946.6 연극 브나로드 운동 실천 위원회 조직.
1947.1 조선연예문화사 고문으로 추대.

---

3. 이스트호프에 의하면, 텍스트 분석과 제도 분석이라는 두 가지 분석은 텍스트성 자체의 능동성으로 인해 한 가지 이론틀을 통해 일관적으로 생각하기가 힘들다. —안토니 이스트호프, 임상훈 옮김, 『문학에서 문화연구로』, 현대미학사, 1994, 168쪽.

1947.2 국제극장에서 「조국」 상연. 유치진의 해방 후 첫 공연.
1947.5 조선연예문화사 산하의 극예술단을 극예술협회로 개칭.
1947.10 전국연극예술협회 조직. 1948년 한국무대예술원으로 개칭.
1949.1 무대예술원 단일단체로 재조직.
1950.4 중앙국립극장 개관. 초대 극장장으로 취임. 극예술협회를 신극협회로 개칭하여 직속극단화. 국립극장 창립공연으로 자신의 희곡 「원술랑」 상연.

해방기 이후 1950년대 후반에 이르는 유치진의 극작 활동은 30년대에 비해 일천한 편인데, 이는 이 시기의 유치진이 극작가로서의 활동보다 '연극이론가'로서의 활동에 더 매진했기 때문이다. 그나마도 그가 펼친 연극론은 연극이라는 장르에 관한 것이라기보다 사실상 연극정책론에 가까웠다. 특히 해방기에는 미군정청과 남한 정부의 공연예술 정책이나 연극행정에 관해 강도 높은 비판을 가하며 국립극장 건설, 공연법 제정, 입장세법 추진 등에 대한 입장을 밝히고 있는데, 유치진의 이러한 연극론은 당시 우익극계의 입장을 대변하며 해방 이후 남한의 연극제도 형성에 결정적인 영향을 미친다는 점에서 주목할 만하다. 물론 그의 연극정책에 관한 관심과 열정을 무조건 권력지향형으로 매도할 수는 없다. 자서전에서 밝힌 바처럼, 극장 입장세 10할 인상, 패륜적인 미국 영화의 무분별한 수입, 여배우에 대한 노동법의 무리한 적용 등 당시 미군정하 연극정책의 독소항[4]들은 연극인들에게 '제도'라는 부분을 고민하지 않을 수 없게끔 만들었던 탓이다. 따라서 우리가 주목해야 할 부분은 유치진이 제도와 정책에 관련해 활발한 활동을 펼쳤다는 사실 자체가 아니라, 그 활동의 과정을 통해 그가 제시한 입장과 대안이 과연 어떤 형태였나에 관해서일 것이다.

한편, 해방기의 유치진 연극론을 이해하기 위해서는 그가 식민지 시기 신

---

4. 유치진 구술·유민영 정리, 「자서전」, 『동랑 유치진 전집 9』 ―서울예대출판부, 1992, 186-87쪽 참조.

극 운동의 대표주자였다는 점과 더불어, 국민연극기에 현대극장을 중심으로 친일연극을 주도적으로 펼쳐나갔었다는 점을 동시에 전제할 필요가 있다. 해방정국하에서 신극의 계승자들에게는 여전히 두 집단의 공적公敵이 존재하였는데, 발빠른 행보로 광범위하고 활발한 조직을 형성한 좌익 연극인들과, 여전히 일소되지 않고 있던 흥행 위주의 상업극단들이 그들이었다. 좌익극과 상업극의 틈바구니에서 위기감을 느낀 우익 연극인들은 곧 자신들과 이념적 색깔을 같이하는 국가라는 체제의 지원과 비호를 통해 당면 정세를 타파해 가고자 했을 것이고, 이 과정에서 유치진의 관심도 제도로 옮겨갔을 것임을 어렵지 않게 짐작할 수 있다. 다른 한편으로 유치진이 국민연극기의 모순되지만 안정된 연극 행정 및 지원시스템의 세례, 곧 국가권력에 의해 연극을 비롯한 예술 전반이 통제받던 시절의 기억을 가졌다는 점을 주목해야 한다. 이를테면 그에게 '국가와 연극을 동일시하는 시선'은 그리 낯설거나 거북한 입장이 아니라는 셈이다.

상기한 개인사적 배경을 전제할 때 해방기 유치진의 연극정책론을 따라잡는 시선은 크게 두 가지로 정리할 수 있을 것이다. 첫째는 1940년대 전반기 내내 당대 연극인들을 옭아매었던 국민연극기의 연극 통제 논리이고, 둘째는 좌익극과 상업적 대중극과 대결하며 우익연극의 헤게모니를 장악해 가는 권력획득의 과정이다. 다음에 살펴볼 공연법 제정 논의와 국립극장 설립 추진 운동은 공히 이 두 시선 아래에 놓여 있다.

2.1 자승자박의 논리: 공연법 제정 추진

해방기의 공연법 제정 추진을 고찰하기 위해 먼저 전제해야 할 것은 일제말 연극을 비롯한 제반 공연행위를 통제하기 위해 제정된「조선흥행 등 취체규칙朝鮮興行等取締規則」이다. '취체규칙'은 국민연극기인 1941년에 이른바 "'전시와 흥행'의 관련을 절대로 지키게"[5] 하기 위하여 조선총독부가 전반적인 연행물 통제를 목적으로 제정한 법안이다. 취체규칙에서 주목할 만한 부분은 공연장의 시설에까지 손길을 뻗쳐 공연 내용에 대한 통제가 어려울 때 위생과 안전 등을 빌미로 공연을 통제할 수 있었다는 점과, '기예증技藝證' 발급을 통해 예술인 전반을 통제하였다는 점 등이다.

그런데 해방 후 유치진 등의 우익 연극인들에 의해 꾸준히 제기되었던 공연법의 내용은 취체규칙과 놀랄 정도로 닮아 있다. 공연법 제정 문제가 처음 제기된 시기는 1946년 8월 군정청 문교부가 제반 예술단체의 대표자들을 초청한 자리에서 상정된 극장공연에 대한 법령제정안에 관한 협의에서였는데, 이 이후 여러 차례의 논의에도 불구하고 그 통제적 성격 때문에 좌익 진영의 반발이 거셌고 국회에서도 심의가 지연되어 별다른 진척이 없었다. 결국 공연법 초안이 국무회의에서 처음으로 심의된 시기는 1948년 12월의 일이다.

제1조에서 "국민문화의 건전한 발달을 촉진하며 공연 내용의 질적 향상을 도모함"을 목적으로 한다고 밝힌 총 16개 조의 공연법 초안은, 그러나 국가기관에 의한 연극 통제의 의도가 확연한 조항들을 다수 내포하고 있었다.

> 第七條 公演脚本及 歌辭 또는 製作品(映畵 音盤)은 公報處長의 檢閱을 要함.
> 第九條 公演은 公報處長의 許可를 要함.
> 第十條 內務長官은 治安 又는 設備에 關하여 必要하다고 認定할 時는 公報處長을 經由하여 公演의 演題 日時 場所 等의 制限을 할 수 있음.
> 第十三條 內務部長官及 公報處長은 當該公務員으로 하여금 公演場所에 臨檢케 함.
> 臨檢者는 그 身分을 表示하는 證票를 持參하여야 함.[6]

---

5. 〈매일신보〉, 1941.7.4.
6. 「공연법 초안 작성-방금 국무회의서 토론중」—〈국제신문〉, 1948.12.17 중에서 일부 발췌.

인용된 초안대로라면 공연예술인들은 공연에 앞서 공보처장에게 각본을 검열 받은 뒤 공연 허가를 받아야할 뿐만 아니라, 내무부의 판단에 따라 공연 일시 및 장소의 제한을 받을 수도 있고, 내무부 및 공보처의 공무원들의 임검에 시달릴 수도 있는 상황이었다. 명약관화한 문제점들 때문이었을까, 국무회의에까지 상정된 공연법 초안 역시 심의가 상당 시간 지체되고 있었기 때문에 연극인, 특히 유치진을 비롯한 우익계 연극인들은 스스로 공연법의 조속한 상정을 요구하고 나선다. 그렇다면 연극인들 스스로를 속박할 수 있는 공연법을 유치진이 그토록 열망했던 이유는 무엇일까. 물론 법이 엄존하는 국가에서 공연에 관한 제반 법령이 조속히 실시되어 법의 보호하에 안정된 공연 활동을 진행하는 것은 연극인들의 당연한 요망사항일 것이다. 그러나 이 당연함의 이면에는 제도를 통해 정치적·흥행적 적대세력들을 제거하려는 음험함이 도사리고 있다. 유치진은 1949년의 한 신문 논설에서 공연법의 목적이 "우리 연극계에서 지금껏 횡행하는 역족운동의 사상과 아직도 청산키 어려운 악질모리의 흥행을 간과치"[7] 못함에 있다고 못박고 있다. '역족운동의 사상'과 '악질모리의 흥행'이란 어휘는 두말 할 필요 없이 각각 좌익연극과 대중극을 지목하고 있다. 결국 유치진은 통제 일변도의 공연법을 통해 좌익극, 우익극, 흥행극으로 삼분되어있던 당대 연극계에서 전자의 두 집단을 봉쇄하고 우익을 중심에 배치하고자 한 것이다. 이는 새로운 시대에 부응하는 극작술의 부재와 대중적 호응의 열세를 제도의 비호를 통해 극복하려는 다분히 정치적인 입장인데, 놀랍게도 이런 입장은 1940년대 초반 소위 '국민연극기'의 자발적인 연극 통제 욕망과 놀랄 정도로 닮아 있다.

(一) 위선 새로운 國民劇樹立을 위해서 演劇人養成을 목표로 한 演劇學校는 가까운 장래에 하나쯤 설립되어야 하겠고, (二) 劇本監督部라는 부서를

---

7. 유치진, 「공연법의 즉시상정」 —〈경향신문〉, 1949.10.25

협회내에 두어서 당국에 제출하기 전에 협회로서 위선 극본의 事前檢閱을
행하여 당국에서는 주로 극본의 治安上檢閱을 한다면 극본감독부에서는
문화적 내지 예술적인 검열을 행하게 함이 어떨까 한다.[8]

신체제, 그러니까 전시동원체제하의 연극이 나아가야 할 바를 밝힌 위 인용에서 유치진은 국민연극의 활성화를 위해 연극학교 설립, 연극단체의 자발적인 극본 사전 검열 등을 이야기하고 있다. 그런데 문제는 '신체제'가 끝난 해방 후에도 그의 이러한 논지가 전혀 해소되지 않는다는 데 있다. 이는 줄기차게 계속되어온 공연법 제정 노력에서뿐만 아니라, 공연법 입안 좌절 후 자신이 원장으로 있던 '무대예술원'[9] 내부의 통제 정책 등에서도 그대로 반복된다. 이 같은 유치진의 공연법 내지 연극 통제 정책에 대한 집착은 해방정국에 관한 그의 정세분석과 새로운 국가에 대한 시각을 환기시켜준다. 취체규칙은 그 얼마 뒤인 1941년 12월 7일의 태평양전쟁 발발, 12월 26일의 「비상 전시기간의 사회안정 유지지침」 채택 등 일련의 급박한 정세를 감안할 때, 전시상황에서 우려되는 혼란을 최대한 제어하기 위한 억압정책의 연장선상에 있다. 유치진이 이러한 정책에서 벗어나지 못한다는 것은, 그가 식민지 말기처럼 해방정국을 극도의 혼란상태로 보았다는 결론을 가능하게 한다. 민중을 주체적 역량을 가진 존재로 보지 않고 통제의 대상으로 본 결과, 유치진은 국민연극기의 연극정책을 해소하지 못한 채, 국가 만들기 시대의 결과물로 형성될 '국체國體'를 위해 개인의 자유가 충분히 억압될 수 있고 억압되어야 한다는 파시즘적 입장을 고수하고 있는 것이다.

---

8. 유치진, 「신체제하의 연극」―〈춘추〉, 1941.1
9. 무대예술원은 1949년 1월 5개 예술 단체를 통합하여 생긴 단체인데, 문교부 장관을 명예원장으로 위촉할 정도로 당국과의 밀착성을 보이고 있다. ―박영정, 『유치진 연극론의 사적 전개』, 태학사, 1997, 223쪽.

공연법은 해방기 상황에서는 결국 법령으로 제정되지 못하였지만, 공연법 제정에 관한 유치진의 논의와 활동이 해방기 극계의 헤게모니 개편에 많은 영향을 미쳤음은 부정할 수 없다. 무엇보다 상업극과 좌익극을 한 틀로 묶어 신문화 건설의 걸림돌로 치부하는 과정에서 자연스레 우익 연극의 세력화와 상대적인 득세를 가능하게 했다는 점을 주목해야 할 것이다. 그러나 공연 통제라는 방식을 통해 연극계의 안정을 찾고자 한 유치진의 시도는 좌익을 비롯한 여러 연극인들의 대거 월북을 부추겼고, 미구에는 남한 연극 풍토를 순수극 내지 탈정치극을 가장한 또 하나의 국책극 일변도로 몰아가게 했다. 결국 좌익극과 대중극을 거세하고 국가권력의 과도한 개입을 스스로 용인하는 과정에서 이루어진 우익연극인들의 헤게모니 장악이, 이후 남한 연극의 시스템과 극양식 고정에 일조한 결과를 낳은 것이다. 예술과 그 향유 주체인 민중을 통제받아야 할 대상으로 타자화한 유치진의 연극정책은 국립극장 설치에 대한 논의에서도 비슷한 형태로 발현된다.

2.2 국가주도형 연극의 완성: 국립극장 설립 주변

국립극장에 대한 연극인들의 열망은 일제시대부터 지속되어온 극장문제에 대한 관심사의 연장과 확장이라고 할 수 있다. 공연 행위를 위해 극장을 필수 조건으로 하는 연극인들에게 극장의 문제는 사실상 생존의 문제였던 것이다. 해방 이후 극장이 연극인들의 손에 돌아와야 한다는 부분에서는 좌우의 입장이 크게 다를 수 없었음이 아래의 인용들에서 여실히 확인된다.

> 극장은 일반 대중의 예술적 교화, 계몽을 지도한다는 공공기관이며 결코 일개인의 소유물 될 것이 아니다. (중략) 우리의 정권이 수립되면 그 문화정책에 따라 극장의 국영이 된다든가 연극단체에 맡긴다든가 하겠지만 현재로서는 극장을 조선 연극인들의 관리하에 두는 것이 가장 타당하다고 생각한다.[10]

다난한 조선극계의 제 과업 중에 어느 것이 중대하지 않음이 없지만 그 중에서도 가장 초미焦眉의 급무는 극장 문제 해결일 것이다.[11]

유치진에게도 극장이란 공간의 확보는 중차대한 문제였는데, 이는 특히 1930년대 후반 이후 급격히 변모한 유치진의 연극관과 관련이 있다. 1934년에서 35년에 이르는 도일체험과 「소」의 필화 사건 후, 유치진은 연극관에서 급격한 방향 전환을 보이는데, 그 내용을 요약하자면 "연극의 직업화, 전문적인 기술화, 대극장공연화, 예술성과 대중성의 조화"[12]로 정리된다. 이전 시기 유치진의 연극론이 그의 술회대로 로망 롤랑의 『민중예술론』에 영향을 받아 다분히 아나키즘적 성향을 띠었고 그 실천 방안에서도 '행장극장' 등의 민중적 연극활동에 경사를 보이고 있었음을 감안한다면, 35년 이후의 선회는 파격적인 것이라 할 수 있다. 이 변화가 극작술에 어떤 변모를 가져오는지의 언급은 뒤로 미룰 것이지만, 우선 유치진의 연극관 변화는 필연적으로 안정된 극장, 특히 대극장의 확보를 필요로 하는 것임을 확인할 수 있다.

당대 연극인들의 요구에 의해 극장 문제는 적산극장 불하에 대한 논의에서 첫 물꼬를 트게 된다. 적산극장에 대한 연극인들의 불만은 이 극장들을 연극인들의 손에 넘겨주는 것이 아니라 공개적인 입찰이나 불하를 통해 '합법적으로' 흥행모리배가 장악하게끔 하는 무책임한 행정에 대한 비판이었다. 전술한 바처럼, 해방 후 극장을 연극인들의 손에 돌려주는 문제는 중요하였으며 이는 좌우 양자가 한 목소리를 낸 사안이다. 미군정의 무책임한 극장문제 해결에 대한 유치진의 비판은 상당히 거센 것이어서, 반공주의자였음에

---

10. 나웅, 「연극과 극장」—〈藝術〉1, 1945.12, 8쪽.
11. 이서향, 「극장문제의 귀추」—〈서울신문〉, 1946.1.27
12. 서연호, 「유치진의 일본체험과 예술 활동」, 『한국 근대 극작가론』—고려대학교 출판부, 1998, 117쪽.

도 불구하고 북조선의 예까지 들어가며 극장정책을 비판하는 이례적인 과격함을 보인다.[13] 이렇듯 연극인들의 극장문제에 관한 관심은 곧 국립극장 설립의 필요성 제기로 이어진다. 국립극장 설립을 둘러싼 진통의 과정을 본고에서 세세히 언급하기는 힘들 것이지만, 설립에 대한 결정과 법안 공포가 끝내 미군정하에서 이루어지지 못하고 단독정부 수립 이후에야 가능해졌다는 사실은 주목할 만하다. 1946년 3월 미군정청 교화과와 예술인들이 최초로 국립극장 설립에 관한 논의를 진행할 당시만 해도 해당 부서의 분과위원 명단에서 좌익 연극인 및 이후 월북한 연극인들의 이름을 어렵지 않게 찾아볼 수 있다.[14] 또한 극장장이 서항석으로 임명된 것도 그가 좌우를 아우르는 중도적 인물이었다는 점이 작용했을 것이다. 그러나 여러 문제들과 마찰로 인해 국립극장 설립에 대한 구체적인 논의는 결국 좌익계 연극인들이 대거 월북한 다음인 정부수립 이후로 미루어지게 되고, 결과적으로 국립극장은 정부와 우익연극인들의 협의에 의해 1950년 4월에 와서야 개관하게 된다. 유치진은 「국립극장의 실현」에서 일개 군주나 전체주의 국가의 강권을 위해서가 아닌 "민족의 연극을 창조하기 위하여"[15]라는 말로 국립극장 설립의 목적과 필요성을 밝히고 있다. 아래의 인용 또한 이 논지의 연장선상에 있을 것이다.

> 극장이 개인의 영리의 대상이 됨은 예술의 상품화를 초래하여 드디어 예술을 사이비 예술의 길로 타락시킴은 물론이고, 이는 양심있는 예술인의 원치 않는 바다. 여기에서 국립극장론이 비로소 대두한다. 국립극장이란 극장이 개인의 영리 대상 됨을 피하기 위하여 예술가와 예술을 위한 극장의 국가 경영을 말함이다. 국립극장은 예술의 옹호 육성을 위하여는 절대불가결의 존재이다.[16]

---

13. 유치진, 「극장사견」─〈조선일보〉, 1947.4.8
14. 부서 및 책임자 현황은 「빗나는 민족예술전당 국립극장 건립계획— 규약과 분과운영위원을 결정」─〈중앙신문〉, 1946.3.24 참조.
15. 유치진, 「국립극장의 실현」─〈경향신문〉, 1949.12.26

궁극적으로, 국립극장의 설립은 민족예술의 부흥을 위해 예술인 모두가 소망하였던 숙원사업으로 보이며, 여기에는 극장운영의 주체가 예술인 자신이어야 한다는 당대 연극인들의 소박한 의지가 담겨 있다. 그러나 극장을 흥행모리배의 소유로 함에 반대하는 것과 국가의 관리하에 두는 것은 미묘하지만 중요한 차이가 있는 문제이다. 전자가 '사영私營'이라면 후자는 '국영國營'인 셈인데, 이 교묘한 이분법하에서 '민영民營'의 가능성은 명함조차 내밀지 못하고 있는 실정이다. 유치진의 주장처럼 연극이 '교화'의 수단이라 하더라도, 그 교화의 실천방식이 총집결된 우익의 역량을 국립극장 한 곳으로 쏟아붓는 것으로 귀결된 점은 재고의 여지가 있다. 결국 앞서 언급한 공연법과 연관지어 생각할 때 자생적 연극 풍토를 봉쇄하지 않았는가 하는 혐의가 있으며, 더욱 심각한 문제로는 국립극장 설립을 우익 헤게모니 획득의 가시적 성과로 간주하지 않았나 하는 부분을 들 수 있다.

"민족예술의 발전과 연극문화의 향상을 도모하여 국제문화의 교류를 촉진하기 위하여 국립극장을 설치한다"[17]가 국립극장 설치령 1호의 내용이지만, 해방기의 상황하에서 과연 이러한 목표의 최종적인 귀착지가 국립극장 설립이었는지에 대해서는 재고의 여지가 남는다. 사실상 오늘에 이르기까지 국립극장이 그 운영의 비합리성에 있어 비판을 받아온 원인도, 정체성에 대한 합의 부재에서가 아니라 애당초 국립극장 자체가 정치적 필요라는 연약한 지반 위에 지어진 구조물이기 때문이 아닐까 하는 의구심이 드는 것은 바로 이러한 배경 때문이다. 이 지점에서 "무대예술인들의 범문화 운동 차원의 노력과 정부의 선진적 문화마인드가 열악한 환경하에서 국립극장 창립을 가능케했다"[18]는 유민영의 평가는 일면적이다. 결국 국립극장은 연극

---

16. 유치진, 「국립극장론」―〈평화일보〉, 1950.1.1
17. 서항석, 「나와 국립극장」―〈극장예술〉, 1979.5, 28쪽.
18. 국립중앙극장 편, 『국립극장 50년사』―태학사, 2000, 23쪽.

인들의 갈등으로 인해 창립 당시부터 '국민'의 극장인지 '국가'의 극장인지 불명확한 상태로 출발한 것이다.[19]

3. 통속성과 국가 이데올로기 사이에서: 유치진의 해방기 역사극

앞서 살핀 해방기의 연극정책과 권력의 획득으로 보자면 최후의 승자는 남은 자인 우익계열이겠지만, 실제 극작술과 흥행 및 관객의 호응으로 본다면 적어도 해방 전반기의 연극계는 좌익극이 장악했다고 해도 허언이 아닐 것이다. 함세덕의 「고목」 등에 대한 대중과 언론의 격찬에 비해 우익계열의 연극들은 사실상 자족적인 수준에서 만족해야만 했다. 희곡론에서도 좌익측이 진보적 리얼리즘론에 입각해 민족연극론에 대한 논의를 활발히 전개한 데 반해, 애초에 별다른 대안과 지향점 없이 좌익에 대한 대타의식으로만 전개된 우익의 사실주의 연극론은 사실주의극에 대한 기존의 수입된 논리를 공전시키고 있을 뿐이었다는 것이 일반적인 평가다. 유치진 역시 적지 않은 창작물의 부피에도 불구하고 식민지 시기에 준하는 문제작을 창작해내지 못한 것이 현실이었는데, 이러한 창작의 부진 이면에는 앞서 밝힌 바처럼 연극행정가로서의 과도한 활동이 한 원인으로 작용할 것이다. 그런데 여기서 유의해야할 점은 창작의 부진과 연극행정에 관한 활동의 선후 관계 문제이다. 결론부터 서둘러 이야기하자면, 후자로 인해 전자가 부진할 수

---

19. 이와 관련하여 '국립극장'이란 제도가 주로 무대극의 전통이 오랜 유럽에서 발달한 시스템임에 주목할 필요가 있다. 유럽의 경우 귀족 또는 관료나 왕족이 고급예술의 패트런이 되어 예술가의 창작활동을 후원해주는 시스템이 안착된 형태가 국립극장으로 발전한 것임은 이미 주지의 사실이다. 이 경우 이른바 정전화된 '고전'으로서의 공연형태에 대한 동의가 어떤 식으로든 가능했을 것이다. 그러나 우리의 경우 근대극(신극)의 개념이 수입된 지 채 50년도 못 되는 해방기 상황에서 '신극전통의 정체성 확보'라는 단단한 기반 위에 극장이라는 제도가 자리잡기란 요원한 일이었을 것이다. 결국 국립극장의 건설은 이로부터 우리의 공연 양식과 연극이라는 개념의 정의 자체를 규정짓는 결과를 초래한 혐의가 있다.

밖에 없었기 때문이 아니라 실제 극작과 공연상 열악함의 대안으로 연극행정활동을 하였으리라는 혐의가 짙다는 것이다. 30년대 후반의 방향 전환 이후로 유치진의 희곡이 지닌 주된 특징은 로맨티시즘에의 경도인데, 유치진에게 로맨티시즘은 곧 통속성의 다른 이름으로 발현된다. 또한 국민연극기를 거치며 체득했을 국가 이데올로기에의 복무도 간과할 수 없다. 이상의 특징들을 총체적으로 조망할 때 '민족적·국가적 대의 명분에 긴박되어 있되 통속성의 개입을 용허하는 인식구조를 반영한 것'[20]이라는 유치진의 1950년대 희곡에 대한 이승희의 지적은 1940년대의 유치진 희곡까지도 충분히 아우를 만한 시각이다. 통속성과 이데올로기의 밀월, 여기에 해방기 유치진 희곡의 출현 배경이 존재한다.

최근까지의 역사극 연구에서 "역사극이란, 한마디로 연극을 통해서 역사에 참여하는 행위의 일종으로서, 작가가 지닌 자생적인 역사의지를 보편화시키려는 의식적인 표현"[21]이라는 서연호의 선험적 정의는 결코 가볍지 않다. 그러나 이화진의 지적처럼 서연호의 문제설정 내에서는 다만 역사극이 지향해야할 '이상태'만을 설명할 수 있을 뿐, 역사극이 당대 현실 속에서 반복 재생산해내는 지배이데올로기의 실체는 은폐될 수밖에 없다.[22] 예술사적으로 보더라도 역사물의 출현, 즉 역사 서술은 다분히 '위기'의 산물일 수밖에 없는데,[23] 여기서 '위기'란 곧 현재라는 시점의 단절이나 전망 부재를 확인하는 순간일 것이다. 결국 역사물이란 전적으로 '현재'라는 존재에

---

20. 이승희, 「1950년대 유치진 희곡의 희곡사적 위상」, 한국극예술학회 ―〈한국극예술연구〉8집, 1998, 339쪽.
21. 서연호, 「역사극과 역사의식」―〈연극평론〉, 1974.겨울호, 16쪽.
22. 이화진의 문제제기에 대해서는 다음을 참조할 것. 이화진, 「일제 말기의 역사극과 그 의미」―〈한국극예술연구〉18집, 2003, 132-34쪽.
23. 차승기, 「민족주의, 문학사, 그리고 강요된 화해」, 김철·신형기 외, 『문학 속의 파시즘』―삼인, 2001, 33쪽.

의해 이루어진 '전유'의 결과물이자 담론적 실천 그 자체일 수밖에 없는데, 그렇다면 역사극이란 대상을 대할 때도 텍스트에 씌어진 역사만큼 텍스트가 씌어질 수밖에 없었던 당대에 주목해야 함은 자명하다.

해방기에 공연된 유치진의 역사극에 다시 주목해야 하는 이유도 여기서 확보된다. 유치진은 자신의 역사극에 대한 관심의 이유를 "조선을 알고 싶어하는 마음이 준동"[24]하기 때문이라고 밝히고 있지만, 다음의 이유 또는 가설들로 볼 때 해방기 그의 역사극은 중층적이면서도 함의적인 당대 상황의 징후들을 내포하고 있다.

첫째, 해방 후에 창작된 「조국」「흔들리는 지축」 등의 당대 현실을 다룬 그의 작품이 좌익측의 연극에 비해 내용에서나 관객의 호응에서나 실패로 끝났다는 점이다.[25] 역사 및 시대에 대한 작가의식의 한계를 보여주는 이 실패를 넘어 유치진이 안착한 대안이 역사극이라면, 우리는 이 텍스트들을 통해 그의 역사극에 드러나는 일련의 퇴행을 확인할 수 있을 것이다.

둘째, 기왕에 축적된 역사극의 경험치가 해방기에 어떤 방식으로 발현되는가에 관한 부분이다. 이에 관하여 작가 개인의 입장에서는 대중성의 확보를 통해 신극의 또 다른 활로를 찾아보려던 1930년대 후반 이후의 희곡관 변화를 확인할 수 있을 것이고, 시대적으로는 1940년대 초반 이른바 '국민연극' 시기에 창궐한 역사극이란 장르의 이데올로기가 어떤 식으로 잔존하였는지에 대해 주목할 만하다.

셋째, 해방 이후 우익 연극계의 정점에 서서 담론 투쟁을 벌였던 유치진이 역사 소재라는 당의(糖衣)를 우익 이데올로기에 어떻게 덧씌웠을지 또한

---

24. 유치진, 「자서」, 『역사극집』 ―현대공론사, 1955(보정판), 2쪽.
25. 유치진 스스로도 「조국」의 흥행실패 요인 중 하나로 "좌익 극단 4개 단체가 합동으로 함세덕의 「태백산맥」을 대대적으로 공연한" 점을 들고 있다. ―유치진 구술·유민영 정리, 앞의 글, 177쪽.

흥미 있는 지점이다. 앞서 첫 번째 문제제기와 해방기 유치진의 위치 및 역할을 연관하여 생각해볼 때, 그의 역사극 창작을 이데올로기 탈색의 증거로 보기는 힘들기 때문이다.

따라서 이 장에서는 해방기 유치진의 대표적인 역사극인 「자명고」와 「원술랑」을 텍스트로 이들의 형식적 특성과 사상적 특성을 분석하여 해방기 유치진의 극작관과 세계관을 유추해 보고자 한다.

3.1 해방기 유치진 역사극의 형식적 특성

일단 「자명고」와 「원술랑」을 관통하는 가장 큰 형식적 특성은 이 두 희곡이 '대중성이 적절히 담보된 대규모 장막희곡'이라는 점이다. 유치진 역사극의 이러한 특성 뒤에는 1930년대 후반 이후 대중성으로의 급선회라는 작가 개인적 변모와, 이른바 국민연극기에 총독부 등의 충분한 후원을 통해 축적되었을 대규모 무대에서의 안정적 공연 체험이라는 시대적 상황이 교차하여 포진하고 있다. 약간의 부연을 하자면 유치진은 자서전을 통해 1935년의 이른바 '「소」 사건' 이후 작품 경향의 변화를 고민할 수밖에 없었다고 술회하고 있는데,[26] 이 사건의 진위 여부는 차치하더라도 이후 유치진의 극작관이 리얼리즘에서 대중성 및 낭만성으로 경도되었음은 분명하다. 한편 유치진은 1930년대 후반부터 일제의 연극 통제에 적극 협력하고 연극을 통한 일제에의 부역에 앞장서는 이른바 '국민연극' 활동을 활발히 전개하였는데, 대표적인 친일극단인 현대극장을 이끌고 국책홍보용 연극들을 상연하는

---

26. 유치진은 자서전을 통해 학생예술좌의 공연 팸플릿이 문제가 되어 약 3개월 간의 옥고를 치렀다고 술회한다(유치진 구술·유민영 정리, 「동랑자서전」, 『동랑 유치진 전집』 9권, 서울예대출판부, 1992, 135-39 참조). 그러나 박영정에 의하면, 이 당시 언론 및 관련 자료들 어디에도 이 필화 사건은 확인이 되지 않는 실정이다(박영정, 앞의 책, 22-23쪽).

국민극 경연대회에 적극적으로 참여하는 과정을 통해 충분한 지원하에서 대극장 공연을 체험할 수 있었다. 즉, 해방기 유치진 역사극의 구조적·형식적 특성은 당대에 돌출적으로 형성된 것이 아닌, 식민지 시기 신극과 국민연극 시기를 거치며 작가 내부에 체화된 경험의 총체로 파악해야 한다는 데 주목할 필요가 있다.

따라서 이 장에서는, 해방기에 창작된 「자명고」 「원술랑」 등의 역사극이 그 형식에서 개인사적으로나 희곡사적으로 단절이 아닌 연속선상에 있는 작품들이라는 점을 전제하고 그 형식적 특성과 문제점들을 밝혀보겠다.

1_ 규모의 거대함과 갈등의 단조로움 우선 두 작품에서 주목할 수 있는 점은, 이 작품들이 모두 5막으로 구성된 장막의 대작이라는 점이다. 「자명고」의 경우 총 5막 5장의 구성을 취하고 있고, 「원술랑」은 총 5막 7장의 구성을 취하고 있는데, 희곡의 장막화 경향이 해방기의 일반적 특징인 점을 감안하더라도 이 두 희곡은 가장 막수가 긴 희곡에 속한다.[27] 더구나 각 막과 장에 따라 무대 공간 또한 몇 차례의 변화를 거듭하고 있는데, 희곡 허두의 막 구분과 그에 따른 무대 설명을 통해 이를 일목요연하게 확인할 수 있다.

두 작품의 막과 장에 따른 무대 공간의 구성을 각각 정리해 보자면, 「자명고」는 '험한 고개-왕궁의 정원-감옥-감옥-왕궁의 정원'으로 구성되어 있고, 「원술랑」은 '김유신의 사랑방-김유신 집의 대문 앞 한길-시골 언덕 밑-산중 협곡-매초성 싸움터-궁전 뜰 앞'으로 구성되어 이 희곡들이 대규모의 공연 환경을 전제하고 만들어졌음을 알 수 있다. 물론 후자는 애초에 국립극장 창립 기념 공연을 전제하고 창작된 희곡이었기 때문에, 충분한 규모와 설비

---

27. 김동권의 논문에 의하면, 대상으로 한 해방기 희곡 42편 중 5막 이상의 희곡은 다섯 편인데, 이 중 두 편의 희곡(「별」 「원술랑」)이 유치진의 작품이다. 「자명고」가 분석 대상에서 제외된 점을 감안하면 이는 상당한 비율이라 할 수 있다. ─김동권, 『해방공간 희곡 연구』, 월인, 2000, 17-20쪽 참조.

여건을 보장받을 수 있었음을 상기해야할 것이다. 그러나 이 시기에 유치진에 의해 장막 역사극이 잇달아 창작될 수 있었던 배경에는, 앞서 언급한 것처럼 대중성에 기반한 대극장 선호라는 개인적 입장 변화와, 국민연극기의 축적된 경험이 동시에 자리하고 있다는 점을 간과해서는 안 된다.[28]

한편, 위 작품들의 5막 구성은 프라이탁G. Freytag이 말하는 '극 갈등 5단계 구조'[29]를 충실히 답습하고 따르고 있음을 확인할 수 있다. 이러한 도식성은 곧 내러티브의 안정감으로 드러나는데, 확보된 안정감은 이 작품들에서 주인공에 대한 시선의 집중으로 치환된다. 이 두 희곡은 작품의 길이나 막과 장의 구분, 등장 인물의 수에 비해 놀라울 정도로 단순한 갈등 구조를 가지고 있으며, 주변 인물들에게 으레 생길 법한 보조 갈등도 희박하거나 치밀하지 못한 형태로 전개된다. 때문에 두 희곡 모두 각각의 주인공인 호동과 원술이 고난 끝에 성취를 이루는 영웅담으로 모든 갈등이 수렴되어 버리고, 이 과정에서 주변 인물들의 행위는 종종 동기 확보에 실패하는 경우가 빈번하다.[30] 이는 관객으로 하여금 주동 인물에 대한 동일시를 수월케 하여 극이 제시하고 있는 이데올로기의 이입을 명료하게 하기 위한 것으로 보인다. 정리하자면, 유치진의 해방기 역사극은 대극장 선호라는 입장 변화와 국민연극기의 대극장 체험의 영향으로 그 분량과 규모는 거대해졌으나, 이념의 명

---

28. 이상우는 유치진의 해방 이후 역사극이 「춘향전」(1936), 「개골산(마의태자)」(1937-8) 등의 '대극장 본위론'에 입각해 쓰여진 작품들과 연장선상에 있는 작품들로 규정하고 있다(이상우, 『유치진 연구』, 태학사, 1997, 143쪽). 그러나 이러한 지적은 일면 타당하나 유치진의 국민연극기 연극체험을 본의 아니게 은폐하는 결과로 호도될 수 있어 주의를 요한다 하겠다. 무엇보다 스케일의 장대함은 충분한 체험의 결과로 보아야 할 것이기 때문이다.
29. 프라이탁은 '발단-상승-정점-하강-결말'을 일반적인 희곡의 플롯 도식으로 보고 있다. —G. 프라이탁, 임수택·김광요 역, 『드라마의 기법』, 청록, 1992, 99쪽 참조.
30. 「자명고」에서 별다른 동기 없이 호동의 처형에 대한 입장을 번복하는 한나라 장수 장초가 좋은 예일 것이다.

료한 전달을 위해 갈등은 도리어 단순해졌음을 알 수 있다.

2_ 멜로드라마 구조와 여성 문제 유치진의 희곡에서 드라마의 멜로성은 간과할 수 없는 주요한 특징 중 하나이다. 1930년대 후반의 입장 선회에 따른 대안으로 '낭만성'을 제시한 이후, 그의 희곡에서 낭만성으로 대표되는 멜로드라마적 성격은 작품 세계 전반을 관류하는 특질로 자리잡고 있다.[31] 그렇다면 유치진은 왜 희곡의 대중성 확보를 위해 멜로드라마를 선택한 것일까. "멜로드라마의 감정과 담화는 관객에게 쉽게 동화작용을 유발하고, 헐값으로 카타르시스를 느끼게끔 도와준다"[32]는 파비스P. Pavis의 견해는 여기서 시사하는 바가 크다. 파비스에 의하면 멜로드라마의 출현은 부르주아 계급의 이념과 관련이 깊은데, 멜로는 비사실성과 환상성을 통해 사회적인 공상을 전파하고 사회적 갈등을 은폐하며, 모순점들을 공포 또는 낙원의 분위기로 축소시킨다.[33] 이를 통해 사실상 30년대 후반에 제기된 유치진의 '리얼리즘의 수정'이나 '관객본위론' '낭만정신' 등 대중성에 관한 입장이 새로운 리얼리즘의 모색이 아닌 '관객 획득'에 대한 관심에 있었고, 궁극적으로는 이후 작품 경향의 통속화와 부일 협력을 통한 개량적 연극 활동으로 나타났음을 확인할 수 있기 때문이다.

이러한 멜로드라마적 성격은「자명고」는 호동과 공주의 관계에서,「원술랑」은 원술과 진달래의 관계에서 비교적 선명하게 드러난다. 그러나 이들의 멜로적 성격은 주인공의 이념을 부각시키기 위한 도구로 전락한 경향이 강하다. 「자명고」에서 공주가 호동에게 반하게 되는 이유는 호동의 민족애

---

31. 선구적 연구라 할 수 있는 유민영의「유치진연구」(서울대 석사학위, 1966)에서 1950년대 유치진의 희곡을 다룬 이승희의「1950년대 유치진 희곡의 희곡사적 위상」(한국극예술학회,〈한국극예술연구〉8, 1998)에 이르기까지, 다수의 논문이 유치진 희곡과 멜로드라마적 성격을 작품 분석의 주요한 축으로 다루고 있다.
32. 파트리스 파비스, 신현숙·윤학로 역,『연극학 사전』—현대미학사, 1999, 140쪽.
33. 파비스, 위의 책, 139-41쪽 참조.

때문이고 이들의 갈등이 깊어지는 계기 또한 자명고의 파괴라는 호동의 목적에서 기인한다. 「원술랑」 역시 전란으로 부모를 잃은 진달래가 원술을 흠모하게 되는 계기도 그의 애국심에서 출발하고 이 감정의 지속도 원술의 재기와 명예회복에 종속되어 있다. 결국 공주와 진달래라는 멜로드라마의 여성 주체는 사실상 남성의 이상과 목적을 위해 존재하는 대단히 수동적이고 순응적인 양상을 띠고 있는 것이다. 그런데 이런 여성의 수동성은 단순히 애정의 대상에 대한 것으로 국한되지 않고, 남성 또는 남성성 전반에 관한 수동성임이 주목된다.

> 공주 왕자님! 자명고는 이 나라의 명줄이라기보다 아바마마의 생명이오. 자명고를 없앰은 아바마마의 옥체에 칼부림을 함과 마찬가지! 왕자님이 아무리 원하시어도 그것만은…
> 호동 정말?
> 공주 차라리 이 몸을.
> 호동 (화가 나서) 그러면 북을 찢겠다는 언약은 왜 하였으며 나의 사형을 못하게 함은 어이한 일이오? 나를 살려 끝끝내 나의 망신을 시켜보겠다는 수작이지? —「자명고」, 전집1권, 366쪽

> 진달래 하늘의 햇님을 내 해라고 할 수 있어요? 도령님은 내 해가 아니래도 좋아요. 살아계시기만 하면 좋아요. 하늘에 햇님이 있듯 도령님께서 이 세상에 살아만 계시면 그만이에요. 그러면 그분은 나의 햇님도 되고 달님도 되는 거거든요.
> 문지기 너 언제 이렇게까지 되었냐?
> 진달래 도령님께서 나를 죽이시려고 칼을 빼시려던 그 순간이었어요. 그때 나는 그분의 눈에서 범치 못할 위력을 느꼈지요. 그 위력은 나라를 지극히 사랑하시는 이래야 가질 수 있는 뜨거운 정이었어요. 그 뜨거운 정은 이 차디찬 미물의 가슴에까지 밀려와 나도 살아야겠다는 용기를 가지게 해주었어요. —「원술랑」, 전집2권, 120쪽

앞의 인용에서 공주의 갈등은 아버지인 낙랑군국왕 최리와 애정의 대상인 호동 사이에서 증폭되고, 뒤의 인용에서 진달래의 애정은 아이러니하게도 호동이 자신을 죽이려고 칼을 빼든 위협적인 상황에서 시작된다. 공주와 진달래의 남성에 대한 복종과 순응은 보조적 등장인물인 원술의 어머니 지소부인에게서도 동일한 방식으로 재현된다. 지소부인은 아버지인 김유신의 임종을 지키기 위해 집으로 돌아온 원술을, 아버지의 허락이 없었음을 이유로 집안에 들여놓지 않는데, 이 또한 가부장의 명령을 그대로 따르는 순종적 여성의 모습이 그대로 드러나는 대목이다.

> 지소부인 아무리 너의 아버지가 돌아가셨다기로 내가 어찌 그이의 뜻을 어기겠느냐?
> 동네사람들 제발 한번만 용서하여 주십시오.
> 원술 소자의 이름을 부르시는 아버지의 음성이 제 귀에… 어머니!
> 지소부인 네 아버지가 너를 자식으로 여기지 않으시고 돌아가신 것을 어찌 이 에민들 너를 자식으로 여기겠느냐? 너는 너의 아버지의 자식이 아니었으니 내 자식일 수도 없다.
> 원술 어머니!
> 지소부인 (괴로움을 참지 못하여 부르짖는다) 아아, 나를 괴롭게 하지 말라! ―「원술랑」, 143-44쪽

두 희곡에서 드러나는 여성의 수동성은 이 희곡들의 창작 시기가 국가 건설 담론이 가장 중요하게 부각되던 해방기라는 점과 연관이 깊다. 우리는 이미 문학화된 국가 담론이 하위 주체subaltern, 특히 여성 하위 주체의 희생과 침묵을 얼마나 강요하였는지에 대한 익숙한 예들을 여러 편의 친일문학을 통해 확인할 수 있는데, 이들 희곡 역시 국가와 남성으로 대표되는 아버지, 즉 가부장제를 등가의 위치에 놓고 여성을 이념의 도구 내지 희생물로 전락시킨 혐의가 크다.

재미있는 것은 유치진의 희곡에서는 이념 제기의 필요성이 약해지고 이념적 경향이 퇴조할수록 이러한 멜로적 성격이 점점 더 전면에 부각된다는 점이다. 유치진의 1950년대 희곡을 전후반기로 구분하여 분석한 이승희에 의하면 전반기의 희곡에서 애정의 문제가 반공이념을 제시하기 위한 도구적 성격이 짙다면, 후반기의 희곡에서는 반공이념이 후경화된다.[34] 앞서 밝힌 유치진의 1950년대 희곡에 대한 이승희의 지적을 감안한다면 해방기에 창작된 유치진 역사극의 멜로드라마적 구조 역시 이념의 은폐를 위해 고안된 당의로 파악함이 타당할 것이다.

3.2 해방기 유치진 역사극의 사상적 특성

익히 알려진 바지만, 해방의 순간까지 친일극에 몰두했던 유치진은 해방 후 잠깐의 침묵 뒤 곧 우익 연극의 수장으로 활발하고 광범위한 활동을 시작한다. 그의 연극론은 표면적으로는 저질연극을 일소하고 순수한 신극 전통의 연극문화를 창달하자는 것이었으나, 실제에서는 미군정과 남한 단독정부의 지원과 비호하에 우익의 이데올로기를 대변하고 좌익과의 대결구조를 형성하는 대단히 정치적이고 관변적인 것이었다.

이런 그의 정치적 입장과 그에 상응하는 연극론으로 미루어 보건대, 유치진의 역사극이 가지는 정치적 맥락 또한 면밀히 분석해 볼 필요가 있다. 따라서 이 장에서는 해방기라는 시대적 상황과 관련하여 「원술랑」과 「자명고」가 내포하고 있는 사상적 특성을 고찰해 보겠다.

1_ 역사 소재를 통한 이념의 표출 유치진이 역사극을 통해 당시 우익의 이데올로기를 어떻게 전파하였는가를 확인하기 위해서는 상기 희곡들이 어떤 정치적 맥락 위에 놓여있는가를 파악하는 일이 선행되어야할 것이다.

---

34. 이승희, 「1950년대 유치진 희곡의 희곡사적 위상」,〈한국극예술연구〉8 —태학사, 1998, 310-17쪽 참조.

「자명고」는 1947년 5월 조선연예문화사 산하의 '극예술단'에서 개칭된 '극예술협회'의 초연작품이었는데, 초연 이후 총 18회의 공연 중 2회나 재공연이 되었을 정도로 이 극단의 주요한 레퍼토리였다.[35] "외적으로는 1930년대의 극예술연구회를 계승하였다고 볼 수 있지만, 유치진과 연관해서는 해방 전의 극연좌, 현대극장의 맥락을 이어간 것으로 볼 수 있는"[36] 이 극단은 군정청의 막강한 후원을 받고 있었는데, 「자명고」의 활발한 재공연도 이와 연관하여 생각할 수 있다. 실제로 이 작품의 기저에 깔린 정치적 의도가 '신탁통치 반대'라는 점을 감안할 때, 재공연의 뒤에 존재하는 것은 대중의 호응보다 '정권의 호응'이었음을 어렵지 않게 짐작할 수 있기 때문이다.

작품에서 주인공 호동은 유치진의 '반탁'에 대한 입장을 대변하는 레조네어의 역할을 충실히 수행하고 있는데, 겉으로 보기에 작가는 이들 주인공의 입을 빌어 민족의 자주적 통일을 설파하고 있는 듯하다. 그러나 이러한 목소리들은 너무 생경하고 거칠어 마치 선전극을 방불케 하는 대사들을 남발하고 있으며, 때로는 당시 민중의 갈등 상황을 혼돈의 형상으로 무대화하는 행위까지 보여준다.

> 이때에 나팔소리 하늘이 찢어질 듯이 울린다. 그 뒤를 이어 군중들의 떠드는 소리 요란스럽게 들린다. "고구려 왕자 만세!" "왕자님을 죽여서는 안 된다" 등의 호동의 사형을 막으려는 소리와 그 반대로 "역적을 죽여라!" "역적 호동의 목을 베어라" 등의 소리 들린다. —「자명고」, 356쪽

민족이 힘을 합쳐 한나라를 축출하자는 호동의 편에 서는 일군의 군중들과 이에 반대하는 군중들의 무대 위의 음성들은 신탁 통치안에 대한 찬성과 반

---

35. 유치진은 극예술협회 시절 비단 「자명고」뿐 아니라 절반 이상의 연극을 창작 혹은 연출하며 영향력을 과시하였다.
36. 박영정, 앞의 책, 199쪽.

대의 목소리가 구구하던 당시의 상황을 여과 없이 재현하고 있는 셈인데, 문제는 정작 신탁 통치안에 관한 유치진 자신의 입장이다. 유민영은 「자명고」를 "미·소를 한나라에, 또 당시의 조국을 낙랑에 비유했으며 좌익세력을 고구려에 비유"[37]한 작품으로 파악하고 있지만, 주동인물 호동이 고구려의 왕자이고 낙랑군국이 민족분열의 원흉으로 묘사되는 작품의 내용으로 볼 때에 이 해석은 그다지 명쾌하지 못하다. 오히려 이에 대해서는 "북한이 남한에 쉽게 항복하여 주기를 바라는 희망을 강한 민족주의 이념으로 포장"[38]한 왜곡된 애국논리라는 양승국의 지적이 타당하다.[39]

한편 「원술랑」을 이해하기 위해 염두에 두어야 할 점은, 이 작품이 단독정부 수립 이후 갖은 우여곡절 끝에 건설된 국립극장의 창립 기념 공연인 동시에 당시 국립극장의 초대 극장장이 다름 아닌 유치진이라는 부분이다. 「원술랑」은 공연 당시 "일주일 동안 5만 명 이상의 관객이 들었다"[40]고 할 만큼 호응이 대단했던 작품이다. 이 호응이 과연 공연 자체의 작품성으로 연결될 수 있을지와 관객 동원의 자발성 여부 및 그 규모의 정확성에는 다소 의문의 여지가 있지만,[41] 내용에 있어 '나라 만들기'에 대한 분명한 의지

---

37. 유민영, 『한국현대희곡사』—홍성사, 1982, 357쪽.
38. 양승국, 「해방 이후의 유치진 희곡을 통해 본 분단현실과 전쟁체험의 한 양상」, 한국극예술학회 편, 『한국현대극작가론2- 유치진』—태학사, 1995, 224쪽.
39. 유치진 자신은 「자명고」에 대해 "외세와 분단 고착에 대한 문제"를 짚었다고 자평하고 있다. —유치진 구술·유민영 정리, 앞의 글, 179쪽.
40. 김동원, 「국립극단 창단 무렵—「元述郞」과 「뇌우」 무렵」—국립극장 편, 『국립극단 50년사』, 연극과 인간, 2000, 149쪽.
41. 김동원의 증언대로라면, 일주일의 공연기간 동안 당시 40만 가량이었던 서울 인구의 8분의 1에 해당하는 관객이 「원술랑」을 관람했다는 산술적 계산이 나온다. 그러나 당시 국립극장 좌석수가 1800여 석이었다는 점을 감안한다면, "당시는 하루 2회 공연을 했고 주말에는 3회 공연을 했으며 관객이 넘쳐서 입석까지도 표를 팔았기 때문에 5만여 명이 관극할 수 있었다"(유민영, 「국립극장 50년의 회고와 전망」, 85쪽)는 유민영의 계산은 아무래도 의아스럽다.

와 그 적대세력-북한에 대한 적개심이 확연히 드러나는 작품이라는 점은 명확하다.

호동의 "한 나라가 바로 서는 데 이렇게 힘이 들고 애가 쓰인담?"(「원술랑」, 103쪽)이라는 독백처럼, 「원술랑」은 국가 건설의 지난함을 드러내는 동시에 이 지난함의 걸림돌로 나타나는 당나라에 대한 분노를 노골적으로 드러내고 있다. 그런데 극중에서 당나라에 대한 비판은 당시 남한의 소련과 북한에 대한 비판과 유사한 부분이 많다.

> 김유신 하도 말 같지가 않아 입 밖에 낼 수도 없소. (서함을 보이며) 이것을 보오. 도시 이런 법이 있소? <u>이 20년 동안 우리의 전 국력을 기울여 토평하여 놓은 백제와 고구려의 고지故地를 그들에게 도로 내주라는 것 아니오? 즉 우리 동족끼리 영원히 피를 흘리고 싸우라는 수작이 아니고 무엇이겠소?</u> 당나라는 우리가 하나로 뭉쳐 그 힘이 커짐을 시기함은 물론, 제 임의대로 휘두르지 못하게 됨을 원통히 여기고 있는 것이오. 내가 당나라의 배신을 짐작하고 있었지만 이렇게 흉모스러운 줄은 정말 몰랐소.
> 원각 그나 그뿐입니까? 장군께서는 아직 당나라로 보낸 우리 사신 파진찬波珍湌 양도良圖의 소식 못 들으셨지요? <u>3년 동안이나 옥에 가두어 그예 옥사獄死시키고 말았습니다. 일국의 사신에게 이런 법이 어디 있습니까?</u> ―「원술랑」, 109쪽. 밑줄 인용자.

인용에서, 김유신의 대사는 38선으로 인한 남북의 분단에 대한 책임을 소련과 공산주의자들에게 묻는 유치진 자신의 입장이 고스란히 반영되어 있고, 원각의 대사는 신탁통치 반대활동으로 인해 소련에 구금되었다가 한국전쟁 중 처형된 것으로 알려진 조만식을 연상시킨다. 유치진 스스로도 이 작품의 선정을 둘러싼 주변 상황이 자연스럽게 '쇼비니즘'으로 집약될 수밖에 없었던 상황을 시인할 정도로[42] 이 작품의 국수적이고 반공적인 성격은 뚜렷하다. 그러나 과연 상황이 쇼비니즘으로 흐를 수밖에 없었다는 것이 창작의 변명이 되겠는가라는 의문은 여전히 남는다. 하지만 이보다 더 심각한 것은 애초 연극의 순수성을 주장하며 해방 이후의 연극활동을 재개한 그가, 실제로는 고안된 '역사극'을 통해 누구보다 첨단에서 연극을 통한 이념의 전파와 국가담론의 무대화에 앞장섰다는 점이다.

2_ 민족 수난사 이야기와 애국 강요 앞 장에서 유치진의 역사라는 소재를 통해 당대 정세와 그에 대한 개인의 이념을 어떻게 나열했는지 확인해보았는데, 그렇다면 이 과정을 통해 작가가 관객에게 제시 또는 강요하는 이데올로기는 무엇이며, 그 이데올로기가 작품 내에서 어떻게 작동하는지가 궁금하지 않을 수 없다. 이를 이해하기 위해서는 위 역사극들에서 민족과 개인이 어떤 방식으로 재현되는지를 명확히 할 필요가 있다. 이상우는 「자명고」 「개골산」 같은 유치진의 역사극들이 '멸망사' 모티브에 긴박되어 있고, 이 모티브가 역사적 격변기에 필연적으로 출현하므로 이를 통해 '유치진의 당대 현실에 대한 적극적인 반응'을 확인할 수 있다고 주장한다.[43] 그러나 30년대에 창작된 「개골산」은 논외로 치더라도, 내러티브상 멸망하는 낙랑이 갈등의 대척점에 위치해 있는 「자명고」가 '멸망사'의 범주에 들어간다는 것은 납득하기 힘들다. 오히려 멸망사 모티브는 40년대 초반에 창작된 함세덕의 「낙화암」처럼 "'애상'의 카타르시스를 통해 문제의식을 소진시키는 방식"[44]을 취하고 있는 텍스트에 더 적절한 분석틀로 작용할 것이다.

두 작품이 각각 낙랑의 멸망과 당의 패퇴를 이야기하고는 있지만 주동인물의 대척점에 이들 나라가 위치해 있기 때문에 이를 멸망사로 보는 것은 아이러니라고 할 때, 이들 작품의 모티프는 민족 분열 또는 외세의 위협에서 촉발되어 '상상적 공동체'로서의 민족이란 집단에 의해 고무되는 '민족

---

42. 유치진 구술·유민영 정리, 앞의 글, 206쪽.
43. 이상우, 앞의 책, 145-46쪽.
44. 이화진, 앞의 글, 141쪽.

수난사'에 가깝다고 하겠다. 문제는 이렇게 탄생한 민족 수난사 이야기는 필연적으로 그 위기 상황을 빌미로 개인을 민족의 구성원으로 강박·호명하게 된다는 데 있다.

유치진 역시 이러한 민족 수난사 이야기를 통해 관객들에게 한편 공격적, 호전적이고 다른 한편 희생적인 '애국'을 강요하고 있다.

호동 (미친 듯이) 아아 여러분! 여러분 가운데 누구든 이 공주를 살려낼 사람은 없소? 제발 공주를 살려 이 식어가는 몸에 다시 피가 돌게 하여 주오. 오늘의 승리는 이 몸의 공이 아님은 물론이어니와 그대들의 공도 아니오. 꽃이 떨어져 열매를 맺듯이 공주님의 순국으로 마침내 우리는 조국 통일의 대업을 성취시킨 것이오. 이렇듯 큰 공을 이룩하신 이를 이대로 죽여서야 쓰겠소? 공주!
일동 공주님!
호동 (그러나 공주는 그예 숨을 거둔다. 미친 듯이 흐느낀다. 마침내 눈물을 거두며) 이 개선 장군의 영구나마 꽃수레에 실어주오. 공주님을 우리의 국내성으로 모시어 나는 이 영구와 더불어 영원토록 살겠소.
―「자명고」, 382쪽

김유신 (추상 같은 소리로) 에이, 비겁한 녀석 같으니라구! 옆에 선 전우들이 죽어 넘어지는 꼴을 보고 어찌 뻔뻔스럽게…
원술 정말 장수란 물러날 때와 싸울 때를 알아야 한다고 하지 않습니까? 하잘것없이 죽느니보다 살아 뒷일을 도모함도 현명한 일이라고 생각했습니다.
김유신 구구한 변명 듣기 싫다. 변명이란 떳떳치 못한 인간만이 하는 소리다. (원술의 차고 있는 칼을 빼어) 이것은 적의 목을 베라고 내가 너에게 준 칼일 게다. 내 앞에서 이 칼로 단박에 죽어라. (하략) ―「원술랑」, 126쪽

인용에서 확인되는 것은, 피아를 적대적 모순 위에 위치시키고 무력을 통한 정복만이 민족의 수난을 종식할 유일한 해결책이라 역설하는 대결적 문제

설정과, 그 과정에 이르기 위해 민족의 구성원인 주인공-관객은 죽음에 이르는 희생도 불사해야만 한다는 파시즘적 논리이다. 이러한 논리는 이른바 '총후문학' 시절 정신대나 자살돌격대를 미화하고 총력투쟁을 종용한 친일문학의 논리보다 그다지 나을 바가 없어 보인다. 전자의 인용에서 호동은 민족을 위한 그러나 멜로드라마적 의장으로 인해 사랑을 위한 죽음과 혼동되기 쉬운 공주의 죽음을 '순국' 내지 '순사'로 미화하고 있고, 후자의 인용에서 김유신은 원술과 관객에게 죽음이 곧 명예이자 애국임을 역설하고 있다. 이 같은 관객을 향해 있는 죽음 충동에의 강요는 삶의 이면으로서의 죽음에 관심을 보이는 타나토스thanatos가 아닌 죽음 그 자체를 미화하고 집착하는 네크로필리아necrophilia에 가깝다.

그런데「원술랑」에서 주목할 것은 원술의 죽음을 가로막는, 죽음을 통한 애국의 실현보다 더 높은 심급에 위치하는 존재가 '어명'의 형태로 출현하는 국가라는 점이다. 국가의 명령을 통해 원술의 죽음은 유예되고 이후 원술은 기나긴 고행과 반성을 거쳐 명예 회복과 용서의 기회를 맞게 된다. 여기서 한 가지 흥미로운 점은 주인공 원술의 죽음 충동과 고난의 과정으로 형성된 카타르시스와 면죄부 획득의 과정이 변변한 반성의 입장표명 없이 지나간 친일행위를 감추려는 유치진 자신의 자기합리화와 무척 닮아 있다는 점이다.

4. 결론을 대신하여

국립극장은 2004년 한 해의 사업 계획을 밝히는 최근의 한 보고서에서 2004년을 '정체성 확립과 개방의 해'로 천명하고 그 구체적인 사업의 일환으로 '국립극단 대표 레퍼토리 수립'을 기획했다.[45] "국립극단의 연대별 대

---

45. http://www.ntok.go.kr/bodo/bodo_view.jsp?no=134, 「첨부문서: 국립극장 2004년 사업계획」, 14쪽 참조.

표작을 복원하여 오늘의 공연양식으로 재창조"하겠다는 계획으로 수립된 이 기획에서 주목할 점은 50년대의 레퍼토리 중 역사극 부문으로 선정된 작품이 유치진의「원술랑」이란 것이다. 비록 2004년 시즌의 첫 상연 예정작에는 포함되어 있지 않으나, 말 그대로 레퍼토리로 선정되었다는 사건은 이 작품이 언제든 공연될 개연성이 있는, 국립극장의 정체성과 직결되는 상징권력을 부여받았다는 의미로 해석될 수 있다. 유치진 자신도 '쇼비니즘'으로 지적한 바 있는 텍스트의 시대적·상황적 한계를 내포하고 있는 이 작품이 오늘 다시 우리 앞에 호명되는 이유는 무엇일까. 더군다나「元述郞」을 비롯하여「이순신」「남한산성」「세종대왕」등 국가담론과 직결되는 작품들을 '역사극'이란 범주로 묶어 레퍼토리화한 국립극장의 입장은 '국립극장'이 과연 누구의 극장이고 무엇을 위한 극장인가를 의심하게 만든다.

유치진을, 해방기의 우리 연극을 처음부터 다시 고민하고 비판적으로 바라보아야 하는 이유도 바로 여기서 그 실마리를 찾을 수 있다. 분단된 또 하나의 국가, 대한민국의 새로운 국민들이 희곡과 연극이란 장르와 어떻게 그 조우의 첫 단추를 끼웠는가에 대한 중요한, 그러나 아직 이야기되지 못한 질문들이 '유치진과 그의 시대'에 산포되어 있기 때문이다. 그리고 그 질문들은 여전히 우리에게 낯설고 박래적인 것으로 인식되는 무대극-신극 전통이 어떻게 희곡사와 연극사의 중심에 배치될 수 있었는지에 대한 또다른 실마리를 제공해줄 것이다.

지금까지의 논의를 통해 본고는 유치진의 해방기 연극론과 그 실천의 한 산물인 역사극을 고찰해 보았다. 연극과 예술에 대한 국가의 통제를 자청하는 공연법 제정에 대한 그의 입장과, 결과적으로 국가주도의 연극관 확립에 일조한 국립극장 설립 논의를 통해 비록 유치진이 해방기 연극의 발전과 활성화를 위해 많은 노력을 기울였으나 일제하의 파시즘적 통제논리를 극복하지 못하고 배타적인 신극 우선 논리에서 벗어나지 못했음을 확인하였다.

한편 이 시기에 창작된 「자명고」「원술랑」 등의 역사극을 살펴보면 형식적 특성에서는 대중성으로의 입장 변화와 친일연극기의 무대경험으로 인해 장막화 및 규모의 확대가 두드러진 반면 갈등은 단조로워진 점과 멜로드라마 형식을 통해 이데올로기를 포장하려한 의도를 확인했다. 사상적 특성에서는 이들 희곡이 표면적으로는 역사를 다루고 있지만 이면에서는 해방기 우익 진영의 반공 이데올로기를 전면적으로 포진시킨 점과 국가 건설기에 민족 담론을 전면에 내세우며 일방적인 애국을 강요한 부분도 확인된다.

'정전' 그리고 '권력'은 언제 어디서든 도전과 비판의 가능성 앞에 노출되어 있다. 그러나 이러한 도전과 비판의 귀착점은 어떤 상황에서든 정전과 권력 자체의 문제로 환원되어서는 안 될 것이다. 오늘 이 논문이 유치진을 말하는 진짜 이유는 '정전' 유치진과의 갈등이 아직도 여전히 '진행형'이기 때문이다.

문학의 권력화와 정전화에 대한 성찰과 반성
서정주와 박목월을 중심으로

류찬열◆

1. 기원의 은폐와 정전의 탄생

우수한 작품이기 때문에 정전이 된다는 논리는 작품과 정전 사이에 필연적인 인과 관계를 상정하는 것이다. 그러나 이런 식으로 인과 관계가 설정되면, 작품이 정전으로 굳어지게 되는 다양한 역학 관계는 의도적으로 무시된다. 다시 말해 특정 작품이 정전화되는 과정과 그 기원이 은폐되는 것이다. 다양한 동시대의 시인과 작품 중에서 특정 시인과 특정 작품이 정전이 되어야만 하는 필연성이란 애초부터 존재하지 않는다. 다만 선택과 배제의 원칙에 의해 확립된 특정 시인과 특정 작품의 권위와 가치가 재생산되는 과정이 있을 뿐이다.

시몬느 보부아르는 "여자는 태어나는 것이 아니라 만들어지는 것이다"라고 말했다. 같은 논리로 "정전은 태어나는 것이 아니라 만들어지는 것이다"라고 말하는 편이 훨씬 더 진실에 가까울지도 모른다. 따라서 제도 교육이 제시하고 있는 정전 목록의 기원을 추적하고 그 기원의 형성을 둘러싸고 있는 다양한 역학 관계를 설명할 수 있다면, 정전이 갖고 있는 신비화된 권위와 신성화된 가치에 균열을 가져올 수 있을 것이다. 그리고 이러한 의도된

◆ 중앙대 강사. 박사과정 수료.

균열을 통해서, 우리는 정전에 덧대어진 해석학적 독재를 전복하고, 해석학적 자유를 획득할 수 있을지도 모른다.

알튀세르는 학교와 교회를 대표적인 이데올로기적 국가 장치로 파악한 바 있다. 이러한 알튀세르의 분석을 우리 사회에 적용해 본다면, 아마도 학교가 가장 대표적인 이데올로기적 국가 장치로 기능해 왔다고 할 수 있다. 해방 직후 '나라 만들기'가 지상 최대의 과제로 주어졌을 때, 학교는 '나라 만들기'와 관련해 가장 첨예한 이데올로기적 쟁투의 장이었음을 인식할 필요가 있다. 미 군정기에 해방 이후 최초로 간행된 국어 교과서는 이러한 '나라 만들기'와 밀접하게 연계되어 있었다. 좌익과 우익의 첨예한 대립 속에서, 미 군정청에 의해 발간된 이 최초의 국어 교과서는 문학적 정전화 과정의 기원으로 자리 잡고 있다.

가람 이병기가 실무를 담당해 간행한 최초의 교과서는 한국 전쟁 이후에 간행된 교과서와는 상당히 다른 면모를 보이고 있다. 본론에서 자세히 분석하겠지만, 오랫동안 우리 문학사에서 잊혀진 이름이었던 이기영, 임화, 정지용, 김기림, 이태준 등이 등장하고 있기 때문이다. 하지만 이후의 교과서에서 이들의 이름은 지워지게 된다. 그 대신 김동리, 서정주, 유치환, 박목월, 조지훈, 박두진 등의 이름이 전면에 포진하게 된다.

이러한 교과서의 변화는 무엇을 의미하는가. 이 질문에 대한 답변으로부터 이 글은 시작된다. 최초의 교과서와 이후의 교과서가 갈라지는 부분, 그리고 이후의 교과서가 최초의 기원을 은폐하는 과정을 면밀히 분석해 보면, 서정주와 박목월이 문단의 주류로 부상하고, 마침내 문학적 정전 목록에 등재되는 과정을 설명할 수 있을 것이다.

서정주와 박목월은 우리 문학의 중요한 정전 목록을 구성하고 있는 시인들이다. 그들은 한국전쟁 이후 한국 문단의 주류를 형성한 이른바 '문협 정통파'의 핵심 인물들이기도 하다. 우리 문학사가 '생명파'와 '청록파'로 각각 명명하고 있는, 특정 유파에 소속된 시인들 중에서도 서정주와 박목월이라는 존재는 작품의 양과 질 면에서 가장 탁월하다는 평가를 받고 있다.

많은 문학사가들과 비평가들은 서정주와 박목월의 시를 우리 문학사의 가장 탁월한 문학적 성취로 인정하는 데 주저함이 없다. 그럼에도 지금 여기서 그들의 시와 삶을 다시 문제 삼고자 하는 이유는 무엇인가. 단지 '강한 시인'을 깎아내리고, 그들의 권좌를 차지하려는 치졸한 욕망 때문일까.

신진 시인들은 항상 강한 시인을 의식할 수밖에 없다. 신진 시인들이 강한 시인의 영향에서 벗어나야만 비로소 온전한 시인으로 거듭나게 되는 것처럼, 비평가 역시 자신의 존재를 드러내기 위해서는 기존의 시 해석과 자신의 시 해석 사이의 차별성을 날카롭게 부각시켜야만 한다.

이 글 역시 그러한 차별성의 욕망에서 자유롭지 않다. 나는 서정주와 박목월의 시를 비판적으로 읽어냄으로써 그들을 넘어서고 싶은 것이다. 하지만 그 욕망이 과도한 집착이 될 때 발생할 수 있는 위험 또한 염두에 두어야 한다. 때문에 나는 증명할 수 있는 사실과 공감할 수 있는 해석에만 의지해야 한다. 이 글이 서정주와 박목월을 넘어서려는 나의 욕망과 넘어설 수 있는 객관적 근거가 행복하게 일치되기를 빈다.

2. 좌우 이데올로기 대립과 서정주, 박목월 시의 정전화

해방과 동시에 문인들은 발 빠르게 문단을 재조직하였다. 해방 직후 최초로 결성된 문단 조직은 친일문학의 산실이었던 '문인보국회' 사무실을 접수하여 출발한 '조선문학건설본부'(이하 문건)이었다. '문건'은 거의 모든 문인들을 망라한 최초의 범문단적인 조직이었는데, 임화, 이원조, 김남천, 이기영, 한설야 등의 카프 맹원들과 김기림, 정지용, 김광균, 박태원, 오장환 등의 모더니스트들 그리고 김광섭, 이양하, 김진섭 등의 해외문학파들이 가담하고 있었다.

'문건'의 문학 노선은 1. 일제 잔재의 소탕 2. 문화의 인민적 기반 완성 3.

세계문화의 일환으로서의 민족문화의 계발과 앙양 4. 문화의 통일전선 조직 등이었다. 3항과 4항에 명시적으로 드러나 있는바, '문건'의 궁극적인 지향점은 민족문화의 건설과 문단의 통합에 있었다. 따라서 조직원의 사상적 경향이나 이념적 차이는 크게 문제 삼지 않았던 것으로 파악된다.

이러한 '문건'의 노선을 한 연구자는 '좌우 합작 노선'[1]으로 파악하고 있는데, 이데올로기가 극렬하게 대립하는 상황에서 이러한 '중도파'의 입지는 매우 불안정할 수밖에 없었다.[2] 먼저 '문건' 내부의 강경 좌파 그룹이 '조선프롤레타리아문학동맹'을 조직하여 이탈하였고, 해외문학파를 중심으로 한 우파 그룹이 '중앙문화협회'를 조직하여 이탈하게 되었다.

'중협'의 중심 세력은 박종화, 양주동, 유치진, 김영랑, 변영로, 오상순 등의 민족진영과 '문건'에서 이탈한 김광섭, 김진섭, 이헌구, 이하윤 등의 해외문학파였다. 그러나 '중협'은 이헌구의 회고에 의하면, "수세만을 지키며 대세를 관망하고 있던 극소수 문화인의" 단체에 불과했으며, 김동리의 회고에 따르면, "과거 해외문학파의 일부 회원들을 중심으로 한 회원수 10여 명의 일개 클럽에 지나지 않았다"[3]

더욱 규모가 큰 우익 문단 조직은 '전조선문필가협회'(이하 전문협)이었다.

---

1. 조선문단건설본부와 조선문학동맹을 좌우 합작 노선으로 파악한 대표적인 논자는 안한상이다. 안한상은 해방 직후의 문단 조직과 노선을 '극좌'와 '극우' 그리고 '좌우 합작'으로 변별해 논의를 진행하고 있다. 안한상의 해방기 문단 조직과 노선에 대한 논문은 다음과 같다. 안한상, 해방 직후의 문단조직 및 문학론 연구 ―「문건」과「문동」의 좌우합작노선을 중심으로, 선청어문 20집, 안한상, 해방 직후의 문단 조직과 노선― 우파 문단을 중심으로, 선청어문 21집, 안한상, 해방기의 문단 조직과 문학론 연구― 소위 '중간파'의 입장과 문학론을 중심으로, 전농어문연구 8집.
2. '중간파'의 비극에 대해서는 김재명,『한국현대사의 비극― 중간파의 이상과 좌절』 ―선인, 2003 참조.
3. 김철,「한국 보수우익 문예조직의 형성과 전개」,『구체성의 시학』―실천문학사, 1993, 34쪽에서 재인용.

이 단체의 결성 동기는 우익의 정치세력화에 있었는데, 이승만(대독), 안재홍, 조소앙, 백남훈, 원세훈, 미군정관이 축사를 했고, 김구가 내빈으로 참석했다는 사실만으로도 미루어 짐작할 수 있다. '전문협' 회원 139명 중에서 문인이 49명에 불과했다는 사실은 이 단체가 우익의 정치세력화를 위해 급조된 조직이었다는 것을 말해준다. 그렇기 때문에 이 단체의 강령 또한 어떠한 구체성과 방향성도 제시하지 못한 것으로 평가받고 있었다.

'전문협'이 결성된 지 약 한 달 후 1946년 4월 4일에 '전문협'의 '전위대격인 조직체'인 '조선청년문학가협회'가 결성된다. 여기에 참여한 인물들이 한국전쟁 이후에 한국 문단의 주류를 형성하게 되었다.[4]

위에서 간략하게 살펴본 대로 서정주와 박목월의 시는 좌·우 이데올로기 대립과 문단의 재편 과정을 거쳐, 한국 전쟁 이후 강력한 문학적 정전 목록을 구성하게 된다. 이 점은 오늘날 우리가 자명하게 받아들이고 있는 정전 구성이 본질적으로 자명한 것이 아니라는 것을 알려준다. 그렇다면 정전 구성이 본질적으로 자명한 것이 아니라는 것을 밝히는 가장 유효한 방법은 무엇인가. 그것은 한 연구자의 지적처럼, 오늘날의 정전을 가능케 한 담론들을 소급해 올라가 정전 목록이 특정한 역사적 필요에 의해 이루어진 역사적 구성물임을 폭로하는 방식이다.[5]

이 점을 좀더 명확하게 분석하기 위해서, 우리 정전 목록의 기원이라 할 수 있는 미군정기의 중등학교 국어교과서와 정전목록의 체계가 완성된[6] 1963년 제2차 교육과정기의 국어교과서에 실린 시 작품 목록을 제시하고 논의를 진행해 보겠다.

---

4. 임원 명단은 다음과 같다. 회장: 김동리, 부회장: 유치환, 김달진, 분과회장: 서정주(시), 최태응(소설), 이광래(희곡), 조연현(평론), 조지훈(고전), 간부회원: 박두진, 박목월, 곽종원, 김광주, 김송, 이정호, 홍구범, 박용덕, 여세기.
5. 정재찬, 「현대시 교육의 지배적 담론에 관한 연구」—서울대박사학위논문, 1995, 21쪽.

[표1] 미군정기 국정 국어교과서 수록 작품 모음

구분	작가	작품	구분	작가	작품
상권	이병철	나막신	중권	정지용	녹음애송시
	김광섭	비 갠 여름 아침		김광섭	마음
	한용운	복종		백기만	산촌모경
	김동명	파초		양주동	선구자
	정지용	난초		이병기	아차산(시조)
	김소월	엄마야 누나야	하권	정지용	그대들 돌아오시니
	조명희	경이		오장환	석탑의 노래
	이병기	가을(시조)		김소월	초혼
	이은상	가고파(시조)		조지훈	마음의 태양
	김동명	바다		정인보	가신 님(시조)
	김기림	향수			
	변영로	벗들이여			
	임화	우리 오빠와 화로			

[표2] 제2차 교육 과정기 국정 국어교과서 수록 작품 모음

구분	작가	작품	구분	작가	작품
1	김소월	금잔디	2	한용운	알 수 없어요
	이육사	청포도		김소월	진달래꽃
	최남선	봄길(시조)		김영랑	모란이 피기까지는
	최남선	혼자 앉아서(시조)		김동명	파초
	정인보	이른 봄(시조)		이육사	광야
	정인보	근화사 삼첩(시조)		유치환	깃발
	이은상	고지가 바로 저긴데(시조)		노천명	사슴
	이은상	심산 풍경(시조)		신석정	그 먼 나라를 알으십니까
	이병기	아차산(시조)		서정주	국화 옆에서
	이병기	비(시조)		박두진	도봉
	이호우	개화(시조)		박목월	나그네
	이호우	균열(시조)		조지훈	승무
	김상옥	옥저(시조)		윤동주	별 헤는 밤
	김상옥	백자부(시조)			

6. 정채찬은 순수시 계열과 민족시 계열, 그리고 문협정통파에 해당하는 생명파와 청록파의 문단 주류의 시가 총망라되었다고 지적하면서, 제2차교육과정기의 국어교과서에 실린 시들이 "총체적 목록으로서의 정전이 집약되어 외현된 것이라 해도 지나침이 없을 정도"라고 평가한다.

[표1]과 [표2]에서 가장 손쉽게 발견할 수 있는 차이는 조명희, 김기림, 정지용, 임화 등의 시인이 [표2]에 포함되어 있지 않다는 사실과 서정주, 유치진, 박두진, 박목월 등의 시인이 [표2]에 포함되어 있다는 사실이다. 이러한 차이는 [표1]을 만드는 데 주도적으로 참여한 이병기의 문학관 내지는 세계관이 반영된 것으로 해석할 수 있다. 가람 이병기는 당시 조선어학회와 진단학회에 참여하고 있었는데, 해방 직후 교육계의 헤게모니를 장악한 이들은 조선어학회와 진단학회 회원들이었다.[7]

조선어학회와 진단학회는 이른바 신민족주의로 요약될 수 있는 이념을 공유하고 있었는데, 이들은 해방 후의 당면 과제를 통일민족국가 건설에 두고 있었다.[8] 이태준, 이원조, 임화, 김남천이 주축이 된 '조선문학건설본부'(문건)의 노선을 '인민민주주의 민족문학'이라고 규정한다면, 가람 이병기의 우파 민족주의와 임화의 좌파 인민민주주의가 만날 수 있는 접점을 그려볼 수 있는 가능성이 생기게 된다. 그러나 신민족주의가 '프롤레타리아 독재'를 거부했으며, 인민민주주의가 '프롤레타리아 중심성'을 고수했다는 점을 간과해서는 안 될 것이다.

이러한 신민족주의와 인민민주주의 사이에서 이병기는 절묘한 '균형감각'을 보여주고 있는데, 그 '균형감각'의 결과가 바로 [표1]이다. 이때 이병기의 균형감각은 좌익 계열의 작가를 배제하지 않고 포용하면서도, 신민족주의의 이념을 강화하는 효과를 얻고 있다. 이 목록에서 표면적으로 문제가 될 수 있었던 작품은 임화의 「우리오빠와 화로」 정도였는데, 이 시가 시인 자신에게 부정된 작품이었다는 점, 그리고 이 작품이 '계급 모순'보다는 '민족 모순'을 다루고 있다는 점이 충분히 고려된 작품 선정이었다고 할 수 있다.

그러나 이러한 이병기의 절묘한 '균형감각'은 당대의 이데올로기적 대립

---

7. 정재찬, 앞의 논문, 24쪽.
8. 정재찬, 위의 논문, 25쪽.

구도 앞에서는 무력할 수밖에 없었다. 우익 민족주의자든 좌익 인민주의자든 소위 좌·우 합작을 모색했던 당대 지식인들의 입지는 1946년 말 모스크바에 결정으로 촉발된 찬·반탁 운동의 결과로 극히 협소해졌다. 가람 이병기 역시 좌익시비에 걸려들게 만들 만큼 이 문제는 심각했다.

[표1]과 [표2] 사이의 차이는 문장파의 세계관과 문협 정통파의 세계관의 차이로도 설명할 수 있는데, 정재찬은 이러한 양자의 차이를 다음과 같이 해명하고 있다.

> 문장파에게 있어 순수란 민족 앞에서 양보되어야 할 그 무엇이었다. 민족과 언어가 해방되기 이전, 문학이란 언어와 문화를 지키기 위해 동원된 수단이었던 것이고 그 길은 순수지향으로 가능했던 것인 반면, 민족과 언어가 해방된 시점에서는 타협과 양보의 여지가 있는 순수의 형태로 남게 될 뿐인 것이다. 이 지점에서 문장파와 문장파의 적자인 김동리가 결별하며, 결국 순수의 본격화는 김동리에 의해 이루어지게 된다.[9]

위의 인용문은 문장파를 대표하는 이태준, 정지용, 이병기의 세계관과 문협 정통파를 대표하는 김동리, 서정주, 조지훈, 박목월의 차이를 비교적 선명하게 밝혀주고 있다. 문장파의 세계관이 '민족'이라는 큰 틀 안에서 다양한 이념을 포용할 수 있었던 반면, 문협 정통파의 세계관은 마르크시즘을 포함한 모든 근대적 이념을 배제하고 있다는 것이다. 이 때 김동리로 대표되는 문협 정통파가 선택할 수 있는 이념은 그나마 상대적으로 "근대성과 거리를 두는 이념인 민족주의뿐"[10]이었는데, 체제 선택이 강요되는 상황에서 어쩌면 이러한 선택은 피할 수 없는 것이기도 했다. 순수라는 이름으로 민족조차 그 하위에 두고 있었던 문협 정통파들은 '순수문학이 곧 민족문

---

9. 정재찬, 위의 논문, 39쪽.
10. 같은쪽.

학'이라는 논리를 펴게 된다. 물론 이때도 모든 가치 판단의 준거는 문학작품이 순수한가라는 문제로 귀착된다. 쉽게 말해 이육사의 시는 순수하지만, 임화의 시는 순수하지 못하다는 가치 평가가 그 시들이 다루고 있는 민족 현실보다 우위에 서게 되는 것이다.

[표2]의 시 목록은 문협 정통파의 세계관 내지는 문학관을 충실하게 반영하고 있다고 판단되는데, 이러한 문협 정통파의 문학관은 이후 오랜 동안 문학 또는 시에 대한 선택, 배제, 해석을 독점하게 된다. 시에 국한해 본다면, 낭만적 경향, 자연친화적 경향, 순수예술적 경향, 생명파적 경향, 주지적 경향, 전통적 경향의 시들이 남한 문단의 주류를 형성하게 되고, 문학적 정전을 구성하게 되는 것이다.

서정주와 박목월의 시가 그 시적 성취와는 무관하게 오로지 당대의 시대 상황 때문에 문학적 정전의 위치를 차지하게 되었다는 생각은 위험하다. 그렇지만 서정주와 박목월의 시가 당대의 시대 상황과 무관하게 오로지 그 시적 성취 때문에 문학적 정전의 위치를 차지하게 되었다는 생각은 더욱 위험하다. 전자의 태도가 정전의 '자율성'을 강조한다면, 후자의 태도는 정전의 '결정성'을 강조한다. 대부분의 이분법이 그러하듯이 이러한 태도는 사태에 대한 왜곡과 몰이해로부터 출발한다. 요는 정전이 자율적인 것도 결정적인 것도 아니라는 것이다.

부르디외는 문학의 장을 "특수 자본의 불평등한 분배 구조 속에서 문학적 정당성을 획득하기 위하여 행위자들 간에 벌어지는 경합과 대립의 공간"으로 정의한다.[11] 그러한 문학의 장에서는 "정당한 문학 생산의 양식에 대한 정의定義의 독점을 위한 상징적 투쟁"[12]이 벌어지게 된다. 문학의 장에 뛰어드는 행위자들은 "장의 '게임'에 대한 신념, 이익 그리고 '환상'에 기여하는

---

11. 현택수, 「문학 생산의 장」, 『문학의 새로운 이해』—문학과지성사, 1996, 50쪽.
12. 현택수, 위의 논문, 57쪽.

데 이들은 이 투쟁의 산물이기도 하다."[13] 또한 행위자들은 "장의 논리로 볼 때 무엇이 자신에게 '중요' 하고 '무관' 한지를 분별하게 하여 게임에 투자하는 것을 의미한다."[14]

　서정주와 박목월의 시는 시인이 자신의 자유 의지로 쓴 것이다. 이 점을 부인할 사람은 아무도 없다. 그러나 그들의 시는 발표되는 순간에 문학의 장에 던져지게 된다. 그리고 이 순간부터 그들의 시는 다양한 역학 관계 속에서 상징적 투쟁에 돌입한다. 서정주와 박목월은 이러한 상징적 투쟁에서 승리한 것이다. 또한 서정주와 박목월의 상징적 투쟁은 문학의 장 내에서만 이루어진 것이 아니다. 그들의 상징적 투쟁은 국가 만들기 차원의 이데올로기 투쟁과 맞물린다. 문학의 순수성과 자율성의 이름으로 가장 첨예한 이데올로기 투쟁을 벌인 것이다. 극한의 좌·우 이데올로기 투쟁에서의 패배는 곧 사라짐을 의미한다. 카프 계열의 시인들뿐만 아니라 김기림, 정지용, 백석, 이용악 등의 시인들이 우리문학사에서 사라진 것이다. 이들이 사라져 공백이 된 문학의 장에서 '청문협' 소속의 젊은 문학인들은 갑자기 중견이 되었고, 주류가 되었고, 정전이 되었다.

3. 미당 시의 영원성과 목월 시의 근원성 비판

서정주와 박목월 시에 대한 가장 일반적인 규정은 서정주의 경우 영원성과 박목월의 경우 근원성으로 모아진다. 최근에는 이들의 시를 '반근대주의'로 설정하여 적극적으로 재평가하려는 연구가 활발해지고 있다. 반면 서정주와 박목월 시에 대한 비판은 순수문학과 반공이데올로기가 교묘하게 결합하여, 문학의 현실 인식과 현실 재현을 가로막았다는 소박한 비판에서부터 출발하였다. 게다가 서정주와 박목월의 삶이 그들의 문학과는 달리 결코 순수하지

---

13. 현택수, 위의 논문, 57쪽.
14. 같은쪽.

않았다는 사실이 이러한 비판에 힘을 실어주기도 했다. 이 때 비판의 표적이 되었던 작품은 제도 교육을 받은 사람이라면 누구나 기억하는 서정주의 「국화 옆에서」와 박목월의 「나그네」였다. 너무나 잘 알려져 있어, 새삼 다시 읽는다는 말이 무색할 정도인 두 시를 비판적으로 다시 읽어보도록 하자.

황현산은 "서정주의 시 가운데 대중적으로 가장 크게 성공한 「국화 옆에서」가 소쩍새의 오랜 울음과 먹구름 속의 천둥과 간밤의 무서리를 말하면서도 자기 폐쇄의 거울에 갇힌 한 여자를 중심에 앉혀두는 것은 이 점에서 매우 시사적이다."[15]라고 지적한다. 이러한 황현산의 평가는 서정주 시의 영원성이 어떻게 얻어지는가를 해명하는 중요한 단서를 제공한다. 서정주 시의 영원성은 현실을 괄호치는 자기 폐쇄로부터 얻어지는 것이다. 이러한 자기 폐쇄의 메커니즘은 서정주의 초기시에서부터 발견되는 특징이다. 황현산은 이 점을 서정주의 '자화상'과 보들레르의 '축성'을 비교하여 설명한다. 황현산에 의하면, "보들레르에게서 그가 원하는 관冠과 그 재료인 빛 사이에는 저 플라톤적 이데아 세계와 물질 세계를 가르는 단절이 있으며, 시인이 건너야 할 것도 그 단절이다. 한국의 젊은 시인 서정주에게는 이 단절이 없으며, 따라서 건너야 할 세계도 자기 변모에 대한 전망"[16]도 없다.

임우기는 3연의 "머언 먼 젊음의 뒤안길에서/인제는"이라는 구절을 문제 삼는다. 임우기는 이 구절에서 세속적 삶의 맥락과 그 과정의 구체성이 부재한다는 사실을 발견한다. "머언 먼 젊음의 뒤안길"의 과정이 그려지기 전에 구체적인 맥락이 없이 '인제'의 결과만이 그려진다는 것이다.[17]

최근 서정주의 「국화 옆에서」에 대한 가장 강력한 비판이 인터넷 매체를 통해서 제기되었다. '창비무명인'이라는 아이디로 창작과비평사 게시판에 연재

---

15. 황현산, 「서정주의 시세계」, 『말과 시간의 깊이』 —문학과지성사, 2002, 459-60쪽.
16. 황현산, 위의 책, 460쪽.
17. 임우기, 「미당 시에 대하여」, 『그늘에 대하여』 —강, 1996, 227쪽.

된 이 글에서 가장 논쟁적인 부분은 '국화'가 일왕을 상징할 수 있다는 지적이다. '창비무명인'은 기존의 「국화 옆에서」 읽기가 지나치게 단선적이었다고 비판한다. 대부분의 평론가들이 '황국=친근한 누님' '거울=관조의 경지'로 등식화해서 비유적으로만 해석했지, 상징적으로 해석하지 않았다는 것이다. 꼼꼼한 분석을 동반하고 있는 이 글이 제기한 문제 의식은 국화가 일왕의 상징이냐 아니냐 하는 문제를 훌쩍 뛰어넘는다. 정전화되어 거의 기계적으로 수용되고 있는 작품에 대한 비판적 읽기의 중요성을 제기하고 있기 때문이다. 정전화된다는 것은 해석과 평가가 특정한 관점으로 독점된다는 것을 의미한다. 그리고 이러한 독점화된 해석과 평가는 가장 반교육적인 것이기도 하다.

박목월은 「나그네」에 대하여 "청록집에 수록된 내 작품들의 가장 바탕이 되는 세계다"[18]라고 말하고 있다. 그는 이 시의 주제가 "'구름에 달 가듯이 가는 나그네'였다"고 하면서, "그야말로 혈혈단신 떠도는 나그네를 나는 억압된 조국의 하늘아래서, 우리민족의 총체적인 얼의 상징으로 느꼈으리라"고 회고하고 있다. 이러한 '나그네'에 대한 언급은 이 시에 대한 이후의 해석과 평가에도 지대한 영향을 미쳤다.

박목월이 「나그네」를 '억압된 조국의 하늘아래서, 우리민족의 총체적인 얼의 상징'으로 상정한 반면, 백기완은 나그네의 마지막 구절이 "새빨간 거짓말이며, 식민지시대의 농촌을 얼토당토않게 미화하고 있다"[19]고 비판했다. 이러한 비판에 대해서 김준오는 「나그네」가 모방한 세계가 역사적 현실과는 무관한 것임을 인정한다. 그러나 곧바로 그는 이런 이유로 작품을 혹평하는 것은 어디까지나 '일상적 진실'의 관점이라고 지적한다. 박목월의 「나그네」는 '일상적 진실'이 아닌 '당위적 진실,' 즉 있는 '일상적 세계'를 모방한 것이 아니라 있어야 하는 '당위적 세계'를 모방한 것이라는 관점이

---

18. 박목월, 『보랏빛 소묘』—신흥출판사, 1958, 85쪽.
19. 김상욱, 『시의 길을 여는 새벽별 하나』, 친구, 1990, 85쪽에서 재인용.

다.[20] 김준오의 지적은 '소박한 리얼리즘'에 대한 강력한 비판의 근거를 제공하고 있으나, 동시에 일상적 세계와 당위적 세계라는 플라톤적 이분법에 근거하고 있다. 게다가 박목월의 '나그네'가 있어야 할 세계로 그리고 있는 세계는 다분히 복고적인 세계라는 사실이 문제가 될 수 있다. 박목월의 눈은 미래로 향해 있는 것이 아니라 과거로 향해 있는 것이다. 박목월의 시를 규정하는 근원성은 이렇듯 현실을 넘어서려는 의지보다는 현실을 초월하려는 의지로부터 얻어지는 것이다.

최승호의 분석은 김준오의 해석을 바탕으로 '나그네'를 '파시즘적 삶에 대한 거부'[21]로까지 확장한다. 최승호는 "식민지 현실은 기표와 기의가 분리된 삶, 주체와 대상이 적대적인 관계로 형성된 삶이었다. 바로 이런 삶을 비판하기 위해 이상적인 농촌이 제시되었던 것이다. 영혼의 목마름을 치유하기 위해 이상적 공간을 설정하게 된 것이다"라고 주장한다. 이러한 최승호의 분석은 김춘식의 분석과 궤를 같이한다. 김춘식은 "청록파가 발견한 근대적인 자연, 전통은 이식문화로서의 일본식 근대, 신문명에 대해서 의식적인 반근대주의를 지향하지 않을 수 없다. 이 점에서 청록파는 근대 초창기부터 일종의 담론체계로서 이식되어온 '동양' '전통'이라는 이념을 내면으로부터 극복한 미학적 성취를 달성해 낸 것이다"[22]라고 평가한다. 김춘식의 분석에 의하면, 박목월을 위시한 청록파의 시는 "현실적 공간으로서의 자연이 아닌 이상적 공간으로서의 자연을 그리고 있다는 중요한 사실을 명확하게 드러내는 것들이다. 그리고 그러한 이상적 공간은 내면의 풍경을 유토피아주의로 바꿀 줄 아는 근대적 자아의 인식틀에 속하는 것이다."[23]

---

20. 김준오, 『시론』—삼지원, 284쪽.
21. 최승호, 「근원에의 향수와 반근대의식」, 『박목월』—새미, 2002, 121쪽.
22. 김춘식, 「낭만주의적 개인과 자연·전통의 발견」, 『한국문학의 전통과 반전통』—국학자료원, 2003, 20쪽.

이러한 최승호와 김춘식의 분석은 청록파가 발견한 '자연'과 '전통'의 의미와 가치를 새로운 차원에서 재발견하고 있다는 미덕을 보여주고 있다. 하지만 이들의 분석은 텍스트 내부에만 제한되어 있으며, 사후적으로만 승인될 수 있다는 한계를 보여준다. 즉 당대의 식민지 현실에서 박목월의 나그네가 최승호와 김춘식의 분석처럼 '파시즘적 삶에 대한 거부'나 '의식적인 반근대주의'로 읽혔을 가능성이 있느냐 하는 것이다. 최승호와 김춘식의 분석은 분명히 의미가 있지만, 박목월의 '나그네'가 식민지 현실에 대한 미학적 치열성이 부족하다는 소박한 의문을 말끔히 해소시키지는 못하고 있다.

  이 지점에서 우리는 미당의 영원성과 목월의 근원성이 어떻게 만들어지고 있는가를 물어야 할 필요를 느낀다. 미당의 경우 영원성은 '자기 폐쇄'와 '현실 부재'로부터 만들어지고 있으며, 목월의 경우 근원성은 현실에 대한 낭만적 초월 의지로부터 만들어지고 있는 것이다. 사실 미당의 시가 영원성을 추구한다거나, 목월의 시가 근원성을 추구한다는 지적은 그 자체로는 아무것도 밝혀주지 못한다. 문제는 그 영원성과 근원성이 어떻게 획득되고 있느냐 하는가에 있다. 임우기가 서정주의 '회귀回歸의 사상'과 김소월의 '불귀不歸의 사상' 그리고 김지하의 '미귀未歸의 사상'을 비교하면서 지적한 아래의 글은, 서정주와 박목월의 시를 비판적으로 이해하는 데 좋은 참조가 될 만하다.

  김지하는 신라 불교 속에서 '지금 여기에서 고통 받는 우주생명을 다 살리는 살림의 정신'을 읽고 있다. 그 적극적인 살림의 정신은 저자바닥의 삶 속에서 해탈을 스스로 유보하는 정신, 아늑한 고향으로 돌아감을 스스로 유보하는 정신이다. 그것을 김지하는 '미귀의 사상'이라고 부른다. 스스로 회귀하는 것을 거부함! 나그네임을 자청함! 이는 신라 불교를 통해 세속의 세계를 훌쩍 뛰어넘어 영원으로 회귀한 미당과는 얼마나 먼 거리에 있는가. 오늘날

---

23. 김춘식, 위의 책, 34쪽.

과 같이 생명 세계의 혼란과 고통과 죽임의 불안이 가중되고 있는 현실 속에서 미당처럼 영원으로의 회귀를 택할 것인가. 아니면 소월처럼 불귀의 나그네 설움을 온몸으로 견딜 것인가. 지금 중생들의 삶과 생명계는 심하게 앓고 있고, 회귀의 유또는 화사花蛇처럼 고개를 들고, 탐미파들과 보수파들은 그 유혹을 확산시킨다. 지금, 불귀와 미귀의 나그네길은 멀고도 험하다![24]

4. 영원성과 근원성에 이르는 길, 현실과 예술의 분리

시 전문 계간지 〈시인세계〉에서 시인과 평론가들을 대상으로 현대시 100년을 기념해 현대시를 빛낸 '10명의 시인'을 선정한 바 있다. 이때 선정된 시인들은 김소월, 서정주, 정지용, 김수영, 백석, 한용운, 김춘수, 이상, 박목월, 윤동주의 순이었다.[25] 다소 선정적인 이벤트성 행사라는 점이 눈에 거슬리기는 하지만, 고급 독자라 할 수 있는 시인들과 평론가들의 안목을 엿볼 수 있는 매우 흥미로운 작업이었다. 제도 교육을 받은 일반 독자들의 평가 역시 이 틀에서 많이 벗어나지 않으리라 판단된다.[26] 서정주의 경우 시인들은 1위로 선정한 반면, 평론가들은 2위로 선정하고 있다는 점이 눈에 띄는데, 아마도 서정주의 생애와 관련해서 시인들보다는 평론가들이 훨씬 더 민감하게 반응했기 때문일 것이다.

서정주와 박목월은 텍스트의 질과 양 모두에서 선정된 다른 시인들을 압도한다. 서정주와 박목월에 견줄만한 시인은 김수영과 김춘수 정도에 불과하다. 김소월, 정지용, 백석, 이상, 윤동주 등은 비교적 젊은 나이에 시인으

---

24. 임우기, 앞의 책, 253-54쪽.
25. 이에 대해서는 〈시인세계〉—문학세계사, 2002년 가을 창간호 참조.
26. 이 말 속에는 두 가지 함의가 담겨 있는데, 첫째로 그것은 독자적인 안목을 갖춘 고급 독자가 극히 제한되어 있다는 사실을 의미하고, 둘째로 그것은 제도 교육이 제공하는 정전 목록이 일반 독자들에게 절대적인 영향력을 행사하고 있다는 것을 의미한다. 이 문제는 동전의 양면처럼 맞물려 있는데, 제도 교육이 제공하는 정전 목록이 입시와 맞물려 맹목적인 학습의 대상으로 숭배되고 있기 때문이다.

로서의 삶을 마감했다.[27] 그들의 텍스트를 둘러싸고 있는 이 비극적 삶의 아우라는 그들의 시에 강한 후광을 드리운다. 그들의 시는 그들의 때 이른 죽음과 맞물려 항상 아련한 추억과 한없는 아쉬움을 동반하게 된다.

하지만 서정주와 박목월의 텍스트는 그들의 삶과 운명을 같이해왔다. 그들이 영욕의 세월을 살아가는 동안 그들의 텍스트도 영욕의 생을 함께 했다. 시인과 시를 또는 시인의 삶과 시를 분리할 수 있는가 하는 문제는 아직도 논란거리로 남아 있다. 서정주와 박목월 역시 이 문제에서 결코 자유롭지 못하다. 서정주는 친일 경력과 전두환 찬양이 시비의 대상이 되었고, 박목월은 박정희 유신 독재 시절의 행적이 크게 문제 되었다. 이들이 이른바 '순수문학'으로 자신들의 문학 행위를 정당화했을 때, 순수하지 못한 그들의 삶과 문학 사이의 엄청난 간극을 그들은 의식하지 않았다(아니 못했다). 이것은 분명 일종의 분열증적 징후인데, 논리적으로도 윤리적으로도 정당화될 수 없는 이러한 간극을 봉합하는 유일한 방법은 현실과 문학을 엄격히 분리하는 것이다. 앞에서 분석한 서정주의 영원성과 박목월의 근원성은 이러한 현실과 문학의 엄격한 분리로부터 형성되는 것이다. 세속의 삶을 경유하지 않은 영원성과 근원성은 아름답지만, 공허하고 무책임하다.[28] 다음 인

---

27. 물론 백석이 북쪽에서 한동안 생존했었다는 사실은 잘 알려져 있다. 하지만 우리가 기억하는 백석은 생활인으로서의 백석이 아니라 시인으로서의 백석이다. 시인으로서의 백석은 오래 전에 그리고 아주 젊은 나이에 이미 지상에서 사라졌다.
28. 최근 서정주 시의 탐미적 성격과 파시즘적 성격, 그리고 무책임의 사상을 논박한 중요한 비판이 김진석과 이명원에 의해 제기되었다. 이들의 분석은 이른바 시인과 시를 분리할 수 있느냐, 분리할 수 없느냐 하는 소모적 논쟁에서 벗어나 있다. 그러나 김진석의 주장처럼, 서정주의 문학을 제대로 평가하기 위해서는 "문학 텍스트와 사회 행위 사이에 놓여 있는 내밀하고도 복잡한 관계"를 더욱 정교하게 추적해야 할 것이다. 이에 대해서는 김진석의 「초월적 서정주의에 스민 파시즘적 탐미주의」, 『주례사비평을 넘어서』—한국출판마케팅연구소, 2002와 이명원의 「문학의 심미성과 문인의 정치적 올바름의 관계」, 『파문』—새움, 2003 참조.

용하는 서정주와 박목월의 두 시는 이 점을 분명하게 보여준다.

내 연인은 잠든 지 오래다.
아마 한 천년쯤 전에….

그는 어디에서 자고 있는지.
그 꿈의 빛만을 나한테 보낸다.

분홍, 분홍, 연분홍, 분홍,
그 봄 꿈의 진달래꽃 빛깔들.

다홍, 다홍, 또 느티나무빛,
짙은 여름 꿈의 소리나는 빛깔들.

그리고 인제는 눈이 오누나….
눈은 와서 내리 쌓이고,
우리는 제마다 뿔뿔이 혼자인데

아 내 곁에 누워 있는 여자여.
네 손톱에 떠오르는 초생달에
내 연인의 꿈은 또 한 번 비친다.
- 「눈 오시는 날」 전문

字劃마다
큼직하게 움이 트는
朴.木.月
- 밤에 자라나는 이름아.
가난한 뜰의
藤床기둥을 감아
하룻밤 푸근히 꿈 속에
쉬는 포도 넝쿨

- 오해를 말라
박목월은
당신이 아는 그 성명이 아닐세.
하루의 직업이 끝난
그날 밤에
잠자리에 들기 전을
가만히 혼자서 꺼내 보는
꿈의 통감중에
인쇄된 이름.
그것은 박목월 안의 박목월.
고독이 기르는 수목의 이름이다.
-「춘소」 전문

문학 쪽에서 본다면 문학과 현실의 분리는 모든 비문학적 요소에 대한 철저한 부정이라고 할 수 있지만, 현실 쪽에서 본다면 순수한 문학 대 순수하지 못한 현실이라는 선명한 대립구도를 낳는다. 이러한 논리가 극단화되면 순수한 문학을 위해 순수하지 못한 현실을 버리는 경우가 생길 수 있고, 반대로 순수한 문학과 순수하지 못한 현실이라는 대립 구도를 통해 순수하지 못한 현실을 긍정하는 경우도 생길 수 있다.[29] 서정주와 박목월은 분명 후자의 구도에 기울어 있었다는 사실이 위의 인용한 두 시에서 드러난다.

서정주와 박목월의 두 시는 선명한 대립 구조 위에 서 있다. 서정주의 「눈 오시는 날」에는 영원한 연인 대 현재의 여인이, 박목월의 「춘소」에는 생활인으로서의 박목월 대 예술가로서의 박목월이 대립되어 있다.

서정주의 영원한 연인은 이미 '천 년 쯤 전에 잠든 지 오래' 되었고, 내가 잠

---

29. 순수한 문학을 위해 순수하지 못한 생활을 버린 시인들을 별반 찾을 수 없다는 것이야말로 문협 정통파들이 주장한 순수문학론의 허구성을 증거하는 것이다.

이 들 때마다 '꿈의 빛만을 나한테 보'내 오는 존재이다. 사실 천 년이라는 구체적인 수치는 영원을 강조하기 위한 수사적 표현에 불과하다. 여기서 잠들었다는 표현은 현생에 존재하지 않는다는 표현일 터인데, 이 점을 강조하면 영원한 연인은 어쩌면 종교적 절대자를 상징한다고 볼 수도 있을 것이다. 하지만 이러한 긍정적 해석은 마지막 연에 등장하는 현재의 여자(아마도 자신의 부인일 터인데)의 손톱에 떠오르는 초생달이라는 이미지를 통해 지지받을 수 없게 된다. 물론 서정주가 즐겨 쓰는 시적 상징으로 이해할 수도 있겠지만, 현재의 여자의 이미지에서 영원한 연인의 이미지를 찾아내는 이러한 시적 상상력에는 쉽게 동의하기 힘든 측면이 있다. 다소 거칠게 현재의 여자를 현실로 등치하고, 영원한 연인을 문학으로 등치하게 되면, 현재의 현실을 대충 견디면서, 영원의 문학을 추구 한다는 시적 진술을 뽑아낼 수 있기 때문이다. 좀 더 적극적으로 텍스트를 해석한다면, 현재의 여자는 단순히 영원한 연인에게 다가가기 위한(그것이 비록 이미지에 불과하더라도) 도구에 불과하다. 순수하지 못한 현실은 순수한 문학을 위해 희생될 수도 있다는 이러한 미학관이 별다른 저항감 없이 서정주를 친일과 친독재 쪽으로 이끌었는지도 모른다.

박목월의 「춘소」는 현실과 예술 사이의 대립이 좀더 내적인 반성과 성찰의 형식으로 형상화되어 있다. 박목월이 초기의 목가적인 서정에서 후기의 생활인으로서의 고뇌와 성찰 쪽으로 무게 중심을 옮겨가는 과도기에 놓여 있는 이 작품은, 시의 일상성 회복이라는 측면에서 비교적 높은 평가를 받을 만한 시이다. 하지만 이 시에도 박목월을 비롯한 이른바 문협 정통파의 순수문학론의 그림자가 계속해서 어른거리고 있다. 생활인으로서의 박목월 안에는 예술가로서의 박목월이 따로 존재한다. 일종의 자아 분열 상태인데, 이러한 분열된 자아를 바라보는 시적 주체의 태도는 어찌할 수 없다는 것이다. 낮의 현실과 밤의 현실은 정확히 현실적 자아와 이상적 자아의 분열을 가리킬 뿐이다. 박목월의 시에 등장하는 일상성이라는 것이 사실은 이렇듯 표피적인 차원에서만 이루어지는 것이기에 소재적 차원을 넘어 시적 언어로 육화되었다고 평가하기는 어렵다. 현실과 예술의 대립 의식과 그로 인한 소외 의식은 시인이라면 누구나 느끼게 되는 감정일 것이다. 하지만 그 대립 의식이 단순한 소외 의식을 토로하는 데 그친다면, 그것은 진정한 의미의 시적 성취에 이르지 못하게 된다. 그 대립을 넘어서는 어떤 순간을 시적으로 형상화할 수 있을 때만이 비로소 시적 성취에 값할 만한 작품이 되는 것이기 때문이다.

5. 신화의 텍스트에서 해석의 텍스트로

지금까지 서정주와 박목월의 시를 비판적으로 읽어보았다. 제한된 영역에서 이루어진 이러한 비판적 읽기를 토대로 서정주와 박목월의 시 전체를 부정하는 것은 만용을 넘어 치기에 가까운 일일 것이다. 그럼에도 필자가 이러한 비판적 읽기를 시도한 까닭은 그들의 시가 지나치게 신성시되거나 신화화되는 것을 경계하기 위해서이다. 서정주와 박목월의 시는 서정주와 박목월을 위해 존재하는 것이 아니라 그들의 시를 읽거나 읽을 독자들을 위해 존재하는 것이다. 이러한 진술은 너무나 평범해서 일견 진부하게 들릴 터이지만, 실상 독자들이 정전으로 굳어진 텍스트를 수용하는 과정은 이러한 평범한 진실을 무색하게 만든다. 특히 모든 것이 입시와 연계된 우리의 왜곡된 국어 교육하에서 텍스트 수용의 문제는 상상을 초월할 정도로 심각하다. 이를 조금 과장해서 표현한다면, 정전 수용의 한국적 특수성으로 명명할 수도 있을 것이다.

현재와 같은 입시제도하에서 비판적 시 읽기란 그야말로 어불성설이다. 학생들은 시 텍스트를 둘러싼 공식적인 해석과 가치를 거의 무비판적으로 주입받는다. 정전으로 굳어진 텍스트를 비판적으로 수용한다는 것은 어찌 보면 불필요하고 비능률적인 일이기 때문이다. 이렇듯 제도 교육은 학생들에게 정전 목록을 제시하고 그 시들에 대한 공식적인 해석과 가치를 무비판적으로 수용할 것을 제도적으로 강제하고 있다. 그렇기 때문에 앞서 지적한 정전에 대한 신비화와 신화화는 정확히 말한다면 정전에 대한 무관심 또는 무지의 소산일 가능성이 매우 커진다. 정전에 대한 무관심과 무지에서 비롯되는 정전에 대한 신비화와 신화화는 정전을 산출한 문인에 대한 신비화와 신화화로 이어지기 일쑤이다. 「국화 옆에서」와 「나그네」를 쓴 시인 서정주와 박목월은 한국 최고 시인으로 학생들에게 자연스럽게 각인되는 것이다.

모든 신비화와 신화화는 일정 정도의 왜곡과 기만을 수반하게 마련이다. 그런데 문제는 그 신비화와 신화화가 계속 지속되기에는 너무나 허약한 토대 위에 서 있다는 점이다. 그 허약한 토대 위에 서 있는 구조물을 억지로 지탱하려 하기 때문에 온갖 논리의 비약과 곡예가 이루어지게 되는 것이다. 사실 서정주와 박목월의 삶이 그들의 시에 어떤 식으로든 습합되었을 가능성을 상정하는 것은 매우 자연스러운 일이다. 때문에 그들의 시를 역사와 사회와 관련해 해석하는 것은 충분히 의미 있는 해석이다. 요는 독점권을 주장할 수 있는 유일한 해석은 존재할 수 없다는 지극히 평범한 진실을 무시하고, 철저하게 탈정치화된 해석만을 유일한 해석으로 강요하는 독선적인 태도에 있는 것이다.

서정주 사후, 서정주의 시와 삶에 대한 해소될 수 없는 첨예한 대립이 있었다. 서정주를 비판하는 사람들은 미당을 추모하기 위해 쓰인 헌사 성격의 글조차도 참아내지 못했다. 망자에게 비교적 관대한 우리네 정서에 비추어 보면, 이는 분명 이례적인 일이다. 언필칭 한국 최고의 시인(?)의 죽음을 앞에 두고 벌어진 이러한 불경스러운 일들을 어떻게 이해해야 하는가. 그 원인을 추적해 보면 의외로 답은 너무나 간단하다. 서정주의 삶이 문제가 된 것이다. 그 문제를 해결할 수 있는 답은 두 가지이다. 좀더 정확하게 말하면, 한 가지 답은 **있었고**, 나머지 한 가지 답은 **있다**. **있었던 답**은 서정주 스스로가 자신의 삶에 대한 진정한 반성과 참회를 통해 이 문제를 해결하는 일이었다. 그러나 서정주는 이러한 해결을 거부했다. 나머지 **있는 답**은 서정주를 '한국 최고의 시인' 또는 '시인 부족의 족장'으로 명명하지 않는 것이다. 만약 이러한 낯 뜨거운 수사를 거둔다면, 그리고 서정주의 명백한 삶의 과오를 객관적으로 인정한다면, 그를 둘러싼 첨예한 대립은 좀더 생산적인 방향으로 전화될 수 있으리라.

복거일은 최근 '친일파'를 적극적으로 변호하는(차라리 옹호하는)『죽은 자들을 위한 변호』라는 책을 펴냈다. 이 책에 대해서 고종석은 "복거일의 '죽은 자들을 위한 변호'라는 표제를 지닌 이 책이 '살아 있는 자들을 위한 변호'인 것만 같고, 살아 있는 자들 가운데서도 특히 '힘센 자들을 위한 변호'인 것만 같다"고 비판했다.[30] 고종석을 잠시 빌린다면, 내게 서정주 사후에 쓰인 많은 '죽은 서정주를 위한 변호'가 사실은 '살아 있는 서정주 추종자들을 위한 변호'인 것만 같고, 살아 있는 서정주 추종자들 가운데서 특히 '힘센 서정주 추종자들을 위한 변호'인 것만 같다. 서정주와 박목월은 이미 죽은 자들이다. 죽은 자들을 놓고 산 자들의 변호와 비판이 계속되고 있다. 이러한 싸움은 죽은 자를 변호하든 죽은 자를 비판하든 어차피 산 자들을 위한 싸움이다. 대체로 변호하는 자들은 지키려는 쪽이고 상대적으로 힘센 자들이다. 반면 비판하는 자들은 바꾸려는 쪽이고 상대적으로 약한 자들이다.

문학과 예술이 끝없는 자기 갱신과 혁신을 그 생명으로 한다는 진리를 수긍한다면, 더 이상 서정주와 박목월을 신비화하거나 신화화해서는 안 될 것이다. 문학은 어느 누구에게도 최고의 자리를 허락하지 않는다. 최고의 **시인**이 있는 것이 아니라, 최고의 **시인들**이 있는 것이다. 시와 시인에게 최상급 단수는 어울리지 않는다. 시와 시인의 최상급은 항상 복수다.

---

30. 고종석,「식민주의적 상상력」,『이류 청산, 이류 개혁』—〈인물과사상〉 28, 개마고원, 2003, 369쪽.

제3부 중심의 전복, 타자의 귀환

〈사상계〉의 '동인문학상'과 전후 문단 재편

최강민◆

1. 전후 문학계와 〈사상계〉 문인의 부상

민족 해방인 8.15와 동족상잔의 한국전쟁은 한민족에게 희열과 절망이 번갈아 교차하는 역사적 사건이다. 그 결과 성립된 분단체제는 한민족을 옥죄는 원초적 억압기제로 작동하기 시작한다. 남한에서 적과 아군을 가르는 척도인 반공이데올로기는 삶의 질곡으로 한국인의 무의식에 깊게 각인된다. 한국전쟁은 문학계에도 많은 변화를 초래한다. 전쟁 중 대다수의 중요 문인이 월북·납북·사망하면서 남한 문학계는 문단을 이끌어갈 원로나 권위의 부재를 경험했던 것이다. 종전과 함께 문단은 새로운 문인단체의 결성이나 문예지가 연이어 창간되면서 기존 중심의 공백을 메우는 재편의 움직임이 가속화된다.

이 무렵 해방기에 좌우 대립의 선봉에서 이념 투쟁에 복무했던 조선청년문학가협회의 우익 인사는 좌익 문인의 부재 속에 자연스럽게 남한 문단의 중심을 차지한다. 특히 경북 출생인 김동리나 경남 출생인 조연현이 상징하듯 전후 문단의 재편은 출신지가 남한인 문인들이 주도하는 상황 아래 이루

◆ 강원대 강사. 문학평론가. 〈작가와비평〉 편집동인.

어진다. 1954년 예술원회원 선거는 북한 문인들의 세력 약화와 남한 문인들의 득세로 요약된다.[1] 이처럼 전후의 문단 재편은 문학적 정체성에 의한 '구별짓기'가 아니라 남한 대 북한이라는 지역주의 코드를 통해 이루어진다. 이것은 전후 남한 문단이 전근대성에서 여전히 벗어나지 못했다는 사실을 말해준다. 이러한 구별짓기의 폭력은 필연적으로 대타적 대항 의식을 일깨우면서 북쪽 출신 문인들을 타자의 이름으로 결집시킨다. 한국문학가협회와 별도의 조직인 '한국자유문학자협회'의 결성과 '국제펜클럽 한국본부'의 창립은 살아남기 위한 타자들의 생존 몸부림이었다. 한국전쟁의 폐허 속에 새로운 문학을 꿈꾸었던 이들에게 지역주의 코드를 기반으로 한 대립 구조는 구태의 재현이었다. 그럼에도 이 지역주의 코드는 문학계에 전면적으로 드러나지 않은 채 60년대 초반까지 맹위를 떨친다.

이러한 문단 역학 관계에서 〈사상계思想界〉의 위치는 아주 미묘한 지점에 놓인다. 〈사상계〉는 1955년 1월 편집위원회를 구성해 지면 혁신을 단행하면서 기존의 철학·사상 중심의 '교양잡지'라는 특성에서 벗어나 '월간종합잡지'로 변신한다. 이때 특히 보강한 것이 문학면이다. 당시 문학은 텔레비전 등의 대중매체가 발달하지 않은 상황에서 지식인들의 지적, 예술적 욕구를 해소해 줄 수 있는 중요한 수단이었다. 동인문학상 제정으로 대표되는 문학면의 강화는 대학 인구의 팽창과 지식인의 양산이라는 사회적 변화와 맞물려 많은 지식인 독자들을 끌어모으는 흡인력으로 작용한다. 이 외에도 전투적 논객인 사상가 함석헌의 영입과 논쟁성의 강화는 독자를 확대한 기폭제 역할을 했다.

---

1. 당시 예술원 회원으로 선출된 문학분과 문인은 종신회원인 염상섭(서울), 오상순(서울), 6년제 추천위원인 박종화(서울), 김동리(경북), 조연현(경남), 3년제 추천위원인 유치환(경남), 서정주(전북), 윤백남(충남)이다. 이처럼 초창기 예술원 회원은 전부가 남한 출신의 문인으로 선출되었다.

〈사상계〉는 1950년대 후반부터 일종의 〈사상계〉 지식인 집단(또는 동인)을 형성하며 전후 사회에 많은 영향력을 발휘하기 시작한다. 50년대 후반 월간 문예지 〈현대문학〉의 발행부수가 대략 1만 2천 부 정도였다면, 〈사상계〉는 평균적으로 4, 5만 부 정도의 발행 부수를 자랑했다.² 발행 부수의 차이는 사회적 영향력의 차이를 의미한다. 이런 점에서 종합지였지만 〈사상계〉는 문학적 영향력에서 〈현대문학〉과 대등하거나 더 우월한 지위를 차지했던 것으로 보아야 한다. 따라서 전후의 문단 구도는 기존의 〈현대문학〉 대 〈자유문학〉〈문학예술〉의 구도가 아니라 〈현대문학〉 대 범〈사상계〉의 구도로 파악해야 한다. 〈현대문학〉에 비해 열세였던 〈자유문학〉과 〈문학예술〉은 북한 출신의 문인을 후원하는 〈사상계〉라는 버팀목을 통해 세의 열세를 만회할 수 있었던 것이다.

문단 주류를 대표하는 〈현대문학〉은 1955년 9월호에 '현대문학신인상'을, 〈사상계〉는 바로 그 뒤를 이어 서둘러 10월호에 '동인문학상'을 제정해 양대 문학상 시대를 활짝 연다. 1개월의 시간 차이는 언뜻 보면 무심히 지나쳐도 될 지엽적인 일로 간주할 수도 있다. 하지만 그 이면을 살펴보면 상징적 권위를 누구보다 선점해 문단의 주도권을 행사하려는 주류와 비주류의, 남쪽과 북쪽 문인의, 보수와 진보의 치열한 갈등과 긴장이 내재해 있다. 다시 말해 〈사상계〉의 '동인문학상'³은 단순하게 문인의 창작 의욕을 장려

---

2. 〈사상계〉의 발행 부수에 대해 안병욱은 「옆에서 지켜본 〈사상계〉 12년」(《사상계》, 1965.4)에서 '5만 부'를, 박경수도 『장준하』(돌베개, 2003, 289쪽)에서 '5만 부'(최고 9만 7000부)를, 이에 비해 박태순은 「민주·민주이념을 추구하다 쓰러진 〈사상계〉」(《역사비평》, 1997.여름호, 301쪽)에서 최고로 '7만 부' 정도를 언급하고 있다. 이러한 수치들을 종합해 볼 때 〈사상계〉는 대체적으로 4, 5만 부 정도를 발행했던 것으로 보인다.
3. '동인문학상'은 1963년부터 사상계사에서 제정한 독립문화상의 한 부문으로 편입되었으나, 1967년 12회 시상을 끝으로 사상계사가 운영난에 빠지자 중단되었다. 그 후 12년의 공백기를 거쳐 1979년 동서문화사가 다시 부활시켜 계속하다가 다시 중단되었다. 이것을 1987년 제18회부터 조선일보사가 인수하여 다시 시행하고 있다.

하고 그 업적을 칭송한다는 문학상의 일차적 성격에서 그친 것이 아니라 당대 문학장에서 발언권을 확보하려는 소수파의 생존 투쟁이었던 것이다.

등단제도가 문학적 재능이 있는 인재를 뽑는 행사라면 '문학상'은 그 중에서도 더욱 우수한 문인과 작품들을 선별하는 작업이다. 특히 문학상은 고전에 준하는 상징적 권위의 부여와 정전 구축이라는 현상을 빠르게 가능하도록 만드는 공식화된 문학제도이다. 기존 문단의 중심 세력이 몰락한 전후戰後 시기에 문학상이라는 제도가 무엇보다 중요할 수밖에 없었던 이유가 바로 여기에 있다. '문학상'이라는 공식화된 제도는 '상징적 권위'를 주기적으로 생산함으로써 손쉽게 문단의 패권을 차지하는 데에 일조했던 것이다. 다소 늦게 제정된 '동인문학상'이 '현대문학신인상'의 권위를 압도하면서 최고의 문학상으로 자리하는 과정은 소외된 목소리의 복권이자 전후 문단의 재편을 의미한다. 이 논문은 '동인문학상'을 중심으로 〈사상계〉의 문학계 위치와 전후 문단 재편이라는 현상에 대한 고찰이다.

2. 왜 '동인문학상'인가

〈사상계〉는 "한국문학의 개척자의 한 사람인 고 김동인 씨를 기념하고 우리 문학의 순화발전에 기여하는 일단으로" '동인문학상'을 제정한다고 밝히고 있다. 심사 대상과 방법은 "일년간을 통하여 국내주요잡지에 발표된 신인 창작단편소설중에서 심사위원회를 통과한 일편에 수상한다"[4]고 명기하고 있다. 이러한 규정에서 '동인문학상'이 작가 김동인의 업적을 기념하고, 한국문학 발전을 도모하려는 제정 취지를 알 수 있다. 우리는 이러한 대외적 발표만이 아니라 그 이면에 깔린 다양한 전략적 포석도 읽을 필요가 있다. 그래야만 비로소 이념성과 사상성을 중시한 〈사상계〉가 왜 근대작가 중에

---

4. 〈사상계〉, 1955.10.

서 하필이면 예술의 형식성(또는 미학성)을 강조한 '김동인'을 택했는지 그 의문의 실마리를 풀 수 있다. 또한 〈사상계〉가 '동인문학상' 제정을 통해 궁극적으로 무엇을 겨냥했는지 가늠해 볼 수 있다.

〈사상계〉는 '동인문학상' 공고를 내면서 김동인의 단편 중 「감자」를 "우리 문학사에서 단편의 백미라는 정평"[5]이 있다고 평하면서 재수록한다. 이광수의 계몽주의 문학관에 반발하면서 문단에 등장한 김동인의 문학적 성향은 다양하게 표출되었지만 예술지상주의가 중심에 있음을 부인할 수 없다. 그렇다면 김동인의 대표작으로 예술지상주의에 속하는 「배따라기」나 「광화사」 등이 〈사상계〉에 재수록되어야 한다. 하지만 〈사상계〉는 사실주의(또는 자연주의) 성향을 대표하는 「감자」를 재수록함으로써 '동인문학상'의 성격이 사상성과 이념성의 강조임을 은연중에 전달한다. 이것은 필연적으로 〈사상계〉가 제정한 '동인문학상' 수상작과 김동인의 문학적 업적 사이에 일정한 괴리가 발생할 수밖에 없음을 말해준다. 작가 김동인이 처음부터 사상과 이념에 대해 별다른 관심이 없었다는 것을 상기한다면 〈사상계〉와 김동인의 결합은 처음부터 불구적 만남이었던 것이다. 이후 형식성보다 내용성에 좀더 중점을 둔 일련의 작품들이 당선된 사실은 이것을 암시하는 단적인 사례이다.

김동인의 문학적 특성과 동떨어진 일련의 '동인문학상' 수상작들은 논란을 일으킨다. 이에 대해 〈사상계〉 편집위원이기도 했던 시인 박남수는 심사평인 「상의 성격·기타」(〈사상계〉, 1958.10)에서 '혁신성'의 관점으로 동인의 문학적 성향과 수상작이 공통적이라고 주장한다. 이것은 논리의 오류라 하지 않을 수 없다. 동인의 작품을 보수적이라고 지칭한 사람들은 형식보다 내용적 측면에서 당대 사회 현실에 대한 형상화가 부족하다고 말했던 것이다.

---

5. 〈사상계〉, 1955.10, 268쪽.

이런 식으로 이야기한다면 당대의 뛰어난 작가들은 모두 혁신성이 있었다고 말해도 무방하다. 따라서 박남수의 옹호는 하나마나한 변호였을 따름이다. 그럼에도 이러한 아전인수식의 주장을 할 수밖에 없었던 것은 그만큼 동인문학상 수상작과 김동인의 문학적 특성이 일치하지 않음을 역설적으로 보여준다. 김우종도「동인상수상작품론」에서 수상작과 김동인의 문학적 업적이 일치하지 않음을 선우휘의「불꽃」을 예로 들어 언급한다. 물론 김우종은 〈사상계〉에서 글을 청탁받은 입장이기에 '혁신성'의 입장에서 옹색하게 김동인과의 연관성을 잠시 언급하고 있다. 하지만 글의 전체적인 맥락에서 보면 그것은 어디까지나 〈사상계〉의 처지를 충분히 고려한 인사치레에 불과하다는 것을 알 수 있다.

> 東仁이 들고 나온 文學은 바로 그러한 것이었다. 더 많은 의미의 함축성과 설명하기 어려운 신비성과 해결이 없으나 해결해야만 되는 문제성과 독후에 길게 남는 餘韻이 있는 文學을 東仁은 내세우며 春園과같이 〈궐기하라, 새로운 文明을 받아들여라 신성한 연애를 하라〉 하는 계몽문학을 차 버린 것이다. 그런데「불꽃」은 이제 다시 東仁의 그러한 문학을 차 버린 문학이다. 그러므로「불꽃」은 東仁의 文學과는 전연 다른것, 어떤 의미에선 復古的인것, 즉 春園을 닮은 문학인 동시에 그 革新性으로 보자면 가장 東仁文學的인 것이다.[6]

이러한 논란은 수상자들이 모여 동인문학상을 회고하는「한국창작문학의 당면과제와 방향: 동인문학상 12년의 편력」(《사상계》, 1968.4)이라는 좌담회에서도 슬쩍 내비쳐진다. 수상자들은 좌담에서 '동인문학상'의 혜택을 받은 입장이기에 '동인문학상' 자체에 대한 이의제기를 할 수 없는 형편임을 슬

---

6. 김우종,「동인상수상작품론」―〈사상계〉, 1960.2, 253쪽.

쩍 내비친다. 동인문학상과 관련한 문제제기는 수상자들에게 일종의 금기였던 것이다. 그렇다면 〈사상계〉는 왜 '동인문학상'이라는 타이틀을 굳이 내걸고 문학상을 제정한 것일까? 그것은 첫째가 서북지역주의에 기초한 범북한지역주의이고, 둘째가 김동인의 형이 수양동우회의 중요 구성원인 김동원이었다는 사실, 셋째가 반공이데올로기에서 찾아야 한다.

1950년대 〈사상계〉를 이끌어간 편집위원은 장준하, 김준엽, 김성한, 박남수, 안병욱, 엄요섭 등이다. 이들을 출신 지역으로 보았을 때, 이북 출신이 압도적 다수를 차지한다.⁷ 대표적으로 〈사상계〉의 발행인인 장준하는 평북 의주 출생이다. 북한 공산주의 정권의 탄압에 못 이겨 월남한 〈사상계〉의 편집위원들은 남한 사회에서 약자일 수밖에 없었다. 여기에 기존의 서북지역주의는 서로를 똘똘 뭉치게 하는 원동력이자 울타리 역할을 한다. '서북지역주의'는 한양을 수도로 한 조선에서 서북 지역인 평안도와 황해도에 대한 사회적 차별이 역사적으로 축적되면서 서북인들의 집단적 피해의식이 만들어낸 허구적 산물이다. 일제에 의한 국권 상실이라는 공통된 민족적 위협 앞에서도 서북지역주의와 남한중심주의는 화해의 길을 모색하지 못한 채 상호 갈등이 내연한 상태로 계속 존재해왔다. 이러한 '서북지역주의'는 해방과 한국전쟁을 거치면서 많은 북한 사람들이 월남하여 정착하면서 경험한 궁핍과 고통에 의해 더욱 공고화된다. 베네딕트 앤더슨이 민족을 상상의 공동체라고 규정한 것처럼 '서북지역주의'도 핍박받은 서북인들에게

---

7. 이용성은 「한국 지식인잡지의 이념에 대한 연구: 〈사상계〉를 중심으로」(한양대 박사논문, 1996, 123쪽)에서 "1950년대 편집위원 29인 가운데 21인이 북한 출신으로 확인되었으며, 다수가 기독교나 천주교 신자였다. 특히 〈사상계〉의 편집위원은 아니지만 〈사상계〉 지식인에 포함되는 주요 필자인 함석헌, 김재준, 백낙준, 김성식, 강원용 등이 북한출신임을 감안한다면 그 포진은 더욱 뚜렷해진다."고 언급한 바 있다. 1960년대 편집위원은 상대적으로 남한 출신이 많이 증가하는 추세를 보인다. 그럼에도 편집위원들은 여전히 북한 출신이 다수를 차지했다.

힘겨운 현실을 견딜 수 있게 하는 '상상의 공동체'였던 것이다. 잡지 〈사상계〉는 구심점을 찾지 못해 방황하던 서북인들(특히 엘리트)의 보호자이자 그들의 욕망을 대변한다. 특히 북한 출신의 〈사상계〉 편집위원들은 서북지역주의를 발판 삼아 확장시킨 일종의 범북한지역주의凡北韓地域主義를 내면화하여 차별과 배제를 일삼는 폭력적 남한중심주의에 저항했던 것이다. 문학에 국한하여 이야기한다면 남한 출신 문인들이 주도하는 〈현대문학〉의 독주로 인해 자신의 문학 활동 영역을 축소당했던 북한 출신 문인들이 타자의식에 눈을 떠 〈사상계〉를 중심으로 결집했던 것이다.

이런 상황에서 작가의 이름을 내건 문학상을 〈사상계〉가 제정할 경우, 필연적으로 이북 출신의 작가를 선호할 수밖에 없다. 김동인보다 앞선 선배 작가로 평안북도 정주定州 출생의 이광수가 있다. 문단의 비중으로 본다면 문인을 기린 문학상의 일순위는 김동인보다 이광수가 더 적합했을지 모른다. 이광수가 이북 출신이라는 것과 계몽주의적 문학 특성을 감안한다면 '동인문학상'보다 '춘원문학상'이 〈사상계〉가 지향한 문학상에 적합했을 것이다. 그러나 이광수는 일제식민지 시대에 친일 행적으로 말미암아 반민특위에 기소된 대표적 문인이었기에 〈사상계〉가 부담스러웠을 것이다. 게다가 문학상을 제정할 무렵, 한국전쟁 중 납북된 이광수의 행적이 묘연하여 반공이데올로기와의 관계도 불명확하였다. 김동인과 함께 단편문학의 개척자였던 서울 출생의 염상섭이나 경북 대구 출신의 현진건은 출신 지역이 남한이라는 이유만으로 자연스럽게 배제되었다고 보아야 한다. 따라서 〈사상계〉는 친일 경력이 있음에도 불구하고, 서북지역주의의 적자인 평양 출생의 김동인을 택했던 것이다. 작가 김동인은 '동인문학상'의 제정을 통해 일제식민지시대에 친일로 인해 훼손되었던 문단적 권위를 회복했을 뿐만 아니라 더 나아가 서북지역주의를 대변하는 상징적 인물로 재탄생된다. 전후 시기에 북한 출신의 문인들도 '동인문학상'이라는 문학적 권위를 기반으로 하여 자신들의 문학적 지분을 점차 확보해 나아간다.

서북지역주의에 기초한 〈사상계〉의 범북한지역주의가 얼마나 강고한 형태로 존재했는지 알 수 있는 리트머스 시험지는 대표적 친일문인인 '이광수'를 다루는 부분에서 나타난다. 〈사상계〉의 이념적 토대가 민족주의라는 것을 상기한다면 당연히 반민족적 친일 문인들에 대해 비판적 시각을 견지해야 한다. 그렇지만 〈사상계〉가 주장하는 민족주의가 범북한지역주의와 충돌할 경우 〈사상계〉의 편집위원들은 '범북한지역주의'에 손을 들어준다. 〈사상계〉는 1958년 2월호에서 김팔봉, 주요한, 이은상의 글을 통해 이광수의 친일 행적을 축소하면서 민족에 대한 변함없는 애정을 지닌 민족주의 인사로 치장하고 있다. 특히 친일문학에 함께 종사했던 시인 주요한은 친일 부분은 생략한 채 이광수가 "탄압정책과의 싸움에서 받은 상처는 외부적으로도 혹심했고 내면적으로도 심각했었다"[8]는 식으로 호도한다. 이것은 이광수를 옹호함으로써 자신들의 친일 혐의를 일정 부분 면죄받고자 하는 필자들의 개인적 심리가 작용했을 것이다. 그렇지만 이러한 논조의 글을 〈사상계〉가 가감 없이 실어주었다는 것은 〈사상계〉의 편집방침과 크게 충돌하지 않았음을 보여준다.

〈사상계〉가 대표적 친일 문인인 이광수 등을 긍정적으로 끌어안으려고 했던 데에는 범북한지역주의 이외에도 근대를 바라보는 시각이 동일한 지점에 있었기 때문이다. 〈사상계〉는 교육이나 문화를 통해 나라를 근대화해야 한다는 계몽주의적 세계관을 견지했다. 이런 논리의 연장선에서 최남선과 이광수의 친일은 반민족적 행위보다 일본과의 협력을 통해 조선을 근대화하려는 의도로 해석된다. 총을 들고 싸우는 무장투쟁 대신 교육과 문화를 통해 조선을 근대화해야 한다는 사관은 도산 안창호의 사상이기도 하다. 〈사

---

8. 주요한, 「춘원의 인간과 생애」—〈사상계〉, 1958.2, 32쪽.

상계〉는 도산 안창호가 주도해서 만든 흥사단의 정신을 일정 부분 계승하고 있다는 점에서 개량주의적 근대주의와 일맥 상통했던 것이다.

이 지점에서 〈사상계〉가 김동인을 택할 수밖에 없었던 또 하나의 중요한 동기를 발견한다. 김동인의 이복형인 김동원은 일제식민지시대에 수양동우회의 중요 멤버로서 조만식과 함께 평안도를 대표하는 민족주의 인사였다. 도산 안창호의 무실역행 정신을 계승한 수양동우회는 민족 부흥을 목적으로 설립된 흥사단의 계열단체로서 남쪽에 이광수가, 북쪽에 김동원이 책임을 지고 운영했다. 이러한 경력 소유자인 김동원은 경제계에 투신해 실업가로 성공하면서 1930년대 후반부터 본격적인 친일행각을 벌인다. 그는 해방 후 제헌국회 부의장까지 지낸 인물로서 북한 출신 인사 중 가장 성공한 경우에 해당한다. 김동원이라는 인물의 역사적 굴곡에도 불구하고 그의 세속적 성공은 북한 출신의 상대적 박탈감을 해소하는 데에 일정 부분 공헌했다고 봐야 한다. 비록 김동인은 수양동우회의 구성원이 아니었지만 형 김동원의 후광 속에서 흥사단의 정신을 일부 계승한 〈사상계〉의 편집위원들이 선호할 만한 외적 조건을 형성한다. 이광수가 신통치 않은 가문으로 인해 단기필마의 존재였다면, 김동인은 북한의 명문가 출신이라는 사실이 문학상 제정에 든든한 배경으로 작용했던 것이다.

〈사상계〉의 편집위원들은 대부분 기독교를 믿는 월남 인사로서 종교를 부정하는 공산주의에 대한 적대감과 피해의식을 공유한다. 이러한 기독교 신앙은 공산주의와 대척점에 있는 '반공이데올로기'를 자생적으로 내면화하면서 〈사상계〉 편집위원들의 정신에 깊게 자리한다. 근대문학의 개척자였던 김동인은 한국전쟁 중 지병으로 사망한다. 만일 전쟁이 없었다면 충분한 치료를 하여 동인은 좀더 오래 살 수 있었을지 모른다. 이러한 가능성은 김동인의 죽음이 북한 공산주의의 침략으로 인한 희생양이었다는 식으로 호도되면서 반공이데올로기를 대변하는 상징적 인물로 자리매김시킨다.

반공이데올로기는 일제 말기 김동인의 친일 경력에 면죄부를 부여하며 문학계에 복권시키는 힘이 되었던 것이다. 〈사상계〉 편집위원들은 작가 김동인의 불행한 죽음 앞에서 북한 공산정권에 의해 탄압을 받은 같은 피해자라는 심리적 일체감 속에 결합되었던 것이다.

앞에서 언급한 것들을 종합해 보면 〈사상계〉가 '동인문학상'을 제정한 것은 필연적인 내적 논리의 귀결로 보인다. 월남 인사들의 피해의식은 서로를 심정적으로 감싸는 연대의식을 통해 낯선 남한 땅에서 둥지를 틀었던 것이다. 〈사상계〉의 '동인문학상'은 이 연대감을 대내외적으로 과시할 수 있는 상징적 기호이자 세력의 과시였다. 이러한 '동인문학상'은 한국문학에서 선배 문인을 기리는 문학상 형태의 선구자적 기원基源을 형성한다. 그렇지만 기념 작가의 문학적 세계와 수상작의 작품 경향이 불일치하는 현상은 후대의 '이상문학상'에서 보듯 극복되지 못한 채 오히려 확대재생산 된다. 〈사상계〉의 '동인문학상'은 한국문학 발전에 이바지한 공로에 못지 않게 역설적으로 한국문학의 퇴행을 초래한 원인 제공자였던 셈이다.

3. 〈사상계〉의 편집방침과 심사위원의 함수 관계

문학상 시상에서 표면적으로 가장 큰 영향력을 행사하는 것은 심사위원이다. 그렇지만 그들의 운명은 문학상을 제정하고 시행하는 주체의 의지에 전적으로 종속되어 있다. 심사위원이 마음에 들지 않을 경우 시상 주체는 다음에 심사위원을 바꾸는 행위를 통해 간접적으로 징계를 할 수도 있다. 이런 점에서 '동인문학상'의 선정에서 표면적으로 드러나 있지 않는 〈사상계〉의 입장은 중요한 변수이다. 〈사상계〉는 1955년 1월에 장준하 1인 편집위원 체제에서 다수의 편집위원이 포진하는 체제로 바뀐다. 하지만 〈사상계〉의 발행인이자 편집위원이었던 장준하의 영향력은 여전히 절대적이었다. 따라서 장준하의 삶과 사상을 살펴보는 것은 〈사상계〉의 성향을 이해하는 데에 유효한 수단이다.

1918년에 평북 의주 출생인 장준하는 민족주의적 성향이 강한 기독교 계통의 학교인 숭실중학교를 거쳐 신천중학에서 공부했다. 일제 말기 학도병으로 끌려나간 장준하는 중국 서주에서 탈출해 고생 끝에 장정 6천 리를 횡단해 대한민국 임시정부인 중경에 간다. 그 곳에서 그는 1945년 광복군에 들어가 장교가 되고, 그해 11월 서울로 돌아와 대한민국 임시정부 주석인 김구의 비서로 맹활약한다. 이러한 그의 이력은 민족과 조국을 위해 이 한 몸 바치겠다는 민족주의 세계관을 여실히 보여준다. 장준하는 혼란한 해방 정국에서 김구가 피살되자 정치에 깊은 환멸을 경험한다. 황해도 해주 출생인 정치인 김구는 한민족을 위해 어떤 자세로 일해야 할 것인지 장준하에게 실천적으로 보여준 상징적 아버지와 같은 존재이다. 김구의 피살은 장준하에게 일종의 정치적 거세로 다가왔던 것이다.

장준하의 위축된 팰러스는 정치에서 물러나 〈사상〉과 〈사상계〉란 잡지를 창간해 한민족에 대한 일종의 문화 계몽을 시도하는 방향으로 선회한다. 이것은 부패한 정치 현실에 대한 환멸의 표현이자, 전쟁으로 폐허가 된 조국의 미래를 걸머질 새로운 주체를 형성하려는 시도였다. 이러한 심리의 저변에는 서구의 근대를 하루빨리 따라잡아 근대국가에 도달해야 한다는 후진국 지식인의 열등 콤플렉스와 조급증이 내재해 있다. 그는 일제 식민지의 과거나 동족상잔의 전쟁을 통해 힘 없는 민족과 국가는 필연적으로 멸망한다는 우승열패의 사회진화론에 사로잡혀 있었던 것이다. 근대 추구는 초강대국 미국으로 대표되는 서구에 대한 모방으로 나타난다. 이것은 장준하를 비롯한 〈사상계〉 다수의 편집위원이 서구에서 전파된 기독교 문화를 통해 근대를 꿈꾼 것이기에 가지는 한계점인지도 모른다. 잡지 매호에 외국 이론을 중요하게 소개한 것도 서구를 향한 〈사상계〉 지식인의 지적 편향성을 보여준 것이다. 물론 서구에 대한 동경은 부패한 이승만 정권을 비판하는 대항담론을 형성하는 밑거름이기도 했다.

장준하는 근대 국가의 건설을 위해 지식인들이 앞장서서 무지몽매한 민중들을 계몽해야 한다고 생각했다. 그는 다른 사람보다 많은 지식을 획득한 지식인들이 이러한 임무에 봉사하지 않고 사리사욕에 치우치거나 시간을 낭비하는 것은 정도에 어긋난 일로 간주했다. 그래서 권두언인 「문학의 바른 위치를 위하여」에서 역사적 실천을 방기한 채 다방 구석에 처박혀 담배나 피워대거나 통음난무痛飮亂舞 하는 문인들을 장준하는 사이비문학에 사로잡힌 노예나 환자로 평가한다. 그가 1950년대를 휩쓴 허무주의적 실존주의에 대해 알레르기적 반응을 보인 것도 이러한 생각의 연장선에 있다. 나약한 패배주의, 현실도피주의, 허무주의를 배격하는 교훈적 문학관은 민족의 생생한 경험을 형상화하는 '민족주의적 리얼리즘'을 정통으로 삼게 한다. 〈사상계〉의 편집방침이 민족 통일, 민족사상의 함양, 경제발전, 새로운 문화의 창조, 민족적 자존심의 양성이라는 것도 이러한 장준하의 생각들이 적극 반영된 것이다.

> 全民族의 생생한 經驗을 土臺로 하여 그려진 眞實한 作品이 나와야 하겠읍니다. 이러한 작품이야말로 民族을 福되게 하고 人類의 問題를 풀어 줄 것입니다. 人類의 福祉를 指向하는 作品은 萬古에 빛날 것입니다.[9]

이러한 〈사상계〉의 편집방침과 계몽주의적 세계관은 '동인문학상' 심사위원에게도 일정한 영향력을 행사했다고 보아야 한다. 〈사상계〉의 편집위원과 동인문학상 심사위원들은 출신지역이나 오산중학교 같은 학맥의 유사성으로 끈끈하게 결합되어 있었다. 이것은 〈사상계〉 편집위원들의 생각이 자연스럽게 심사위원들의 심사에 반영될 수 있는 외적 조건을 형성한다. 사

---

9. 장준하, 「문학의 바른 위치를 위하여」—〈사상계〉, 1952, 9쪽.

상성과 이념을 강조한 일련의 '동인문학상' 수상작들은 〈사상계〉 편집위원들의 생각이 심사에 반영되고 있음을 보여준다.

문학상의 시상에서 가장 중요한 것은 심사의 공정성과 객관성의 확보이다. 공정성과 객관성을 담보하지 못한 정실 위주의 나눠먹기식 문학상은 상의 권위를 추락시키는 결정적 요인으로 작용한다. 〈사상계〉는 2회 경우 문단의 작가 및 평론가 20인에게 추천을 의뢰하고, 3회와 4회 경우 권위자 100명으로부터 해당 기간에 발표된 우수작 추천을 의뢰하여 대상작품 결정에 참고한다. 이러한 제도는 5회부터 없어져서 바로 심사에 들어간다. 이것은 동인문학상이 권위를 확보해가면서 각계 인사들을 통하지 않고서도 상의 문학적 권위를 유지할 수 있다는 〈사상계〉의 자신감 표현일 수 있다. 하지만 각계 인사들로부터 추천받은 예심 작품의 선정 중단은 '동인문학상'이라는 축제에 다수의 사람들을 참여시키지 못한 채 소수의 사람들만을 위한 축제로 전락하는 계기를 제공한다.

추천은 추천일 뿐 정작 중요한 결정은 본심의 심사위원들이 결정한다. 〈사상계〉는 문학상의 공정성을 확보하기 위해 제1회 동인문학상의 심사위원으로 그 당시 명망 있는 인사인 김팔봉(충북), 이무영(충북), 백철(평북), 전영택(평양), 계용묵(평북), 최정희(함남), 정비석(평북), 주요섭(평양), 이헌구(함북)를 심사위원으로 위촉한다. 이때 주목할 부분은 9명의 심사위원 중 7명이 북한 출신이라는 점이다. 9명의 심사위원은 제2회 때부터 축소되어 대개 5명이 심사를 하게 된다. 그렇지만 북한 출신의 심사위원이 수적 우위를 점한 현상은 계속된다. 문제는 '동인문학상' 심사위원과 수상자의 지역별 편향성이 맞물려 있다는 점이다. 이것은 두고두고 심사의 공정성과 객관성에 논란을 야기하는 씨앗이 된다.

'동인문학상'의 제1회 수상자는 작가 김성한이다. 당시 김성한은 〈사상계〉의 편집주간이었다. 1회 심사위원들은 '동인문학상'의 심사가 '작가'보다 '작품 본위'로 이뤄졌다는 점을 누누이 강조하면서 김성한의 작품을 선정한 경위를 소상히 밝히고 있다. 그럼에도 불구하고 김성한의 수상이 작품의 우수성에 기인한 것만으로 단순하게 해석하기에는 석연찮은 구석이 상당 부분 있다. 심사위원인 평론가 백철은 심사평에서 "제일회만은 동인상의 대상을 해방뒤 십년간의 신인작가로 하게 되었을 때에 나의 시야엔 곧 직선적으로 떠오른 작가가 있다. 그는 누구도 아닌 이번 수상의 김성한"[10]이라고 밝힌다. 여기에서 우리는 '동인문학상'의 첫 번째 수상자로 김성한을 염두에 두고 수상자 범위를 선정한 것이 아닌가 하는 의문을 지울 수 없다. 본인의 고사가 있었음에도 불구하고 심사과정에서 제외하기로 했던 김성한이 수상자로 최종 결정된 것은 다양한 전략적 포석에 의한 것으로 해석할 수 있다. 김성한 개인에게도 제1회 '현대문학신인상'에서 장용학, 곽학송, 손창섭과 겨루다가 낙선한 바 있기에 '동인문학상' 수상은 훼손된 작가의 자존심 회복이었다. 또한 〈사상계〉에서 문학 부분을 책임지고 있는 것이 '김성한'이었다는 점을 감안한다면, 그것은 한 개인의 영광만이 아니라 〈사상계〉 편집위원이 지닌 문학적 역량에 대한 공식적 인정이기도 했다.

작가 김성한은 1919년 1월 17일 함경남도 풍산에서 출생하여 함흥 함남중학과 일본 야마구치고교를 졸업하고, 도쿄대학과 영국 맨체스터대학에서 수학했다. 그는 당대의 최고 엘리트 코스를 이수한 사람으로서 범북한지역주의가 가장 대표적으로 내세울 수 있는 지식인 중의 한 사람이다. 그 덕분에 그는 1955년 〈사상계〉의 편집주간이 되기도 했다. 이러한 위치의 김성한이 문학상을 수상한다는 것은 북한 출신의 젊은 작가가 차세대 대표적 문학 주자로서 대외적 공인을 받는 의미로도 해석된다. 또한 〈사상계〉의 입장에서 김성한의 '동인문학상' 수상은 심사위원과 〈사상계〉를 연결시킬 통로

---

10. 백철, 「김동인문학상수상작품선후평」―〈사상계〉, 1956.5, 277쪽.

를 확보한 것이기도 하다. 김성한은 '동인문학상'을 수상한 이듬해부터 작품 추천위원으로 활약하면서 간접적으로 '동인문학상'에 영향을 끼치게 된다.

제2회의 경우 '동인문학상'은 기성과 신인을 막론하고 그 해의 최우수작을 선정하여 시상하는 형식으로 바뀐다. 불과 1년 만에 수상자의 범위가 달라진 것이다. 이때 최종 심사작은 손창섭의 「설중행」, 정연희의 「파류장」, 황순원의 「산」과 「소리」, 정한숙의 「고가」, 박연희의 「닭과 신화」, 선우휘의 「불꽃」이다. 당선자는 심사위원 전원이 찬성한 선우휘였다. 문제는 황순원의 작품이 두 개나 올랐음에도 불구하고 수상작으로 선정되지 못했다는 데에 있다. 1930년대부터 문단 생활을 한 황순원이기에 후배에게 최종심에서 자신의 작품이 밀려났다는 것은 견디기 힘든 치욕이었을 것이다. 이 치욕감은 자신이 제3회 심사위원으로 백철, 김동리, 안수길, 박남수와 함께 위촉되면서 표출된다. 황순원은 심사에 들어가기 전에 수상 작가를 제1회처럼 8.15 해방 이후에 배출한 신진 작가로 한정하자고 제안한다. 이러한 제안은 별다른 저항없이 받아들여진다. 그것은 황순원처럼 신진 문인들에 의해 기존 문인들의 권위가 손상받는 것을 누구도 원치 않았기 때문이다. 이것은 신인론이 신세대론으로 바뀌면서 기성문인을 압박하고 있는 당대의 문단 상황과 무관하지 않다. 황순원과 다른 심사위원들은 신진 후배 작가들만 심사 대상으로 삼음으로써 기존 작가와 신진 작가 사이에 확실한 위계 질서를 설정했던 것이다. 이것은 김동리로 대표되는 소장 세력들이 어느새 '신新'이 아닌 '구舊'세대로 변질된 상황의 변화를 반영한다. 다시 말해 3회의 심사 결과는 전후에 등장한 신세대 문인과 구세대인 기성 문인의 첨예한 주도권 싸움이 일정 부분 투영된 것이다.

3회 심사위원 중 특이한 인물은 김동리이다. 황순원도 순수문학 계열의 문인이지만 출신 지역이 평안남도이자 오산중학교 출신이라는 것을 감안한다면, 〈사상계〉의 배경을 고려할 때 심사위원으로 위촉될 수도 있다고 보인다. 하지만 남한 출신으로서 순수문학을 대변하는 김동리는 아무리 보아도 〈사상계〉와 일정한 거리에 있다. 따라서 김동리가 '동인문학상'의 심사위원으로 위촉된 것은 〈사상계〉가 '동인문학상'의 범문단적 보편성을 강화하려는 의도로 선임한 것이라 해석할 수 있다. 김동리는 제7회 동인문학상 심사평에서 자신이 내심 생각하는 후보작들이 다른 심사위원들에 의해 거부되어 소수파로 전락하고 있음을 솔직하게 고백한다.[11] 문학의 사상성과 이념성을 중시하는 〈사상계〉의 편집방침과 북한 출신 심사위원들 속에서 김동리의 견해는 외딴 섬이었던 것이다. 그렇다면 왜 김동리는 심사위원 자리를 박차고 나가지 않았을까. 이것은 〈사상계〉의 영향력과 '동인문학상'의 권위가 점점 높아지는 상황에서 그 선정 과정에 동참함으로써 문단적 권위를 확보하는 데에 일정 부분 도움을 받았기 때문이다. 김동리 외에도 동인문학상에 고정적으로 자주 선임되었던 심사위원은 백철, 황순원, 최정희, 안수길 등이다. 이러한 심사위원의 고정화 현상은 이들의 문단적 권위를 높이는 데에 일정 부분 공헌을 했다고 봐야 한다.

그렇다면 '동인문학상' 심사에서 가장 많은 영향력을 행사했던 것은 누구였을까? 아마도 그것은 제1회 때부터 계속적으로 심사위원이었던 '백철'일 것이다. 동인문학상은 백철이 지지했던 작품들이 공교롭게도 대부분 수상의 영예를 얻었다. 평론가 백철은 과거 계급성을 중시한 카프의 일원이었다. 해방과 전쟁 속에 다수의 카프 출신 문인들이 이북으로 가거나 사망하면서 덜렁 남한에 혼자 남게 된 백철의 처지는 한 마디로 고립무원의 처지였다. 이런 상황에서 〈사상계〉의 계속적인 심사위원 위촉은 문단의 변방으로 자칫 밀려날 수 있었던 백철의 문단적 지위를 복원해주는 강력한 기반으로 작용한다. 사상성과 이념성을 중시했던 〈사상계〉와 백철의 만남은 서로

---

11. 김동리, 「제7회 동인문학상 선후평」—〈사상계〉, 1962.10, 282쪽.

에게 도움을 주는 공생 관계였던 것이다. 〈사상계〉는 평안북도 출신의 백철이 북한 출신 문인들을 보호하고 그들의 문학적 입지를 넓히는 데에 도움을 줄 수 있는 적임자라고 판단하여 백철을 중용했던 것이다. 이에 부응하기라도 하듯 백철은 북한 출신의 신인 작가인 김성한, 선우휘, 오상원 등을 계속 수상자로 밀어줌으로써 그것에 화답한다.

동인문학상 심사에서 백철과 엇비슷하게 영향력을 행사한 것은 황순원이다. 〈사상계〉는 황순원을 3회 때부터 심사위원으로 계속 기용해 문학적 권위를 키워주는 데에 일조한다. 〈사상계〉는 순수문학 계열의 북한 출신 문인들을 지원하고 보호할 인물로서 〈현대문학〉에도 관계하는 황순원을 지목했던 것이다. 황순원은 순수문학 진영의 〈현대문학〉과 〈사상계〉를 연결하는 고리 역할을 훌륭하게 해내면서 문학적 입지를 넓혀나간다. 작가 황순원은 백철보다 일곱 살 아래였을 뿐 엇비슷하게 문단 활동을 했다. 더욱이 평안남도에서 출생하여 오산중학교와 숭실중학교를 다닌 경력은 〈사상계〉 편집위원들과 같은 고향이자 학맥으로서 그의 발언권을 보장해주는 든든한 버팀목 구실을 한다. 이런 점에서 황순원은 자신이 백철보다 전혀 뒤질 것이 없다는 자신감을 가질만도 하다. 그렇지만 사상성과 이념성을 중시하는 〈사상계〉의 분위기와 백철이 연장자라는 이유 때문에 '동인문학상' 심사에서 황순원보다 백철의 입김이 더 많이 반영되었다고 보아야 한다. 황순원은 '동인문학상' 심사위원뿐만 아니라 〈사상계〉가 제정한 '신인문학상'의 심사위원에도 위촉됨으로써 남한에서 문단적 위치를 공고히 한다. 1960년에 백철은 황순원의 『나무들 비탈에 서다』를 혹평하면서 양자는 설전을 벌이며 팽팽하게 대립하기도 한다.

제4회 '동인문학상' 수상작은 긍정적 인간을 등장시킨 손창섭의 「잉여인간」이다. 심사위원 황순원은 전년도 심사평에서 부정적 인물을 그린 손창섭의 작품이 수상 조건을 충족시키지 못한다고 평한 적이 있다.[12] 그렇다면 손창섭은 수상자가 되기 위해 자신의 작품 경향을 바꾼 것일까. 손창섭은 '동인문학상'을 수상하기 이전에 이미 '현대문학신인상'을 수상한 바 있다. '현대문학신인상'이 '동인문학상'과 엇비슷한 문학적 권위를 가지고 있다는 점을 감안한다면 작가 손창섭이 '동인문학상'을 타기 위해 자신의 작품 경향을 바꿨다고 보는 것은 무리한 추론이라고 생각된다. 손창섭이 부정적 인간상에 대한 형상화의 한계를 느낀 시점에서 긍정적 인물을 그린 「잉여인간」이 나왔다고 보는 것이 더 적합한 추론일 것이다. 그럼에도 심사평과 수상작의 작품 경향은 동인문학상 수상을 기대하는 작가들에게 간접적인 압력 수단이었다고 보아야 한다. 심사위원들의 심사평과 수상작의 작품 경향은 그 상을 염두에 두고 있는 작가에게 특정 경향에 대한 옹호나 배척 행위를 유도하기 때문이다. 이것은 결과적으로 이전에 수상한 작품 경향과 비슷한 작품이 다시 수상될 확률을 높게 만든다.

'동인문학상'의 심사위원은 성별로 보았을 때 대다수가 남성이다. 여성으로서 심사위원에 뽑힌 사람은 작가 최정희가 유일하다. 최정희는 심사 과정에서 여성작가들의 작품을 적극적으로 추천하는 열의를 보인다.[13] 하지만 최정희의 의견은 언제나 번번이 소수에 머물렀고, 수상작가로 뽑혔던 것은 100퍼센트 남성작가들이었다. 최정희 자신도 사용한 용어이지만 당시에 여성작가들은 '여류작가'라고 취급받으며 남성작가들의 보조물에 불과했던 것이다. 비주류를 대변하는 '동인문학상'도 여성이라는 소수를 무시한 점에서 주류와 대동소이했던 것이다. 같은 시기에 '현대문학신인상'이 소설

---

12. 황순원은 3회 심사평인 「나의 의견」(《사상계》, 1958.10, 315쪽)에서 "손창섭은 작년 일년간 종래와는 달리 그의 장기였던 인생의 부정면 대신에 긍정적인 인물을 그리려 한 흔적이 있다. 그것이 좋고 나쁘다는 속단을 내리기 전에, 우선 주목할만한 일이 아닐 수 없다. 그러나 그것은 아직 모색 과정에 있고 결실은 맺어지지 못했다고 본다. 그런 의미에서 앞으로 얼마동안 그에게 수상이라는 굴레를 씌우지 않고 그냥 두는 것이 오히려 이 작가를 위해서 좋은 일이 아닐가 생각"한다고 밝힌 바 있다.

부문에서 박경리와 한말숙을 수상자로 선정했다는 점을 감안한다면 '동인문학상'의 남성우월주의는 더욱 도드라져 보인다. 이것은 사상성과 이념성의 잣대에 당대 여성작가들이 미흡하다는 〈사상계〉와 남성 심사위원의 편견이 반영된 것이다. 그들은 '사상성=남성작가'라는 고정관념에서 벗어나지 못했던 것이다. 이러한 '동인문학상'의 가부장적 우월주의는 마땅히 비판받아야 할 부분이다.

문학상의 제정과 시상은 철저하게 상호 이익성을 전제로 한다. 문학상은 심사위원, 수상자인 작가, 운영 주체 모두를 만족시켜주는 윈윈 전략의 산물이다. 〈사상계〉는 문단 권력에서 변방일 수밖에 없는 북한 출신의 문인들을 심사위원으로 위촉해 상징적 문학권력의 장을 형성하도록 일조했다. 한 번이라도 심사위원이 된 사람은 '동인문학상'의 권위를 통해 역으로 문학적 역량을 이미 공인받은 것으로 간주되었다. 문학상은 표면적으로 보면 심사위원이 수상자를 선정해 칭찬하는 형태를 취하지만 그 행위에는 수상자뿐만 아니라 심사위원의 드높임도 자연스럽게 포함되어 있는 것이다.[14] '동인문학상' 수상자인 신인들도 북한 출신 내지 비주류의 설움을 극복하고 문단

---

13. 최정희는 제5회 동인문학상 심사평인 「'젊은느티나무'의 향기」(〈사상계〉, 1960.10, 324쪽)에서 다음과 같이 안타까움을 피력하고 있다. "강신재씨의 「젊은 느티나무」를 포기할 생각이 아니었다. 작품의 가치를 적잖게 보고 있기 때문이기도 했지만 이번 동인상은 여류작가에게 돌리고 싶은 생각에서였다. 그렇다고 작품을 덮어놓고 맹목적인 주장을 하려는 것은 아니었다. 「젊은 느티나무」가 「이 성숙한 밤의 포옹」에 비하여 내용이 좀 가볍다 하겠지만 작품전체에 흐르는 '비누냄새'와 같은 향긋한 감각, 훈풍같은 것을 시종일관 나부끼면서 끌어내려간 그 멋, 실로 예술이란 이런 것이 아닐까 하고 생각했던 것이다.// 그러나 삼차에서 이 작품이 제외되게 되었다."
14. 정명교는 「문학상의 역사와 기능」(『노벨문학상과 한국문학』, 월인, 2001, 84쪽)에서 문학상의 시상자와 수상자에 대해 "쌍방을 드높인다는 것은 이 상호적 관계의 특징이자 전제이다. '드높임'에 대한 기대가 없으면, 상호적 관계는 성립할 수 없었을 것이다. '드높임'은 언뜻 대가를 바라지 않는 듯이 보이는 상 주기 행위에 대한 실질적인 보상으로 작용한다"고 밝힌 바 있다.

의 주목을 받는 신데렐라로 등극할 수 있었다. 문학상을 통해 획득한 권위는 미래에 자신의 창작품에 대한 평가와 문단활동에서 주도권을 행사하도록 만든다. 수상자들은 현재 자신이 심사위원이 주는 상을 군말없이 받아야 하는 약자의 처지이지만, 얼마 못 가 자신이 직접 심사위원이 될 수 있는 가능성을 확보한 것이다. '동인문학상'의 수상자인 김성한과 선우휘는 수상 이후에 〈사상계〉가 제정한 '신인문학상'의 심사위원으로 위촉되기도 했다. 이처럼 문학상에서 심사위원과 수상자의 관계는 상징적 권위를 주고받으면서 그 권위를 더욱 부풀리는 데에 함께 동참한 동지였다.

그러나 이러한 동지적 관계는 일시적이었을 뿐 심사위원과 수상자는 봉건적 주종의 관계로 굳게 맺어진다. 심사위원들은 문단의 선배나 등단시켜 준 스승으로서 수상자와 관계를 수직적으로 맺어왔다. 문학상의 수여 과정은 이러한 서열 관계를 더욱 굳건하게 했던 것이다. 그 많은 작가 중에서 자신을 뽑아주었다는 고마움은 심사위원에 대한 저자세나 충성심을 유발시킨다. 이 과정에서 심사위원들은 자신들을 추종하거나 우호적인 후배 문인들을 거느리며 세력화할 수 있었다. 이것을 기반으로 하여 긍정적이든 부정적이든 전후의 문단 재편은 더욱 가속화되었던 것이다.

4. 양대 문학상의 비교와 수상작 경향

1950-60년대에 가장 영향력이 있었던 문학상 중의 하나인 '현대문학신인상'이 시·소설·희곡·평론의 장르를 대상으로 한다면, '동인문학상'은 소설이라는 장르만을 대상으로 한다. 이러한 차이는 문예지와 종합잡지라는 매체의 특성에서도 기인하지만 문학상의 제정 의도가 본래부터 달랐기에 나타난 현상이다. 문단의 공백기인 전후 시대에 〈현대문학〉은 '현대문학신인상'을 통해 문단의 헤게모니를 장악하려는 의도였기에 문학의 장르를 모두 포괄하는 문학상을 제정했다. 이에 비해 문학판에 뒤늦게 뛰어든 후발 주자

인 〈사상계〉는 모든 장르를 포괄하기보다 상대적으로 대중적인 소설만을 대상으로 삼아 문학보다 더 큰 범주인 문화의 패권을 겨냥했다. '헤게모니'라는 점에서 양자는 동일하지만 '현대문학신인상'이 문인에 대한 직접적 통제의 성격이 강하다면, '동인문학상'은 문화 담론이라는 확장된 헤게모니를 통해 간접적으로 문단을 지배하려고 했다는 점에서 차별성을 보인다.

역대 '동인문학상' 수상자는 1회(1956)에 김성한(함남), 2회에 선우휘(평북), 3회에 오상원(평북), 4회에 손창섭(평양), 5회에 이범선(평남)과 서기원(서울)이 당선작 후보작의 자격으로, 6회에 남정현(충남)이 당선작 후보작의 자격으로, 7회에 전광용(함남)과 이호철(함남)이 공동 수상, 8회(1962)에 당선자 없음, 9회에 송병수(경기), 1년을 건너뛰어 10회(1966)에 김승옥(일본 오사카), 11회에 최인훈(함북), 12회에 이청준(전남)이 수상한다. 총 13명이 수상했는데 지역별로 보면 북한 8명(62퍼센트), 남한 4명(31퍼센트), 기타 1명(7퍼센트)의 비율이다. 여기에서 북한 출신의 작가가 동인문학상을 많이 받았다는 사실을 다시 한 번 확인할 수 있다.

'동인문학상'과 같은 시기에 '현대문학신인상'은 1회(1956)에 손창섭(평양) 김구용(경북), 2회에 김광식(평북) 박재삼(일본 도쿄) 최일수(전남), 3회에 박경리(경남) 이수복(전남) 김양수(인천), 4회에 이범선(평남) 구자운(부산) 임희재(충남) 유종호(충북), 5회에 서기원(서울) 정공채(경남) 오학영(서울) 김상일(경기), 6회에 오유권(전남) 김상억(함남) 원형갑(충남), 7회에 이호철(함남) 이종학(충남), 8회에 권태응(평북) 박봉우(광주), 9회에 한말숙(서울) 문덕수(경남), 10회에 이문희(충남) 박성룡(전남), 11회에 이광숙(함남) 이성교(강원) 천이두(전북), 12회에 최상규(충남), 13회(1968)에 정을병(경남) 황동규(서울) 오혜령(서울)이 수상한다. 이 시기에 소설로 수상한 작가는 총 13명인데 지역별로 보면 남한 출신이 7명(54퍼센트) 북한 출신이 6명(46퍼센트)으로 적절한 균형을 이룬다. 하지만 시, 희곡, 평론 등을 함께 추가하여 수상한 총 34명을 비교하면 남한 26명(76퍼센트), 북한 7명(21퍼센트), 일본 1명(3퍼센트)이다. 여기에서 보듯 '현대문학신인상'을 수상한 문인들은 남한 출신 사람들이 압도적 다수인 76퍼센트를 차지한다. 이처럼 남한 출신 문인이 우대되었던 '현대문학신인상'에서 소설의 경우 북한 출신의 작가들이 상대적으로 많은 46퍼센트를 차지했던 것은 그만큼 당시에 북한 출신 작가가 우수했음을 말해주는 객관적 증거로 해석될 수 있다.

이번에는 수상작들이 실린 매체를 살펴보자. '동인문학상'의 경우 〈사상계〉에 김성한 손창섭 서기원·전광용·이호철·김승옥의 수상작들이, 〈현대문학〉에 오상원·이범선·송병수의 수상작들이, 기타 잡지에 선우휘·남정현·최인훈·이청준의 수상작들이 실린다. 퍼센트로 따지면 〈사상계〉 46퍼센트, 〈현대문학〉 23퍼센트, 기타 잡지 31퍼센트이다. '동인문학상'을 수상하기 위해 〈사상계〉에 반드시 실릴 필요는 없지만 유리한 것이 사실임을 수치가 말해준다. 동일한 시기에 '현대문학신인상'에서 소설의 경우 〈현대문학〉에 손창섭 박경리 이범선 서기원 오유권 이문희 이광숙 최상규 정을병의 수상작들이, 기타 매체에 김광식 이호철 한말숙 권태웅의 수상작들이 실려 있다. 퍼센트로 따지면 〈현대문학〉 69퍼센트, 기타 매체가 31퍼센트이다. 이러한 자료에서 〈현대문학〉에 실린 작품들이 '현대문학신인상'을 압도적으로 수상했다는 사실을 확인할 수 있다. 이 지점에서 '동인문학상'이 '현대문학신인상'보다 더 많은 권위를 가질 수 있었던 객관적 요인을 발견한다. '동인문학상'이 '현대문학신인상'보다 수상작이 실린 매체와 문학상 수상의 연관성이 상대적으로 크지 않음을 수치가 보여주고 있기 때문이다. 특정 매체에 실려야만 수상에 유리하다는 사실은 문학상의 객관성과 공정성에 치명적인 것이다.

등단 매체와 문학상의 연관성에서도 흥미 있는 자료가 도출된다. '동인문학상'의 경우 수상자인 김성한·오상원·전광용·김승옥은 신춘문예, 선우휘는 〈신세계〉, 손창섭은 〈문예〉, 이범선과 서기원은 〈현대문학〉, 남정현과 최인훈은 〈자유문학〉, 이호철과 송병수는 〈문학예술〉, 이청준은 〈사상계〉로 등단한다. 이것에서 보듯 '동인문학상'은 다양한 매체를 통해 등단한 사람들이 수상하고 있음을 알 수 있다. 〈사상계〉가 배출하여 '동인문학상'을 수상한 사람은 이청준이 유일하다. 퍼센트로 따지면 불과 8퍼센트에 불과하다. 오히려 경쟁 상대인 〈현대문학〉을 통해 등단한 작가에게 동인문학상을 수여한 것이 2명인 15퍼센트를 차지한다. 반면에 '현대문학신인상'의 경우 동일 시기의 소설을 기준으로 하여 비교했을 때, 전체 13명 중 9명(69퍼센트)인 박경리·이범선·서기원·오유권·권태웅·한말숙·이문희·이광숙·정을병이 〈현대문학〉을 통해 등단해 '현대문학신인상'을 수상했다.[15] 결국 '현대문학신인상'을 받으려면 〈현대문학〉을 통해 등단하는 것이 절대적으로 유리하다는 사실을 알 수 있다.

등단 매체만이 아니라 누구를 통해 등단했는지도 문학상 수상에 중요한 변수이다. 예를 들어 4회 '동인문학상' 심사에서 심사위원 황순원은 자신이 추천하여 등단시킨 서기원에 대한 애정을 곳곳에서 표시하고 있다. 물론 이것을 좋게 생각한다면 작가 황순원의 문학적 세계관의 반영으로 해석할 수 있다. 그렇지만 순수함의 세계를 주로 형상화한 황순원의 문학세계와 전후의 절망을 우울한 이미지로 드러낸 서기원의 문학세계는 그 거리가 그렇게 가까워 보이지 않는다. 서기원은 4회에 황순원의 적극적 추천에도 불구하고 낙방의 고배를 마셨으나, 그 다음번인 5회에 황순원의 추천 속에 이범선과 함께 당선작 후보작의 자격을 획득한다. 이처럼 심사위원과의 친분 관계는 문학상 수상에 중요한 변수로 작용한다. 이것은 다른 심사위원이나 문학상의 경우에도 대동소이했다고 보아야 한다.

---

15. 손창섭은 〈문예〉를 통해 등단했는데, 〈문예〉는 〈현대문학〉의 전신이라 할 수 있다. 따라서 손창섭마저 포함한다면 그 퍼센트는 77퍼센트까지 올라간다.

문학상을 수상하려면 심사위원과 친분 관계를 유지해야 유리하다는 사실은 불행한 일이 아닐 수 없다. 이러한 사적私的 관계의 중요성은 오랫동안 '문학상'의 주변을 맴돌며 심사 대상인 작가들을 억압했다. 이것은 결과적으로 대가의 반열에 오른 힘 있는 문인이 다수의 신진들이나 중견 문인들을 거느리는 '사단師團'의 형성을 촉진한다. '에콜ecole'이 문학적 정체성이 유사한 문인들의 자생적 결사체라면, '사단'은 권력의 유무에 의해 결집된 이해타산적 문인들의 결사체이다.[16] 1960, 70년대에 〈창작과비평〉과 〈문학과지성〉의 에콜이 활성화되기 이전 '사단'의 소속 여부는 한 문인의 문학적 운명을 결정할 정도의 힘을 발휘했다. 등단을 하더라도 한정된 지면이라는 열악한 상황은 문인들에게 발표 기회를 확보하기 위해서 어쩔 수 없이 사단에 합류하도록 유혹했던 것이다. 더군다나 문학상의 획득을 통해 더 주목받는 위치를 확보하기 위해서라도 사단의 합류는 문인들의 문학적 생존의 문제로 다가왔던 것이다. 여기에서 '등단'과 '문학상'이란 제도가 문단정치의 시발점임을 확인할 수 있다. 이런 점에서 '문학상'의 심사위원과 수상자의 얼굴은 문단의 역학 관계가 가장 잘 드러나는 지표 구실을 한다. 문인들은 심사위원과 수상자의 면면을 통해 당대를 지배하는 문학권력의 실체를 암암리에 느꼈던 것이다.

당시에 팽팽하게 대립했던 '동인문학상'과 '현대문학상'을 동시에 수상한 작가는 손창섭(현대 1956, 동인 1959), 이범선(현대 1959, 동인 1960), 서기원(현대 1960.4, 동인 1960.10), 이호철(현대 1962, 동인 1960.10)이다.[17] 공교롭게도 두 상을 함께 수상한 작가들은 '현대문학신인상'을 먼저 수상하고 난 다

---

16. '에콜'이 초기에 지녔던 자신의 정체성을 망각하고 타락하기 시작하면, '에콜'은 어느 순간 '사단'으로 변질된다. 따라서 '에콜'과 '사단'은 그 거리가 사뭇 멀면서도 가까운 관계이다.
17. 이 논문에서 수상작 시기 연도는 모두 문예 잡지에 수상작이 발표된 시점을 기준으로 하였다.

음에 '동인문학상'을 수상했다. '현대문학신인상'의 경우 '신인'이라는 기호는 젊은 신인 작가의 이미지를,[18] '신인'이라는 기호가 붙어 있지 않은 '동인문학상'의 경우 상대적으로 좀더 성숙한 단계의 신인 작가를 대상으로 한다는 이미지를 독자에게 전달한다. '현대문학신인상'을 수상한 작가들이 '동인문학상'을 다시 수상하는 사례는 이러한 이미지를 독자에게 강화시켜준다. 문학적인 역량에서도 '현대문학신인상'을 받은 작가보다 '동인문학상'을 받은 작가의 문학적 생명력이 더 높았다는 사실도 무시할 수 없다. 게다가 '동인문학상'의 경우 2회 때 기성과 신인을 막론하고 최우수작에게 수상의 영예를 부여한 선례도 있다. 요컨대 같은 신인상이라고 하더라도 '동인문학상'이 '현대문학신인상'보다 더 우월한 상징적 권위가 있다는 인식을 독자에게 심어주었던 것이다.

이처럼 여러 가지 객관적 자료를 종합해 볼 때, '동인문학상'은 '현대문학신인상'보다 상대적인 비교 우위에 있었다. '동인문학상'이 '현대문학신인상'보다 문학적 권위가 더 높았던 것은 남한 주류가 추진한 비주류를 배제하는 전략이 실패했음을, 북한 출신의 문인들이 비주류의 한계를 일정 부분 극복하고 남한 문단 형성에 한 중심축으로 우뚝 섰음을 의미한다. 이것은 새 시대의 근대 담론을 주도한 〈사상계〉 진영이 구시대의 전통에 매달린 〈현대문학〉 진영보다 상대적으로 시대적 진보성을 확보한 것에서 기인한다.

그렇다면 사상성과 이념성을 중시했던 '동인문학상' 수상작들의 작품 경향은 구체적으로 어떠 했을까? 첫째, 알레고리나 리얼리즘 등의 수법을 통해 가치관의 혼란과 정체성 찾기를 보여준다. 이 범주에 속한 작품은 김성한의 「바비도」, 전광용의 「꺼삐딴리」, 남정현의 「너는 뭐냐」, 이청준의 「병신과 머저리」, 이호철의 「닳아지는 살들」이다. 이 중에서 김성한의 「바비

---

18. '현대문학신인상'은 1979년에 '신인'이라는 말을 삭제하고 '현대문학상'이라 개명하면서 중견문인을 대상으로 하는 문학상으로 바뀐다.

도」는 재봉 직공인 바비도를 등장시켜 타락한 교회 세력과 대립하는 모습을 통해 전후사회를 알레고리적으로 비판한다. 여기에서 주목되는 부분은 소설의 시공간이 한국이 아닌 영국이라는 점이다. 주인공인 바비도가 목숨을 걸고 지키고자 했던 기독교 신앙은 〈사상계〉 편집위원들의 종교관이기도 했다. 이것은 〈사상계〉의 편집위원들이 전후의 혼란을 극복하는 데에 기독교주의를 염두에 두고 있음을 말해준다. 「바비도」는 기독교로 대변되는 서구의 근대세계에 대한 〈사상계〉 동인들의 애틋한 그리움을 대변하고 있는 것이다.

둘째, 전쟁과 같은 극한상황의 설정과 휴머니즘의 옹호이다. 이 범주에 속한 작품은 선우휘의 「불꽃」, 오상원의 「모반」, 서기원의 「이 성숙한 밤의 포옹」, 송병수의 「잔해」이다. 이 중에서 선우휘의 「불꽃」은 북한 공산주의의 폭력에 의해 삶의 기반을 상실하고 남으로 이주할 수밖에 없었던 서북지역 지식인들의 처지를 대변한 작품이다. 역사적 현실 앞에서 소극적이었던 주인공 고현은 북한 공산군의 인민재판을 경험하면서 좌익에 저항하는 행동주의자로 변신한다. 평안북도 정주 출생인 선우휘의 집안은 일제하 서북 민족주의자들이 대거 나온 명문가이다. 〈사상계〉의 입장에서 서북지역주의의 정통성을 잇고 있는 선우휘의 동인문학상 수상은 자연스러운 순리였을 것이다. 게다가 선우휘의 「불꽃」은 〈사상계〉 편집위원들이 공유하는 반공이데올로기와 행동주의적 휴머니즘을 적극적으로 형상화하고 있다. 이런 점에서 선우휘의 「불꽃」은 김성한의 「바비도」와 함께 '동인문학상' 수상작의 기본적 성향을 가장 잘 보여주는 작품이라 할 수 있다.

셋째, 지식인 주인공이 등장하여 타락하거나 궁핍한 전후사회와의 갈등 양상을 표출한 작품들이다. 이 범주에 속하는 것은 이범선의 「오발탄」, 오상원의 「모반」, 손창섭의 「잉여인간」이다. 이 중에서 이범선의 「오발탄」은 월남한 북한 지주계급 출신 가족의 몰락을 비극적으로 그리고 있다. 미친

노모, 양공주로 전락한 누이 동생, 출산하다가 죽은 아내, 은행을 털다가 붙잡힌 남동생의 연속된 불행은 양심을 지키려는 철호의 정체성을 끊임없이 위협한다. 어디로 가야할 지 방향을 정하지 못한 채 '가자'를 반복적으로 외치는 주인공 철호의 처절한 모습은 바로 월남한 지식인들이 느낀 정체성의 혼란을 반영하고 있다. 자동차 속에서 피 흘리며 죽어가는 철호의 모습은 끝까지 자존심을 지키고자 안간힘을 다하는 북한 출신 지식인의 당당함이 배어 있다. 옳고 그름의 경계선이 무너진 타락한 남한 사회에서 철호의 비극적 모습은 역설적으로 서북 지식인이 지닌 도덕적 우월성을 효과적으로 선전한다.

넷째, 현대인의 소외성과 익명성이다. 이 범주에 속하는 작품은 김승옥의 「서울, 1964년 겨울」, 최인훈의 「웃음소리」이다. 이 중에서 김승옥의 「서울, 1964년 겨울」은 구청 병사계에서 일하는 젊은 공무원, 대학원생 안, 30대 서적 외판원 사내가 등장하여 각자의 틀에 갇힌 현대인의 소외를 고발한다. 아내의 시신을 판 대가로 얻은 돈 때문에 괴로워하는 서적 외판원 사내와 일정한 거리에서 바라보는 나와 안이라는 젊은 세대. 이들은 고통을 연대하지 않고 각자의 성곽에 갇혀 있다. 연대의 고리를 상실한 채 파편화된 젊은이들의 자화상은 박정희 군사정권의 등장과 4.19세대의 좌절이라는 현상을 반영한다. 〈사상계〉는 김승옥의 작품을 '동인문학상' 수상작으로 선정함으로써 근대국가 건설이라는 대의 명분 아래 젊은이들을 소외시키는 파시즘적 국가주의에 우회적으로 의문을 표시했던 것이다.

앞에서 '동인문학상' 수상작들이 보여준 '사상성과 이념성'은 과거 카프에서 보여준 것과 다른 층위에 존재한다. 반공이데올로기를 내면화했던 '동인문학상' 수상작들은 '자유'와 '평등' 중에서 '자유'라는 항목에만 가중치를 부여한 절름발이 형태였던 것이다. 좌파적 상상력의 부재 속에 수상자들이 추구했던 근대(현대)는 이상화된 서구라는 지점을 상상하면서 서구중심주의를 재생산한 역오리엔탈리즘 내지 옥시덴탈리즘occidentalism의 풍경이었다. 또한 계급(계층) 모순이 민족주의와 근대의 구호 속에 은폐되었다는 점에서도 동인문학상 수상작들이 가진 한계점은 드러난다. 작중인물들이 표출하는 휴머니즘도 자유민주주의 내지 자본주의에 대해서만 한껏 열려 있는 반쪽의 휴머니즘이었다. 게다가 〈사상계〉는 주요 독자층인 지식인을 통해 근대의 역사적 당위성과 그 추진 동력을 확보할 수 있었지만 동시에 '지식인 중심주의'는 민중과의 수평적 연대를 가로막는 걸림돌로 작용한다.

5. 일련의 문학논쟁과 남북한 지역주의의 약화

한국전쟁이 비록 미소의 냉전체제가 낳은 부산물이지만, 좌우의 이념 갈등 속에 끝내 동족에게 총부리를 겨누었다는 점에서 한민족 내부의 책임도 결코 무시할 수 없다. 전후 시기에 '실존주의'에 영향 받은 젊은이들은 전쟁을 낳게 한 기성 세대에게 역사적 책임을 물으면서 새로운 근대를 추구한다. 〈사상계〉도 기성세대를 일제식민지 교육의 내면화 속에 자주적 근대정신을 제대로 학습하지 못한 구세대로 파악한다. 장준하는 잡지 〈사상계〉가 공급한 근대 담론의 세례를 받은 전후의 젊은 세대에게 희망을 찾는다. 그는 당면한 문제를 "해결하고 미래를 개척할 민족의 동량은 탁고기명托孤寄命의 청년이요, 학생이요, 새로운 세대임을 확신"[19]했던 것이다. 이제 '세대론'은 단순한 신구 갈등이 아니라 근대화를 성취하기 위해 꼭 겪어야 할 통과제의로 해석된다. 〈사상계〉의 '동인문학상'은 전후 신세대 작가를 대거 수상자로 선정함으로써 새로운 세대와 근대 문학담론의 형성을 적극적으로 지원한다.

1950년대에 〈현대문학〉의 조연현도 신인의 발굴과 소개에 남다른 열정을 보여준 바 있다. 이것은 문학평론가 조연현이 새로운 작가와 문학세계에

---

19. 장준하, 「우리는 왜 〈사상계〉를 내는가?— 창간9주년을 맞이하여」 —〈사상계〉, 1962.4, 30쪽.

대한 기대도 있었겠지만, 현실적으로 추천제를 통해 문인수를 늘려 문단 패권을 장악하려는 의도도 있었기에 신인에 대한 적극적 옹호론을 펼쳤던 것이다. 〈현대문학〉은 다수의 신인을 배출하지만 새로운 문학 담론을 제시하지 못한다. 그 대신에 〈현대문학〉 진영은 전후 신세대들이 추구하던 서구적 근대와 일정한 거리를 유지하면서 민족정체성을 중시하는 한국적 전통론을 표방한다. 이것은 개화기 무렵에 유행했던 동양정신을 유지한 채 서양문물을 받아들인다는 동도서기론東道西器論이 격세유전한 것이다. 문제는 전통론이 전통에 대한 반성이나 주체적 수용보다 기득권을 유지하기 위한 수사학에 가까웠다는 점이다. 그 결과 김동리, 조연현, 서정주 등의 〈현대문학〉 진영이 내세운 전통론은 전통에 대한 지나친 강박관념 속에 옥석을 제대로 구분하지 않는 과거 편향의 수구주의로 귀착된다. 전통은 고정불변의 항수恒數가 아니라 상황에 따라 변할 수도 있는 임시적 항수이다. 이것을 깨닫지 못한 〈현대문학〉 진영의 주류 문인들은 새로운 변화나 도전적 실험에 대해 취약성을 노출했던 것이다.

〈사상계〉 진영에서 신세대론을 앞장서서 주장한 것은 평론가 백철이다. 백철은 「신세대적인 것과 문학」(〈사상계〉, 1955.2)에서 문단의 신인 문제가 단순한 신인 이야기라기보다 하나의 신세대적인 논의로 발전되어야 한다고 주장한다. 백철의 신세대론은 문단 주류에 의해 타자가 된 북한 출신 신진 문인들의 입지를 보존하고 자신의 문단적 위치를 지키려는 전략의 일환이었다. 그는 전후세대가 성장하여 문단의 한 축을 담당하게 되자 점차 신세대에 대한 우려를 표명하면서 전통 계승론을 강조한다. 이것은 신세대문학의 문제점이 드러난 면도 있지만 자신의 처지가 문단권력의 중심으로 이동한 현실과도 연관되어 있다. '동인문학상'에서 사상성과 이념성을 강조했던 백철이 형식을 강조한 뉴크리티시즘을 소개하면서 텍스트의 협소한 미로에 점차 감금되는 현상도 이와 무관하지 않다.

백철의 신세대론이 중견 문인의 입장에서 개진된 것이라면, 당시 만 23세의 이어령이 제기한 신세대론은 소장파 입장에서 주장되었다는 점에서 훨씬 더 충격적이다. 이어령은 「화전민 지역」(1957)에서 전후 신세대가 기존의 잡초와 불순물인 기성세대라는 우상을 제거하고 새로운 문학 개척이라는 운명을 지닌 세대임을 당당히 밝힌다. 이러한 세대론적 화전민 의식은 기성 문단이 구축한 전통의 단절과 새로운 세대의 옹호라는 시대의 변화를 적극 반영한다. 선배 문인들에게서 전혀 배울 것이 없고, 배운 적도 없다는 당찬 신세대 문인들의 모습은 일종의 고아 의식이자 새로운 것을 만들겠다는 시조始祖 의식의 표현이기도 하다. 전후 신세대들의 기성세대에 대한 철저한 부정과 인정 투쟁은 '전통 부재론 내지 단절론'과 '우상 파괴'로 이어지면서 전후 문단을 뒤흔든다. 김건우는 신세대론에 기반한 〈사상계〉 진영의 전통 비판이 민족의 발전을 위한 후진성 비판의 차원에서 행해졌음을 지적한 바 있다. 〈사상계〉가 매호마다 외국 이론을 소개했던 것도 서구적 근대 담론을 통해 한국의 후진성을 극복하려는 시도였던 것이다.

〈사상계〉 지식인 집단의 근대화론의 이념적 기반은 멀리는 한말 자강론까지, 보다 가깝게는 일제하문화적 민족주의 계보에 연결되는 것이었다. 이러한 이념적 지반에 서있었던 결과, 이들 지식인 집단은 민족의 발전을 위해 전통을 비판해야 했으며, 전통 비판은 곧 한국사회의 후진성 비판을 의미해야 했다. 1950년대 문단의 전통 비판론은 이러한 맥락에서 전개되면서 〈현대문학〉 진영과 날카롭게 대결했던 것이다. [20]

이처럼 〈사상계〉 진영은 신세대론에 기반한 전통 단절론 내지 부재론을 통해 〈현대문학〉 진영의 수구적 전통론과 충돌한다. 특히 전후에 등단한 젊은

---

20. 김건우, 『사상계와 1950년대 문학』—소명, 2003, 227-28쪽.

비평가들은 "기성세대의 관념적인 전통성 표방에 서구 문학이론의 구체성을 무기로 반발"[21]한다. 더욱이 〈현대문학〉 진영이 제기한 전통론은 주체의 정립이라는 애초의 의도를 달성하지 못한 채 유교주의적 동양 문화를 상기시키면서 연령이나 등단 시기를 기준으로 하여 선후배 문인들을 서열화한다. 그 결과 전통론은 친일문인이나 정치적 문인들에 대한 인적 청산을 유도하지 못한 채 역으로 그들에게 면죄부를 준 셈이다. 〈현대문학〉이 〈사상계〉보다 먼저 신인 문학상을 제정하는 등의 발 빠른 행보를 보였음에도 불구하고 시대의 흐름을 선도하지 못했던 것도, 전통론을 통해 주체적으로 근대 추구를 하기보다 기득권을 확대 재생산하려는 안이한 태도에서 기인한다. 물론 〈사상계〉 진영도 서구 콤플렉스에 사로잡혀 민족적 주체의 발견에 소홀한 점은 비판받아야 할 부분이다. 전통을 둘러싼 양 진영의 팽팽한 대립은 격렬한 논쟁으로 이어지면서 60년대 후반에 전통의 반성과 극복이라는 논의로 발전한다. 이것은 전통의 단절이냐 계승이냐라는 이분법적 논쟁을 극복하고 전통의 창조적 계승이라는 결론에 도달했음을 의미한다.

1950년대 말에 등장해 60년대를 달구었던 '참여문학론'도 세대론과 전통론의 자장 속에 배태된 논쟁이다. 예술가이자 지식인이었던 전후 시대의 작가는 근대국가 건설을 위해 자신의 지식을 적극 활용해야 한다는 의무감에서 자유롭지 못했다. 이러한 생각을 대변한 〈사상계〉 진영은 사르트르의 행동적 실존주의에 영향받은 '참여문학론'을 본격적으로 제기한다. 이때 유의할 점은 문학의 현실 참여 주장이 좌파적 이론의 도입이 아니라 서구적 근대 추구의 일환으로 도입되었다는 것이다. 4.19혁명에 자극받은 참여문학론은 순수문학론을 통해 안주하려고 했던 당대 문인들에게 충격을 안겨주면서 문학 지형도의 변화를 초래한다. 참여문학론은 전쟁의 절대적 경험에

---

21. 홍성식, 『한국 문학논쟁의 쟁점과 인식』—월인, 2003, 72쪽.

포박되었던 전후세대로부터 서구자유민주주의에 눈을 뜬 4.19세대로 문단의 중심 세력이 점차 교체되고 있음을 상징적으로 보여준 논쟁이다.

　1950년대에 반공이데올로기를 상호 공유했던 〈사상계〉와 〈현대문학〉 진영은 모두 순수문학일 수밖에 없었다. 그러나 양 진영의 상호 대립 속에 〈사상계〉의 사상성과 이념성이라는 계몽적 '문화주의'는 '참여문학론'으로 발전한다. 허구적 차별성이 시간이 지나면서 실체화되었던 것이다. 〈현대문학〉 대 〈사상계〉의 치열한 싸움에서 시대적 진보성을 상대적으로 획득했던 것은 비평 담론을 선점한 〈사상계〉였다. 반면에 〈현대문학〉 진영은 시대적 변화에 재빨리 대응하지 못한 채 보수적 이미지에 갇혀버린다. 이런 상황에서 〈현대문학〉 진영은 자신들이 결코 수구적 퇴영 세력이 아니라 민족의 주체성을 통해 근대를 추구하는 세력임을 과시할 필요가 있었다. 이 지점에서 북한 황해도 출신의 문학평론가 김우종의 존재는 특별한 의미를 지닌다. 그는 비록 〈현대문학〉을 통해 등단했지만 출신 지역과 사상성과 이념성을 중시하는 비평적 세계관에서 〈사상계〉와 가까웠다. 이러한 이중성은 그가 1960년대 초반 「도피와 참여의 도착」(《현대문학》, 1961.6) 등을 통해 순수문학 비판과 참여문학 주장이라는 독특한 위치를 가능하게 한다. 흥미로운 부분은 순수문학을 비판하는 그의 글들이 〈사상계〉보다 〈현대문학〉에 주로 실렸다는 점이다. 이것은 순수문학을 주장한 〈현대문학〉 진영이 반대편의 논리를 억압하는 것이 아니라 오히려 논의의 장을 제공하는 열린 자세를 대내외적으로 보여주기 위한 제스처가 아니었을까. '현대문학신인상' 수상작인 이호철의 「판문점」도 이것과 관련성이 있다. 〈현대문학〉 진영의 물타기는 그만큼 〈사상계〉의 공세 속에 〈현대문학〉 진영이 위축되고 있음을 보여주는 증거이다.

　〈사상계〉의 공세 속에 〈현대문학〉진영의, 문협 정통파의 포섭 논리가 먼저 드러난 것은 예술원 구성이다. 남한 출신 문인들이 독식했던 예술원은 북한 출신 문인들을 일부 받아들이기 시작했던 것이다. 예술원은 1957년 3

년제 추천위원의 임기가 만료되자 다시 문학부분 일반회원을 선출했다. 기존의 회원들은 유임되었고 황순원(평남), 김말봉(부산), 이헌구(함북), 곽종원(경북), 모윤숙(함남)이 새로 뽑힌다. 5명의 회원 중 3명의 북한 출신 문인들이 참여함으로써 기존의 남한 출신 일색이라는 현상이 일부분 해소된다. 1960년 예술원 선거에서도 기존 회원들은 전부 유임되었고, 김광섭(함북) 신석초(충남) 박영준(평남)이 새롭게 들어간다. 전체 문학분과 예술원 회원 중 종신회원인 염상섭과 오상순을 더하여 총 15명을 기준으로 계산한다면, 1960년에 남한 대 북한 출신 문인의 구성비는 10명(67퍼센트) 대 5명(33퍼센트)으로 개선된다. 제1회 예술원 회원이 전부 남한 출신의 문인으로 구성되었다는 점을 감안하면 상당 부분 지역 편중이 해소되었다는 사실을 확인할 수 있다. 이것은 '동인문학상'을 앞세운 〈사상계〉의 공세 속에 '남한중심주의'가 해체되고 있음을 보여준다. 그렇지만 새로 들어온 북한 출신의 예술원 회원은 대개 순수문학 계열의 문인이었다. 이런 점에서 양 진영이 진정한 의미의 화해를 이루었다고 볼 수는 없다.

  1960년대 후반 들어 문인의 사회적 책임에 대한 공감대가 형성되면서 '순수/참여'라는 대립구도는 점차 무의미해진다. 순수문학론을 주장한 이형기가 참여문학론에 공감하면서 자신의 견해를 수정한 것은 대표적인 예일 것이다. 따라서 60년대 후반에 이루어졌던 참여문학 논쟁은 참여의 문제보다 방법에 관한 문제에 더욱 초점이 맞추어져 있다. 이러한 상황에서 〈사상계〉 동인들은 박정희 정권의 근대화에 참여하거나 그것을 비판하는 집단으로 양분되면서 필연적으로 붕괴의 과정에 들어선다. 시인 김수영과의 불온시 논쟁이 벌어지면서 참여론자였던 〈사상계〉 진영의 김붕구, 선우휘, 이어령은 현재의 참여문학을 '용공문학'이라 규정하는 논리의 변신을 보여준 것도 한 예일 것이다. 50년대 말의 '참여문학론'이 '근대화의 담론'으로 등장한 것이라면, 60년대 후반의 '참여문학론'은 '근대화 비판의 담론'으로 그 성격이 바뀌었던 것이다. 이처럼 '근대화'에 대해 다양한 시각이 생성되면서 〈사상계〉 진영은 더 이상 통일적인 근대 담론을 생산하지 못한 채 표류한다. 1968년 제12회를 끝으로 〈사상계〉가 제정하고 운영했던 동인문학상 도 공식적인 사망신고서를 제출한다. 장준하에 이어 부완혁이 발행하던 〈사상계〉는 1970년 5월에 김지하의 시 「오적」 필화 사건에 휘말려 강제로 폐간되면서 역사의 뒤편으로 사라진다. 유신독재정권에 맞서 싸우던 장준하는 1975년 8월 17일, 약사봉에서 의문의 추락사로 사망한다. 그의 비극적인 죽음은 〈사상계〉가 '현실의 투쟁'이 아닌 '저항의 신화'라는 자리로 이동했음을 최종적으로 알리는 상징적 사건이다.

비록 〈사상계〉는 폐간되었지만 이 잡지가 문학계에 끼친 공적은 커다란 봉우리를 이룬다. '동인문학상'을 앞세운 〈사상계〉는 신세대론, 전통론, 참여문학론을 후원하면서 근대 문학담론을 활성화하고 문단재편을 유도했던 것이다. 물론 이러한 변화에 '동인문학상' 수상자들이 주도적으로 뛰어들었던 것은 아니다. 하지만 이들의 등장으로 인해 힘을 얻은 소장 평론가 등이 전근대적인 정실주의와 기만적 순수문학을 비판하는 이론 투쟁을 벌일 수 있었던 것이다. 다시 말해 전근대적인 '지역주의' 대신 '순수 대 참여'라는 근대적인 이론 대립 구도로 변경됨으로써 한국문학은 한 단계 도약할 수 있었던 것이다. 이것은 〈사상계〉의 사상성과 이념성을 중시하는 풍토 속에 가능했던 것이다. 특히 〈사상계〉의 참여문학론은 70년대의 리얼리즘론, 민족문학론, 민중문학론을 낳는 밑거름이 된다.

60년대에 〈사상계〉에서 주도적으로 활약했던 문학평론가들은 제도권의 교육을 체계적으로 받은 한글세대이거나 4.19세대이다. 특히 그들 대부분은 공교롭게도 서울대 출신이라는 공통점을 지닌다. 〈사상계〉에 글을 쓴 유종호, 이어령, 김붕구, 김우종, 박이문, 홍사중, 송욱, 김진만, 김주연, 백낙청, 김치수, 김현, 김윤식은 〈사상계〉 동인의 분열이 가속화되는 60년대 후반부터 은연중에 느슨한 서울대 공동체를 형성하게 된다. 〈사상계〉와 〈현대문학〉 진영의 남북한 지역주의는 서울대를 중심으로 한 강단비평 세력이 문학논쟁을 통해 문단의 주도권을 잡아나가면서 소멸의 길로 들어선다. 창작계를 보더라도 서울대 출신인 김승옥, 최인훈, 이청준이 '동인문학상'을 연속으로 수상한다. 이것은 창작과 비평담론의 결합을 통해 서울대 출신이, 또는 4.19세대가 문단 중심 세력으로 부상하고 있음을 보여주는 상징적 사건이라 할 수 있다. 서울대 중심주의로 대표되는 학벌주의의 징후는 〈사상계〉의 엘리트 중심주의에서 필연적으로 싹튼 산물이다. 지역주의를 대체한 학벌주의는 처음에 비평적 선진성을 드러내는 에콜로 결집되어 한국 문학을 발전시키는 초석이 된다. 하지만 70년대 후반 들어 학벌주의는 타자를 배제하는 폭력성을 점차 드러내며 한국문학 발전의 걸림돌로 변질된다. 남북한 지역주의를 통해 분리되었던 문인들은 이제 학벌주의라는 새로운 구별짓기 잣대에 의해 분리되었던 것이다.

6. 〈사상계〉와 '동인문학상'이 남긴 유산들

1950, 60년대에 〈사상계〉는 서구적 근대화 담론을 전파하며 근대민족국가 건설을 꿈꿨다. 한국의 지식인들은 〈사상계〉가 바라본 지평 안에서 근대를 꿈꾸면서 전후의 폐허를 극복해 나갔다. 〈사상계〉가 제정하고 운영했던 '동인문학상'은 선진적 근대화 담론을 예술적 형식으로 전달하는 매개체였다. 이것은 〈사상계〉가 지향한 문학이 계몽주의문학이었음을 명백하게 보여준다. 〈사상계〉는 당대인들에게 근대의 교과서였던 것이다. '현대문학신인상'이 문학장이라는 협소한 틀에 갇혀 있었다면, '동인문학상'이 사회 운동 차원에서 소통되었던 것도 이것과 무관하지 않다. '현대문학신인상'이 남한 중심주의에 기반한 문단 주류의 상징적 권위를, '동인문학상'은 범북한지역주의에 기반한 문단 비주류의 상징적 권위를 생산·분배·유통시켜 문화자

본을 유지 확장시키는 문학제도였던 것이다. 이 두 문학상의 충돌 속에 전후 문단의 공백은 새롭게 형성된 상징적 권위가 더해지면서 빠르게 메워진다. '동인문학상'과 '현대문학신인상'을 비교해 보면 공정성과 객관성에서 '동인문학상'이 상대적인 비교 우위에 있음을 알 수 있다. 이 비교 우위를 적극 활용하여 비주류의 문인들은 주변에서 중심으로, 타자에서 주체로 설 수 있었던 것이다.

당시 〈사상계〉가 후원했던 문인들은 공산 정권의 탄압에 못 이겨 월남한 인사들이라는 점에서 반공이데올로기를 앞세운 순수문학의 〈현대문학〉 진영과 서로 닮아 있다. 이들은 출신 지역만 차이가 있을 뿐 문학적 내용에 있어 별다른 차별성이 없었다. 그러나 남한 문단의 주류를 장악했던 〈현대문학〉 진영의 문협 정통파 문인들은 공세적 지역주의 코드를 통해 폭력적 구별짓기를 시도하고, 이에 자극받은 북쪽 출신의 비주류 문인들은 수세적 지역주의인 범북한지역주의를 형성하며 집단적으로 결속했다. 특히 문단 주류의 '현대문학신인상'과 비주류의 '동인문학상'이 제정되면서 남쪽 출신인 '우리'와 북쪽 출신인 '그들'의 갈등 구조는 더욱 첨예하게 드러난다. 이처럼 경계선의 모호함은 문단 통합으로 나아가기보다 오히려 차별성의 구축으로 나아갔던 것이다. 허구적인 지점에서 출발했던 양 진영의 정체성은 문학상의 이미지와 일련의 문학논쟁을 통해 〈현대문학〉=보수, 〈사상계〉=진보'라는 실체적 차별성의 형태로 발전한다.[22] 문학에 한정시켜 이야기한다면 양자의 정체성은 타자의 매개를 통해 구축된 비자립적 정체성이라 할 수 있다. 따라서 상대방의 몰락은 아이러니하게 자신의 정체성마저도 위협

---

22. 〈사상계〉의 진보적 색깔은 문학면만이 아니라 함석헌으로 대표되는 논객들의 사상투쟁에 의해 더욱 강화되었다. 〈사상계〉는 '문학'과 '사상'이라는 두 개의 요소가 서로 등가 관계를 형성하며 내외적으로 결합되어 상승작용을 했던 것이다. 문학이 사상이고, 사상이 문학이라는 일원론은 〈사상계〉의 계몽적 문화주의의 필연적 산물이다.

하는 현상을 초래한다. 〈사상계〉가 정권의 탄압 속에 폐간되면서 〈현대문학〉도 점차 힘을 잃어갔던 것이다.

〈사상계〉와 '동인문학상'은 전후의 허무주의와 패배주의를 극복하고 순수문학 편향의 불구성을 시정하는 데에 지대한 공헌을 했다. 그러나 지식인 중심주의, 가부장적 남성주의, 지역주의, 반공이데올로기의 내면화, 수상작과 기념 작가의 문학적 세계의 불일치, 서구콤플렉스 등은 〈사상계〉와 '동인문학상'이 지닌 한계점이다. 이것은 계몽적 욕망과 근대에 대한 조급증이 합작해 만들어낸 것인지도 모른다. 이런 점에서 근대담론을 주장한 〈사상계〉의 진보성은 반쪽만의 진보였다고 할 수 있다. 특히 수세적 지역주의였지만 그것도 엄연히 지역주의 틀 속에서 작동하였다는 점에서 〈사상계〉를 비판하지 않을 수 없다. 혹독하게 이야기한다면 〈사상계〉는 지역주의를 지렛대로 은연중에 활용하여 〈현대문학〉과 일종의 공모 관계 속에 헤게모니를 각각 휘둘렀다고 해도 과언이 아니다.

〈사상계〉 진영의 수세적 지역주의는 세대론, 전통론, 참여문학론이라는 일련의 문학논쟁을 벌이면서 점차 희미해져 60년대 후반에 들면 용도폐기된다. 이것은 비평담론의 선진성을 앞세운 4.19세대에 의해 한국문학계가 질적인 변화를 맞이했기 때문이다. 집단보다 개인적 삶에 더욱 초점을 맞춘 김승옥의 「서울, 1964년 겨울」(1966)은 이러한 변화의 징후를 상징적으로 보여주는 동인문학상 수상작이다. 현실적으로도 분단체제가 지속되면서 북한 출신 문인들이 더 이상 공급될 수 없는 시대적 요인도 무시할 수 없다. 〈사상계〉가 남북한 지역주의 코드에서 자유로워지고, 근(현)대 문학담론을 본격적으로 구축할 시점에 내외적인 어려움으로 인해 폐간되었던 것은 큰 아쉬움을 남긴다. 비록 〈사상계〉는 1970년에 폐간되었지만 시대의 불의에 저항하는 비판 정신은 계간지 〈창작과비평〉과 월간지 〈씨올의 소리〉 등에 계승되어 후대에 계속 영향을 미친다.

민족문학론 속에 투영된
지식인의 욕망과 배제의 메커니즘
백낙청과 〈창작과비평〉을 중심으로

고봉준[◆]

0. 왜 '문학-권력'인가

최근 몇 년 동안 '문학 권력'이 평단의 중요한 화두로 회자되고 있다. 몇몇 소장 평론가들이 4.19 세대의 비평적 공과功過와 문단 구조에 대해 비판적 입장을 개진하면서 시작된 이 논쟁은, 90년대 이후 논쟁의 분위기가 사라져버린 우리 평단에 새로운 활기와 비평적 글쓰기 자체에 대한 진지한 성찰의 기회를 제공했다. 4.19 세대의 비평에 대한 평가와는 별개로, 현재의 문단 구조를 비판하는 목소리들이 상존하고 있는 것만은 부인할 수 없는 사실이다. 혹자는 이 논쟁을 권력의 분유를 요구하는 젊은 세대의 도발로 치부하지만, 그것은 논쟁 자체를 세대론으로 몰아감으로써 문단에 짙게 드리운 먹구름을 손바닥으로 가리려는 정략적 발상에 불과하다. 이 논쟁의 당사자들이 요구하는 것은 현재의 기형적 문단 구조에 대한 비판과 성찰이지 권력의 분유가 아니기 때문이다. 권성우의 다음과 같은 발언은 이러한 비판의 진실이 무엇인지를 잘 보여준다. "만약에 『창작과비평』과 백낙청이 이 땅의 지성사에서 결코 지울 수 없는 찬연한 이름의 주인이 아니었다면 필자는

[◆] 경희대 강사. 문학평론가. 〈작가와비평〉 편집동인. 연구공간 '수유+너머' 연구원.

이러한 기대를 결코 하지 않았으리라."[1] 이른바 '비판적 글쓰기'의 논자들은 진보적 문학 이념을 표방하고 있는 〈창작과비평〉(이하 창비)이 90년대 이후 자신들의 이념과는 달리 권력화·상업화로 경사되는 현상에 대해 애정 어린 충고를 던지고 있는 것이다.

한편 문학 권력 논쟁을 대하는 비평가들의 또 하나의 태도는 그것을 부차적인 '문학외적' 현상으로 치부하거나 권력에 대한 '인정투쟁'으로 폄하하는 태도이다. 방민호의 경우가 그 대표적인 예이다. 필자는 "논쟁 중심적으로 비평을 이해하고 비평사를 서술하는" 태도의 부적절함이나 "비판적 글쓰기의 논자들도 '권력'이라는 것을 보유하고 있다"는 그의 주장에 기본적으로 동의한다. 문학 권력의 문제를 실체적 권력에 대한 비판과 동일한 것으로 간주할 수는 없지만, "학원에 몸 붙이고 있고 특정한 잡지와 언론 매체에 원하는 글을 기고할 수 있고 타인을 자기 척도로 비판할 권리를 행사하"[2]는 것 역시 권력의 일종이기 때문이다. 그러나 이러한 논리가 "지상의 '권력'이란 크든 작든 누구나 갖고 있고 영원히 폐지될 수 없다. 따라서 '권력'을 향한 투쟁, 또는 더 많은 '권력'을 갖기 위한 투쟁은 영원하다"는 식의 결론을 정당화해 주는 것은 아니다. '권력(힘)에의 의지'라는 니체적 용법과 '비판적 글쓰기'의 논자들이 말하는 '권력'은 전혀 다른 개념이기 때문이다. 그러므로 모든 사람은 크고 작은 권력을 갖고 있기 때문에 권력에서 중요한 것은 '유/무'가 아니라 '크기'라는 식으로 몰아가는 태도는 정당하지 못하다. 왜냐하면 권력을 크기의 문제로 환원하면, 결국 모든 사람이 권력에 대한 비판으로부터 자유로울 수 없기 때문이며, 자연스럽게 권력 비판은 그 정당성을 잃기 때문이다. '비판도 권력이다'라는 양비론적 태도야말로 비평

---

1. 권성우, 「문학적 권력에 대한 욕망과 그 권력 관리의 음험한 전략」 —〈리뷰〉 15호, 1998 여름, 78쪽.
2. 방민호, 『문명의 감각』—향연, 2003, 53쪽.

이 경계해야 할 태도이다. 권력의 입장에서 볼 때에는 '비판적 글쓰기'가 더 많은 권력을 얻기 위한 처절한 '인정투쟁'처럼 보일지 모르지만, 실상 그것은 우리 문단 전반을 지배하고 있는 메커니즘에 대한 문제 제기 그 이상이 아니다. 그럼에도 비판적 글쓰기의 주체들을 〈창비〉와 동일한 또 하나의 권력이라고 말하는 것은 올바른 인식이 아니다. 아울러 비평적 논쟁을 '문학 외적'인 스캔들로 치부해 버리려는 문학에 대한 본질주의적 태도 역시 지양되어야 한다.

사실 '문학-권력'이나 '문단-권력'에서 '권력'이 실체적 개념에 한정되는 것은 아니다. 권력이란 구체적으로 작동하는 억압과 규율의 기제라는 점에서 '실재'하는 것이지만, 우리의 욕망을 가로막거나 분절시키는 '효과'라는 점에서는 실재를 넘어선 것이기도 하다. 따라서 문학 권력에 대한 논의는 '권력-효과'와 그것의 '배치'에 대한 물음을 포함해야 한다. 언론이나 문단, 특히 창작자나 비평가들이 비판적 글쓰기의 주체들을 의식하면서 글을 쓰는지의 여부를 따져본다면 그들이 '문학 권력'인지, 또는 그들이 권력이라면 그 권력의 크기나 강도가 얼마나 되는 것인지를 쉽게 짐작할 수 있을 것이다. 물론 '문학-권력'과 '권력-효과'의 배치를 분석하는 일은 쉬운 일이 아니다. 왜냐하면 '권력-효과'가 비단 문학이라는 장에서만 작동하는 것도 아니며, 또 그것이 특정한 개인이나 집단의 의도대로 작동하는 것도 아니기 때문이다. 그것은 오히려 문학과는 무관하게 보이는 영역들에 편재해 있다. 가령 책의 출판이나 판매, 일간지의 신간 서평란, 제도권 교육의 울타리, 나아가 진열대에서 책을 고르는 우리의 손끝과 같은 곳에. 그러므로 '문학-권력'은 특정한 '이념'이나 '이즘'에 대한 호오好惡의 문제가 아니라 아주 일상적인 영역에서 그것이 작동하는 방식과 범위에 대한 문제이다. 문학사에서 오히려 비판을 받아야 할 대상은 특정한 이념이나 성향에 대한 입장도 없이 작가와 작품을 백화점식으로 나열하면서 문화적 권력을 분유해

온 집단들이기 때문이다. 인·학맥을 통해, 또는 출판 자본과 '문예지'라는 형식을 통해 자신의 문화적 권력을 형성하거나 유지하려는 발상이야말로 문학적인 무능함을 증명하는 방식이다. 그러므로 문학-권력에 대한 비판과 인신 공격은 처음부터 다른 방향으로 나아갈 수밖에 없다.

1. 1960년대의 문학적 지형과 〈창비〉의 등장

이 글은 현재 진행되고 있는 문학권력 논쟁에 대한 직접적인 개입이 아니라, 문학권력의 한 축을 형성하고 있는 〈창비〉의 등장과 그 이론적 지형의 전개 과정을 정리함으로써 〈창비〉의 이념 속에 내재되어 있는 권력화의 기제를 밝히고자 한다. 이러한 작업이 〈창비〉의 문학적 이념(민족문학론)에 대한 일정한 비판적 거리를 전제하고 있는 것은 사실이다. 그럼에도 이 글은 '민족문학론-제3세계문학론-분단체제론-지혜의 시대'로 이어지는 〈창비〉의 이론적 성과에 대한 직접적인 메타비평은 아니다. 이는 90년대 이후 '민족문학론'이나 '리얼리즘'을 둘러싸고 진행된 길고도 오랜 논쟁이 이미 상당한 성과를 거두었기 때문이기도 하거니와, '민족문학론'이라는 문학적 이념 자체를 권력이라고 말하는 것 또한 올바르지 않다는 필자의 판단 때문이다.

한국 현대사에서 1960년대는 매우 상징적인 시대이다. 비록 군부의 등장으로 인해 비극적으로 종결되고 말았지만, 4.19라는 역사적 사건은 반공 이데올로기에 억눌려 있던 우리 사회에 새로운 가능성을 제공했다. 특히 60년대는 '4.19 세대'라는 새로운 문학 주체를 탄생시킴으로써, 현재의 문단 구조의 맹아를 형성한 시기이기도 하다. 4.19를 전후하여 등단한 이들의 참신함은, 김병익의 주장처럼, 새로운 문체와 감수성을 소유한 '한글세대'라는 데에 있었다. "우리가 모국어 세대를 좀더 엄밀하게 한정하여 모국어로 교육받고 모국어의 정서 속에서 성장하며 발상법과 상상력의 근거를 모국어의 체계에 두고 있을 경우로 바라본다면, 우리의 주체적인 현대 문학은

4.19 체험을 자산으로 하여 등장한 60년대 이후 작가들, 이른바 한글 세대에서 출발한다고 가정할 수도 있을 것이다."[3] 이들은 식민지적 자의식과 레드 콤플렉스라는 이념적 도그마로부터 거리를 유지함으로써 자유로운 상상력과 비판적 능력을 잃지 않았다. 그러나 세대론적 조건 자체가 문학적 성과를 보장해 주는 것은 아니다. 주지하듯이 4.19를 계기로 촉발된 '순수-참여 논쟁'은 60년대 말의 '불온시 논쟁'에 이르기까지 다양하게 변주되면서 이어졌다. 60년대는 한 마디로 비평의 시대였으며, 논쟁의 시대였던 셈이다. 〈창비〉를 비롯하여 4.19 세대의 비평가들이 본격적으로 자신의 목소리를 내기 시작한 것은 이러한 논쟁의 과정 속에서였다.

    4.19라는 역사적 사건에 의해 진보적인 지식인들이 일시적으로 고무된 것은 사실이었지만, 그것은 그다지 오래 지속되지 못했다. 해방과 6.25를 거치면서 이념적 교착상태에 빠져 있던 한국 사회가 한 차례의 충격으로 뒤바뀔 리도 없었으며, 또 그 사건의 파장이 그다지 오래가지도 않았기 때문이다. 60-70년대에 발생한 정공채, 남정현, 최인훈, 김지하 등의 필화 사건에서도 나타나듯이, 더욱 견고해진 국가 권력의 파시즘적 억압은 상식 이하의 수준에서 지속적으로 자행되었다. 물론 이러한 탄압 속에서도 1953년 장준하의 주재로 창간된 〈사상계〉는 민족주의적 성향을 강하게 표방한 진보적 종합지로서 당시 젊은 세대로부터 폭발적인 지지를 얻고 있었다. 그러나 〈사상계〉 이외에도 〈한양〉(1962)과 〈청맥〉(1964) 등이 진보적 성향을 표방하고 있었다. 일본에서 발행된 〈한양〉은 '민족'의 문제를 유·무형의 전통을 발굴하고 보존하는 수동적 방식이 아니라 반제국주의적 문제의식과 연결시켜 사유하려는 경향을 띠었다. 한편 〈청맥〉은 남한 사회에서 폭력적으로 배제된 사회주의적 이념을 표방한 해방 이후 최초의 잡지였다. 이들 매체는 남한의 체제와

---

3. 김병익, 「오늘의 한국 문학」, 『문화와 반문화』—문장, 1979, 186쪽.

는 상반되는 이념을 지향했기 때문에 1968년 통혁당 사건과 1974년 문인간첩단 사건을 통해 혹독한 탄압을 받았다. 그리고 1930년대 흥사단에서 발행한 〈동광〉의 후신인 〈새벽〉(1964)이나, 문학의 사회성을 적극적으로 주장한 〈상황〉(1969) 등이 이 시기의 중요한 진보적 매체들이라고 할 수 있다.

　1966년 1월 편집주간 백낙청을 중심으로 창간된 〈창비〉는 4.19의 세례를 받고 태어났다. 60년대의 문학적 현실에서 〈창비〉의 등장은 하나의 사건이었다. 〈창비〉의 진보성은 우선 그 편집의 방향이나 형식면에서도 두드러졌다. 〈창비〉는 이전의 문예지들과는 달리 '가로쓰기'[4]와 '한글체'를 표방하고, 특정한 이념을 중심으로 동인 체제를 구축함으로써 제도화된 매체들과는 근본적으로 다른 모습을 보여주었다.[5] 특히 문단 권력의 온상으로 비판받던 기존의 추천제를 거부하고, 자신들의 이념에 부합하는 작가·작품을 발굴하거나 투고작을 그대로 게재하는 등의 파격적인 편집체제는 4.19세대의 새로움과 진보성의 표현이었다. 별도의 심사위원을 두는 신인상이나 추천제와는 달리 편집자 스스로가 투고작을 심사한다는 것은, 편집자가 비평적 안목과 문학적 이념을 선취하고 있는 비평가임을 전제한 것이었다.

　〈창비〉의 편집체제에서 또 하나 주목할 점은, 50-60년대 소위 문협 정통파나 월남 문인들이 주재한 잡지와 달리 처음부터 교양과 시사에 강조점을 둔 종합지의 성격을 갖고 출발했다는 사실이다. 이는 창간호에서 현재에 이르기까지 변하지 않는 편집 원칙이며, 이로 인해서 〈창비〉는 70-80년대 진보적 지성의 대표적인 매체로 인식되는 데 크게 기여했다. 또한 동시대의 문예지들과 비교할 때, 〈창비〉의 비평은 지도 비평적 성격을 강하게 띠었

---

4. 당시 정기간행물 중에서 가로쓰기로 편집된 매체는 〈연세춘추〉가 거의 유일했다.
5. 〈창비〉가 여타의 매체에 끼친 영향은 다음의 글을 참고.
김병익, 「계간지 문화의 의미」, 『문화와 반문화』, 1979 —문장, 201-03쪽.
김병익·김동식 대담, 「4.19세대의 문학이 걸어온 길」, 강진호 외, 『증언으로서의 문학사』—깊은샘, 2003, 262쪽.

다. 이는 여타의 문예지들이 단순히 작품 발표의 공간으로 활용된 반면, 〈창비〉가 특정한 문학적·사회적 이념의 표방에 주력했기 때문에 나타난 현상이다. 〈창비〉가 등장하기 이전, 한국 문단의 주요한 비평적 흐름은 '인상비평'이었다. 소위 비평적 안목을 지녔다고 인정되는 문단의 원로들이 자신의 인상을 비평문의 형식으로 발표한 게 비평의 대부분이었다. 그러므로 일반 문예지의 경우 편집진의 구성에서 작가와 비평가의 구분은 중요하지 않았다. 그러나 이론적 지식을 앞세운 4.19세대의 비평가들이 등장함으로써 매체의 성격을 규정짓는 모든 역할과 권한이 비평으로 집중되었으며, 이는 결국 특정한 비평가의 입장이 한 매체의 성격과 동일시되는 현상으로 이어졌다. 이처럼 비평이 전면화됨으로써 작품을 쓰는 창작자들은 점차 문단의 주변적 존재로 밀려나기 시작했다. 비평과 창작 사이의 서열 전도는 문단 내의 헤게모니 다툼도, 그렇다고 포섭과 배제의 메커니즘이 작동한 결과도 아니었다. 그것은 이른바 4.19세대의 비평가들이 문단의 전면에 등장했으며, 그들의 주요한 관심사가 창작보다는 비평이나 이론에 있었기 때문이었다. 지도비평의 전면화는 궁극적으로 비평(가)을 중심으로 문단이 재배치되는 결과를 초래했다.[6]

한편 이념적인 면에서도 〈창비〉의 진보성은 두드러졌는데, 〈창비〉의 진보성은 여러 가지 면에서 〈사상계〉를 닮아 있다. 백낙청이 밝히고 있듯이 〈창비〉는 3.1운동과 4.19를 자기정체성의 근간으로 삼고 있다.[7] 특히 창간호부터 현재에 이르기까지 비판적 사회 참여를 표방한다든가, 사회 과학의 영역을 배제하지 않고 종합지의 성격을 고수하는 것 등이 그 예이다. '창작'이나

---

6. 김우종은 〈창비〉의 등장이 문단 권력을 전횡하고 있던 〈현대문학〉의 독주에 대한 견제의 역할을 했다고 주장한다. 김우종·안남일 대담, 「순수문학 비판과 참여문학의 도정」, 강진호 외, 『증언으로서의 문학사』—깊은샘, 2003, 141-42쪽.
7. 백낙청, 「시민문학론」, 『민족문학과 세계문학』—창작과비평사, 1978, 41-57쪽.

'비평'이라는 용어를 문학에 한정시켜 생각할 필요가 없는 것도 이러한 특징 때문이다. 백낙청을 비롯한 초기 〈창비〉의 편집진들은 대부분이 외국문학 전공자들이었으며, 따라서 문학, 특히 외국의 비평문을 번역해서 싣는 비중이 상대적으로 높았다. (한)국문학의 연구 풍토와 체계가 제대로 갖춰지지 못했던 당시로서는 문학 이론이나 비평의 대부분이 외국문학의 영향권에서 자유로울 수 없었기 때문이다. 창간호의 권두 논문 「새로운 창작과 비평의 자세」(백낙청)는 〈창비〉의 문제의식이 사르트르가 주장한 지식인의 사회 참여와 긴밀하게 결부되어 있음을 단적으로 보여준다. 백낙청이 창간사에 해당하는 글에서 사르트르의 '참여engagement'에 대한 문제의식을 전면화한 까닭은, 그것이 지식인의 올바른 자세를 고민했던 백낙청의 문제 의식과 맞아떨어지기도 했거니와, 글이 발표될 당시 '순수-참여 논쟁'이 진행 중이었기 때문이다.[8] 백낙청의 문제의식이 사르트르의 '참여'와 맞닿아 있음을 보여주는 또 하나의 예는 〈창비〉 창간호에 실린 번역문 「현대의 상황과 지성」이다. 이 글은 1945년 사르트르가 주재한 〈현대〉의 창간사인데, 여기에서 그는 작가의 사회적 책임과 무책임에 대한 문제를 제기하면서, 무책임성이 정도正道가 되어버린 문학자의 자세를 비판하고 있다. 그에 의하면 "참여문학과 참여는 결코 문학 자체를 망각하지 않으며, 그 목적은 집단을 위하여 적합한 문학을 마련함으로써 집단에 봉사함과 아울러 문학을 위하여 새로운 피를 넣어줌으로써 문학에 봉사"하는 데 있다. 이 글은 '순수-참여' 논쟁에서 참여의 당위론을 뒷받침하는 이론적 토대로 자주 언급되었다. 그런데 백낙청과 사르트르의 공통점은 그들이 '작가,'[9] 특히 지식인의 존재론적 의미에 집중하고 있다는 사실이다. 다시 말해 작가가 사회나 민족, 또

---

8. 백낙청은 1978년 첫 평론집에서 〈창작과비평〉 창간호에 발표한 「새로운 창작과 비평의 자세」에 대해 자기비판을 하고 있다. 이는 그의 문제의식이 바뀌었음을 암시하는 대목이다. 백낙청, 『민족문학과 세계문학』—창작과비평사, 1978, 3-4쪽.

는 억압받는 계급·계층을 '위해서' 무엇을 할 수 있으며, 해야 하는가가 그들의 질문의 요지이다.

2. 보편적 지식인과 문사 의식

1973년 5월 한 토론회에서 백낙청은 신경림의 『농무』에 대해 평가하면서 다음과 같이 말했다. "'우리'라는 연대의식을 가지고 문학과 현실을 대하려는 의지의 있고 없음이 문사文士/비문사文士의 차이이다." 박정희의 군부 파시즘과 개발 독재가 절정에 달했던 1970년대에는 민족문학론, 특히 연대 의식이나 지식인의 사회 참여를 주장하는 담론 자체가 '진보'와 동일시되었다. 민족문학론이 문학의 사회적 역할을 거의 전담하다시피 했던 당시로서는 백낙청의 이러한 발언이 현실 정합성은 물론 나름의 정당성까지 갖고 있었다. 그러나 백낙청의 이러한 발화의 이면에는 문학 생산의 주체를 '문사'나 '지식인'으로 한정하여 바라보는 자세가 전제되어 있다. 백낙청이 이 글에서 사용하고 있는 '문사'(선비)라는 개념은 서구적 의미에서 지식인('작가')과 크게 다르지 않다. 이처럼 지식인의 사회적 참여나 책임론은 '보편적 주체'를 전제할 때에만 성립될 수 있다.

'작가=지식인'에서 중요한 것은 그들이 '자유로운 의식을 지닌' 공평무사한 주체이며, 나아가 민족이나 민중처럼 피착취 계급·계층의 대변자라는 사실이다. 사르트르가 『문학이란 무엇인가』에서 작가의 사회참여를 주장한 것도 "지식인=작가"라는 이러한 도식과 무관하지 않다. 보편적 주체로서의 지식인 개념은 리오타르의 다음과 같은 주장에서도 확인된다. "내 생각으로는 지식인들이란 인간·인류·국가·국민·프롤레타리아·창조자 또는 이런 종류의 실재의 위치를 차지하면서 보편적 가치를 구현하는 주체와 동

---

9. 여기서의 '작가' 개념은 문학 생산의 주체라기보다는 '지성인'이나 '지식인'이라고 불리는 사람들 전체를 가리키는 넓은 개념이다.

일시되는 사람들이다."[10] 그러나 "지식인=작가"라는 도식이 모든 지식인에게 해당되는 것은 아니다. 그람시는 국가나 자본 등 소위 지배 집단의 이익을 대변하거나 그것에 복무하는 지식을 가리켜 '이데올로그'(기능적 지식인)라고 명명했다. 이는 결국 지식인이 진보적인 입장을 공유하거나 그것을 대변할 때에만 지식인으로 지칭될 수 있다는 것을 의미한다. 마찬가지로 작가 역시 민족이나 억압받는 계급·계층의 대변자 역할을 할 때에만 지식인으로 분류된다. 그러므로 '문사'(작가) 또는 '지식인'이라는 표상에는 이미 '진보'라는 가치가 내재되어 있는 셈이다. 그러나 이러한 표상에는 또한 이율배반이 숨어 있다. 그것은 위기로서의 '민족적 현실'이 비단 지식인에게 한정된 것이 아님에도 불구하고, 오직 보편적 주체로서의 지식인만이 그것을 대변할 수 있기 때문이다. 이는 정치의 영역에서 대의제의 딜레마와 마찬가지로 사회적 소수자들의 직접적인 목소리를 원천적으로 봉쇄할 위험을 내포하고 있다. 백낙청의 주장대로 민족문학론과 시민문학론이 '평민문학'적 특성을 지닌다면, 그것은 필연적으로 새로운 창작 주체로서의 소수자들을 양산할 수밖에 없다. 또한 진보적 문학 이념은 그러한 창작 주체의 등장과 성립에 복무할 때에만 자신의 진보성을 유지할 수 있다. 그러나 지난 80년대를 돌이켜보건대 민족문학은 새로운 창작 주체에 대한 관심보다는 민중의 계급적 입장과 민족적 현실을 대변하려는 욕망에 집중되어 있었다.

  삶이 총체적으로 위기에 직면하게 되는 '민족적 현실'이란 그러한 현실을 경험하는 주체의 생산과 동시적인 현상이다. 그러므로 '민족적 현실'에 의해 제기되는 민족문학론은 민족 구성원이 그 현실을 타개하는 데 자발적으로 참여하는 것을 배제할 수 없다. 역사는 지식인의 욕망과는 무관하게 존재하는 다양한 계급과 계층, 또는 집단의 욕망이 실존함을 보여주었다. 우

---

10. 리오타르, 이현복 역, 『지식인의 종언』—문예출판사, 1993, 218쪽.

리는 지난 1960-80년대에 이러한 욕망들과 권력의 논리가 정면 충돌하면서 진행되는 과정을 목격했다. 노동자·농민·여성 등 사회적 소수자들이 조직을 결성하고 스스로 표현의 장을 만들었으며, 그것은 80년대에 접어들어 다양한 표현 형식으로 표출되기에 이르렀다.[11] 그러므로 지식인이 민족의 현실을 대변한다는 〈창비〉의 논리는 엘리트주의의 혐의로부터 자유로울 수 없다. 지식인의 욕망이 정치 권력의 그것보다 진보적인 것은 사실이다. 그렇다고 해서 그들의 진보성이 소수자들의 욕망과 일치하는 것은 결코 아니다. 오히려 〈창비〉의 엘리트주의가 지닌 딜레마는 지식인들이 소수자들의 욕망을 대변할 수 없다는 데서 드러난다.

욕망이란 결코 대변되는 것이 아니며, 오직 그것을 지닌 주체들에 의해 표현될 뿐이다. 이는 〈창비〉가 대변한 민족적 현실이 사실은 지식인의 욕망이었음을 말해준다. 〈창비〉의 지면이 소수자들의 욕망을 표현하는 장이 되지 못했다는 것이 〈창비〉의 지면이나 출판물들을 통해서도 확인된다. '민족문학'이라는 언표는 다양한 욕망들을 '민족'이라는 블랙홀로 포획하는 거대 담론이다. 이러한 현상이 세계체제론이나 분단체제론과 같은 이론에 의해 유지되고 있음은 주지의 사실이다. 그러나 과연 오늘의 현실에서 여성이나 노동을 비롯한 사회적 소수자들의 욕망이 '민족'으로 매개되거나 그것을 경유해야 하는 것인지는 의문이다. 이처럼 다양한 욕망들이 하나의 언표로 봉합되거나 대표됨으로써 성취되는 진보성이란 '진보'와 '억압'의 동시성이라는 절반의 승리에 지나지 않는다. 70-80년대의 현실에서 보자면 〈창비〉의 민족문학론은 일정한 진보적 성과를 거두었다. 그러나 오늘의 관점에서 볼

---

11. 80년대는 문학적 관점에서 본다면 무크지와 동인지의 시대였다. 무크지는 흔히 출판의 시의성과 관련하여 '게릴라적인 문화 운동'의 필요성에 의해 등장한 것으로 평가되지만, 그것은 이미 새롭게 성장한 여러 계층·계급들이 자신들의 목소리를 표현하고자 하는 욕망이 그만큼 강했다는 증거이기도 하다.

때, 그것은 소수자들의 다양한 욕망을 '민족'이라는 거대한 문제틀로 환원시킨 억압과 배제의 산물이라고도 말할 수도 있다. 물론 이러한 평가가 민족문학론의 진보적 성과와 분리되어서는 안 된다. 그러한 평가는 거인의 어깨 위에 올라선 난쟁이의 자만에 불과하다. 그러나 민족문학론의 현재적 의미가 진보성을 유지하기 위해서는 먼저 소수자들의 다양한 욕망과 적극적으로 결합할 필요가 있다. 90년대 이후의 민족문학론에 대한 평가는 이 지점에서 다시 시작되어야 할 것이다.

3. 민족 문학은 하나인가 여럿인가

1960-80년대를 관통하는 〈창비〉의 문제의식은 이념으로서의 '민족문학론'과 방법론으로서의 '리얼리즘'으로 요약될 수 있다. '진보' '리얼리즘' '민족문학'이라는 근대적 문학 이념은 창간에서 현재에 이르기까지 지속되고 있다.[12] 〈창비〉가 '민족' 문제에 본격적인 관심을 보이기 시작한 것은 백낙청이 미국에 체류하고 있던 시기, 그러니까 염무웅이 주간을 맡았던 1970-72년의 일이다. 〈창비〉는 67년 여름호(통권 6호)부터 3년여에 걸쳐 실학파 연구에 많은 지면을 할애했는데, 그것은 훗날 민족문학론의 중요한 자산이 되었다. 1969년 〈창비〉 여름호에 발표된 「시민문학론」에서 백낙청은 "이조 후기의 실학자들은 근대적 시민 의식을 향한 한 걸음 진전일 뿐 아니라 선비의 이상에도 오히려 접근했다고 할 수 있다"고 평가하고 있는데, 이는 실학파의 사상에서 자생적 근대의 맹아를 읽어내려는 국문학계의 시각과 일맥

---

12. 비평사의 통념에 따르면 〈창비〉와 〈문지〉는 각각 '리얼리즘'과 '모더니즘'을 대표하는 진영으로 인식된다. 그러나 창비와 문지의 문학적 이념은 60-70년대 순수·참여 논쟁, 리얼리즘 논쟁, 민족문학 논쟁 등의 과정을 거치면서 만들어진 결과물이다. 따라서 이들 매체가 창간 당시부터 특정한 진영을 대변했다고 말함으로써 그들의 활동을 신화화해서는 안 된다. 인식틀로서의 '민족적 현실'과 이념으로서의 '민족문학론'은 논쟁의 시대가 배태시킨 역사적 산물이다.

상통하는 부분이다. 그러나 실학파에 대한 백낙청의 평가는 당시 '평민문학'과 더불어 '시민문학론'의 차원에 머물고 있었으며, 그것이 민족문학론의 맥락 속에 편입된 것은 1973년 이후의 일이다.

'민족문학'은 다양한 스펙트럼과 외연을 갖는 비평적 개념이다. 민족문학 논쟁의 대부분이 '개념'과 '범주'를 중심으로 전개되어 왔다는 사실이 이를 증명한다. 민족문학의 개념을 둘러싼 대립은 주로 좌·우익이라는 정치적·이념적 형태로 나타났는데, 1920-30년대와 해방기가 그 단적인 예라고 할 수 있다. 외세에 의한 분단의 고착화와 냉전 체제로의 이행, 그리고 세계 자본주의 체제로의 급속한 편입은 한국 사회에서 진보의 이념과 함께 '민족문학' '민족주의' 등의 용어가 사라지거나 굴절되는 계기가 되었다. 태생적인 한계에도 불구하고, 4.19가 갖는 긍정성은 이러한 진보의 가능성이 희미하게나마 재등장하는 계기가 되었다는 점이다. 그러나 우리의 통념과는 달리 해방 이후 남한에서 민족문학론에 대한 논의가 전무한 것은 아니었다. 문협 정통파와 이승만·박정희의 보수적 민족주의를 제외한다면, 레드 콤플렉스로 인해 진보적 문학이념으로서의 민족문학론이 상당 부분 위축·억압되었던 것은 부정할 수 없는 사실이다. 그리고 현재 평단에서 회자되는 '민족문학론'이 60-70년대에 〈창비〉에 의해 주도적으로 제기된 것도 사실이다. 그럼에도 〈창비〉의 민족문학론을 해방 직후 조선문학건설본부가 주장했던 민족문학론과 계보학적으로 직접 연결시키는 데는 선뜻 동의하기가 어렵다.

리얼리즘론은 보기 드물게 근대 문학이 자리잡음과 동시에 지금에 이르기까지 우리 문학사 전체를 꿰뚫고 지나가는 거대한 이론적 산맥의 하나이다. 저 1920-30년대를 가로질러, 다시 해방 직후, 그리고 70년대 이후 오늘에 이르기까지 누구도 부인할 수 없는 명백한 형체로 이어져 왔다. … 리얼리즘론 역시 그 추이를 살펴보면 단절의 시기가 있다. 1950년대가 바로 그것으로, 이 시기는 남북 분단의 고착화로 특징된다. 이에 따라 문학 주체들이 남북으로 양분되면서 남한에서도 일종의 공백상태·단층상태가 나타난 것이다. 일제시대부터 해방직후까지의 리얼리즘론이 분명한 연속선상을 이루고 자기전개를 이루어왔다면, 70년대 이후 본격화된 지금의 리얼리즘론 역시 60년대 이후의 새로운 문학적 실천 속에서 싹터 나와 지금에 이르고 있는 것이다.[13]

민족문학에 대한 인식(민족문학론)은, 1920년대의 다소 복고주의적·정신주의적 경향의 민족 '주의' 문학론을 거쳐, 해방 직후 임화 등에 의해 최초의 논리적인 문학이념으로서의 정식화가 이루어진 후, 민족의 분단과 함께 논의가 진전되지 못하고 잠복했다가 70년대의 진보적인 문학운동에 의해 새롭게 부활, 이후 오늘에 이르기까지 진보적인 문학운동의 이념으로서 자기 역할을 수행해왔다.[14]

두 편의 인용문은 각각 임규찬과 신승엽이 민족문학론의 성과와 한계에 대해 논하고 있는 글의 부분이다. 임규찬이 〈창비〉의 민족문학론과 분단체제론을 적극적으로 평가하고 있는 반면, 신승엽은 '민족의 범주를 통한 주체화가 문학 창조의 방향이 되어야 한다'는 〈창비〉의 입장에는 분명한 반대의사를 표현하고 있음을 먼저 밝혀두고자 한다. 그러나 민족문학을 바라보는 시각의 차이에도 불구하고, 그들은 민족문학론의 계보를 '카프(1920-30년대)-문학건설본부(40년대)-〈창비〉(60년대 이후)'로 설정하는 데에서는 정확하게 일치하고 있다. 민족문학론에 대한 이러한 인식은 비단 두 사람만의 문제가 아니라 비평사의 상식으로 통용되고 있다. 그러나 이러한 계보는 몇 가지 사실을 간과하고 있다.

먼저 이들은 1950년대에 최일수와 정태용의 민족문학론에 대해 침묵함

---

13. 임규찬, 「20세기 한국과 리얼리즘론의 공과」, 『작품과 시간』 —소명, 2001, 343-44쪽.
14. 신승엽, 「세기 전환기, 민족문학론에 대한 단상」, 『민족문학을 넘어서』 —소명, 2000, 53쪽.

으로써 그들을 비평사에서 철저하게 배제시키고 있다.[15] 물론 최일수와 정태용의 주장이 1950년대 당시에 사회적으로 커다란 파장을 일으켰던 것은 아니다. 그러나 "논쟁 중심적으로 비평을 이해하고 비평사를 서술하는 것이야말로 한국 현대비평의 가장 큰 약점일 터다"[16]라고 주장한 방민호나 "80년대 리얼리즘 논쟁에서 볼 수 있듯이 논쟁참여자 중심의 접근을 통해 이른바 '소외'와 '배제'의 논리가 은연중 작동하면서 '역사적 공정'으로부터 멀어질 확률이 높고, 그에 따라 단순한 현상적 추이의 기술로 떨어지기 십상이다"[17]라고 주장한 임규찬이 그들의 논의를 의도적으로 배제하고 있다는 느낌을 지우기는 어렵다. 뿐만 아니라 〈창비〉의 민족문학론에 대해서 비판적 거리를 유지하고 있는 신승엽마저 이러한 계보에 암묵적으로 동의하고 있다는 사실은 민족문학론의 중심에 〈창비〉를 위치시키는 '주류론적 접근'이 평단의 상식이 되었음을 말해준다.

민족문학의 개념을 고수할 것을 요청하는 어떤 구체적인 민족적 현실이 있어야 한다. 즉 민족문학의 주체가 되는 민족이 우선 있어야 하고 동시에 그 민족으로서 가능한 온갖 문학활동 가운데서 특히 그 민족의 주체적 생존과 인간적 발전이 요구하는 문학을 〈민족문학〉이라는 이름으로 구별시킬 필요가 현실적으로 존재해야 하는 것이다. 다시 말해서 그것은 민족의 주체적 생존과 그 대다수 구성원의 복지가 심각한 위협에 직면해 있다는 위기의식의 소산이며 이러한 민족적 위기에 임하는 올바른 자세가 바로 국민문

---

15. 김용락은 1956년 2월 〈문학예술〉에 발표된 최일수의 「우리문학에 있어서 신인의 위치」를 50년대 민족문학에 대한 최초의 언급이라고 평가한다. 그에 따르면 최일수 외에도 김종후, 정태용, 김양수, 김일근 등이 50년대에 민족문학의 대표적 논자들이었는데, 이들 중에서 추상적 복고주의에서 벗어난 유일한 인물이 정태용이다.
김용락, 『민족문학 논쟁사 연구』―실천문학사, 1997, 42-43쪽.
16. 방민호, 「한국 문학에 관한 네 가지」, 『문명의 감각』―향연, 79쪽.
17. 임규찬, 「20세기 한국과 리얼리즘론의 공과」, 『작품과 시간』―소명, 2001, 346쪽.

학의 건강한 발전을 결정적으로 좌우하는 요인이 되었다는 판단에 입각한 것이다. ―백낙청, 「민족문학 개념의 정립을 위해」

우리에게 주어진 분단이라는 역사적 시련을 창조적으로 경험하는 과정에서 얻어지는 정신적인 결정으로서의 작품이 바로 세계문학적인 동시성을 지녀야 하며, 또한 그것이 고유한 전통으로서 승화되어 앞날의 우리 문학의 밑바탕에 흘러 이어지는 창작의 원천이 되어야 할 것이다. 2차 대전 이후 세계사의 흐름은 식민지 민족의 독립과 흑인 민권 등 인종문제에도 있겠지만 그보다는 양대 사조의 대립으로 인하여 빚어진 독일과 그리고 우리나라와 같이 분단되어버린 민족들의 상황창조에 있다고 본다.

그리고 그것은 분단된 그 나라 한 나라만의 유리되어진 문제가 아니다. 분단 자체가 양대 사조와 직결된 이상 분단국가의 운명은 동시에 그만큼 세계적인 것이다. 이처럼 분단은 그 민족 자체만의 문제가 아니라 동시에 세계적인 문제이기도 하다. 그러므로 우리 민족의 분단은 곧 세계의 분단을 의미하는 것이다. ―최일수, 「현실의 문학」

두 편의 인용문은 '분단'을 '민족문학'의 주요한 성립근거로 파악한다는 점에서 동일하다. 백낙청에 의하면 식민지 시대의 민족적 현실이란 외세로부터의 독립과 자주국가 건설의 문제와 관련되며, 6.25 이후의 민족적 현실은 분단과 관련된다. 그는 민족문학론이 "한국의 문학이 스스로 민족문학이어야 할 역사적 요청을 의식하고 이에 상당히 부응하기 시작했을 때"에야 가능한 개념이며, 이때 민족문학론은 문학사에서 '근대'의 시작을 의미한다고 주장한다. 이는 민족문학의 주체인 '민족'이 서구의 민족국가 nation-state와는 달리 외세의 침입이 일부 지역이나 일부 계층에 한정되지 않고 민족 전체로 의식될 때라야 등장할 수 있는 개념임을 의미한다. 이런 맥락에서 보자면 '근대'란 반식민·반봉건 의식의 총화라고 정리할 수 있다. 민족문학론에서 주장하는 민족의식이란 이처럼 반식민·반봉건의 '의식'이다. 민족적 현실로서의 '분단'과 그에 따른 '민족의식'이라는 문제틀은 80년대 후반에 이르러 '체제'라는 개념으로까지 확장되는데, 이러한 문제 설정은 '분단'이라는 현실을 매개로 한 민족문학이라는 점에서 최일수의 그것과 크게 다르지 않다. 이들 모두에게 냉전 체제의 산물인 '분단'이란 민족의 생존을 위협하는 주요한 모순이다.

  백낙청에게 시민문학론과 민족문학론은 거의 동일한 의미로 사용된다. 1969년 당시 그가 민족문학론이라는 개념 대신 시민문학론을 주장한 이유는 두 가지이다. 하나는 당시 문단에 팽배해 있던 '소시민 의식'에 대한 일종의 안티 테제를 제출하기 위해서였으며, 다른 하나는 "참여문학론에 쏠리는 (권력의) 예봉을 피하기 위한" 전술적 차원의 고려 때문이었다.[18] 「시민문학론」은 한국 사상사를 실학과 동학의 전통, 그리고 조선 후기의 평민문학과 구한말의 의병운동, 나아가 3.1운동에서 4.19로 이어지는 '시민의식'의 형성과정으로 파악한다. 그 자신의 말처럼 이러한 인식 태도는 "한국에서는 본래 근대적인 의미에서의 민족의식이 없었고, 따라서 일본을 통한 서양의 영향으로 근대적 민족의식이 싹트고 근대적 문학이 생겼다"는 통설과는 다른 차원의 접근이다. 이처럼 백낙청은 근대를 민족국가의 성립이나 시민 계급의 등장이 아니라 "민족생존권의 수호와 반봉건적인 시민혁명의 완수"라는 시민 '의식'의 등장으로 정의하고 있다. 민족문학론은 '민족'이나 '시민'을 고정된 실체로 파악하지 않았다. 이것이 민족을 혈연이나 언어 등 이른바 생물학적·문화적 친연성을 중심으로 실체적 대상으로 간주하는 우익적 민족문학론과 구분되는 점이다. 그럼에도 '시민'이라는 개념이 부르주아 계급의 등장이나 민족국가의 성립처럼 특정한 집단이나 계층을 떠올리게 만드는, 다시 말해 실체화된 대상에 가까운 것은 사실이다. 민족문학론의 등장과 더불어 '시민'의 개념은 서구적 배치에서 벗어나 제3세계라는 새

---

18. 백낙청·하정일 대담, 강진호 외, 『증언으로서의 문학사』—깊은샘, 2003, 453쪽.

로운 관계 속에서 이해된다.[19] 이는 서구의 시민 계급이 상대적 진보성에도 불구하고 결국 민족국가를 바탕으로 한 제국주의로 귀결되었기 때문이다. 그래서 '분단'이라는 '독특한 민족적 현실'에서는 '시민'이라는 개념보다는, 제3세계적 맥락을 띠는 '민족'의 개념이 더욱 타당성을 지니게 된다. 이처럼 제3세계적 맥락에서 '민족'의 개념이 제기되었기 때문에 그것은 본질적으로 세계문학과의 연관성을 그 속에 내포하고 있다.[20]

최일수의 '민족문학론' 역시 '분단'이라는 현실에 의해 추동된다는 점에서 백낙청의 논리와 다르지 않다. 그는 1955년 〈조선일보〉 신춘문예 당선작인 「현대문학과 민족의식」에서 '분단'의 문제가 자본주의와 사회주의라는 '양대 사조'의 결과물이며, 따라서 분단은 분단국가의 운명인 동시에 세계사적인 의미 또한 갖는다고 주장했다. "분단은 그 민족 자체만의 문제가 아니라

---

19. "저 자신 60년대 말에 「시민문학론」이라는 글을 썼었는데 저 나름대로 70년대에 들어와서 반성해볼 때, 물론 우리 시대의 과제가 아직까지도 시민혁명이라 할 수 있겠지요. 서구에서 시민혁명 과정을 통해서 이룩한 통일된 근대민족국가라든가, 국내에서 국민들이 시민혁명을 통해서 쟁취한 시민적인 기본권들, 이런 것을 우리가 아직 성취하지 못하고 있습니다. 이런 점을 우리가 각성해야 된다는 의미에서는 시민문학론을 얘기하는 것도 근거가 없는 것은 아닌데, 이것을 좀더 구체적으로 우리의 처지에서 실천하려다 보면 역시 이 시민이라는 단어는 서구의 시민계급, 즉 부르주아지에 결부되어 있기 때문에 오해가 생길 여지가 많아요. 서구의 부르주아지라는 것은 서구 내부에서는 시민혁명을 달성한 세력이지만 우리와의 관련에서 본다면 제국주의를 담당한 세력이고 우리들이나 다른 제3세계 민족을 식민지로 만든 세력입니다." —백낙청, 「한국문학과 제3세계 문학의 사명」, 『민족문학과 세계문학Ⅱ』, 창작과비평사, 1985, 268쪽.
20. 가령 다음과 같은 발언에서 민족문학이 제3세계 문학의 일부분이며, 또한 그것이 세계문학이라는 보다 상위의 범주와 관련되는 것임이 잘 드러난다.
"민족문학의 개념의 타당성 문제는 흔히 세계문학과의 연관성 속에서 제기되고, 또 그렇게 하는 것이 매우 절적한 방법인 것 같다." —백낙청, 「민족문학 개념의 정립을 위하여」, 『민족문학과 세계문학Ⅰ』, 창작과비평사, 1978, 123쪽.
"우리 민족의 독특한 위치, 제3세계 후진 민족들의 입장에 좀 더 초점이 맞춰져야겠다는 생각을 갖게 되었습니다." —백낙청, 「한국문학과 제3세계문학의 사명」, 『민족문학과 세계문학Ⅱ』, 창작과비평사, 1985, 268쪽.

동시에 세계적인 문제이기도 하다." 민족문학을 '분단'이라는 사건을 중심으로 이해하는 시각, 그것의 구체적 표현방식으로 리얼리즘을 내세우는 태도, 그리고 '분단'을 매개로 하는 민족문학이 세계문학과의 관련 속에서 정당성을 얻어야 한다는 발상 등은 백낙청의 그것과 매우 유사하다. 다만 백낙청이 민족문학론을 19세기 서구의 비판적 리얼리즘에 대한 자기비판[21]으로 이해하는 반면, 최일수는 민족문학에서 각 나라의 독특한 사상적 배경을 강조한다는 점이 크게 다른 점이다. 또한 정치한 현실인식이나 이념의 현실정합성을 확대·발전시키는 능력에서 두 사람은 크게 차이가 난다. 최일수의 민족문학론이 백낙청의 논리에 비해 구체성을 결여하고 있는 것은 사실이다. 특히 같은 해 10월 〈현대문학〉에 발표한 「니힐의 본질과 초극정신」에서 주장하는 '민족과 인간이 밀착된 가운데 이루어져야 할 인간옹호의 정신'으로서의 휴머니즘론은 매우 관념적인 발상이라고 할 수 있다. 그러나 민족문학의 '평민문학'적 성격은 최일수의 논의에서 훨씬 명확하게 드러난다.

> 오늘날에 와서는 세계사적 사건이란 강대국보다도 오히려 약소민족이 더 절실히 체험하고 있다. 강대국들은 대개 정책이나 외교 흥정으로서 처리해 가는데 우리들 약소민족에게는 바로 생명적 육체적으로 온다. 8.15 해방 후의 남북의 분단과 그후의 혼란을 거쳐서 6.25 사변에 이르는 제경과는 그것이 바로 민족사적인 사건인 동시에 세계사적인 것이다. 이 일련의 사태는 이 시대의 정신적 역사적 생활적인 시츄에이션의 가장 선구적이고 전형적인 것이었다(…) 우리의 문제가 하나의 테스트케이스에 불과하든 아니든간에 우리가 통일을 이루는 날이나 그 과정은 6.25 사변이나 기타에 못지 않게 이 시대의 역사적 주체로서의 전형적인 생활을 체험하게 될 것이지만, 과연 민족문학이요 동시에 세계문학이라고 할 만한 어떠한 작품이 생산될 것인지 두고 볼 일이다.[22]

---

21. 이때의 자기비판이란 소설이라는 '장르' 자체를 척도로 삼는 태도에 대한 비판이다.

인용문은 정태용이 1956년 11월에 발표한 글의 일부분이다. 인용문에서 나타나듯이 정태용 역시 '분단'을 "민족사적인 사건인 동시에 세계사적인 것"으로 인식하고 있다.[23] 그는 이 글에서 "민족을 순수한 혈통이나 지역의 테두리, 그리고 언어나 풍습의 공동성으로 구하는 것은 도로徒勞에 불과"하며, 민족이란 "근대 시민사회와 더불어 형성된 '민족국가'와 함께 등장한 개념"이라고 주장하고 있다. '민족'을 이해하는 이러한 시각은 보수적 민족주의의 추상성과 몰역사성이 지배적이었던 당시로서는 커다란 충격이 아닐 수 없었다. 또한 그는 '민족문학'을 민족주의 문학이나 복고주의 문학이 아니라 "문제를 주체적으로 행동하고 체험하고 사상하고 해결해 가는 산生 인간의 감정과 이성과 지성의 바탕을 옳게 조직하고 형상한 작품"이라고 규정함으로써 〈창비〉의 민족문학론과 매우 유사한 태도를 보였다. 물론 정태용이 제시하고 있는 휴머니즘이 불명료한 것은 사실이다. 그의 민족문학론이 비평사에서 주목되지 못한 데에는 이러한 개념적 불명료성의 영향도 컸을 것이다. 그러나 정태용과 최일수의 논의가 확대·심화되지 못하고 사장된 가장 근본적인 이유는 그들이 자신들의 논리를 뒷받침 해줄 만한 '조직'과 '매체'를 소유하지 못했기 때문이었다. 혜화전문 불교학과 출신인 정태용이나 목포상고 출신인 최일수가 평단에서 두드러진 조명을 받았을 리는 만무하다. 그들이 〈현대문학〉을 주요한 발표 지면으로 삼은 까닭 역시 학연

---

22. 정태용, 「민족문학론— 개념 규정을 위한 하나의 시고」—〈현대문학〉, 1956.11
23. 최원식은 『민족문학의 논리』(창작과비평사, 1982, 357-58쪽)에서 정태용의 민족문학론을 "50년대의 문학에 대한 비판적 진단과 우리문학의 진로에 대한 새로운 모색으로서 세계사적인 모순의 현장으로서 분단현실을 인식한 최초의 소중한 불씨"라고 평가했다. 또한 한수영은 「최일수 연구」(민족문학사연구회 편, 〈민족문학사연구〉 10호, 1997, 소명, 147쪽)에서 정태용의 민족문학론을 "정태용에 이르러 비로소 50년대의 민족문학론은 그 두꺼운 몰역사적 추상성의 껍질을 벗고 비로소 역사적 구체성의 중심으로 이동해가는 새로운 지평을 열게 되었다"라고 평가했다.

이나 지연이 아니라 매체의 개방성 때문이었을 것이다.[24] 반면 〈창비〉의 경우, 안정적인 지면과 조직이 있었기 때문에 지속적으로 민족문학론을 전개·심화시킬 수 있었다.

한편 최일수와 정태용의 뒤를 이어 민족문학론을 제기한 사람은 〈상황〉의 맴버들이었다. 1969년 임헌영·백승철·신상웅·구중서·김병걸 등을 중심으로 결성된 〈상황〉은 '참여'를 넘어 '분단'이나 '민족 문제'에 대해 집중적인 관심을 보였다. 〈상황〉을 〈창비〉의 전신이나 모태라고 말할 수는 없으나, 문학의 사회 참여나 민족문학론에 대한 그들의 주장은 〈창비〉의 그것과 일맥상통한다. 앞서 언급했듯이 〈상황〉이 등장하기 이전에도 〈청맥〉이나 〈한양〉 등의 진보적 잡지들이 민족주의에 대한 강한 문제의식을 노정하고 있었다. 그 중에서도 일본 민단의 중도파들이 발행한 〈한양〉은 국내에서 반제 민족주의에 대한 논의가 거의 불가능한 상황에서 민족주의에 대한 이론적 물꼬를 터주는 역할을 했는데, 당시 정태용·최일수·구중서 등이 이 잡지를 통해 꾸준하게 글을 발표했다. 〈상황〉의 맴버 중에서 구중서만이 훗날 〈창비〉의 일원으로 참가하게 되었는데, 당시 〈상황〉과 〈창비〉의 관계를 고려한다면 이는 무척 의외의 결과라고 할 수 있다. 왜냐하면 이들은 모두 참여와 리얼리즘을 끈질기게 주장했다는 점에서 크게 다르지 않았기 때문이다. 당시 〈상황〉은 신동엽을, 〈창비〉는 한용운과 김수영을 각각 높이 평가했다. 그러나 신동엽에 대한 〈상황〉의 평가를 전유한 〈창비〉는 인적 구성에서만큼은 그들과 특별한 관계를 유지하지 않았다.[25]

이상에서 살폈듯이 민족문학론이나 리얼리즘론이 처음부터 〈창비〉의 전

---

24. 당시 문단에서 조연현의 문학 권력은 엄청난 것이었다. 그러나 그가 주재했던 〈현대문학〉은 〈사상계〉와 더불어 4.19세대와 진보적 문인들에게 가장 큰 영향력을 행사한 잡지였다. 이는 〈현대문학〉이라는 매체가 특정 이념의 독점물이 아니라 개방적인 매체였음을 말해준다.

유물은 아니었다. 그것은 〈창비〉의 업적이기 이전에 1950년대의 최일수와 정태용, 그리고 1960년대의 〈한양〉〈청맥〉〈상황〉 등의 이론적 성과였다. 4.19세대로서 〈창비〉가 당시의 이론적 성과들을 전유하고 종합한 것은 중요한 업적이지만, 그것은 이전의 논의들에 대해 '침묵'함으로써 가능했다. 중요한 것은 이들이 당시의 비평적 논의들에 무지했다거나 영향을 받지 않았음을 밝히는 것이 아니라, 침묵을 통해 민족문학론을 자신들의 배타적 전유물로 만들었으며, 이러한 '침묵'이 결국 비평사에서 일군의 비평가들을 배제하는 결과를 낳았다는 사실이다. 1970년대 이후 민족문학론과 리얼리즘은 〈창비〉의 주요한 문학적 이념으로 자리잡았으며, 그 과정에서 '민족'은 진보와 동일한 의미로 해석되었다. 따라서 민족문학에 동의한다는 것은 곧 진보적인 작가·지식인임을, 민족문학에 반대하는 것은 반진보적 인물임을 공표하는 행위로 인식되었다. 물론 이것은 '민족'의 개념에 반제나 반봉건 등과 같은 적극적인 의미를 부여함으로써만 가능했다. 〈창비〉는 1950-60년대의 민족문학론에 대해 침묵함으로써 '민족문학'의 특허권을 받아냈다. 그러나 그것은 수많은 사람들의 손때로 얼룩진 낡은 특허권일 수밖에 없었다. 이런 점에서 한 비평가의 다음과 같은 평가는 가슴 아프면서도 매우 정확하다. "궁극적으로 50년대 비평에 대한 나의(또는 우리의) 오랜 선입관은 4.19 이후의 문학세대들에 의해, 의도적이든 그렇지 않든, 이 시기의 비평이 사실 이상으로 폄하되고 평가절하 되었던 결과에 기인한다."[26] 그 낡은 특허권의 얼룩을 사라지게 만든 것은 70-80년대의 핏자국이었고, 철저하게 침묵과 배제로 일관한 그들의 힘이었다.

---

25. 〈상황〉과 〈창비〉의 이런 관계를 '중앙대'와 '서울대', 또는 '국문학'과 '외국문학'의 헤게모니 쟁탈전으로 설명하는 것은 유치한 발상이다. 그러나 결과론의 입장에서 접근하자면 전혀 근거 없는 해석이라고 말하기도 어렵다.
26. 한수영, 「최일수 연구:1950년대의 비평과 새로운 민족문학론의 구상」─〈민족문학사연구〉 11집, 1997, 137쪽.

4. 나오며

백낙청은 〈창비〉의 창간사에 해당하는 「새로운 창작과 비평의 자세」에서 다음과 같이 쓰고 있다. "작가와 비평가가 힘을 모으고 문학인과 여타 지식인들의 지혜를 나누며 대다수 민중의 가장 깊은 염원과 소수 엘리트의 가장 높은 기대에 보답하는 동시에 세계문학과 한국문학의 통로를 이룩하고 동양 역사의 효과적 갱생을 준비하는 작업이 이 땅의 어느 한구석에서나마 진행되어야 하겠다." 이 글에서 그가 말하고 있는 '새로운 자세'란 '작가와 비평가' '문학인과 지식인' '민중과 엘리트' '세계문학과 한국문학'처럼 동떨어진 채 존재하는 '힘'을 하나로 묶는 융합의 지혜이다. 실제로 이러한 노력은 개발독재와 군부 파시즘의 탄압 속에서도 민족문학론과 리얼리즘의 형태로 현실화되었다. 그러나 현실사회주의 붕괴와 자본의 전지구화로 상징되는 오늘의 현실에서 민족문학론이 현실 정합성을 갖는가는 여전히 의문이다. 지금의 복잡한 현실을 설명하기엔 '민족'이라는 코드는 너무 초라하다. 설령 '민족적 현실'이라는 관점에서 북핵 문제나 자본의 전지구화 현상과 같은 현실을 설명할 수 있다고 하더라도, 그것이 우리 사회의 잔존하고 있는 소수자들의 욕망과 결합될 가능성은 별로 없어 보이기 때문이다.

최근 평단의 한 켠에서 〈창비〉의 권력(화)에 대한 비판적 목소리들이 제기된 바 있다. 이들 비판의 대부분은 민족문학론의 이론적 타당성이 아니라 의식·무의식적으로 확대되는 〈창비〉의 권력화와 상업화를 겨냥한 윤리적 책임론이다. 그러나 〈창비〉의 권력(화)은 진보적 이념으로서의 민족문학론이 뿌리내리는 과정에도 새겨져 있다는 것이 필자의 의견이다. 50-60년대에 제기된 '민족문학' 담론들의 성과를 침묵과 배제를 통해 전유한 것이 대표적인 예이다. 물론 이러한 배제가 처음부터 의도된 것은 아니다. 서두에서 밝혔듯이, 권력의 효과란 주체의 의도대로 작동하는 것이 아니기 때문이다. 또한 독재 권력과의 치열한 싸움에서 〈창비〉가 보여준 진보성을 부정해서도 안 된다. 그러나 민족문학론의 계보를 설명하는 대부분의 글들이 〈창비〉를 정점에 위치시킴으로써 50-60년대를 민족문학의 공백기로 인식하고 있는 것은 안타까운 일이 아닐 수 없다. 이는 분명 비평사에서 작동하는 권력의 효과이다. 이제 민족문학론에 대한 연구는 비평사에서 여백으로 남겨진 그 공간, 조직과 매체의 부재로 인해 정당한 평가조차 받지 못한 그 열정의 언표들을 논의의 장으로 끌어내는 데서 다시 시작되어야 할 것이다.

전후비평의 타자화와 폐쇄적 권력지향성
1970년대 〈문학과지성〉 에콜을 중심으로

하상일◆

1. 머리말

해방 이후 우리의 역사적 방향은 일본 제국주의에 의해 철저하게 왜곡된 식민지적 근대성을 넘어서 진정한 의미의 주체적 근대성을 실현하는 데 주력해 왔다. 하지만 이러한 근대적 기획들은 한국전쟁으로 역사적 연속성을 이루지 못하고 오히려 송두리째 파산되어 버림으로써 또다시 역사적 단절을 심화시키고 말았다. 한국전쟁이 남긴 폐허의 현실과 내면의 상처는 우리 민족의 가슴 속 깊이 결코 쉽게 치유할 수 없는 화인火印을 남김으로써 '아! 50년대'라는 감탄사로밖에는 설명할 길이 없는 암담함을 드러내었던 것이다. 이러한 상황 속에서 당대의 문학, 특히 비평문학은 파산된 근대성의 복원에 주력함으로써 전후의 무질서를 주체적으로 초극하려는 적극적인 의지를 보이기 시작했다. 즉 전통에 대한 새로운 인식과 전후의 허무주의를 극복하기 위한 실존의식 그리고 파편화된 시간관을 넘어서는 새로운 질서의식 등은 바로 이러한 주체적 근대성을 지향하는 뚜렷한 지표라고 할 수 있다. 따라서 우리의 현대문학비평사는 엄밀히 말해 전후비평으로부터 비평의 독

◆ 부산대 강사. 〈비평과 전망〉 및 〈오늘의 문예비평〉 편집위원. 『타락한 중심을 향한 반역』 등이 있음.

립성과 정체성을 확립하기 시작했다고 보는 것이 타당하다.

  그럼에도 지금까지 우리의 비평사는 1960년 4월혁명 이후 비평활동을 시작한, 이른바 4.19세대 비평가들에 의해 본격적인 의미에서의 비평의 독립성이 부각되었다고 평가하는 것이 일반적인 시각이었다. 물론 백낙청, 김현으로 대표되는 4.19세대 비평가들이 우리의 비평사에서 가장 뚜렷한 비평적 정체성과 동일성을 보여주었다는 점에서 이러한 평가는 일면 타당성이 있다고 할 수 있다. 또한 "근대적 개인의 발견과 4.19혁명의 체험으로 인해 자연스럽게 생성된 비합리적 이데올로기에 대한 비판적·전복적 관점의 형성, 삶의 주체성에 대한 열망 그리고 문학적으로는 자율성의 원리" 등을 표방한 것은, "이들의 비평에 이르러 한국현대비평사에서 '문학비평'이 하나의 독자적인 문학 장르로 본격적으로 진입하게 되었다"[1]는 평가를 충분히 가능하게 한다.

  하지만 이러한 비평사적 평가를 내리는 데 결코 간과해서는 안 되는 사실은, 당시 60년대 비평가들이 전후비평의 타자화를 통해 4.19세대 비평의 문학사적 의미를 특별히 강조는 세대론적 전략을 지니고 있었다는 점이다. 다시 말해 4.19세대 비평가들은 대표적인 전후비평가인 이어령, 유종호, 이철범 등의 한계를 직접적으로 비판함으로써 자신들의 입지를 새롭게 구축하려는 치밀한 비평적 의도를 은폐하고 있었던 것이다. 김현이 4.19세대 비평가를 가리켜 "이 세대는 우리가 아는 한 역사상 가장 진보적인 세대"[2]라고 말하거나, 김주연이 50년대 문학에 대해 "허위의 타파를 외치다가 자기에 대한 정당한 인식을 못하고 허세에 빠져버린"[3] 문학이라고 비판하면서 같

---

1. 권성우, 「4.19세대 비평이 마주한 어떤 풍경」, 『비평의 희망』—문학동네, 2001, 117쪽.
2. 김현은 이들을 일컬어 '65년대 비평가' 라고 명명하면서 염무웅, 백낙청, 조동일, 김주연, 김치수 등을 언급하고 있다. —「한국비평의 가능성」, 〈68문학〉, 1969.1, 152쪽.
3. 김주연, 「60년대 소설가 별견」, 『현대 한국문학의 이론』—민음사, 1982, 271쪽.

은 세대인 김승옥, 박태순, 서정인, 이청준 등의 문학을 상대적으로 높이 평가한 것은, 50년대 문학과의 차별성을 특별히 강조함으로써 60년대의 문학적 의미를 새롭게 정립하려는 4.19세대 비평가들의 세대론적 전략을 극명하게 드러낸 것이라고 할 수 있다. 결국 1960년대 비평은 1950년대 비평가들에 대한 의식적인 차별화와 전후비평에 대한 평가절하를 통해 독자적인 비평세계를 선취해 내려는 세대론적 인정투쟁의 결과임에 틀림없다.[4]

이러한 세대론적 인정투쟁의 과정은 대체로 새로운 매체의 창간과 아주 밀접하게 결부되어 있다. 1960년대 비평사는 〈비평작업〉〈청맥〉〈한양〉 등의 비평정신이 〈창작과비평〉(이하 〈창비〉)으로 이어지고, 〈산문시대〉〈사계〉〈68문학〉 등이 〈문학과지성〉(이하 〈문지〉)의 창간으로 이어지면서 문학에콜을 중심으로 활발하게 전개되는 양상을 보인다. 따라서 1966년 백낙청에 의해 창간된 〈창비〉와 1970년 김현 등에 의해 창간된 〈문지〉는 이후 우리 비평사를 양분하는 중추적인 흐름을 형성하면서 지금까지 이어오고 있다. 또한 이 두 에콜은 1970년대 이후 한국문학을 거의 점유하다시피 해온 가장 영향력 있는 잡지인 〈창작과비평〉과 〈문학과지성〉을 보유함으로써, 이들 잡지의 편집위원이나 동인으로 참여하는 60년대 비평가들은 자의든 타의든 한국문학의 핵심부를 장악하는 문학권력의 위치에 오를 수밖에 없었다.

본고는 이상의 비평사적 흐름 속에서 김현과 〈문지〉에 내재된 세대론적 전략과 〈창비〉에 대한 대타의식 그리고 인적구성의 폐쇄성 등을 중심으로 1970년대 이후 한국문학비평의 권력화 양상을 살펴보고자 한다. 이를 위해서는 우선 〈문지〉의 창간이 4월혁명 이후 전개된 비평사적 흐름을 전사前史로 하여 형성된다는 점과, 1960년대 비평이 4월혁명 이후 계속적으로 창간된 문학동인지나 매체에 의해 더욱 구체적으로 심화된다는 점을 주목해야

---

4. 권성우,「1960년대 비평문학의 세대론적 전략과 새로운 목소리」, 문학사와비평연구회 편,『1960년대 문학 연구』—예하, 1993 참조.

한다. 특히 〈문지〉의 창간이 〈창비〉에 대한 대타의식의 결과라는 점과, 순수/참여 논쟁으로 정리되는 우리 비평사의 대립구도가 바로 이 두 에콜의 문학적 대립으로 인해 더욱 심화되어 버렸다는 사실은 당대의 문학사적 흐름을 이해하는 데 필수적인 요소가 아닐 수 없다.[5]

2. 4월혁명과 문학지형의 변화
2.1 전후비평의 초극과 60년대 문학에콜의 형성

1960년대는 1920년대 이후 다시 '동인지문단시대'가 찾아왔다고 할 만큼 대략 50여 종류의 동인지들이 우후죽순 창간된 시기이다.[6] 대체로 이들 동인지의 구성원들은 당시 2-30대의 소장 문인들로서 '한국문학가협회' '한국자유문학자협회'의 양대 산맥의 통합으로 결성된 '한국문인협회'[7]의 현실적 한계와 보수성을 뛰어 넘으려는 뚜렷한 지향성을 지니고 있었다. 즉 기성세대의 보수적 문학관과 문단의 헤게모니에 종속된 문학적 경향을 과감히 탈

---

5. 이에 대해 김병익은, 김현이 순수/참여 논쟁에서 순수문학론을 옹호하고 있었을 뿐만 아니라, 참여론을 기치로 내건 〈창작과비평〉에 맞서 문학의 자율성을 지키는 새로운 동인지의 필요성을 제기한 것이 〈문학과지성〉 창간의 결정적 계기가 되었다고 밝히고 있다. —「김현과 '문지'」, 『열림과 일굼』, 문학과지성사, 1991, 339-41쪽. 이에 반해 김병익 자신은 〈문지〉의 창간이 〈창비〉에 대한 대타의식의 결과라기보다는, 당시 〈창비〉가 새로운 잡지문화나 계간지문화를 선도함으로써 상당히 높은 평가를 받았다는 사실과 관련성이 있다고 주장한다. 즉 가로쓰기, 한글체, 동인체제 등이 기존의 제도화된 잡지와는 다른 지식의 자유로움을 반영하고 있었다는 점에서 〈문지〉의 창간 역시 이러한 형식적 측면에 많은 영향을 받았다는 것이다. —김병익·김동식(대담), 「4.19세대의 문학이 걸어온 길」, 강진호 외 편, 『증언으로서의 문학사』, 깊은샘, 2003, 262-63쪽.
6. 1960년대는 질과 양의 측면에서 전대와 구분되는 뚜렷한 매체의 확대 현상을 보이는데, 4월혁명 이후 무려 1400여 종의 잡지가 발행되었다고 한다. 그런데 5.16 이후 그 수가 229종으로 격감하게 되었다는 점을 주목할 때, 당시 매체의 증가와 지식인의 비평의식이 아주 밀접한 상관성을 지니고 있었다는 흥미로운 사실을 발견할 수 있다. 이에 대한 자세한 논의는, 이용성, 「한국 지식인잡지의 이념에 대한 연구」—한양대 박사학위논문, 1996 참조.

피하기 위해 새로운 문예지를 통해 자신들의 문학적 다양성과 새로움을 최대한 실현하려 했던 것이다.[8] 해방 이후부터 60년대에 이르는 남한문학의 흐름이 보수 우익 문예조직의 형성과 그 전개과정을 두드러지게 드러냈다는 점을 주목할 때,[9] 이와 같은 새로운 세대의 문학적 모색은 한국문학 지형의 급격한 변화를 이끌어 내는 중요한 의미를 지니고 있었다. 즉 4월혁명 이후 급격하게 고조된 현실인식을 바탕으로 당대의 보수적 문단기류를 혁신함으로써 기성문단에 종속되어 버린 전대의 문학적 경향을 환골탈태하는 획기적인 변화를 이루어 내고자 했던 것이다.

60년대의 제도권 문단이 50년대와 달리 단일화된 조직으로 재편되어 가는 과정 역시, 문학적 이념이 같은 에콜을 중심으로 한 자연스러운 통합이라기보다는 다분히 문단권력의 헤게모니에 의해 이합집산을 거듭한 결과라는 점에서 비판의 초점이 되지 않을 수 없었다. 다시 말해 문단 통합이 문인들의 자발적인 의지에 의해 이루어진 것이 아니라 정권 차원의 종용에 의해 이루어졌다는 점과, 특정 정치집단의 정략적 입장과 철저하게 결부되어 있었다는 점에서 예술활동의 본질인 자율성과 다양성마저 침해당할 우려가 있었던 것이다. 이런 상황에서 당시 새로운 동인지와 잡지의 출현은 소

---

7. 5.16 이후 1개월 만인 6월 17일 혁명정부의 포고령 제6호가 발효되면서 기존의 모든 사회단체들이 해산된 후 61년 12월 30일 '한국문인협회'가 발족되었다. 62년 1월 5일에는 문학을 포함한 문화계의 단일 조직인 '전국문화단체총연합회'(문총)도 '문화예술단체총연합회'(예총)로 재편되어 현재에 이르고 있다. ―한강희, 「1960년대 문예조직 활동의 저류 및 분화과정」, 『우리 근·현대문학의 맥락과 쟁점』, 태학사, 2001, 195-96쪽.
8. 1960년대에 출간된 대표적인 문예지와 동인지 그리고 문학 관련 교양종합지를 대략적으로 살펴보면 다음과 같다. 『60년대 사화집』(1961), 〈한양〉〈산문시대〉(1962), 〈세대〉〈청맥〉〈신춘시〉〈비평작업〉(1963), 〈문학춘추〉〈사계〉(1964), 〈창작과비평〉〈현대시학〉〈문학〉(1966), 〈월간문학〉(1968), 〈68문학〉〈상황〉(1969), 〈문학과지성〉(1970).
9. 이에 대한 자세한 논의는, 김철, 「한국 보수우익 문예조직의 형성과 전개(1)」, 『구체성의 시학』―실천문학사, 1993을 참조.

장비평가들이 제도권 문단에 대한 종속으로부터 벗어나 보다 자유롭게 비평을 발표할 수 있는 의미있는 장場으로서의 구실을 하게 되었다.

　　태초와 같은 어둠 속에 우리는 서 있다. 그 숱한 言語의 亂舞속에서 우리의 全身은 여기 이렇게 초라한 모습으로 서 있다.
　　이 천년을 갈 것 같은 어두움 그 속에서 우리는 神이 느낀 권태를 반추하며 여기 이렇게 서 있다. 참으로 오랜 歲月을 끈덕진 인내로 이 어두움을 감내하며 우리는 여기 서 있다.
　　그러나 이제 우리는 안다. 이 어두움이 神의 人間創造와 同時에 除去된 것처럼 우리들 주변에서도 새로운 言語의 創造로 除去되어야 함을 이제 우리는 안다. (…) 얼어붙은 權威와 구역질나는 모든 話法을 우리는 저주한다. 뼈를 가는 어두움이 없었던 모든 자들의 안이함에서 우리는 기꺼이 脫出한다. (…) 우리는 이 투박한 大地에 새로운 거름을 주는 농부이며 탕자이다. 비록 이 투박한 大地를 가는 일이 우리를 완전히 죽이는 절망적인 作業이라 할지라도 우리는 우리 손에 든 횃불을 던져버릴 수 없음을 안다. 우리 앞에 끝없이 펼쳐진 길을 우리는 이제 아무런 장비도 없이 出發한다. 우리는 그 길 위에서 죽음의 팻말을 새기며 쉼임없이 떠난다. 그 팻말 위에 우리는 이렇게 다만 한마디를 기록할 것이다. 〈앞으로!〉라고.

인용문은 1962년 김현, 김승옥, 최하림 등이 중심이 되어 결성된 〈산문동인〉의 첫 동인지 〈산문시대〉[10]의 서문 가운데 일부이다. 여기에서 그들은 당대를 "어두움"으로 규정하면서 "얼어붙은 권위와 구역질나는 모든 화법"

---

10. 1962년 6월 15일 가림출판사에서 출간된 것으로, 첫 페이지에 "슬프게 살다간 李箱에게 이 책을 드림"이라는 헌사가 적혀 있다. 제1집에서 김현, 김승옥, 최하림이 참여한 것을 시작으로, 제2집부터는 강호무, 김산초, 김치수가, 제3집에서는 김성일이 새로 참여하고, 제4집부터 염무웅, 서정인이, 그리고 제5집에서는 곽광수가 새롭게 참여하고 있다.

을 지닌 기성문단을 제거하는 "새로운 언어의 창조"를 명백히 선언하고 있다. 이는 "아무도 없는 깜깜한 곳"의 "고양이의 눈"[11]과 같은 것으로, 어둠 속에서 유일하게 빛나는 고양이의 파란 눈빛을 통해 자기의 존재를 확인하려는 것에 다름 아니다. 즉 존재가 바로 사물로서의 언어임을 확신함으로써 역사나 사회가 아닌 '언어' 그 자체에 매달리게 되는데, 이와 같은 '존재와 언어'에 대한 탐구는 전후세대 비평을 초극하는 미적 자율성론으로 구체화됨으로써 70년대〈문학과지성〉의 비평적 근거가 된다.

4.19 이후 간행된 동인지나 잡지의 두드러진 특징은 시나 소설 위주의 작품 중심 편집체제에서 벗어나 동인들을 중심으로 한 비평적 목소리를 더욱 전면화하고 있다는 점에서 찾을 수 있다. 이는 당시의 문학적 태도가 비평 분야를 부차적으로 인식하던 기존의 관행에서 벗어나 비평의 영역을 중점적으로 인식하는 방향으로 점차 변화하고 있음을 분명하게 보여준다. 이러한 특성은 4월혁명 이후 역사의식과 사회의식의 새로운 정립을 통해 비평 활동을 시작한 참여문학 진영의 비평가들에게서 더욱 두드러지게 나타나는데,〈비평작업〉〈상황〉 등의 비평동인지와〈청맥〉〈한양〉 등의 교양종합지에 수록된 문학비평은 전후비평에 대한 첨예한 비판을 통해 60년대 비평가들의 세대론적 정체성을 뚜렷이 형성하고 있다.

〈비평작업〉[12]은 '평단소송'이라는 난을 통해 백철의 전통론, 이어령의 순

---

11. 김현,「잃어버린 처용의 노래」—〈산문시대·1〉, 위의 책, 20쪽.
12. '정오평단正午評團'의 문학평론 동인지로, 이광훈, 임중빈, 조동일, 주섭일, 최홍규 등이 동인으로 참가하고 있다. 1963년 1월 10일 제1권이 발행되었는데, 이후 계속적으로 출간하지 못하고 창간호가 종간호가 되고 말았다.〈비평작업〉은 4.19와 5.16을 거치는 과정에서 학생비평가들의 문학적 활로를 엿볼 수 있다는 점과, 당시로서는 특이하게도 '비평전문지'를 표방했다는 점에서 우리 비평사의 중요한 위치를 차지한다고 평가할 수 있다. —허윤회,「1960년대 참여문학론의 도정」,『희귀 잡지로 본 문학사』, 깊은샘, 2002, 102-03쪽.

수지향적 특성, 조연현을 중심으로 한 기성문단에 대한 비판을 서슴지 않는데, 심지어 "이젠 펜을 꺾으시오" "그럴 자신쯤 없대서야 일찌거니 자진폐간을 서두르는 게 현명책일지 모른다" 같은 감정적이고 직접적인 비판을 거침없이 쏟아내기도 한다. 이러한 태도는 혈기왕성한 학생비평가의 목소리라는 점에서 기성문단에 얽매이지 않는 비평의 패기를 충분히 느낄 수 있지만, 한편으로는 전후비평과의 차별의식에 지나치게 경도됨으로써 인상비평의 수준을 넘어서지 못하는 한계를 지닌 것으로 볼 수도 있다.

그리고 4월혁명 이후 진보적 지식인들이 자신들의 목소리를 드러낼 수 있는 장으로 〈청맥〉[13]을 창간하는데, 이를 통해 조동일, 주섭일, 구중서, 백낙청 등이 비평을 발표하고 있다. 또한 일본에서 출간된 〈한양〉[14]에는 장일우, 김순남, 장백일 등의 비평이 두드러지게 발표되었는데, 이들 모두 참여론적 시각의 비평을 발표함으로써 60년대 참여문학론의 뚜렷한 한 흐름을 형성하게 된다. 이러한 비평정신의 계보는 66년 백낙청이 중심이 되어 창간된 〈창비〉로 이어지고, 69년에는 구중서, 임헌영 등이 중심이 된 〈상황〉[15]이 창간됨으로써 사회적 기능을 중심에 둔 문학의 실천적 측면이 이론적 기틀을 더욱 공고히 다지는 계기가 되었다.[16]

이상에서처럼 4월혁명 이후 전개된 한국문학비평은 전후세대 비평을 초

---

13. 김진환이 발행 겸 편집인을 맡고 김질락이 주간을 맡아 간행된 사상교양종합지이다. 『청맥』은 김종태(김진환의 선배)를 중심으로 한 통일혁명당의 매체로서 당시의 진보적 지식인들을 규합하고자 하는 의도에서 발간되었다고 볼 수 있다. ―박태순·김동춘, 「통혁당 사건과 『청맥』」, 『1960년대 사회운동』, 까치, 1991, 226쪽 참조.
14. 1962년 3월 일본에서 간행된 재일교포의 유일한 교양종합지로 한국의 문화를 소개하고 일본문화와의 관련성을 모색한 글이 다수 실려 있다. 〈한양〉은 우리 비평사에서 1960년대 순수·참여논쟁에 일정한 기여를 했다고 평가할 수 있는데, 이들은 순수문학보다는 참여문학적 성격을 더욱 강하게 드러냈다. 특히 이 잡지는 재일 문인들과 국내 필자들이 반반쯤 나누어 글을 발표했는데, 이로 인해 1974년 '문인간첩단사건'의 빌미가 되기도 했다. ―허윤회, 앞의 글, 110쪽 참조.

극하려는 신진비평가들의 활발한 비평활동과 기성문단에 대한 종속성을 탈피하기 위해 창간된 새로운 동인지와 문학매체가 적절하게 만남으로써, 당시 기성문단이 지니고 있었던 주류적 의식과 태도를 전복시키는 또 다른 제도권의 창출로 이어졌다. 이런 점에서 전후세대의 비평을 타자화함으로써 4.19세대 비평의 의미를 강조하려 했던 이들의 세대론적 전략은 아주 유효했다고 할 수 있다. 또한 이들의 문학적 입장과 세대론적 정체성을 더욱 공고히 다지기 위해 결성된 문학동인과 매체의 창간은, 70년대 이후 우리의 비평사가 특정 비평가들에 의한 에콜 중심으로 재편된다는 점에서 중요한 전사前史로서의 의미를 지니고 있음에 틀림없다.

2.2 〈문학과지성〉의 창간과 70년대 비평의 대립적 구도

4.19세대 비평은 60년대 후반에 이르러 "감수성의 혁명" "리버럴리즘과 상

---

15. 1969년 8월 15일에 범우사에서 발행되었는데, 임헌영, 구중서, 백승철, 신상웅 등이 창간동인으로 참여하였고, 2집부터는 김병걸이 편집동인으로 참여하였다. 1집에는 구중서·임헌영·주성윤·백승철 등의 비평과 신동엽 미발표 유고, 이육사에 대한 화보 등이 실려 있다. 임헌영에 의하면, 그 당시 〈창비〉에서는 김수영 일기를 연재했는데, 김수영이 우리 시사에 일정한 기여를 한 것은 사실이지만 너무 그것을 우리 시의 한 지향점이나 민족문학의 지향점으로 보는 것은 문제라고 생각했다고 한다. 당시 〈상황〉 동인들은 오히려 신동엽을 분단역사의 우리 시의 한 좌표로 삼아야 한다고 생각함으로써 창간호에 신동엽의 미발표 유고를 소개했다고 한다. 이러한 정황은 60년대 후반 임헌영, 구중서 등의 참여문학론자들이 〈창비〉에 가담하지 않고 독자적으로 〈상황〉을 창간한 맥락을 살펴보는 데 아주 흥미로운 단서가 될 것으로 생각된다. ―임헌영·채호석(대담), 「유신체제와 민족문학」, 강진호 외 편, 앞의 책, 296쪽.
16. 1966년 〈창비〉의 창간을 출발점으로 하여 1969년 1월 〈68문학〉과 그 해 8월 〈상황〉지가 차례로 발간되는 과정은 4.19세대 비평 집단의 내부 분화과정으로 평가되기도 한다. 즉 4.19세대 비평의 에콜화는 문학적 이념의 공유에 의한 것인데, 김현 중심의 〈문지〉 에콜에서 비평활동을 했던 염무웅이 60년대 후반에 이르러 〈창비〉 에콜에 합류하는 과정은 당시 4.19세대 비평가 집단의 내부 분화과정과 〈문지〉 에콜이 지닌 인적 구성의 폐쇄성을 잘 보여준다. ―임영봉, 『한국현대문학비평사론』, 역락, 2000년, 179쪽 참조.

상력" 같은 미학적 탐구에 주력한 〈68문학〉 계열과, "자유와 평등의 정신" "사회의식과 역사의식"을 통해 문학의 현실참여를 강조한 〈창비〉 계열로 뚜렷하게 양분되는 양상을 보인다. 이들은 '문학의 존재성/문학의 기능성' '이론적 실천/실천적 이론' '시민적 전망/민중적 전망' '현실에의 반성적 질문/현실에의 몸담음' 등 이원적 대립의 성격을 분명히 함으로써 70년대 이후 우리 비평을 〈문지〉/〈창비〉의 대립적 구도라는 도그마 속에 가두어 버린다. 물론 이들의 비평적 출발이 4월혁명의 역사적 성과에 뿌리를 두고 있다는 점과 유신체제에 대응하는 지성적 산물이라는 점에서 공동의 노선을 지니는 측면도 있지만, 당대의 현실적 모순에 대한 문학적 응전의 태도에서 전혀 다른 양상을 드러냄으로써 그 차별성을 더욱 심화시켜 왔다고 보는 편이 타당하다.[17]

1966년에 창간된 〈창비〉는 우리 문학사에 최초의 본격적인 계간지 시대를 열었다는 상징적 의미를 지니고 있다. 이는 앞서 살펴본 〈비평작업〉〈청맥〉〈한양〉 등의 지면을 통해 조금씩 모색되었던 민족문학의 방향과 현실참여의 정신이 당대의 순수주의 문학에 대한 비판으로 이어지면서 문학을 통한 실천과 변혁의 가능성을 새롭게 여는 중요한 역할을 하였다. 이러한 〈창비〉의 이념과 정신 그리고 방향성은 창간호에 실린 백낙청의 「새로운 창작과 비평의 자세」를 통해 충분히 엿볼 수 있다.

오늘날 한국에서 순수주의를 고집하는 입장은 서구 예술가들의 경우와도 또 다르다. 건실한 중산계급의 발전을 본 일이 없는 한국 사회에 유럽 부르

---

17. 사회의 지배적인 이데올로기의 폭력성에 저항하는 '실천적 이론'과 그 이데올로기의 허구를 드러내는 것을 목적으로 하는 '이론적 실천'은 〈창비〉와 〈문지〉의 문학이념에 각각 대응한다. 〈창비〉와 〈문지〉의 문학이념의 차이는 현실개혁의 의지를 문학을 통한 실천으로 나타내야 한다는 것과 문학의 끊임없는 자유로움으로 현실을 직시하자는 것으로 정리될 것이다. —김형수, 「김현 문학비평 연구」, 창원대 박사논문, 2002, 164쪽.

조아 시대의 예술신조가 뿌리박았을 리 없다. 그런데도 불구하고 문학의 순수성을 금과옥조인 양 내세우는 것은, 제대로 정리 안 된 전근대적 자세를 제대로 소화 못한 근대서구예술의 이론을 빌려 옹호하려는 노력으로 보인다. 이것은 정치·경제면에서, 유럽 중산층의 정치·경제 이념을 핑계로 한국의 후진적 사회구조를 견지하려는 것과 정확히 대응되는 현상이다.[18]

위의 글은 당대의 우리 사회와 문학에 대한 첨예한 비판의식을 담고 있는 것으로, 특히 순수문학론을 주장하는 일련의 비평가들이 지닌 서구이론지향성과 전근대적 태도의 허위성을 냉정하게 질타하고 있어 주목된다. 백낙청에 의하면, 순수문학의 이념은 프랑스혁명 이후 세력을 형성한 유럽 부르주아의 이데올로기이므로 중산계급의 발전을 경험하지 못한 우리 사회와는 맞지 않는 일종의 가설에 불과하다는 것이다. 물론 그의 이러한 논리 역시 "서구라파적 근대성을 '완성형'으로 설정한 후, 한국적 근대성을 '결여형'으로 파악하는 사고구조"를 내재하고 있다는 점에서 후진국 지식인이 가질 수밖에 없는 일종의 콤플렉스로부터 완전히 자유로울 수는 없을 듯하다.[19] 그럼에도 서구의 진보적인 예술이론과 예술사에 대한 폭넓은 이해를 바탕으로 전개된 백낙청의 참여문학론은, 당대의 순수문학론이 지닌 허구성을 비판적으로 논리화하는 비평적 근거가 된다는 점에서 중요한 의미가 있다.

이상과 같이 문학의 사회적 기능과 실천을 강조한 〈창비〉 에콜에 대한 대타의식으로 1970년에 창간된 것이 바로 〈문지〉이다. 이는 〈산문시대〉-〈사계〉[20]-〈68문학〉[21]의 정신을 이어받은 것으로, 표면적으로는 〈창비〉의 활성화에 자극받았다고 할 수 있지만 본질적으로는 미학주의의 입장을 분명하게 견지해온 이전 동인지와의 연속성을 지닌 것으로, 〈창비〉에 맞서는 〈문지〉 에콜의 성격을 더욱 명확하게 표명하기 위한 제도적 장치를 마련한 것

---

18. 백낙청, 「새로운 창작과 비평의 자세」—〈창작과비평〉 창간호, 1966, 8쪽.
19. 이명원, 「백낙청 초기비평의 성과와 한계」, 『타는 혀』—새움, 2000, 292쪽.

으로 이해할 필요가 있다. 이 때문에 〈68문학〉의 동인이었던 염무웅은, 문학의 본질을 역사적이고 사회적인 차원에서 바라보는 자신의 문학관과 〈문지〉에콜의 지향성이 상호 모순과 괴리를 지니고 있음을 절감하여 〈68문학〉을 떠나 〈창비〉에 합류하는 적극적인 변화를 모색하기도 했다. 결국 〈문지〉에콜은 태생단계에서부터 철저하게 자기만의 정체성을 유지하려는 폐쇄적 태도를 드러냄으로써 그들의 생각에 반하는 문학적 입장을 배제하거나, 동인들 간의 의식적인 제휴를 통해 이미 평단에서 상당한 기득권을 지니고 있었던 〈창비〉의 문학관에 정면으로 도전하는 비평전략을 뚜렷이 전개했다고 할 수 있다.

〈문지〉의 문학관이 지니고 있는 기본적인 틀은 '문학의 자율성 옹호'와 '현실에 대한 분석적 인식'으로 정리될 수 있다. 즉 '문학의 자유스러움'을 억압하는 것을 모두 부정함으로써 문학의 자율성을 통해 현실 사회의 모순을 구조적 차원에서 인식하겠다는 의지를 내포한 것이다.[22] 즉 〈문지〉의 창간은 "문학을 질식시키는 도그마적인 발언에 대한 분노와 새것 콤플렉스로 명명되는 사대주의적 발상에 대한 혐오"를 통해, 〈창비〉 진영으로 대표되

---

20. 1966년 가람출판사에서 간행된 것으로, 1집에는 황동규, 박이도, 정현종, 김화영 등의 시와 김주연의 평론, 김현의 산문이 실려 있다. 그리고 2집(1967)과 3집(1968)에는 앞의 시인들의 신작시와 김주연, 김현의 평론이 실려 있다. 특히 김주연, 김현의 평론은 '시론'으로, 〈사계〉 동인이 소설전문 동인인 〈산문시대〉와 달리 시전문 동인으로서의 성격을 지녔음을 알 수 있다.
21. 1969년 1월 한명문화사에서 간행된 것으로, 김승옥, 김주연, 김치수, 김현, 박태순, 염무웅, 이청준 등이 편집동인으로 참여하고 있다. 창간호가 종간호가 된 1집에는, 박상륭, 박태순, 이청준, 홍성원 등의 소설과 김화영, 박이도, 이성부, 이승훈, 정현종, 최하림, 황동규 등의 시, 그리고 김병익, 김주연, 김치수, 김현, 염무웅 등의 평론이 실려 있다. 특히 평론가 중에서 염무웅을 제외한 네 사람은 〈문지〉의 창간 멤버라는 점에서, 〈68문학〉은 사실상 〈문지〉의 전단계적 성격을 지닌 동인지라고 할 수 있다.
22. 정희모,「문학의 자율성과 정신의 자유로움」, 민족문학사연구소 현대문학분과 편,『1970년대 문학연구』—소명출판, 2000, 87-88쪽.

는 참여문학론의 억압적 태도와 주체성을 상실한 외래주의의 허무주의적 태도를 동시에 비판하는 문학적 의지를 드러낸 것으로 볼 수 있다.[23] 이러한 태도는 백낙청·염무웅·구중서 등 참여문학론을 주장하는 평론가들에 맞서 당대의 '구호적 문학'을 '문학의 자율성'으로 대체하려는 자유주의 문학론을 표방한 것에 다름 아닙니다. 결국 〈문지〉의 〈창비〉에 대한 대타의식은 70년대 우리 문학을 "양식화의 아름다움"(김병익)과 "민중적 실천"(염무웅)으로 양분시킴으로써, 4월혁명 이후 견고하게 형성되었던 역사적·사회적 맥락에서의 문학을 상상력과 언어의 그물 속에 가두어 버리는 비평의 결락을 가져오고 말았다.

치열한 삶의 재현이란 그것이 언어를 매체로 하는 한 작가의 언어적 능력 없이 가능하다고 생각하는 것은 물론 착각이며 또한 빈약한 주제 의식에도 불구하고 언어의 완벽한 조형을 기대하는 것 역시 환상이다.(…) 삶의 치열성과 언어의 완벽성을 (…) 동시에 획득할 때 그 문학은 가장 구체적이고 구상적인 것을 묘사하면서 그와 함께 보편적이고 개념적인 상징의 언어로 승화될 수 있다.[24]

위대한 삶은 위대한 문학만 낳는 것이 아니고 위대한 사상도 낳을 수 있고 위대한 웅변을 낳을 수도 있다. 그러나 위대하지 않은 삶이 위대한 문학을 낳을 수는 없다. 요컨대 본질적인 것은 어떻게 삶을 사느냐 하는 것이

---

23. 하지만 70년대 〈문지〉의 정신적 편력이 실존적 정신분석, 구조주의, 기호학, 문학사회학 등을 주목한 사실을 통해 볼 때, 과연 그들 역시 김현이 그렇게 비판했던 '새것 콤플렉스'로부터 얼마나 자유로울 수 있는지 되묻지 않을 수 없다. 결국 〈문지〉의 〈창비〉 비판은 자기모순의 함정을 벗어나기 힘든 것이 사실인데, 이러한 한계는 서구 문학비평의 다양한 방법론을 폭넓게 수용하면서도 정작 한국문학 속에서는 확실하게 자신들의 방법론을 정립하지 못하고 있는 데서 비롯된 결과라고 할 수 있다.—홍정선, 「70년대 비평의 정신과 80년대 비평의 전개 양상」, 『역사적 삶과 비평』, 문학과지성사, 1986 참조.
24. 김병익, 『한국 문학의 의식』—동화출판공사, 1976, 283쪽.

며, 이 삶의 무게가 작품 속에 올바르게 운반될 때 그것은 작품 자체의 무게로 전화轉化되는 것이다.[25]

이상에서처럼 〈문지〉의 비평전략은 〈창비〉와의 대결의식을 통해 현실에 대한 인식과 그것의 문학적 형상화 방법에 대한 첨예한 입장 차이를 부각시킴으로써, 우리의 비평사를 자유주의·지성주의 노선과 현실주의·민중주의 노선이라는 극단적 대립의 양상으로 변질시키고 말았다. 그럼에도 〈문지〉는 양자의 문학적 방향이 모두 진보주의를 지향하는 공통된 비평의식을 지니고 있음을 특별히 강조하면서, 〈문지〉와 〈창비〉의 구도를 지나치게 대립적으로 바라보는 당시 평단 일각의 태도를 철저히 경계하는 자기모순의 어법을 구사하기도 했다.

하지만 이러한 주장은 〈창비〉와 〈문지〉의 관계에 있어 보족성과 공통성을 전경화하여 양자가 공동전선을 구축하고 있다는 점을 은연중에 드러냄으로써, 〈창비〉와 더불어 〈문지〉 역시 동일한 방향성을 지닌 운동매체인 것처럼 독자들의 인식을 호도하기 위한 전략에 다름 아니다. 다시 말해 양자의 문학적 역량과 비중을 동일한 것으로 정당화하려는 전술이며, 〈창비〉/〈문지〉의 관계를 우월/열세의 구도로 바라보려는 평단의 분위기에서 비롯된 열등감과 역사와 현실을 배경화하는 〈문지〉의 자율성론을 향한 도덕적 비난에 대한 압박감을 역설적으로 해소하려는 치밀한 전략의 결과인 것이다.[26] 이처럼 1970년대 〈문지〉의 이념과 방법은 〈창비〉에 대한 강력한 대타의식을 염두에 두지 않는다면 결코 성립할 수 없는 기형적 특성을 지니고 있을 뿐만 아니라, 구성원들 간의 내부적 결속을 강조함으로써 다른 외부 조직과의 대립적

---

25. 염무웅, 「시와 행동」, 『민중시대의 문학』―창작과비평사, 1979, 173-74쪽.
26. 황국명, 「〈문학과지성〉의 도식적 기술체계 비판」, 『문학과지성 비판』―지평, 1987, 57쪽.

관계를 더욱 공고히 하는 폐쇄적 성격을 더욱 심화시켰다고 할 수 있다.

3. 〈문학과지성〉의 비평의식과 문학권력의 형성
3.1 절충적 비평의식과 인정투쟁 전략

앞에서 살펴봤듯이 〈68문학〉을 계승한 〈문지〉의 이념과 지향성은 〈창비〉의 대항매체로서의 성격을 분명하게 드러낸다. 따라서 이들은 문학과 현실의 직접적 관계에서 비롯되는 구호주의, 실용주의 등을 비판함으로써 문학의 도구화를 철저히 경계하고 있다. 한 마디로 〈문지〉의 이념은 '고전적 자유론'에 바탕을 둔 '정신의 자유로운 조작' 또는 '자유롭고 진보적인 정신의 태도'로 정리할 수 있는 것이다. 이런 점에서 〈문지〉 편집동인들은 도식적이고 성급한 결론이나 쉬운 해답보다는 방법적 성찰의 사고과정을 중시하며, 맹목적 선善의지, 도덕적 엄숙주의보다는 '고민,' 즉 '지성의 방법론적 회의'를 더 우월한 것으로 간주한다. 결국 "구호"나 "풍문"이 아니라 "문학과 지성의 언어"를 선택하는 행위가 바로 "가장 성실하고 정직하며 용기있는 결단"이라는, 문학의 도구화에 대한 비판과 문학의 자율성론을 특별히 강조하고 있다.

> 구호와 풍문이 지배하는 세계에서 우리는 〈文學〉과 〈知性〉의 言語를 선택하는 것이 가장 성실하고 정직하며 용기있는 決斷이라 생각한다.(…) 우리는 言語가 유령의 소리로 미만한 이 세계에 가장 근원적인 否定의 힘이 되고 그 힘에 의해서만이 진리를 허용하지 않는 이 狀況을 극복할 수 있다고 믿는다. 文學과 知性의 言語探究가 遊戲라는 음흉한 비난이나 逃避란 악의적인 공격을 우리가 결코 용납할 수 없는 것은 참담한 現實에 대한 고통스런 인식과 현실의 迷夢에 함몰할 것을 거부하는 뜨거운 自己選擇의 아픔 때문이다.[27]

27.「이번 호를 내면서」,〈문학과지성〉—1973.여름호, 259쪽.

이러한 관점에서 그들이 우선적으로 비판하는 것은, 우리 비평사의 전개과정이 순수/참여의 이분법적 대립을 계속적으로 이어오고 있다는 점이다. 물론 이러한 비판의 핵심에는, 그들과 〈창비〉의 관계를 순수/참여의 대립으로 바라보는 평단의 태도를 지양·극복하겠다는 현실적인 이유가 담겨져 있다. 그래서 그들은 순수/참여의 이분법적 대립이야말로 관념적이고 추상적인 태도임을 비판하면서, 〈창비〉와의 관계를 배타적 대립 관계가 아닌 변증법적 상호보완 관계로 규정하고자 한다. 이는 지나치게 〈창비〉를 의식한 데서 비롯된 절충적이고 기형적인 비평의식이란 점에서, 정작 그들이 전후세대 비평과의 차별성을 강조하기 위해 내세웠던 주체적 비평의식과도 상반되는 자가당착의 모순을 보여준 것이 아닐 수 없다.

> 기존의 문단과 구별되는 〈창작과비평〉과 〈문학과지성〉의 진보성은 각각 현실에 대한 민중적 실천과 방법적 접근으로 나타난다. 현실개혁의 의지를 문학을 통해 실천하고자 하는 〈창작과비평〉과 문학의 끊임없는 자유로움으로 경직화된 현실과 맞서고자 한 〈문학과지성〉은 유신체제라는 폭압적인 상황 속에서도 충실하게 자신들의 입장을 지켜나갔다. 민족·민중문학을 내세운 전자는 문학은 분단모순과 계급모순의 해결을 위한 부단한 실천이라는 태도를, 정신의 리버럴리즘을 내세운 후자는 문학은 그 속성에서 영원히 비체제적이라는 태도를 보여 주었으며, 이로 말미암아 문학과 현실의 관계에 대한 새로운 문학적 흐름을 형성했다. 동시에 전통적인 인간관계에 얽매여 있던 기왕의 문단풍토를 혁파해 나가면서, 문학과 사회에 대해 서로 대립적인, 그러면서도 상호보완적인 길을 걸음으로써 이후 세대에 지대한 영향을 미쳤다.[28]

물론 이들 두 비평집단은 4월혁명과 5.16으로 이어지는 60년대의 급격한

---

28. 김병익, 「김현과 '문지'」—앞의 책, 341쪽.

사회변동을 겪으면서 전후비평의 한계와 보수성을 뛰어넘는 혁신적인 비평풍토를 함께 조성했다는 점에서 일면 공통적인 지향성을 지니고 있는 것이 사실이다. 하지만 60년대 중반 이후 제기된 일련의 논쟁과정에서 〈창비〉가 참여문학론과 민족문학론을 제창한 반면, 〈문지〉는 이데올로기보다는 문학 자체의 자율성과 예술성에 더욱 많은 관심을 보였다는 점에서, 두 비평에콜의 이념과 실천은 상당한 차이를 지니고 있었음을 간과해서는 안 된다. 또한 70년대 후반에 이르러 자본주의적 모순이 광범위하게 표출됨에 따라 4월혁명에 의해 형성된 문학적 인식틀 역시 서서히 자기한계를 드러낼 수밖에 없었고, 이로 인해 〈창비〉와 〈문지〉의 대립으로 상징되는 4.19세대의 문학적 분화과정이 더욱 노골적으로 표면화되었다는 점을 놓쳐서도 안 된다.[29] 결국 〈창비〉와 〈문지〉의 대립은 이념적 차원에서의 명백한 차이뿐만 아니라 4월혁명의 한계로부터 비롯된 1960년대 후반 문학비평의 분화과정 속에서도 더욱 뚜렷한 대립적 입장을 드러냈다고 볼 수 있다.

이러한 분명한 차이에도 불구하고 〈문지〉가 〈창비〉와의 관계 속에서 문학사적 의미를 찾으려고 하는 것은, 당대의 문학지형에서 상당한 영향력을 확보하고 있었던 비평적 타자로서의 〈창비〉에 대한 대타의식을 통해 자기동일성을 확립하려는, 그래서 〈창비〉와 비평적 목소리를 대등하게 형성함으로써 〈문지〉의 문학적 위상을 제고하려는 치밀한 비평적 의도를 내재하고 있었기 때문이다.

> 저 자신이 〈창비〉의 맞은 편에서 다른 가치 체계와 지향을 가진 이른바 〈문지〉에 참여하여 〈창비〉와는 상반된 대안의 탐색에 노력해 왔다고 할 수 있겠지만, 저와 저의 동인들의 이러한 노력들은 〈창비〉의 선도적이고 문제제기적인 작업이 있었기에 가능했고 또 필요했던 것입니다. 아마도 〈창비〉

---

29. 이광호, 「맥락과 징후」, 『비평의 시대』—문학과지성사, 1991, 25쪽.

없이는 〈문지〉가 결코 그 의미를 만들어낼 수 없을 것이지만, 〈창비〉는 〈문지〉의 존재에 관계 없이 그 자체의 역사적 자리를 얼마든지 충분히 건져낼 수 있었을 것입니다.[30]

이처럼 〈문지〉는 〈창비〉에 대한 대타의식 속에서 양자를 '상호보완적'으로 인식하는 절충적 비평의식을 표면화했다. 이는 〈창비〉의 대항매체로서 〈문지〉가 지닌 당대적 의미를 더욱 확고히 천명함으로써 상대적으로 열세에 있었던 평단에서의 지위를 격상시키려는 또 다른 권력지향성의 한 단면을 드러낸 것임에 틀림없다. 또한 실제비평에서는 〈창비〉에 대한 집요한 비판을 전개하면서도 담론전략에서는 "보족성"이니 "실천/이론의 종합"이니 하는 절충적 비평의식을 드러낸 것 역시 〈창비〉에 대한 열등감을 은폐하려는 수사학적 전략의 결과에 다름 아니다. 결국 그들은 이러한 비평전략을 실현시키기 위해 편집동인들 간의 의식적인 제휴를 통해 우리 비평사에서 전무후무한 폐쇄적 에콜의 전형을 창출하고 만다.

> 사고의 획일화 또는 도식적인 사고는 어떤 의미에서건 바람직하지 못하다.(…) 사고에 있어서 중요한 것은 어떻게 그렇게 사고하게 되었는가를 사고 자체가 명백하고 그리고 뚜렷이 자각하는 일이다. 그것이 없는 한 사고의 결과가 아무리 멋있고 훌륭한 것이라 하더라도 그것은 남을 설득시킬 수가 없다.(…) 사고의 과정을 보여주지 않고 결과만을 보여줄 때 사고는 맹신을 부르고 요청하게 되며, 맹신은 다시 획일화된 사고를 전면적으로 절대적인 것으로 보급시키는 데 공헌한다. 그것은 반성을 불가능하게 하며, 성찰의 진정한 의미가 무엇인가를 망각케 한다. 사고의 과정이 아니라 사고의 결과만을 내보여주는 자들을 조심할 필요가 있는 것은 위와 같은 이유 때문이다.[31]

---

30. 김병익, 「〈창비〉와 한국 4반세기의 역사」, 『우공愚公의 호수를 보며』—세계사, 1991, 153쪽.

〈문지〉의 수사학은 그 스스로가 타자의 권위에 기대고 있으면서도 정작 타자를 평가하는 데서는 본질을 의도적으로 왜곡하거나 악의적으로 재단해 버리는 언어도단의 위험성을 농후하게 드러낸다. 인용문에서 말한 "사고의 획일화 또는 도식적인 사고"는 분명 당대의 참여문학론, 특히 〈창비〉가 주도하는 현실주의 문학에 대한 비판적 인식을 전제하고 있는 것임에 틀림없다. 이를 통해 현실부정의 진정한 모습은 "사고의 과정"을 중요시하는 데서 구현된다는 점을 강조함으로써, 은연중에 〈창비〉의 비평담론이 사고과정의 중요성은 제대로 인식하지 않은 채 오직 결과만을 강조하는 비평의 결락을 지니고 있음을 비판하고자 하는 것이다. 결국 〈문지〉는 비평적 타자인 〈창비〉에 대한 우회적인 비판을 통해 그들만이 진정 "성찰"의 가능성을 지닌 매체임을 부각시키고자 했다. 이는 우리 사회현실과의 직접적인 관계를 유보함으로써 "유희"와 "도피"의 문학으로 경도되어 버렸다는 당시 우리 평단의 〈문지〉 비판을 불식시키고자 하는 담론전략을 드러낸 것에 다름 아니다.

이러한 수사학적 전략을 통해 〈문지〉는 명분상으로는 열림과 대화 그리고 다양성을 강조하면서도, 실제로는 〈문지〉 내부의 결속력을 통해 어떠한 이견이나 편차도 용납하지 않는 철저한 폐쇄적 구조를 견지했다. 또한 그들의 문학적 이념과 지향을 더욱 안정적으로 확보하기 위해서뿐만 아니라 〈창비〉에 대한 대항매체로서의 현실적 성격을 더욱 확고히 하기 위해서 '문학과지성사'라는 전용출판사를 세우기도 한다. 이러한 일련의 문학적 모색 속에는 그들 자신이 주장한 '상호보완적'이라는 말의 허위성이 그대로 노출되고 있는 것이 사실이다. 즉 〈창비〉/〈문지〉의 대립적 구도를 대등하게 형성함으로써 문단의 헤게모니를 새롭게 장악하려는 자기모순적 태도를 여실히 드러내고 있기 때문이다. 그 결과 우리 문단은 사실상 두 에콜에 의해서

---

31. 「이번 호를 내면서」, 〈문학과지성〉—1973. 겨울호, 751쪽.

양분되는 이분법적 양상을 고착화시켰고, 〈문지〉의 인정투쟁 전략은 그들의 의도대로 대부분 이루어짐으로써 70년대 이후 〈문지〉는 명실공히 문학권력으로서의 특권적 지위를 확보하게 되었다.

3.2 인적 구성의 불합리와 폐쇄적 구조

〈문지〉의 폐쇄적 구조는 편집동인들의 관심과 이해에 종속된 편집체제나 신인등단제도 등의 불합리를 통해서도 분명하게 드러난다. 즉 문학의 자율성을 강조하는 편집동인들 스스로가 검열자적 도식성과 편협성을 드러냄으로써, "한 잡지는 그 잡지가 독자에게 전하고 싶은 것만을 전할 권리가 있다"는 매체권력의 독점적 편집권을 강조할 뿐만 아니라 〈문지〉 비판의 목소리를 처음부터 차단하는 자기모순의 함정에 빠져 있는 것이다.[32] 이는 다양한 외국이론의 수용과 다른 분야와의 적극적인 제휴 그리고 상호 열림의 길트기로 나아가겠다는, 〈문지〉가 표방한 열린 정신과도 정면으로 배치되는 폐쇄성의 한 극단을 보여준 것에 다름 아니다. 또한 "열려진 문화에로의 나아감을 위한 선택"이라는 거창한 담론을 내세우며 77년 봄호부터 편집동인으로 받아들인 김종철이 79년 가을호부터 편집동인에서 완전히 탈퇴하고 〈창비〉에 참여하게 되는 과정에서 충분히 짐작할 수 있듯이, 〈문지〉가 표방하는 문학적 이념과 실천의 과정에 반하는 경우에는 자의든 타의든 어느 누구도 동인으로 함께 하기 어려운 인적 구성의 불합리와 폐쇄적 구조를 드러내

---

[32] 〈문지〉는 편집자에게 보내는 '독자의견란'을 두었는데, 71년 가을호에는 양동안의 글이 실려 있다. 양동안은 71년 여름호에 실린 김병익의 「지성과 반지성」에 반론을 제기하고자 하면서 〈문지〉에 지면을 할애해 줄 것을 요청했지만, 〈문지〉는 이를 거절하고 '편집자에게 보내는 글'로 요약해 줄 것을 희망한다. 결국 그의 글은 독립된 평문으로 발표되지 못하고 '독자의견란'에 실릴 수밖에 없었다. 이러한 사실은 〈문지〉가 표방한 열린 정신이 그들이 즐겨 구사하는 담론전략일 뿐, 어떠한 진정성도 찾아볼 수 없는 반도그마를 가장한 도그마적 태도라는 점을 분명하게 보여주는 사실이 아닐 수 없다.

[표] 편집동인(고정필자)과 신인의 출신대학과 전공 현황[33]

편집동인(고정필자)	신인		
	출신대학	전공	인원
서울대 불문	서울대	불문4, 독문1, 국문1, 언어1, 영문1	8
김치수·김현·오생근	외대	영문1, 불문1, 인도1	3
서울대 독문 김주연	경희대	국문1	1
서울대 영문 김우창	건국대	국문1	1
서울대 정치학 김병익	영남대	국문1	1
	고려대	독문1	1
	연세대	1(학과미확인, 73년 시문학추천 기성시인)	1
	미확인	3(1명은 중대 영문과 교수)	3
			19

기도 했다. 이러한 사실은 〈문지〉의 편집동인과 고정필자 그리고 신인발굴의 면면을 살펴보면 더욱 분명하게 알 수 있다.

[표]에서처럼 〈문지〉는 특정 대학과 특정 학과에 편중된 인적 구성과 외국문학 전공자 일변도의 편집체제를 이루고 있다. 또한 신인 발굴에서도 편집동인들과 직접적인 인간관계를 형성하고 있는 제자들을 등단시키거나, 특정 대학과 학과에 편중된 신인들을 문학적으로 도제화하는 등단제도의 폐단을 보여주었다. 우선 70년대 19명을 배출한 신인들 가운데 국문학을 전공한 사람이 고작 3명에 불과하다는 점을 주목하지 않을 수 없다. 물론 특정 전공에 초점을 두고 신인등단 문제를 논의하는 것 자체는 바람직하지 않다. 그럼에도 왜 〈문지〉에만 유독 외국문학 전공자들이 대세를 이루고 있는가 하는 의구심만큼은 떨쳐버릴 수 없는 것이 사실이다. 이는 〈문지〉의 편집체제가 필자 선정의 편협성과 등단제도의 객관성을 의심할 만한 폐쇄적 구조를 지니고 있었음을 분명하게 보여주는 것이 아닐 수 없다. 다시 말해 편집동인들의 정신적 거점인 외국문학을 선험적으로 공유해야만 한다는 점, 편집동인들과의 우호적 관계를 유지해야만 한다는 점 그리고 편집동인들

---

33. [표]는 1973년 봄호부터 80년 봄호까지 〈문지〉의 주요 필자 및 신인 발굴 현황이다. 황국명, 앞의 글, 72쪽의 표를 토대로 필자가 재작성한 것임.

의 문학적 이념이나 방법론과 온전히 일치해야만 한다는 점 등의 문학 외적 조건이, 〈문지〉에 필자로 참여하거나 등단을 하기 위한 필수적 요소가 되고 있기 때문이다. 이런 상황에서는 편집동인들과의 수직적 관계를 승인함으로써 그들 밑에서 훈육되고 양성되는 도제적 시스템을 암묵적으로 수용해야만 〈문지〉 에콜에 편입될 수 있음은 자명하다. 결국 이러한 폐쇄적이고 수직적인 구조는 〈문지〉 동인들의 권력지향성을 더욱 확고하게 내면화시켜 주었고, 이로 인해 우리 문단은 잡지 편집동인들과의 친소관계에 의해 문단에서의 위상과 문학적 평가를 결정해 버리는 문학권력의 전횡을 더욱 제도화하고 말았다.

앞에서 논의했듯이 한국문학비평은 대체로 신구세대가 문단의 기득권을 둘러싼 첨예한 대립을 통해 새로운 문학권력으로서의 지위를 확보하려는 인정투쟁을 펼치며 전개되어 온 것이 사실이다. 이는 비평 행위가 타자를 향한 권력의 행사인 동시에 권력관계의 첨예한 노출을 의미한다는, 그래서 이념적·권력적 차원에서 특별한 정치적 성격을 지닐 수밖에 없다는 비평의 본질에서 비롯된 것이라고 하겠다. 따라서 '비평과 정치' 또는 '비평과 권력'의 관계 자체를 문제삼거나 비판하는 것은, 비평의 본질과 기능조차 인정하지 않으려는 비평무용론과 별로 다를 바 없다는 점에서 비판을 위한 비판에 지나지 않는다. 무엇보다도 중요한 문제는 비평의 본질에 내재된 정치성과 권력적 특성이 정당한 경로를 거쳐 합리적으로 소통되고 있는가 하는 점에 있다. 따라서 비평이 암묵적이고 무의식적인 차원의 정치성을 지님으로써 타자에 대한 극단적 배제의 논리를 앞세우거나 자신의 해석틀에 맞춰 타자를 굴복시키려는 음험한 의도를 은폐하고 있다면, 이는 아주 심각한 문제가 되지 않을 수 없다. 이런 점에서 선택과 배제의 논리를 앞세우며 한국 문단을 그들의 문학적 이념과 방법에 맞춰 재편하려는 경직된 비평의식을 지니고 있었던 1970년대 〈문지〉의 권력지향성은, 우리 비평의 성숙과 발전을 가로막아 온 가장 큰 걸림돌이었음에 비판하지 않을 수 없다.

> 역량 있는 작가는 현실 또는 사실을 더욱 예민하게 관찰하고 그 의미를 통찰하며 그 시대 또는 사회와 하나의 우발적인 사건이 어떤 문맥으로 연결되는가를 깊이 인식해야 한다. 그러나 그가 기자 또는 사회과학자와 다른 작가란 점은 현실과 작품 사이에 想像力을 작용시키고 그 상상작용을 운반할 적절한 표현 매체(文體)를 획득한다는 특수한 능력을 전제로 한 것이다. 한 작가가 주제를 확대했다든가 실험적인 수법을 개발한다는 것은 확대 또는 실험 그 자체에 의미를 주는 것이 아니다. 상상력의 확대와 표현 방법의 개척이 내포하는 현실 의식, 작가 정신의 확대·개발 및 그것의 특이한 성과, 탄력적인 意識作用의 효과를 발견하기 때문이다. 이러한 발견들은 현실과 무관한 것 또는 현실로부터의 逃避가 아니라 현실을 槪念化시키고 그것을 否定·克服하려는 知的作用을 관찰하는 것이다.[34]

인용문은 1960년대 신상웅, 김원일, 박태순, 최인호의 소설을 작가와 현실의 관계에 초점을 두고 논의한 글이다. 이를 통해 김병익은 "현실의 역사적 상황 분석과 구조적 상황 분석, 그것을 처리하는 外向的 방법과 內向的 방법"의 차이를 통해 60년대 소설에 나타난 의식의 편차를 분석하고 있다. 여기에서 그는 "상상력의 확대와 표현방법의 개척"을 강조함으로써 문학과 현실의 객관적 거리확보와 "상상력"과 "문체"의 중요성을 특별히 강조하고 있다. 그런데 이러한 견해가 김병익 개인의 비평의식에 국한된 것이라기보다는 〈문지〉 에콜 전체의 비평의식을 드러내는 좌표가 된다는 점에서 문제가 되지 않을 수 없다. 왜냐하면 인용문에 제시된 작품분석의 틀은, 문학작품과 현실을 지나치게 상동적 관계로 바라봄으로써 정작 문학작품이 내재적으로 갖추어야 할 구조와 기법에 대해서는 일정한 거리를 두는 〈창비〉에

---

34. 김병익, 「60년대의식의 편차」, 〈문학과지성〉—1974.봄호, 168쪽.

콜의 문학관을 향한 궁극적 비판을 염두에 두고 있기 때문이다. 뿐만 아니라 이러한 비판은 '해석 독점의 카르텔'을 형성함으로써 〈문지〉에콜의 문학관만을 절대적 가치기준으로 삼는 비평전략이 되기도 했다는 점에서, 〈문지〉의 폐쇄적 구조와 권력지향성은 우리 비평사의 단절과 대립을 심화시킨 결정적인 요인이 되었음에 틀림없다.

4. 맺음말

이상으로 1970년대 〈문학과지성〉을 중심으로 한국문학의 권력화 과정을 살펴보았다. 물론 필자는 한국문학과 문단권력의 상관성이 〈문지〉에만 국한된 문제라거나 〈문지〉가 전적으로 책임져야 할 몫이라고는 생각하지 않는다. 왜냐하면 이러한 문제점은 1960년대 4.19 세대가 전후세대 비평을 타자화함으로써 주류 문단으로서의 기성세대를 비판하는 세대론적 전략을 드러낸 데서 더욱 심화된 것이므로, 〈문지〉에 한정된 문제로 바라보기보다는 60년대 비평 전체의 구조적 문제로 바라보는 것이 타당하기 때문이다. 물론 4.19세대의 기성세대 비판이 식민지적 근대성과 전후의 무질서를 초극하는 주체적 비평의식의 결과인 것은 분명한 사실이다. 하지만 그 이면에는 문단의 헤게모니 싸움으로 이합집산을 거듭하고 있었던 당시 기성 문단에 대한 신랄한 비판을 통해 사실상 문단을 새롭게 재편하려는 또다른 권력지향성을 은폐하고 있었음을 간과해서는 안 된다. 따라서 본고는 4월혁명 이후 문학지형의 변화를 주목하는 데서부터 논의를 출발하여 당대의 새로운 동인지나 잡지를 통해 4.19세대의 비평적 의미를 우선적으로 점검해 보았다.

주지하다시피 우리의 현대문학비평사는 한 비평가의 비평적 입장이나 비평 이론 형성에서 다른 입장의 비평 이론이나 사상의 영향력이 섬세하게 스며드는 '타자성'을 비평의식의 기반으로 삼으며 전개해 왔다고 해도 과언이 아니다. 즉 한 사람의 비평 주체는 단순히 하나의 원초적인 자아에 의해 선험적으로 결정된 것이 아니라, 여러 타자들의 복합적인 목소리에 의해 하나의 주체를 형성해 나가는 논쟁사의 과정을 거쳐온 것이다.[35] 앞서 논의했듯이 1970년대 〈문지〉의 타자는 바로 〈창비〉였음에 틀림없다. 즉 〈문지〉의 권력화 과정에는 〈창비〉에 대한 대타의식이 분명하게 존재하고 있었으며, 이 두 에콜의 암묵적인 주도권 싸움에 의해 70년대 이후 한국문단은 철저하게 대립되고 양분되는 결과를 초래하고 말았다. 물론 이러한 대립적 구도는 문단의 획일화를 경계하고 문학의 다양성을 넓혀주는 역할을 하기도 했으므로, 이에 대해 무조건 부정적인 평가를 내리는 것은 올바르지 않다. 다만 이러한 〈문지〉 에콜의 경쟁적 대타의식이 소모적인 주도권 싸움의 과정에 매몰되었던 것은 아닌지, 그들이 전후비평을 타자화함으로써 내세운 주체적 비평의 태도가 오히려 그들의 폐쇄적 권력지향성을 역으로 비판하는 자기모순의 한계로 작용하는 것은 아닌지, 이러한 문제에 대해서는 앞으로 좀더 객관적인 검증과 비판이 요구된다고 하겠다.

　지금 우리 문학은 무엇보다도 신비주의적 태도를 철저하게 경계해야 한다. 오랫동안 한국문학의 중심에서 특권적 지위를 누려온 문학권력과 매체들에 대한 무조건적 해바라기는 앞으로 한국문학이 성숙하고 발전하는 데 전혀 도움이 되지 않는다. 그럼에도 지금 우리의 문학적 태도는 이러한 문학권력에 너무도 깊이 종속되어 버린 현실적 한계를 여실히 드러내고 있다. 최근 몇 년간 줄기차게 전개되어 온 일련의 문학권력논쟁은 바로 이러한 비평사의 관행을 뿌리뽑고자 하는 목소리와, 이를 굳게 지킴으로써 견고한 성의 안온함을 오래도록 누리고자 하는 목소리의 첨예한 대립의 결과였다고 할 수 있다. 따라서 60년대부터 지금까지 거의 40여 년 동안 문학권력으로서의 특권을 누리고 있는 4.19세대 비평가들은, 60-70년대 그들 스스로가

---

35. 이러한 관점에서 우리 비평사를 접근한 대표적인 연구성과로 권성우, 「1920-30년대 문학 비평에 나타난 '타자성' 연구」(서울대 박사논문, 1994)가 있다.

전후세대 비평의 권력화와 제도화를 비판하며 문학의 갱신을 외쳤던 장본인임을 다시 기억해야만 한다. 특히 〈문지〉에콜은, 그들이 담론적 차원에서 끊임없이 주장했던 "열림"과 "대화"의 정신을 이제는 자기성찰의 차원으로 전환시킴으로써, 앞으로 우리 비평이 진정한 의미에서의 문학적 성숙을 모색할 수 있도록 구체적인 변화의 모습을 보여주어야 할 것이다.

비어 있는 중심을 위하여
이어령과 〈문학사상〉

염철◆

1. 들어가며

살아간다는 것은 인식과 실천을 포함하는 주체의 자기 확장 과정, 즉 생활의 영토를 확보하는 과정이라 할 수 있다. 삶 속에서 인간은 끊임없이 힘-권력[1]과의 부딪침 또는 부딪힘을 통해 자기를 표현할 수밖에 없는 것이다.[2] 이 때문에 인간은 살아 있는 한 권력 자체를 부정하기란 어려워 보인다. 그럼에도 무엇을 위해, 어떻게 권력을 잡는가, 다시 말해서 권력을 통해 표현된 한 개인의 고유성이 수용할 만한 것인가 아니면 부정되어야 할 것인가의 문제는 남는다. 이어령과 〈문학사상〉을 문제 삼는 이 글 역시 이러한 인식의 연장선상에서 출발한다.

〈문학사상〉은 1972년 10월에 창간한 이래 30여년이 넘는 역사를 이어왔다. 문학사상 자료연구실의 조사에 따르면 2002년 10월 현재 〈문학사상〉에

◆ 대불대 겸임교수.
1. 여기에서 말하는 힘이나 권력의 참된 의미는 '나는 어떤 나로서 살 것인가에 관한 문제, 그리고 그 어떤 나로서의 삶의 실천의 문제'로부터 비롯한다.
2. 이와 관련하여 이정우는 일상적 삶을 "욕구 실현을 위한 권력 구성의 장"이라고 정의한 바 있다 ─이정우, 『인간의 얼굴』, 민음사, 1999, 46쪽.

글을 실은 시인 소설가가 1,160여 명을 넘어서고 있으며, 신인 발굴 또한 시인 67명, 소설가 62명, 평론가 26명을 합쳐 총 155명에 달한다. 그리고 이상의 처녀작 『12월 12일』을 비롯한 자료 발굴이 218회에 이르며, 단행본 출간도 660종에 이른다. 특히 1977년부터 발행된 이상문학상 수상 작품집은 그 판매 부수에서 알 수 있듯이 문학 독자층의 저변확대에 크게 기여해 온 것이 사실이다. 이런 점에서 〈문학사상〉은 1955년에 창간해 현재까지 발행되고 있는 〈현대문학〉과 함께 한국의 대표적인 월간 문예지로 자리매김되고 있다.

그런데 〈문학사상〉을 논의하기 위해서라면 이어령에 관한 이야기를 빼놓을 수는 없다. 이어령은 1972년 창간에서부터 1986년까지 이 잡지의 주간으로 있으면서 잡지 편집과 관련한 거의 모든 것들에 관여했으며, 1986년 이후에도 계속해서 편집 고문의 역할을 맡아왔다. 이처럼 〈문학사상〉과 이어령은 거의 짝패라 할 수 있다. 물론 1985년 12월 이후 임홍빈 사장이 출판사 '문학사상사'의 경영을 맡음으로써 이 잡지에 대한 그의 영향력이 줄어든 것은 사실이다. 하지만 〈문학사상〉을 거쳐간 주간으로 정현기, 권영민, 오세영, 조남현 등이 있고, 이 잡지가 배출한 문인들 역시 상당수에 이르지만 여전히 그는 〈문학사상〉을 대표하는 인물로 일컬어진다.

이렇게 된 이유는 바로 이어령 개인의 욕망으로부터 〈문학사상〉이 탄생했으며, 그 성장의 토대 또한 이어령에 의해 마련되었던 데 있다. 그렇다고 해서 〈문학사상〉을 이해하는 코드가 단순히 이어령 개인에게 돌려질 수 있는 것은 아니다. 이에 대해서는 뒤에서 상론하겠지만, 그럼에도 〈문학사상〉의 편집 형식을 결정하고 필자를 선정하는 과정 및 문학상을 운영하는 방식에 있어 이어령의 영향력이 거의 절대적이었음을 부정하기는 어렵다. 이 점에서 〈문학사상〉의 문단 내 영토 확보 과정은 곧 이어령이 기획했던 새로운 주체의 현실화 과정과 밀접하게 대응된다고 할 수 있다. 따라서 이 글은 이어령이 〈문학사상〉을 창간하게 된 구체적 배경과 토대 형성 과정 그리고 그 과정에서 나타난 문제점을 검토함으로써 이어령이 기획했던 새로운 주체의 성격과 함께 〈문학사상〉의 문학사적 성격을 규명해 보고자 한다.

2. 새로운 주체의 기획을 위한 이어령의 저항

이어령이 제도권을 통해 등단한 것은 백철의 추천을 받아 〈문학예술〉에 「譬喩法 論攷」를 발표한 1957년이었다. 하지만 그는 이미 1955년 서울대 〈문리대학보〉에 「李箱論— 純粹意識의 牢城과 그 破壁」을, 1956년에 〈한국일보〉에 「우상의 파괴」를 발표하면서 문단뿐만 아니라 지식인 사회 전체의 주목을 받고 있던 상황이었다.[3] 특히 「우상의 파괴」를 통해 당시 문단 권력의 핵심에 있었던 김동리를 비롯한 이무영, 조향, 최일수 등을 공격함으로써 겁 없는 신세대의 면모를 유감없이 과시하고 있다. 자신의 이러한 행위를 두고 이어령은 그것이 '자살행위' 나 마찬가지였다고 회고한다.

> 이 교수에 대해 문학 독자들의 중요한 추억 중의 하나는 그가 50년대의 기성문단에게 퍼부었던 그의 전투의식에 가득찬 공격이다. 그 공격은 그에 대한 비난의 한 중요한 이유가 되기도 했다. 이 교수는 그 무렵의 공격적인 글들에 대해 "그 글들은 결함에 가득찬 글들이지만 그 글이 갖는 시대적 의미는 양보할 수 없다. 그때 기성문단을 공격한다는 것은 자살행위와 다름없었다. 나는 그때 나 자신이 길들여져 가고 있는 것이 아닌가 하는 커다란 슬픔의 힘으로 그 자살 공격을 감행할 수 있었다"고 말했다.[4]

---

3. 이와 관련하여 이어령의 서울대 국문과 2년 후배였던 이종석은 "정작 이 선배가 문단뿐 아니라, 전 지식인 사회의 스타가 된 것은 56년 그가 대학을 졸업할 무렵, 한국일보 지면을 통한 원로 작가 김동리씨와의 논전을 통해서였을 것이다. (중략) 이 선배는 날이 갈수록 문학평론가라기보다는 전장의 황모래를 채 털지도 않은 개선장군에 더 가까웠다."고 당시를 회상하고 있다 —이종석, 「스타와 관객의 관계로 한평생」, 『64가지 만남의방식: 서정주에서 장영주까지』, 김영사, 1993, 239쪽.
4. 김훈, 『내가 읽은 책과 세상』—푸른숲, 1989, 240쪽.

우선 이 자살 행위를 가능하게 한 외적인 요인으로 1954년 6월 9일 상업주의를 공식적으로 표방하고 나선 〈한국일보〉의 창간을 언급했던 강준만의 진술은 경청해 둘 만하다. 강준만이 지적한 것처럼 "이어령의 '자살행위'를 신문들이 풋내기의 만용이라고 해서 받아주지 않으면 이어령이 '자살'을 하고 싶어도 할 수 없는 일"[5]이었을 테니까 말이다. 이는 이어령의 글쓰기 방식이 〈한국일보〉의 상업주의적 지향과 맞아 떨어졌다는 것을 의미하며, 동시에 이어령의 이야기가 대중성을 확보할 만한 시대적 상황 또한 어느 정도는 마련되어 있었다는 것을 의미하기도 한다.[6]

그런데 이 점은 이어령의 천재적인 악동 기질과 관련한 류철균의 다음과 같은 서술과도 관련이 되는 대목이다.

> 악동이란 어느 선까지 악동의 못된 짓과 장난질을 허용해주는 부모와 집안의 배경 없이는 존재 근거를 얻을 수 없다. 스스로 악동, 배덕아라 자처하는 이어령의 이 싱싱한 자신감은 제도 교육 자체를 대수롭지 않게 여기지 않을 수 있었던 가정 교육의 존재를 암시하는 것이다. 이어령은 고교를 졸업할 때까지 읍소재지를 벗어나보지 못한 시골 소년이었지만 그 유년의 자의식은 일반적인 시골 소년의 그것과는 다를 수밖에 없었다. 어릴 때부터 자녀를 독서인으로 기르면서 자녀 교육에 가문의 운명을 거는 사족 집안의 법도가 그의 유년을 통어하고 있었던 것이다.[7]

---

5. 강준만, 「이어령의 '영광'과 '고독'에 대해」, 『인물과 사상』 22호 —개마고원, 2002, 4, 51쪽.
6. 이와 관련하여 류철균이 이어령의 화전민 의식이나 우상파괴론을 서울대 문리대 학보그룹의 세계관으로 파악하면서 이를 시대인식의 소산으로 규정한 것 역시 참조할 만하다 —류철균, 「발화점을 찾아서」, 『상상력의 거미줄』, 김윤식 외 공저, 생각의나무, 2001, 29-35쪽.
7. 류철균, 위의 글, 23쪽.

류철균은 이러한 논의의 연장선상에서 이어령의 정신 세계를 在地士族의 세계, 즉 "난세를 어떻게 합리적으로 살아가는가를 터득한 지식인의 세계"로 규정한다.[8] 위의 예에서도 알 수 있는 것처럼 확실히 이어령은 난세를 헤쳐가는 천재적인 감각을 가지고 있었던 것으로 보인다. 이는 〈문학사상〉이 창간되던 시기 이어령의 행적에서 더욱 분명하게 드러난다. 〈문학사상〉이 창간되던 1972년 10월은 영구집권을 꿈꾸던 박정희가 유신헌법을 공표하던 시점이다. 그런데도 〈문학사상〉은 이에 대해 침묵으로 일관하는 한편으로 문학주의의 기치를 선명하게 내세웠다. 거기다가 이어령 자신은 경향신문의 해외 특파원을 자청함으로써 불확실한 정국으로부터 일종의 도피를 감행했다. 그리하여 그는 1973년 2월 8일 서울을 떠나 프랑스 파리에 체류하면서 상황이 진정되기를 기다렸던 것이다.[9]

그렇다고 해서 전쟁의 폐허 위에서 생존하기 위해, 호흡하기 위해 감행해야 했던 이어령의 자살 행위를 이처럼 부정적으로만 해석하는 것은 좀 곤란해 보인다. 왜냐하면 이 경우 이어령이 이루었던 많은 긍정적인 업적들까지도 도매금으로 폄하하는 결과를 초래할 수 있기 때문이다. 그런 점에서 이어령이 '자살행위'를 통해 궁극적으로 얻고자 한 것이 무엇이었는지를 좀더 검토할 필요가 있다.

이어령은 1950년대 자기 세대의 과제가 "주어 없는 文章의 비극"[10]을 극

---

8. 류철균, 위의 글, 25쪽.
9. 김경래, 「그게 글입디까」, 『64가지 만남의 방식』, 김영사, 62-67쪽. 당시 〈경향신문〉 편집국장이었던 김경래의 기억에 의하면 1972년 12월 중순 이어령의 집을 방문했을 때 이어령이 직접 파리 특파원으로 보내 줄 것을 요청했다고 한다. 이 자리에서 이어령은 자신이 쓴 글에 대한 정부 당국의 지독한 검열 탓에 더 이상 글을 쓰기가 어렵다는 뜻을 김경래에게 전달했다고 한다. 결국 이어령은 자신의 뜻을 이루었고, 이와 관련하여 '1973년 2월 8일자 경향신문 社告'는 "이어령 주불 특파원 부임, 현대 세계문학의 숨결 파헤치고 서구 지성과의 대화를 본지에"라는 제목의 기사를 싣고 있다.
10. 이어령, 「주어 없는 비극」, 『저항의 문학』—예문관, 1965, 22쪽.

복하는 것이라고 보았다.[11] 그가 말하는 주어 없는 문장의 비극이란 곧 주체 또는 주체성을 상실한 삶을 의미한다. 따라서 그에게는 새로운 주체의 신화를 창조하는 일이 무엇보다도 중요했다. 그 새로운 주체의 신화란 "원시의 인간 그것과 흡사하면서도" 그것과는 다른 현대적 인간의 탄생을 뜻하는 것이었다.[12] 그렇다면 이어령이 기획했던 현대적 주체란 어떤 모습으로 구체화되었는가.

1963년에 간행된 그의 수필집 『흙 속에 바람 속에』에서 이어령은 비극적 한국인상을 그려놓고 있다. 그가 보기에 한국인의 삶이란 눈물의 삶, 비극의 삶 그것이었다. 가난과 굶주림으로 인한 서민 대중들의 눈물, 당파 싸움으로 인한 지배층의 눈물 등 도처에 눈물 아닌 것이 없어 보였던 것이다. 그가 파악한 독자적인 한국의 전통이란 '한'이나 '숙명론'뿐이었다. 미래를 열어 줄 민족의 신화로서의 전통이란 어디에서도 찾을 수 없었다. 특히 「윷놀이의 비극성」이라는 글에서 그는 '나'가 아닌 '당파'의 논리에 의해 '나'의 운명이 결정되는 현실을 비판하고 있는데, 이를 통해 그가 강조하고 있는 것은 참된 전통으로서의 민족의 신화가 창조될 수 없는 상황이다.[13]

〈나〉가 없는 곳에 창조적 현실의식이 생겨날 리 만무며, 〈나〉의 발견이 불

---

11. 이어령은 「우상의 파괴」에서 김동리를 비판하면서 "결코 동리씨가 생각하고 있는 것처럼 오늘날 처해 있는 호모 사피엔스의 문제가 그렇게 주먹구구로 풀 수 있는 단순하고 용이한 성질의 것은 아니다. 동리씨야 무슨 꿈을 꾸고 있든 무슨 별별 수사학을 내세우든 인간 해체 의식 즉 '통일과 질서의 합리적 세계의 붕괴에서 오는 그 주체 상실'(인용자 강조)의 현대적 인간이 심각한 위기의 현애懸崖에서 방황하고 있다는 것은 감출 수 없는 사실로 되어 버린 것"이라고 말하고 있다. 이 글은 서울대 〈문리대학보〉(1955. 9)에 실린 「李箱論—純粹意識의 牢城과 그 破壁」과 함께 비평의 출발점에 서 있는 이어령의 현대인에 대한 인식을 확인할 수 있는 대목이라 하겠다.
12. 이어령, 「화전민지역」, 『저항의 문학』—예문관, 1965, 20쪽.
13. 이어령, 「윷놀이의 비극성」, 『흙 속에 저 바람 속에』—현암사, 1963, 24-27쪽.

가능한 그 정신 밑에 역사의 움직임(신화)이 있을 까닭이 없다. 여기에 신화 없는 민족의 비애가 있다.[14]

그러므로 그가 화전민 지역에 새롭게 건설하고자 한 것은 미래를 열어줄 새로운 민족의 신화였다. 그리고 그 신화를 가능하게 하는 것이 문학이었다. 이어령은 문학이야말로 인간을 근원에로 이끌어 줄 유일한 구원의 수단이라고 생각했다. 그는 슬프기는 하지만 "상상에 의한 구제" 그것만이 유일하게 남았다고. 말한다. 그리하여 "문학이 신화의 창조라면 신화는 숙명의 인간에게 부여하는 창조적 상상이"[15] 된다. 왜냐하면 그에게 신화란 "자아의 해방"을 의미하는 것이기 때문이다. 조연현과의 논쟁에서 전통이란 프로빈시얼리즘과는 거리가 먼 것이며, 참된 전통이란 "편협한 개성을 초월한 가치체"[16]라고 말했을 때 그가 이야기하고자 한 것도 바로 신화로서의 문학 그것이라 할 수 있다.

이 신화로서의 문학이란 김승희가 말한 바 있는 '비어 있는 중심'을 환기시킨다. 김승희는 "최초의 상실— 그것이 한 사람의 가장 깊은 신비의 중심, 원천 속에 숨어 있는 하나의 신비의 시니피에를 만든다"는 라캉의 말에 기대어 이어령 문학의 근원 속에 존재하는 '비어 있는 중심'을 이야기한다. 이때 김승희가 말하는 '비어 있는 중심'이란 곧 상실 이전의 세계인 어머니의 세계를 의미하는 것인바,[17] 이어령이 찾고자 했던 새로운 주체 역시 바로 이 근원으로서의 어머니의 세계에 닿아 있는 것이라 하겠다.

---

14. 이어령, 「신화 없는 민족」, 『저항의 문학』 —예문관, 1965. 28쪽.
15. 이어령, 「화전민지역」, 위의 책, 20쪽.
16. 이어령, 「토인과 생맥주」 위의 책, 52쪽.
17. 김승희, 「언어의 율리시즈」, 『상상력과 거미줄』(김윤식 외 공저) —생각의나무, 2001. 358쪽.

'비어 있는 중심'이란 주체의 소멸을 의미하지 않는다. 그것은 자신의 외부를 향해 완전히 열려 있는 세계를 가리킨다. 그리고 거기에는 엄연히 외부를 향해 서 있는 하나의 고유한 주체가 존재한다. 그러한 주체는 어떠한 타자도 억압하지 않는 주체이다. 이어령이 30대 이후 자신의 사유 형식을 '헤르메스의 언어'로 규정한 것 역시 이와 관련된 것이라 하겠다.

> 30대에 이르러서는 헤르메스의 언어를 발견했다. 서양을 동양에 동양을 서양에, 그리고 시를 산문에, 산문을 시에… 분할의 땅을 넘나들었다. 너무 바쁘게 뛰어다닌 헤르메스의 시대— 헤르메스를 흉내낸다는 것은 너무 숨가쁜 일이었다.[18]

그의 말에 따르자면 30대의 이어령은 이분법적 경계들을 부정하면서 경계들 사이의 자유로운 넘나듦을 꿈꾸었다. 헤르메스의 언어가 바로 그것이다. 그가 발견한 헤르메스의 언어란 바로 탈이데올로기적, 탈중심의 주체를 환기시킨다. 〈문학사상〉을 통해 이어령은 이를 현실화하고자 했던 것으로 보인다.

3. 〈문학사상〉 창간의 문단적 배경

하지만 그러한 이어령의 욕망이 문단 현실 속에서 구체화되기 위해서는 상당히 복잡한 길을 밟아야만 했다. 이 노정의 정점에 김수영과의 불온시 논쟁이 놓여 있다. 논쟁의 발단이 되었던 글은 이어령의 「에비가 지배하는 문화」[19]였다. 이 글에서 이어령은 당대 한국 문화계의 문제점을 크게 세 가지로 정리한다. 첫째, 정치 권력에 대한 문화인의 소심증, 둘째 문화 스폰서들

---

18. 이어령, 「오르페우스의 언어」, 『눈을 뜨면 그때는 대낮이어라』—갑인출판사, 1977, 243쪽.
19. 이어령, 「에비가 지배하는 문화」—〈조선일보〉, 1967. 12. 28.

의 노골화한 상업주의, 셋째 독자 대중들의 태도 변화 등이 그것이다. 그런데 글의 제목에서도 알 수 있듯이 이 세 가지 중에서 이어령이 가장 문제적이라고 파악했던 것은 첫 번째 항목이었다. 그가 보기에 문화인들이 정치 권력을 대하는 태도는 어린 아이들이 상상 속에서만 존재하는 '에비'를 두려워하는 것과 다를 바가 없었던 것이다.

> 학원을 비롯하여 오늘날의 정치권력이 점차 문화의 독자적 기능과 그 차원을 침해하는 경향이 있다 할지라도 '문화의 침묵'은 문화인 자신들의 소심증에 더 많은 책임이 있는 것처럼 보인다. 어린애들처럼 존재하지도 않는 막연한 '에비'를 멋대로 상상하고 스스로 창조의 자유를 제한하고 있다. 그뿐만 아니라 정신의 근대화보다도 산업의 근대화만 강조하고 있는 이 시대에서 빵과 관계 없는 여타의 순수한 문화가 일종의 사치품으로 오해되어 가는 시대 풍조의 분위기에도 그 원인이 있다.[20]

이에 대해 김수영이 〈사상계〉 1968년 1월호에 「지식인의 사회참여— 일간 신문의 최근 논설을 중심으로」라는 비판의 글을 발표함으로써 두 사람 사이에 본격적인 논쟁이 시작된다.[21] 김수영은 이 글에서 몇 개 일간 신문의 문화 관련 논설을 언급하고 있는데, 그 논리의 핵심에는 억압적인 정치 권력에 대한 비판이 자리하고 있다. 그리고 그 연장선상에서 이어령의 「에비

---

20. 이어령, 「'에비'가 지배하는 문화」—〈조선일보〉, 1967. 12. 28.
21. 「지식인의 사회참여」가 발표되고 나서 이어령은 「누가 그 弔鐘을 울리는가」(〈조선일보〉, 1968. 2. 20)와 「서랍 속에 든 〈불온시〉를 분석한다」(〈사상계〉, 1968. 3)를 연이어 발표하면서 김수영 비판에 나선다. 이에 대해 김수영이 「실험적인 문학과 정치적 자유」(〈조선일보〉, 1968. 2. 27)로 반론을 제기하고, 이어령이 「문학은 권력이나 정치이념의 시녀가 아니다」로 재반박에 나선다. 그리고 〈조선일보〉(1968. 3. 26)가 김수영의 「불온성에 대한 비과학적인 억측」과 이어령의 「논리의 현장 검증 똑똑히 해보자」를 동시에 게재함으로써 논쟁은 일단락을 맺는다.

가 지배하는 문화」가 비판의 대상이 된다.

> 이 글(에비가 지배하는 문화— 인용자)은 어느 편인가 하면 창조의 자유가 억압되는 원인을 지나치게 문화인 자신의 책임으로만 돌리고 있는 것 같은 감을 주는 것이 불쾌하다. 물론 우리 나라 문화인이 허약하고 비겁한 것은 사실이지만, 그들을 그렇게 만든 더 큰 원인으로 근대화해 가는 자본주의의 고도한 위협의 복잡하고 거대하고 민첩하고 조용한 파괴작업을 이 글은 아무래도 지나치게 과소평가하고 있는 것같다. 내가 생각하기에는 오늘날의 〈문화의 침묵〉은 문화인의 소심증과 무능에보다도 유상무상의 정치권력의 탄압에 더 큰 원인이 있다고 본다. 그리고 그 괴수 앞에서는 개개인으로서의 문화인은커녕 매스미디어의 거대한 집단들도 감히 이것을 대항하지 못하고 있는 것이 현실적이다.[22]

이 논쟁의 출발점에 선 두 사람의 입장 차이는 매우 분명하다. 이어령이 문제의 원인으로 문화 내적인 요인을 강조하는 데 반해 김수영은 문화 외적인 요인, 즉 억압적인 정치 권력을 강조하고 있다는 것이다. 물론 두 사람 모두 양자를 일방적으로 부정하는 것은 아니며, 다만 그 강조점을 어디에 두느냐에 차이가 있을 뿐이다. 하지만 논쟁이 진행되면서 이어령은 이데올로기로부터 문학의 자율성을 지켜내는 문제를 표나게 드러낸다.

> 자유의 영역이 확보될수록 한국문예는 이데올로기의 도구로 화하여 소멸해 가는 이상한 역현상이 벌어지고 있다. 그러기 때문에 한국문학사에선 정치적 자유가 가장 결핍되었던 1930년대에 도리어 가장 본질적인 문학적 유산을 남긴 슬픈 아이러니가 생겨나고 있다. 사회나 현실에의 통로가 막혔을 때, 타의적일망정 순수한 문학적인 내면의 창조력과 만나게 되었다는 이 사실이

---

22. 김수영, 「지식인의 사회참여」—〈사상계〉, 1968. 1.
23. 이어령, 「누가 그 弔鐘을 울리는가?」—〈조선일보〉, 1968. 2. 20.

무엇을 암시하는가를 작가들은 좀더 겸허하게 생각할 줄 알아야 한다.[23]

위의 글에서 확인할 수 있는 것처럼 이어령은 문학이 이데올로기의 도구로 전락하는 것을 경계하면서 어떠한 경우든 문학은 자신의 고유한 영역, 즉 순수한 문학적인 내면의 창조력을 가꾸어 나가야 한다는 논리를 전개하고 있는 것이다.

이처럼 4.19 이후, 현실에 대한 저항보다는 문학주의의 깃발을 더욱 선명하게 내세웠던 이어령의 입지는 갈수록 좁아지고 있었다. 이어령이 언급했던 것보다 더 가혹한 정치적 억압의 시대가 전개되어 갔고, 거기다가 염무웅, 김현, 김병익 등 이른바 4.19 세대의 이어령 비판이 끊임없이 제기되던 것이다. 특히나 이들 4.19 세대 비평가들은 대개 이어령 자신에게 직접 문학 강의를 들은 바 있는 학생들이었다.

그러나 이어령 선생의 본격적인 강의는 강의실에서라기보다는 강의가 끝난 후 다방에서였다. 그 무렵 문리대 거리(지금 대학로)에는 학생들이 잘 가는 두 개의 다방이 있었다. 하나는 '학림'이라는 이름의 다방이었고 다른 하나는 '대학'이라는 이름의 다방이었다. 이 중 지금은 사라지고 없는 '대학'이 선생님의 단골 다방이었는데, 일차로 강의가 끝나면 선생님은 자신을 추종하는 문리대의 문학 청년들을 이끌고 이 다방에 진을 치고 앉아 강의 시간에 미진했던 내용, 또는 공적으로 할 수 없었던 이야기들을 한 시간이건 두 시간이건 펼친 뒤에야 자리를 뜨는 것이 관례였다.

그것은 말하자면 이어령 선생의 작은 아테나움이었던 것이다. 이 두 번째 강좌에 거의 매번 참여한 학생들 틈에 김현, 김치수, 염무웅, 김화영, 김승옥, 하길종 등의 얼굴이 보였다.[24]

---

24. 오세영, 「마로니에 잎이 푸르던 시절」, 『64가지 만남의 방식: 서정주에서 장영주까지』 —김영사, 85쪽.

이들 중에서 가장 먼저 이어령 비판에 나선 것은 염무웅이었다. 그는 「선우휘론」을 전개하는 과정에서 이어령에 대한 비판을 함께 담아낸다.

> 그리하여 '현대 작가의 책임'과 '저항의 문학'을 화려하게 외쳤고 거기에 간단히 동조했던 많은 사람들이, 전쟁의 참상을 겉으로나마 보지 않게 되고 직장을 구하여 생활의 안정을 얻게 됨과 때를 같이 하여, '역시 문학은 언어의 예술'이라는 다른 하나의 구호를 마련하고, 옛 문학 노트와 일역판에서 보았던 '메타포'니 '분석방법'이니 하고 유창하게 지껄이게 되는 것이다.[25]

염무웅이 비판하고 있는 핵심은 전쟁이 어느 정도 수습되고 생활의 안정을 찾은 이어령이 그가 그토록 부르짖었던 저항의 구호를 팽개치고 어느새 문학주의로 변절해 버렸다는 점이다. 이어령의 문학적 행보에 비추어 볼 때 이러한 비판은 그 정당성이 어느 정도 인정되는 것이라 하겠다. 하지만 강경화가 지적하고 있듯이 이어령에게서 보이는 저항과 분석이라는 두 축은 하나의 기원으로부터 비롯한다는 점, 다시 말해서 이어령 비평의 기본적인 인식체계가 "문학의 창조적 상상력과 인간의 본원적 자유를 확보하기 위한 비평적 저항"에 있다는 점을 인정한다면 일정 부분 무리가 따르는 것도 사실이다.[26]

김현은 이어령이 인간에 대한 신뢰를 표명하고 있는 것이 사실이지만, 그가 말하는 인간이란 "지극히 추상적이며 서구적"[27]인 인간에 불과하다고 보았다. 그러므로 『저항의 문학』에 대한 김현의 평가는 단호하다. 그에 의하면 『저항의 문학』은 "몇 개의 선동적인 어휘로 점철되어 있을 뿐, 아무런 사고

---

25. 염무웅, 「선우휘론」, 〈창작과비평〉—1967년 겨울호, 648쪽.
26. 강경화, 「저항의 문학, 비평의 논리와 방법」, 『상상력의 거미줄』, 김윤식 외 공저—생각의나무, 2001, 52쪽.
27. 김현, 「한국비평의 가능성」, 『한국현대문학의 이론』—민음사, 1974·재판, 190쪽.

의 진전도 보여주지 않는" 형편없는 비평서가 된다. 뿐만 아니라 김현은 작가들에게 사회적 결단을 요구하는 이어령의 태도가 경제적 조건의 우위를 강조하는 문학사회학적 입장과는 달리 실존주의적 입장을 견지하고 있다는 점에서 1965년대 비평가와의 거리를 분명히 하고 있음을 밝힌다. 그러나 김현의 이와 같은 이어령 비판은 세대론적 거리를 지나치게 강조한 나머지 이어령의 비평이 지닌 긍정적 측면을 과소평가했다는 혐의를 지우기 어렵다.

김병익은 이어령이 「비평의 기준」에서 제시한 비평적 공리($E_n \cdot P_n = R_n$)를 바탕으로 그의 비평(레뷰)이 "김동리 황순원 등 소위 戰前派에 대한 〈偶像破壞〉작업으로 바치면서 戰後派들에게 깊은 애정과 이해를 보이"는 것은 모순된 태도라고 비판한다. 다시 말해서 전전파 작가에게는 E(환경)에 대한 인식을 요구하는 한편 P(인성)의 장점을 외면하고, 전후작가들에게는 강렬한 E의 효과로 P의 위약성을 이해해주는 부당한 입장을 취하고 있다는 것이다. 김병익은 이러한 현상이 나타난 원인으로 작가를 억압하는 세력, 즉 「저항의 문학」에서 이어령 스스로가 규정했던 왕王의 실체에 대한 구체적 탐구 작업이 결여되어 있다는 점을 들고 있다. 그렇게 함으로써 그는 이어령이 내세웠던 비평적 공리가 대단히 관념적으로 도식화된 것임을 지적한다. 따라서 "이어령의 비평은 손창섭과 마찬가지로 50년대 피해의식의 산물로서 50년대의 주요작가들이 문학의 현장으로부터 물러난 것처럼 그 자신 에세이스트와 칼럼니스트로 전환한 것은 당연한 귀결"이라고 보았다.[28]

이상에서 살펴본 대로 50년대 중반부터 60년대 초반까지 새로운 비평의 전위에 있었던 이어령에 대해 이른바 4.19세대 비평가 ―김현에 의하면 1965년대 비평가― 들의 비판이 이어지고 있으며, 1966년 〈창작과비평〉, 1970년 〈문학과지성〉의 창간과 함께 이들 4.19세대 비평가들이 활발한 비

---

28. 김병익, 「60년대 문학의 가능성」, 『한국현대문학의 이론』 ―민음사, 1974·재판, 264쪽.

평 활동을 전개한 것과는 달리, 이어령에게는 자신의 문학관을 관철시킬 만한 고유한 매체가 없었다.

게다가 이어령은 1966년에 창간된 종합 동인지 형식의 잡지 〈한국문학〉을 실질적으로 주도하면서 자신의 문학관을 펼쳐보고자 했으나 겨우 1년 남짓만에 종간해야 했던 쓰라린 기억을 가지고 있었다.[29] 현암사에서 잡지 제작 비용 일체를 지원했기 때문에 경제적으로 그다지 어려움이 없었던 이 잡지가 이처럼 짧은 기간에 종간되고 말았던 원인을 알기란 어렵다.[30] 그러나 이어령이 〈한국문학〉의 실패를 거울 삼아 새로운 문학 잡지의 창간을 구상했을 가능성은 높아 보인다.

이어령의 회고에 의하면 〈문학사상〉의 창간 계획을 구체화한 것은 1970년 여름, 대전에서 있었던 한 문학 강연을 마친 뒤라고 한다. 이 강연회에 몰려들었던 청중들의 열기, 그리고 그 강연회를 개최했던 삼성출판사의 김봉규 사장의 의도가 자신의 생각과 맞아떨어지면서 〈문학사상〉이 잉태되었다는 것이다.[31] 그러나 이러한 표면적인 동기와 함께 앞에서 언급한 여러 요소들이 〈문학사상〉을 창간하는 데 실질적인 동기가 되었을 것으로 보인다.

---

29. 1966년 2월에 창간되어 1967년 5월 통권 제4호로 종간된 이 잡지는 현암사에서 발행하였으며 편집인은 조상원으로 되어 있다. 이 잡지를 실질적으로 주도한 것은 이어령으로 보이며, 강신재, 박경리, 서기원, 선우휘, 유주현, 이범선, 이호철, 장용학, 최인훈, 김구용, 김수영, 김춘수, 전봉건, 유종호, 홍사중 등이 편집위원으로 참가하였다.
30. 정규웅은 그 원인에 대해 "'상업성의 지양' '자료의 충실' '작품합평의 각주' 등 세 가지 의도를 내걸고 프랑스의 〈NRF〉지가 베푸는 명예상과 비슷한 동인 만장일치의 신인상 제도를 계획하는 등 의욕적으로 출발했던 〈한국문학〉이 단명으로 끝난 데는 몇가지 이유가 있을 수 있겠지만 무엇보다 문학적 이념에 의한 동인의식의 결여가 큰 원인으로 작용하지 않았을까 짐작된다."고 밝힌 바 있다 —정규웅, 『글동네에서 생긴 일』, 문학세계사, 1999, 219쪽.
31. 이어령, 「창간에서 기반구축 13년」—〈문학사상〉, 2002. 10, 34-35쪽 참조.

4. 〈문학사상〉의 영토확보 과정

이상과 같은 창간 배경을 가지고 출발한 〈문학사상〉이 지난 30여 년 간 그 역사를 지켜올 수 있었던 데는 다양한 요인이 작용했을 것이다. 하지만 그 기틀을 마련하는 데는 역시 이어령의 영향력이 절대적이었다 할 수 있다. 기존의 잡지와는 다른 파격적인 편집 방식, 파벌주의를 지양하는 필진 활용, 새로운 필자를 찾기 위한 노력과 관심, 이상문학상의 선정 방식 등 거의 전 영역에 걸쳐 이어령의 생각과 의도가 작용하고 있다는 사실이 이를 증명해준다. 이를 통해 이어령은 자신이 구상했던 새로운 주체의 상을 현실 속에서 구체화하려 했던 것으로 보인다.

먼저 〈문학사상〉의 편집 방식과 관련하여 특이한 것을 몇 가지만 살펴보면, 첫째 잡지의 표지를 문인들의 초상화로 채우기, 둘째 특파원 제도를 활용하여 외국의 문학적 성과를 재빠르게 소개하기, 셋째 문학사에서 사라진 소중한 자료를 발굴하기 등 기존의 잡지에서는 거의 시도된 바 없는 독특한 방식임을 알 수 있다. 이러한 편집 방식은 당시의 독자들에게 매우 좋은 반응을 얻었고, 이로 인해 기존 매체가 강제 구독 방식을 채택하고 있었던 데 비해 〈문학사상〉은 자율 구독 형식을 취했음에도 불구하고 초판이 발행된 지 얼마 되지 않아 모두 팔려나가는 성과를 이루게 된다.

한편, 파벌주의의 지양과 관련하여 이어령은 창간호의 권두언으로 「이들을 위하여」라는 글을 쓰고 있다. 이 글에 포함되지 않을 '이들'이란 폭력적인 권력자들 말고는 없다. 그러나 '이들'의 실질적 의미는 연줄이 없어서, 또한 이념이 달라서 〈현대문학〉이나 〈월간문학〉〈창작과비평〉〈문학과지성〉에 글을 싣지 못하던 사람들을 가리키는 것으로 볼 수 있다. 『흙 속에 바람 속에』에서 제기했던 파벌주의의 폐단을 스스로 극복하고자 했던 이어령은 실제로 정실에 구애되지 않고 이들 필자들을 위해 〈문학사상〉의 지면을 할애했다. 이승훈의 다음과 같은 증언은 이를 뒷받침해주고 있다. 70년대 후반 당시만 해도 무명 시인에 지나지 않던 이승훈은 문학사상사에서 시 월평을 해 달라는 부탁을 받는다.

> 그러나 서울로 원고를 들고 올라가도 좀처럼 선생님을 뵐 기회가 없었다. 무엇보다도 그 무렵 내가 궁금하게 생각한 것은 어떻게 선생님이 나한테 시 월평을 맡기셨나 하는 점이었다. 선생님처럼 바쁘신 분이 내가 쓴 평론이나 산문을 읽으셨을 리 만무하고, 당시만 하더라도 문학사상 월평은 서울대 출신 평론가들이 아니면 모두 내로라 하는 평론가들이 도맡고 있었기 때문이다. 나중에 안 일이지만, 선생님이 나한테 월평을 맡기신 것은 그 해 문학사상에 발표한 시와, 시에 곁들여 쓴 산문을 읽으시고 나서였다는 사실이었다. 특히 나의 산문을 괜찮게 여기신 모양이었다.[32]

자신과는 어떤 친분 관계도 없었던 이승훈을 〈문학사상〉의 월평 담당자로 기용하는 방식이야말로 새로운 주체의 신화를 건설하고자 했던 이어령으로서는 자연스러운 선택이었다고 하겠다. 이러한 예는 평론가 이선영, 소설가 문순태 등 다양한 문인들의 증언 속에서 발견되고 있다. 특히나 〈문학사상〉의 제1회 신인상 수상자인 송수권에 대한 애정과 관심은 지속적으로 이루어졌던 것으로 보인다.

> 휴지통에서 나왔다는 것이다. 주간이 편집장 데스크를 지나가다 보니 휴지통에 웬 원고뭉치가 쌓였더란다. 뭐냐고 물으니까 응모작품들인데 별 볼일 없어 버렸다는 것이다. 이상하게도 보고 싶더라는 것이다. 그래서 휴지통 속의 원고를 털어내고 보니 '山門에 기대어 외 10편'이 백지에 써 있더라는 것이다.

---

32. 이승훈, 「잠자리 날개에 어리는 푸른 하늘」, 『64가지 만남의 방식: 서정주에서 장영주까지』—김영사, 1993, 377쪽.

그래서 일년간 수소문해서 찾았다는 것이다. ○○작품, ××작품이 예선 통과로 당선작을 밀었음에도 불구하고 선생님께서 유보해 버리고 '山門'만을 찾았던 것이란다. 이렇게 해서 '산문'은 이 세상에 빛을 보게 된 것이다. 그리고 ○○작품은 중아일보 신춘문예에 당선, ××작품은 모 문학지에 각기 당선되었는데, 선생님께서는 '내 눈이 정확할 걸' 하고 못질까지 하셨다. 그리고는 마음껏 커보라는 것이었다.[33]

순수와 참여 논쟁이 한창이던 시절 반시류적 경향의 작품이라 할 수 있는 송수권의 「산문에 기대어」를 당선작으로 결정하면서 이어령은 자신의 문학적 안목에 대한 확신을 가지고 있었다. 그러므로 이어령은 1985년 〈문학사상〉의 경영권을 임영빈에게 인계하면서 송수권에 대해 다음과 같은 말을 했다고 한다. "우리 잡지 출신 중에 촌놈 시인이 하나 있는데 그게 송수권입니다. 아주 어리숙해서 고집 세고 세상 물정도 모르는데 이 놈 하나 인계하지요"라고.[34] 이처럼 이어령은 자신의 문학적 안목에 대한 절대적 믿음을 가지고 스스로 선택한 문인들에 대해서는 끊임없는 애정을 보여주었던 것이다. 그런데도 이를 이용해 자신의 파벌을 만들지 않은 것은 이어령이 가진 커다란 미덕이라 할 수 있을 것이다.

마지막으로 이상문학상의 제정과 수상작의 선정 방식에는 이어령의 문학관이 총체적으로 담겨 있다고 해도 과언이 아니다. 이어령이 최초로 발표한 평론이라 할 수 있는 「李箱論— 純粹意識의 牢城과 破壁」을 통해 그는 "紅塵의 常識과 낡은 慣習에 그대로 追從하는 아나크로니스트"들에 의해 매몰된 이상의 정신을 부활시키고자 하였다.[35] 이 글에서 그는 이상의 작품 세계

---

33. 송수권, 「자넨 휴지통에서 나온 놈이야」, 『64가지 만남의 방식: 서정주에서 장영주까지』 —김영사, 1993, 307-08쪽.
34. 송수권, 위의 글, 303쪽.
35. 이어령, 「李箱論— 純粹意識의 牢城과 그 破壁」 —서울대 〈문리대학보〉, 1959. 9.

를 "分裂되어 버린 두 세계(純意識世界와 日常的인 現實—인용자)의 相剋對立한 矛盾을 解決하기 爲한 투쟁"으로 정리하고 있다. 다시 말해서 이상은 문학을 통해 의식의 성 안에 감금당한 자기를 해방하려고 했다는 것이다.

> 그러나 모두가 消極的인 것이었으며 非行動的인 것이었고 보다 深奧하고 줄기찬 作業이 아니었던 까닭에 우리는 그의 作品에서 어떠한 完成된 世界와 統一을 期待할수 없는 것이다. 日常生活的인 것과 엄청난 거리를 가지고 있는 自己의 意識世界를 끝내 日常的 現實性과 中和하지도 融合하지도 妥協시키지도 못한 것이다. 그는 超越者로서의 果敢性을 가지고 日常的 人生을 支配하지도 못하였고 모든 것을 現實 속에 完全히 再歸시키지도 못하였다. 또는 無의 絶對深淵앞에서 慈悲로운 無限의 對象도 發見하지 못하고 惑은 現實을 굽어보고 孤高한 Elevation도 하지 못했다. 그저 現實과 自己와의 숨막히는 對決로서 꾸준히 무엇인가 얻으려고 그 生命에서 흐르는 淋한 流血의 痕迹을 무늬놓고 있었을 다름이었다. 그는 오로지『이것이 내 生이다』라고 말 할 수 있는 未知의 境地를 향하여 默默히 接近해 갔었을 뿐이다.[36]

젊은 이어령이 이상으로부터 본 것, 그것은 '현실과 자기와의 숨막히는 대결'을 통해 '이것이 내 생'이라 말할 있는 미지의 경지를 향해 나아가는 그 치열한 정신 세계였다. 그리고 이 정신 세계를 구체적으로 형상화한 수사학이었다. 이어령에게 이상은 자신이 기획하고자 했던 새로운 주체의 한 전형으로 인식되었다. 따라서 〈문학사상〉 창간호의 표지 인물로 이상이 선택된 것은 당연한 결정이라 하겠다. 이뿐만 아니라 이어령은 〈문학사상〉을 창간하면서부터 이미 이상을 기리기 위한 문학상을 기획했다. 추천을 받은 신인은 '李箱文學賞' 신인상부의 수상 대상자가 된다는 창간호의 '新人作品募

---

36. 이어령, 위의 글.

集' 社告란을 통해 이 같은 사실을 확인할 수 있다.

그런데 실제로는 1975년에 가서야 최초로 시부문 신인으로 송수권을 배출하며, 1977년에서야 비로소 제1회 '이상문학상' 수상자로 김승옥을 선정하게 된다. 이렇게 된 이유는 이어령이 수상작의 선정 방식을 심각하게 고민했기 때문이다. 그가 보기에 "그때까지의 문학상이란 이른바 나눠먹기식으로 일종의 배급 제도와 비슷"한 것이었다.[37] 이처럼 상을 둘러싼 잡음이 끊이지 않는 상황에서 가능한 한 공정하게 수상작을 선정할 수 있는 방식을 결정해야 했다. 그리하여 떠오른 것이 바로 아래와 같은 방식이었다.

> 예심은 〈문학사상〉 편집진이 1년 동안 각 매체에 발표된 작품을 수집하여, '문학사상사' 편집위원과 경영진 및 편집진으로 구성된 이상문학상 운영위원회에서 대학교수, 문학평론가, 작가, 각 문예지 편집장, 일간지 문학담당 기자 등 약 100명에게 추천을 의뢰한다. 그 모든 자료를 일괄하여 편집위원의 지도를 받아, 본심에 회부할 작품을 선정한다. 이 단계에서 본지 정기 독자에 대한 설문 및 일반 독자를 대상으로 한 앙케트 조사 결과를 추천 작품 선정에 참고한다. 심사위원이 예심에 회부된 작품 이외에 본 상의 예심 대상에 포함시키고자 하는 작품이 있을 경우에는, 이를 예심 작품에 추가한다.[38]

'동인문학상'이 1969년부터 1978년까지 시상을 중단한 상태에서 출발한 이상문학상은 大賞 선정과정에서부터 이처럼 독자의 관심을 끌었다. 대상작의 선정 과정에서 추천작들에 대한 다양한 계층의 관심을 반영하고, 나아가 대상작뿐만 아니라 추천 우수작들을 모아 하나의 작품집으로 출간함으로써 독자들의 흥미를 유발시켰던 것이다. 이러한 방식을 두고 당시 상당한 논란이 있었던 것으로 보이는데 이어령은 이를 이렇게 회고하고 있다.

---

37. 권영민 엮음, 『이상문학상 21년』—문학사상사, 1997, 9쪽.
38. 권영민 엮음, 위의 책, 910-11쪽.

이러한 선고 방식과 상의 수여 방식은 20여년 당시로 보면 하나의 쿠데타와 다름이 없는 일이었다. 당연히 문단과 출판계에서는 커다란 파문과 충격이 일었으며 그에 대한 칭송과 비난이 엇갈릴 수밖에 없었다. 그러나 최후의 심판자는 시간과 그 역사였다. 세월이 가고 그 권위와 독자들의 호응이 높아지자 이제는 너도나도 이상문학상의 방식을 모방한 문학상들이 뒤를 잇게 되었고 이상문학상 수상집 발간을 그렇게 비난하던 사람들까지도 다투어 수상집 발간을 기획하여 오히려 빈축을 사게 되는 붐을 이루게 된 것이다.[39]

이렇게 하여 이상문학상은 김승옥이 「서울의 달빛 0장」으로 1977년 제1회 수상을 한 이래 2002년 현재까지 26명의 수상자를 냈다. 그리고 추천 우수작들을 포함하고 있는 '이상문학상 수상 작품집'은 매회 엄청난 판매 부수를 기록했다. 이것은 '이상문학상'이 우리 문학계에 미치는 영향이 매우 컸다는 사실을 단적으로 보여주는 점이다. 그리고 이를 통해 이어령과 〈문학사상〉은 문단의 중심 세력으로 확고하게 자리를 잡아간다. 특히 이어령은 자신보다 20세 이상 연상이며 문단 경력에서도 한참이나 앞서는 이른바 원로들과 함께 이상문학상 심사를 함으로써 명실 공히 스스로를 문단의 중심에 자리매김했다.[40]

5. 상상력과 현실 사이의 거리

모든 상상의 질서가 현실적 권력 관계 속에서 그 의미를 부여 받을 수밖에 없다는 사실로부터 이어령 역시 자유롭지는 못할 것이다. 그러므로 이어령

---

39. 이어령, 「정상의 축제」, 『이상문학상 21년』, 권영민 엮음 —문학사상사, 1997, 9-10쪽.
40. 제1회 심사위원으로는 백철(1908 출생), 김동리(1913 출생), 황순원(1915 출생), 유주현(1912 출생), 그리고 이어령(1933 출생) 자신을 포함한 총 5인이 참여하였다. 게다가 이어령은 해외 체류 등과 같은 특별한 사정이 없는 한 이후 지속적으로 이 상의 심사위원으로 참여하였다.

은 끊임없이 상상력의 현실적 재귀를 꿈꾸어 왔고, 〈문학사상〉은 그 현실적 구현태 중의 하나라 할 수 있다. 그런데 이어령은 자신의 상상적 세계를 자본주의적 질서를 인정하는 토대 위에서 구성했다. 따라서 그가 현대 문명의 문제점을 비판하고 새로운 주체를 구현하는 문제 역시 자본주의적 질서 안에서 모색될 수밖에 없는 것이었다. 이는 『흙 속에 바람 속에』에서 그가 한국인이 간직한 한의 원인으로 가난의 문제를 지적했을 때 이미 예정되어 있던 것이기도 하다. 그에게는 가난을 극복하는 문제가 새로운 주체의 신화를 건설하기 위한 필수적인 과제의 하나로 여겨졌으며, 이 점에서라면 박정희의 개발 독재란 이어령에게는 철저한 자기 검열의 기제가 될 수 없었다.

여기에 이어령과 〈문학사상〉의 한계가 있다. 진정으로 살기 위해서라면 어떠한 경우라도 자신의 삶이 기초하고 있는 체제 자체를 부정할 수 있어야만 한다. 진정한 '대결 정신'이란 외부에서 주어진 어떤 규칙에 따르는 것일 수 없다. 하지만 이어령은 그 외부의 규칙 자체에 대해, 그리고 그 규칙 안에 놓여 있는 자기 자신에 대해 극단적인 부정으로 나아가지 않았다. 그는 현대 문명을 비판하면서도 현대 문명 그것의 아버지인 자본주의 체제 자체를 부정하지는 않는다. 대신에 그는 오늘날 우리가 살고 있는 세계가 자본주의 체제의 무한 경쟁 사회이므로 거기에서 성공할 수 있는 비결은 상상력을 통한 끊임없는 창조 그것뿐이라고 충고하고 있는 것이다.

이 점에서라면 탈중심, 탈이데올로기적인 주체의 구현을 목표로 했던 〈문학사상〉이 그 창간 목표를 제대로 구현해 내었다고 보기는 어려울 듯하다. 나아가 정치 권력에 대한 〈문학사상〉의 대응 태도 역시 바람직한 것은 아니었다. 초대 편집장이었던 호영송이 털어놓은 이야기는 이 문제와 관련하여 시사하는 바가 크다.

아무튼 나는 지금도, 그 유신 초기의 살벌하고 암담한 상황에서 선배 또는

> 동료 작가들의 원고를 검열하던 시기를 생각하면 조지 오웰의 〈1984년〉 같은 악몽에 사로잡힌다. 물론 그것은 검열이라고 부르지 않아도 괜찮은 역할이었다 할 수 있다. 또 아무도 나를 도덕적으로 비난하지는 않으리라. 그러나 나의 마음 속 깊은 곳, 20년이나 저쪽의 먼 어느 곳, 나에게는 광주사태의 악몽보다도 더 암담하게 기억되는, 그 어두운 10월의 암담한 적막에서부터, 나를 편하게 내버려두지 않는 어떤 눈빛이 있는 것이다.[41]

이 글에서 짐작할 수 있는 것처럼 잡지 창간을 담당했던 이어령 스스로가 치열한 대결정신의 중요성을 강조했던 것과는 달리 〈문학사상〉은 정치 권력의 속박에 대해 거의 무저항으로 일관했던 것이다.

마지막으로 이상문학상과 관련해서도 몇 가지 문제점을 지적하지 않을 수 없다. 최근 들어 이상문학상 수상작 선정을 두고 잡음이 끊이지 않고 있지만, 적어도 이어령이 주간으로 있을 때까지만 해도 공정성 문제가 공개적으로 제기된 적은 없었다는 점은 역시 이어령이 보여준 미덕의 하나로 평가되어야 할 것이다. 하지만 '이상문학상'의 취지와 목적이 "요절한 천재 작가 이상李箱의 문학적 업적을 기리는"데 있다고 할 때 그것의 궁극적 의미는 부정성의 신화에 있어야 했다. 이어령의 표현을 빌리자면 이것은 '현실과 자기와의 치열한 대결' 정신을 통해 '홍진의 상식과 낡은 관습'으로부터의 일탈을 의미한다. 그러나 수상작의 선정 과정에서 이러한 기준이 관철되었다고 보기는 어렵다. 그러므로 제1회에서부터 제13회까지 심사를 맡았던 김동리가 제9회 수상작을 결정하는 과정에서 최수철의 「소리에 대한 몽상」을 두고 "아카데믹한 작품이나, 어딘지 안티로망을 연상시키는 실험적 인상이어서 수상작으로 밀 수는 없었다."[42]고 말한 것은 매우 자연스러운 귀결이라 하겠다.

---

41. 호영송, 「동료 작가들의 원고를 검열하던 이야기」—〈문학사상〉, 1992. 10, 39쪽.
42. 권영민 엮음, 위의 책, 327쪽.

한편, 이어령은 제1회 수상식을 두고 2,000명의 독자들이 모여서 벌인 최대의 이벤트였다고 회고한 바 있다. 그러나 박수치는 2,000명의 독자에 의해 탄생한 위대한 개인이란 누구인가. 박수는 위대한 개인의 탄생을 알리는 전주곡일 수 있다. 그러나 박수에 공감하는 위대한 개인은 박수를 부정하는 언어를 꿈꾸기 어렵다. 이어령, 그는 위대한 주어들의 세계를 예고했지만 위대한 주어들의 탄생은 아직 멀게만 보인다. 그가 처음 문단에 등장했을 때와 마찬가지로 여전히 현실의 질곡은 사라지지 않은 채로이다. 그러니 정상의 축제보다 더욱 필요한 것은 현실에 대한 치열한 부정의 언어를 탐색하는 일이어야 했을 것이다.

6. 나오며

이상에서 우리는 이어령이 〈문학사상〉을 창간하는 과정과 그것을 통해 구현하려고 했던 새로운 주체의 성격을 고찰함으로써 이어령이 '비어 있는 중심'에 도달하고자 하는 상상적 욕망과 현실적 질서 사이에서 어떠한 미덕과 문제점을 노정했는지를 검토해 보았다. 이를 통해 우리가 확인한 것은 먼저 비평가로서 그리고 잡지 편집자로서 이어령이 문학적 상상력을 바탕으로 탈중심, 탈이데올로기적인 주체를 구현하기 위해 보여주었던 다양한 시도들, 즉 파벌주의의 지양과 문학의 저변 확대를 위한 노력 등은 분명히 정당한 평가를 받아야 한다는 것이다.

또한 부당한 권위에 도전하기 위해 감행했던 무모한 자살행위 역시 단순히 권력에 대한 욕심 때문이었다고 폄하될 수는 없다. 6.25 직후의 질식할 듯한 사회·문화적 상황에서 이어령은 극단적으로 죽음과 맞서는 길을 선택했기 때문이다. 이 점에서 「우상의 파괴」를 발표하던 초기의 글들은 죽음과 같은 상황에서 벗어나고자 하는 욕망, 즉 호흡에의 욕망에서 비롯되었다고 할 수 있을 것이다.

하지만 그가 목도했던 그 죽음의 상황으로부터 벗어나면서 그는 더 이상 죽음과 마주하지 않는다. 그에게는 삶을 향한 시선이 훨씬 더 중요했던 것이다. 결국 〈문학사상〉의 창간을 통해 그가 기획했던 새로운 주체를 실현하는 과정에서 일정 부분 현실과의 타협이 불가피했다. 그리하여 이어령이 기획하고 또 실천하고자 했던 새로운 주체의 탄생은 여전히 요원한 것으로 남아 있다고 하겠다.

필자 소개

강진구 kikpo@chol.com | 1969년생. 문학박사. 현재 상지대 출강 중. 주요 논문으로 「한국소설에 나타난 식민주의 욕망 탐구」 등이 있음.

고봉준 bj0611@hanmail.net | 1970년생. 문학평론가. 현재 경희대 출강 중. 2000년 〈대한매일〉 신춘문예 문학평론 당선. 〈작가와비평〉 편집위원으로 활동 중. 주요 논문으로 「김수영 문학의 근대성과 전통」 등이 있음.

김성현 mhmh999@hanmail.net | 1974년생. 박사과정 수료. 현재 중앙대 출강 중. 주요 논문으로 「1940년대 함세덕 희곡 연구」 등이 있음.

류찬열 JinaMam@hitel.net | 1969년생. 박사과정 수료. 현재 중앙대 출강 중. 주요 논문으로 「1930년대 기교주의 논쟁에 관한 연구」 등이 있음.

염철 ttll01@hanmail.net | 1967년생. 문학박사. 현재 대불대 겸임교수. 주요 논문으로 「김기림과 박용철의 시론 대비 연구」 등이 있음.

오창은 longcau@hanmail.net | 1970년생. 문학평론가. 현재 상지대 출강 중. 2002년 〈경향신문〉 신춘문예 문학평론 당선. 〈모색〉 편집위원으로 활동 중. 주요 논문으로 「'자생성'과 '종속성'의 경계, 그리고 지식의 탈식민적 가능성— 임화와 프란츠 파농을 중심으로」 등이 있음.

이경수 philosoo@hanmail.net | 1968년생. 문학평론가. 문학박사. 현재 고려대 출강 중. 1998년 〈문화일보〉 신춘문예 문학평론 당선. 〈작가와비평〉 편집위원으로 활동 중. 공저로『우리말 오류사전』이, 주요 논문으로「한국 현대시의 반복 기법과 언술구조」등이 있음.

최강민 c4134@chol.com | 1966년생. 문학평론가. 문학박사. 현재 강원대 출강 중. 2002년 〈조선일보〉 신춘문예 문학평론 당선. 〈작가와비평〉 편집위원으로 활동 중. 주요 논문으로「한국 전후소설의 폭력성 연구」등이 있음.

하상일 newpoem21@hanmail.net | 1970년생. 문학평론가. 현재 부산대 출강 중. 1997년 〈오늘의 문예비평〉에서 문학평론으로 등단. 제8회 고석규비평문학상 수상. 〈비평과전망〉〈오늘의 문예비평〉 편집위원으로 활동 중. 저서로『타락한 중심을 향한 반역』이, 주요 논문으로「1950년대 고석규 문학의 근대성 연구」등이 있음.

홍기돈 gdhong@chol.com | 1970년생. 문학평론가. 문학박사. 현재 중앙대 출강 중. 1999년 〈작가세계〉에서 문학평론 신인상. 〈비평과전망〉 편집위원. 저서로『페르세우스의 방패』가, 주요 논문으로「김동리 연구」등이 있음.

찾아보기

「가고파」── 57
『가람시조집』── 51
「가신 님」── 57
「가을」── 57
감수성의 혁명 ── 291
「감자」── 71
감태준 ── 37
「강」── 30
강소천 ── 142
강승한 ── 20
강신재 ── 30, 150
강용준 ── 30
「개골산」── 191
개념의 역사 ── 107
「개벽」── 20
개인적 민족주의 ── 54
개인적 민주주의 ── 53
개헌 청원 100만인 서명운동 ── 31
「객지」── 36
거제도포로소요사건 ── 21
거창양민학살사건 ── 21
「겨울공화국」── 32
『견고한 고독』── 31
「경이」── 57, 58, 62

〈경향신문〉── 21, 28, 136
계급적 민족주의 ── 54
계급적 민주주의 ── 53
「계룡산」── 28
계용묵 ── 20, 234
「고가」── 236
고리원자력 1호 발전기 점화 ── 31
「고목」── 21, 178
고은 ── 33, 37
「고행-1974」── 32
공연법 제정 ── 169
곽종원 ── 142
곽학송 ── 150
관념소설 ── 24
『관촌수필』── 36
「광장」── 29, 30
「광장소전」── 20
구상 ── 18, 19, 23, 25, 28
구자균 ── 142
구중서 ── 34, 84, 99, 100, 109
「국군은 죽어서 말한다」── 25
국립극장 건설 ── 169
「국립극장의 실현」── 176
국민교육헌장 선포 ── 26

찾아보기 **335**

『국토』── 37
「국화 옆에서」── 20, 206
국회 개헌안 사사오입 사건 ── 21
권력-효과 ── 261
권선근 ── 150
『귀촉도』── 83
귀환병 ── 111
『그날이 오면』── 20
「그대들 돌아오시오」── 57
극 갈등 5단계 구조 ── 183
극예술협회(극협) ── 20, 168
근대화 비판의 담론 ── 254
「금강」── 31, 57, 59, 61
기만적인 언어유희 ── 96
『기상도』── 20
기층 민중 지향의 민중시 ── 36
『기항지』── 20
긴급조치 9호 ── 31, 99
김경린 ── 20, 25
김관식 ── 25
김광규 ── 37
김광균 ── 20, 198
김광섭 ── 31, 22, 23, 57, 66, 67, 145, 147, 139, 198
김광식 ── 24
김구 피살 ── 15
김구용 ── 150
김규동 ── 25, 91
김기림 ── 19, 20, 57, 197, 198
김남조 ── 30
김남천 ── 18, 51, 198
김대중피랍사건 ── 31
김동리 ── 20, 23, 25, 27, 98, 100, 108, 129, 133, 134, 137, 138, 139, 142, 147, 162, 197
김동리 사단 ── 153, 155
김동리와 조연현의 갈등 ── 11
김동리의 오른팔 ── 161
김동리의 유고 「미정고」론 ── 130
김동명 ── 19, 23, 57, 66
김동석 ── 18
김동인 ── 20, 71, 77
김명인 ── 37
김병익 ── 108, 295, 321
김붕구 ── 29, 254
김상훈 ── 18, 23
김성달 ── 48
김성동 36
김성수 ── 48
김성한 24, 150, 234, 242
김소월 ── 57, 210
김수영 ── 20, 23, 25, 30, 31, 210
김승옥 ── 30, 109, 123, 242, 328
김영랑 ── 17
김영수 ── 20, 21
김영일 ── 147
김우종 ── 32
김우창 ── 106
김원일 ── 36, 305
김윤성 ── 150
김윤식 ── 130
김정한 ── 30
「김정한문학과 리얼리즘」── 122
김종길 ── 31, 84
김종삼 ── 31, 91
김종철 ── 34
김주연 ── 104, 284
김준오 ── 208

김준태 —— 37
김지하 —— 32, 36
김진섭 —— 139, 198
김춘수 —— 25, 37, 150, 210
김치수 —— 108
김팔봉 —— 145, 234
김현 —— 104, 109, 117, 284
김현승 —— 25, 31, 148
김활란 —— 48, 49
「까치 소리」—— 133
「꺼삐딴 리」—— 30, 246
「껍데기는 가라」—— 31
「꽃」—— 25, 30
「나그네」—— 207
〈나눠먹기식 문학상〉—— 234
「나막신」—— 57, 58, 62
「나목」—— 36
「나무들 비탈에 서다」—— 29
『나비와 광장』—— 25
「낙화」—— 30
「낙화암」—— 191
『난장이가 쏘아올린 작은 공』—— 36
「난초」—— 57
『남과 북』—— 36
남로당 결성 —— 15
남민전 사건 —— 33
남정현 —— 28, 30, 115, 242
「남조선 현 정세와 문화 예술 위기에 관한 일반 보고에 대한 결정서」—— 18
「남한산성」—— 194
내성소설 —— 30
「너는 뭐냐」—— 246
노동소설 —— 36
노동자 인권선언 —— 31

노동자문화론 —— 34
「노예수첩」—— 32
『노을』—— 36
노향림 —— 37
「녹음 애송시」—— 57
「농무」—— 37, 267
농민문학론 —— 34
「농민의 비애」—— 20
농촌소설 —— 30, 36
「농토」—— 20
「누구를 위한 벅차는 우리의 젊음이냐?」—— 18
「눈」—— 25
뉴크리티시즘 —— 24
「니힐의 본질과 초극정신」—— 277
〈다리〉—— 32, 35, 105
『달나라의 장난』—— 25
「닭과 신화」—— 236
「닳아지는 살들」—— 246
『당신들의 천국』—— 36
「대열 속에서」—— 30
대중소설 —— 36
대타의식 —— 300
대통령 긴급조치 1호 —— 31
대한민국 정부 수립 —— 15
도강파 —— 23
도구문학 —— 100
「도정」—— 20
〈돌과 사랑〉—— 28
『동경』—— 67
「동구앞길」—— 144
『동두천』—— 37
동백림 사건 —— 26, 28
〈동아일보〉—— 68, 149
〈동아일보〉광고 탄압 사건 —— 31

동인문학상 —— 223, 227, 231, 233, 235, 241, 256, 327
『동천』 —— 31
두꺼비 설화 —— 131
『두번째 겨울』 —— 30
『들불』 —— 36
『땅』 —— 20
루카치, 게오르그 —— 113
리버럴리즘과 상상력 —— 292
리얼리즘 —— 109
리얼리즘 논의 —— 99, 118
리얼리즘 논쟁 —— 121
「리얼리즘 재고」—— 113
「리얼리즘과 현대소설」—— 112
리얼리즘론 —— 33, 100
리얼리즘의 기법과 정신 —— 123
「리얼리즘의 심화시대」—— 115
「리얼리즘의 역사성과 현실성」—— 115, 123
마르크스주의 —— 131
「마음」—— 57, 66
「마음의 태양」—— 57
마종기 —— 30
마틴 루터 킹 목사 암살 —— 26
『만다라』—— 36
『만월』—— 37
「망국일기」—— 20
〈매일신문〉—— 136
〈매일신보〉—— 137
「맹순사」—— 20
『머나먼 쏭바강』—— 36
「명문」—— 71
모더니스트 —— 198
모더니즘 문학론 —— 24
모더니즘 실험시 —— 25

「모반」—— 247
모윤숙 —— 23, 137, 145
「목넘이 마을의 개」—— 20
「목마와 숙녀」—— 25
「목숨」—— 25
목적문학 —— 100
『몸 바뀐 사람들』—— 37
「무너진 극장」—— 30
무대예술원 —— 173
「무소속문인 정담」—— 156
「무진기행」—— 30
문단-권력 —— 261
문단에 구성한 섹트 —— 139
문덕수 —— 31
문명비판의 도시시 —— 36
〈문예〉—— 19, 23, 135, 137, 139, 149, 244
〈문예중앙〉—— 36
문인 제조공장 —— 151
문인간첩단 —— 32
〈문장〉—— 51, 81, 82, 296, 297
문총구국대 —— 22
문학-권력 —— 261
〈문학〉—— 16, 19, 23, 28, 105
문학가동맹 —— 51
『문학과 행동』—— 115
〈문학과지성〉—— 11, 35, 105, 117, 245, 285, 289, 306, 321
〈문학과지성〉에콜 —— 293, 308
「문학단체 무용론」—— 156
〈문학사상〉—— 11, 13, 35, 36, 309, 310, 313, 316, 322, 325, 330, 331
〈문학예술〉—— 19, 23, 223, 244, 311
「문학의 영역- 종교와 철학과 문학의 기초적 내용」—— 129

문학의 자율성 —— 94
「문학이란 하오」—— 41
문학인과 지식인 —— 281
문학적 소설 —— 131
〈문학춘추〉—— 28, 104
〈문학평론〉—— 17, 19, 23
「문학하는 것에 대한 사고」—— 129, 132
문협 정통파 —— 197
문협과 자유문인협회의 대결 구도 —— 11
〈문화〉—— 19
문화대혁명 시작 —— 26
문화보호법 —— 139
〈문화전선〉—— 16
〈문화창조〉—— 19
미귀의 사상 —— 209
미소공동위원회 개최 —— 15
「미친 새」—— 32
〈민국일보〉—— 136
민방위대 발대식 —— 31
「민족문학 개념의 정립을 위해」—— 274
「민족문학과 민중문학」—— 164
민족문학논쟁 —— 19, 33, 34, 100, 270
민족문학론의 제3세계 문학론 수용 —— 100
〈민족문화〉—— 18
「민족의 죄인」—— 20
「민족의 축전」—— 66
민주구국선언(3.1명동사건) —— 31
민주당 창당 —— 21
〈민주일보〉—— 136
〈민주전선〉—— 32
민중과 엘리트 —— 281
민중문학론 —— 33
『민중예술론』—— 175
〈민중일보〉—— 136

민중적 실천 —— 295
민청학련 사건 —— 31
「바다」—— 57
『바다와 나비』—— 20
『바라춤』—— 25
「바비도」—— 246
박경리 —— 24, 150
박남수 —— 23, 25, 36
박노갑 —— 51
박두진 —— 20, 30, 142, 197
박목월 —— 20, 31, 139, 197, 207, 210
박봉우 —— 25
박상지 —— 150
박세영 —— 18
박신오 —— 150
박양호 —— 32
박연희 —— 22, 24
박영한 —— 36
박완서 —— 36
박용구 —— 28
박용래 —— 31
박인환 —— 20, 25
박재삼 —— 25, 30, 92
박정희 대통령 취임 —— 25
박종현 —— 52
박종화 —— 17, 23, 137, 139, 142
박태순 —— 30, 33, 34, 123, 305
박태원 —— 23, 198
박팔양 —— 18
박현채 —— 100
박희진 —— 30
반공법 공포 —— 25
반공이데올로기 —— 230
반공포로 석방단행 —— 21

반민특위 발족 —— 15
반상회날 지정 —— 31
발자크 —— 110
발췌개헌 —— 21
방민호 —— 273
방영웅 —— 30
「배따라기」 —— 71
백기만 —— 57
백낙준 —— 48, 49
백낙청 —— 33, 34, 100, 104, 117, 268, 270, 274, 275, 281, 292
『백두산』 —— 20
「백로」 —— 149
〈백맥〉 —— 19
〈백민〉 —— 19, 129
백석 —— 210
백인빈 —— 150
백철 —— 82, 139, 145, 234
『버리고 싶은 유산』 —— 20
범〈사상계〉 —— 23
범북한지역주의 —— 228, 229
「벗들이여」 —— 57
베를린 장벽 설치 —— 25
베트남 전쟁 —— 26
베트남전 종결 —— 31
변영로 —— 17, 57
『별들의 고향』 —— 36
「별을 헨다」 —— 20
『병든 서울』 —— 20
「병신과 머저리」 —— 30, 246
「보병과 더불어」 —— 25
보안법 반대데모 —— 21
「복종」 —— 57
『봄비』 —— 31

부마항쟁 —— 32
부산국제시장 대화재 —— 21
『부초』 —— 36
『북간도』 —— 30
북조선예술총동맹(북조선예맹) —— 17
「북치는 소년」 —— 31
북한 박헌영 사형 공표 —— 21
「분노의 일기」 —— 36
분단소설 —— 36
『분례기』 —— 30
「분지」 —— 28, 30
불귀의 사상 —— 209
「불꽃」 —— 24, 236, 247
「불신시대」 —— 24
불온시 논쟁 —— 29
「붉은 산」 —— 71
「비갠 여름 아침」 —— 57, 66
비어 있는 중심 —— 316
「비어」 —— 32
「譬喩法 論攷」 —— 311
〈비판적 글쓰기〉 —— 260
〈비평문학〉 —— 35
〈비평작업〉 —— 285, 289
「빗소리」 —— 57
〈사계〉 —— 285
사단 —— 245
『사람의 아들』 —— 36
「사랑을 위한 되풀이」 —— 25
『사물A』 —— 31
「사물의 꿈」 —— 36
『사반의 십자가』 —— 25
〈사상계〉 —— 11, 12, 28, 32, 84, 109, 221, 222, 223, 225, 226, 228, 230, 231, 232, 233, 235, 237, 238, 241,

243, 244, 250, 256, 258, 263, 265
4.19세대 비평가 —— 284
4.19와 한국문학 —— 108, 113
사회의식과 역사의식 —— 292
사회주의 —— 99
사회주의 리얼리즘 —— 34, 111
사회주의 문학론 —— 164
사회주의적 사실주의 —— 108
「사회참여를 통한 학생운동」 —— 32
「산」 —— 236
〈산문시대〉 —— 28, 285, 288
「산촌 모경」 —— 57
「산화」 —— 149
「삼남에 내리는 눈」 —— 37
『3.1기념시집』 —— 20
3.15부정선거 —— 25
〈삼천리〉 —— 71
「38이남」 —— 18
「삼포 가는 길」 —— 36
「상립신화」 —— 30
「상반기 소설평」 —— 114
〈상아탑〉 —— 19
상징권력 —— 102
상징적 권위 —— 224
〈상황〉 —— 12, 28, 32, 105, 114, 280, 290
「새」(박남수) —— 25
「새」(천상병) —— 36
새것 콤플렉스 —— 119, 294
『새로운 도시와 시민들의 합창』 —— 20
「새로운 창작과 비평의 자세」 —— 281, 292
새마을운동 —— 31
『새의 암장』 —— 36
〈샘터〉 —— 35
『생명의 서』 —— 20

생명파 —— 197
「생의 감각」 —— 66
서구 이론 인용 콤플렉스 —— 10, 125
「서구문학의 영향과 수용- 그 부작용과 반작용」
    —— 110
서근배 —— 150
서기원 —— 24, 30, 242, 247
서북지역주의 —— 227
「서울 사람들」 —— 36
「서울, 1964년 겨울」 —— 30, 248
〈서울신문〉 —— 136, 149
「서울의 달빛 0장」 —— 328
서정인 —— 30
서정주 —— 20, 22, 23, 25, 31, 92, 139,
    142, 147, 197, 206, 210
서항석 —— 145, 176
「석탑의 노래」 —— 57
「선·공간」 —— 31
「선구자」 —— 57
「선생과 황태자」 —— 36
선우휘 —— 24, 242, 247, 254
설정식 —— 23
「설중행」 —— 236
「성북동 비둘기」 —— 31
「성탄제」 —— 31
세계문학과 한국문학 —— 281
〈세계의 문학〉 —— 36
〈세대〉 —— 28, 104
세대 논쟁 —— 30
「세월의 앙금」 —— 156
「세종대왕」 —— 194
「소」 —— 175
「소리」 —— 236
소설가협회 —— 27

〈소설계〉─── 23
〈소설문예〉─── 36
〈소설문학〉─── 36
소시민 논쟁 ─── 104
『소시민』─── 30
소시민의식 ─── 104
손소희 ─── 162
손장순 ─── 150
손진태 ─── 51, 54
손창섭 ─── 24, 25, 150, 242
송기숙 ─── 36
송병수 ─── 24, 30, 242, 247
송수권 ─── 324
송숙영 ─── 150
송영 ─── 18, 36
송욱 ─── 25
「수난이대」─── 25
「수라도」─── 30
「수치」─── 28
〈수필문예〉─── 35
〈수필문학〉─── 35
『순례』─── 37
순수-참여 논쟁 ─── 95, 266, 286
순수문학 ─── 9, 10
〈순수문학〉─── 35
순수문학 비판 ─── 29
순수문학이념 ─── 101
순수참여문학 ─── 29
「순이 삼촌」─── 36
「스땅달과 발자크」─── 112
스푸트니크 발사 성공 ─── 21
『슬픔이 기쁨에게』─── 37
〈시단〉─── 28
·〈시문학〉─── 23

시민 주체 ─── 104
「시민문학론」─── 33, 114, 270, 275
시민의식 ─── 104
『시선』─── 25
〈시영토〉─── 23
〈시와 비평〉─── 23
〈시와 시론〉─── 23
〈시와 의식〉─── 36
10월 대구인민항쟁 ─── 15
10월유신 ─── 31
〈시인세계〉─── 210
시입협회 ─── 27
「시장과 전장」─── 30
〈시조문학〉─── 28, 36
시험관 아기 탄생 ─── 31
『식칼론』─── 36
신경림 ─── 33, 37, 267
신고송 ─── 18
「신단계에 처한 문화 운동」─── 18
신동문 ─── 30
〈신동아〉─── 25, 31, 104, 110
신동집 ─── 25
〈신문예〉─── 19, 23
〈신문학〉─── 19, 23
신상웅 ─── 36, 305
신석초 ─── 25
〈신세계〉─── 244
「신세대적인 것과 문학」─── 250
「신인추천이십년기」─── 149, 152
〈신조〉─── 23
〈신천지〉─── 19, 135, 138, 139, 149
신탁통치반대 군중대회 ─── 15
〈신태양〉─── 23
『실존무』─── 143

실존주의 논쟁 —— 30
실존주의 문학론 —— 24, 29
실존주의적 소설 —— 24
실향소설 —— 24
〈심상〉 —— 35
심훈 —— 20
12.12사태 —— 32
10.26사태 —— 32
『싸락눈』 —— 31
「쑈리킴」 —— 24
〈씨울의 소리〉 —— 258
「아! 신화같은 다비데군들」 —— 30
「아데나이의 비명」 —— 30
〈아동문학〉 —— 28, 36
「아메리카」 —— 36
「아베의 가족」 —— 36
「아차산」 —— 57
아폴로 11호 달 착륙 —— 26
『아홉켤레의 구두로 남은 사내』 —— 36
안수길 —— 19, 24, 30
안재홍 —— 49
안회남 —— 18, 20
「암사지도」 —— 24
앙가주망 —— 104
양병식 —— 20
양성우 —— 32, 37
양식화의 아름다움 —— 295
양심을 둘러싼 논쟁 —— 30
양정모 올림픽 첫 금메달 획득 —— 31
양주동 —— 17, 57, 139
「어둠의 혼」 —— 36
「엄마야 누나야」 —— 57
엄흥섭 —— 18
「에비가 지배하는 문화」 —— 318

에콜 —— 245
엘리엇, T.S. —— 82, 85
『여백을 위한 서정』 —— 25
「역리가」 —— 115
「역마」 —— 20
역사소설 —— 30
연극동맹 —— 20
〈연극평론〉 —— 35
염무웅 —— 33, 34, 99, 100, 108, 117, 295
염상섭 —— 23, 24
영동동해고속도로 개통 —— 31
「영자의 전성시대」 —— 36
〈예술문화〉 —— 19
〈예술부락〉 —— 19, 140
〈예술운동〉 —— 16, 19
예술원 파동 —— 139
예술원선거 —— 23
〈예술조선〉 —— 19
〈예술타임스〉 —— 19
「옛날이야기」 —— 115
오규원 —— 37
『오랑캐꽃』 —— 20
「오발탄」 —— 25
「오분간」 —— 24
오상순 —— 17, 24
오상원 —— 30, 242, 247
5.10선거 —— 15
오영석 —— 150
오영수 —— 142, 150
오영진 —— 19, 23, 31
5.16군사쿠데타 —— 25, 27, 103
오장환 —— 18, 20, 57, 198
「오적」 —— 32, 36
오정희 —— 36

오지영 —— 150
오천석 —— 48
오태석 —— 31
OPEC 성립 —— 26
YH농성사건 —— 33
「왕룽과 주둔군」 —— 30
외국문학전공자 —— 106
「요한시집」 —— 24
용공문학 —— 254
『우리들을 위하여』 —— 37
『우리들의 양식』 —— 37
『우리를 적시는 마지막 꿈』 —— 37
〈우리문학〉 —— 17
「우리오빠와 화로」 —— 57, 202
『우상과 이성』 —— 33
「우상의 파괴」 —— 311, 331
『우울한 샹송』 —— 31
「울음이 타는 가을 강」 —— 25
「웃음소리」 —— 247
워터게이트 —— 31
「원술랑」 —— 165, 181, 182, 184, 185, 186, 187, 192, 194
원응서 —— 142
「원터」 —— 57, 61
『원형의 전설』 —— 30
〈월간문학〉 —— 28, 32, 34, 101, 105, 158, 159
〈월간중앙〉 —— 105
월남 파병 —— 26
Welch, J.C. —— 50
유신헌법 —— 31
유억겸 —— 48
유엔한국위원단 구성 —— 15
「유예」 —— 24

유인로켓 보스토크 발사 —— 25
「유자약전」 —— 30
유정 —— 19
유종호 —— 83, 106
유진호 —— 18
유치진 —— 17, 21, 139, 165, 166, 175, 179
유치환 —— 20, 22, 23, 197
유현종 —— 36
6.3사태 —— 26
〈60년대사화집〉 —— 28
〈68문학〉 —— 28, 105, 285, 292
68혁명 —— 26
윤기정 —— 18
윤동주 —— 20, 210
윤백남 —— 139
윤보선 당선 —— 25
윤석중 —— 139
「윤회설」 —— 130, 131
윤흥길 —— 36
『을화』 —— 133
『응향』 —— 18
「이 성숙한 밤의 포옹」 —— 247
이갑기 —— 18
이광래 —— 142, 147
이광수 —— 41
이광숙 —— 150
이근삼 —— 31
이근영 —— 23
이기영 —— 17, 18, 20, 57, 197, 198
이데올로기적 공포 —— 111
이리역 폭발사고 —— 31
이무영 —— 19, 20, 23, 145, 234
이문구 —— 36
이문열 —— 36

이문희 —— 30, 150
「213호주택」—— 24
이범선 —— 25, 150, 242
「이별가」—— 31
이병기 —— 51, 57, 66, 197
이병도 —— 52
이병주 —— 36
이병철 —— 57, 58
이봉래 —— 83
이상 —— 210, 326
「李箱論— 純粹意識의 牢城과 그 破壁」—— 311
이상문학상 —— 327
이상필 —— 150
이성부 —— 31, 37
이수복 —— 31
이수익 —— 31
「이순신」—— 194
이숭녕 —— 52
이승만 사망 —— 26
이승훈 —— 31
이시영 —— 37
이양하 —— 198
이어령 —— 83, 251, 254, 309
이영찬 —— 31
이영희 —— 32
이용악 —— 20, 23
이원조 —— 18, 51, 198
이은상 —— 57, 66
이제하 —— 30
이종환 —— 147
이채우 —— 150
이철범 —— 147
이청준 —— 30, 36, 242
이태준 —— 17, 18, 20, 51, 82, 197

이하윤 —— 17, 145, 147
이헌구 —— 17, 23, 145, 234
이형기 —— 30
이호철 —— 30, 32, 115, 123, 242
이희승 —— 52, 147
인민민주주의 민족문학 —— 202
〈인민평론〉—— 19
인용 콤플렉스 —— 116
인혁당 사건 —— 31
임상순 —— 150
임옥인 —— 19, 23
임중빈 —— 108
임헌영 —— 32, 34, 99, 100, 114
임화 —— 51, 57, 18, 197, 198
입장세법 —— 169
「잉여인간」—— 25
「자랏골의 비가」—— 36
「자명고」—— 21, 181, 184, 187, 188, 190, 192
〈자유문학〉—— 23, 104, 140, 223, 244
자유문학가협회 —— 27, 140
『자유부인』—— 24
〈자유시〉—— 36
자유실천문인협의회 —— 33
〈자유예술〉—— 23
자유와 평등의 정신 —— 292
작가와 비평가 —— 281
「작가와 사회」—— 29
「잔등」—— 20
잔류파 —— 23
「잔인한 도시」—— 36
「잔해」—— 30, 247
『장구한 혁명』—— 112
장덕조 —— 20

「장마」── 36
장백일 ── 32
장용학 ── 24, 30, 150
장준하 ── 32, 255
장지영 ── 50
재일교포간첩단 사건 ── 31
『저문 강에 삽을 씻고』── 37
「저승소식」── 32
『저항의 문학』── 320
전광용 ── 25, 30, 242
전국문필가협회 ── 19, 46
전국문화단체총연맹(문련) ── 17
전국문화단체총연합회(문총) ── 18, 69, 139
「전라도」── 31
전봉건 ── 23, 25, 31
전상국 ── 36
전영택 ── 147, 234
『전위시인집』── 20
전쟁소설 ── 24
전쟁체험의 반공시 ── 25
전조선문필가협회(전문협) ── 17
전태일 분신 ── 31
전통 계승론자 ── 84
전통 단절론 ── 83
「전통과 개인의 창조적 재능」── 85
전통적 서정시 ── 36
전통적 소설 ── 30
전통주의 ── 83
전후문학가협회 ── 27
「젊은 느티나무」── 30
정구창 ── 150
『정념의 기』── 30
정병우 ── 150
정비석 ── 24, 234

정실주의 ── 7
정을병 ── 30, 32
정인보 ── 49, 57
정인택 ── 23
정전 ── 107, 195
정종화 ── 150
정지삼 ── 150
정지용 ── 19, 23, 57, 82, 197, 198, 210
정치소설 ── 131
정한모 ── 25
정한숙 ── 150
정현종 ── 36
정호승 ── 37
정홍교 ── 145
정희성 ── 37
제3대 정부통령 선거 ── 21
「제3인간형」── 24
제2차 순수문학논쟁 ── 19
제2차 통화개혁 ── 25
제1차 순수문학논쟁 ── 19
제1차 오일쇼크 ── 31
제1차 한일회담 개최 ── 21
제주도 4.3사건 ── 15
조경희 ── 147
「조국」── 21, 66, 71, 72, 73, 77, 166, 180
조기천 ── 20
조명희 ── 57, 58
조병화 ── 20
조봉암 사형집행 ── 21
조선건국준비위원회 ── 15
조선교육위원회 ── 48
조선문인보국회 ── 16, 68
조선문필가협회 ── 69
조선문학가동맹 문학상 ── 17

조선문학가동맹(문맹) —— 16
조선문학건설본부(문건) —— 16, 198
조선문학동맹 —— 16
조선문화건설 중앙협의회 —— 69, 75
조선문화건설본부 —— 46
조선인민공화국 선언 —— 15
〈조선일보〉—— 68, 98, 149
조선작 —— 36
〈조선중앙일보〉—— 149
조선청년문학가협회(청문협) —— 17
조선프롤레타리아 예술가 동맹 —— 69
조선프롤레타리아문학동맹(프로문맹) —— 16, 46
「조선흥행 등 취체규칙」—— 170
조세희 —— 36
조연현 —— 23, 27, 82, 83, 142
조연현 계열 —— 155
조연현 사단 —— 153, 155
조운 —— 18
조윤제 —— 50, 52
조지훈 —— 20, 22, 25, 57, 84, 197
조진만 —— 50
조태일 —— 36, 37
조해일 —— 33, 36
좌·우 이데올로기 대립 —— 200
좌파이론 —— 111
〈주간 서울〉—— 149
주민등록제 실시 —— 26
주어 없는 文章의 비극 —— 313
주요섭 —— 234
주요한 —— 57
주지적 서정시 —— 25
주체의 문제 —— 104
「중국인 거리」—— 36

『중등국어교본』—— 55
〈중앙문예〉—— 35
중앙문화협회 —— 17, 69
증권시장 개장 —— 21
증권파동 —— 25
「증인」—— 24
『지리산』—— 36
〈지성〉—— 23
「지식인의 사회참여 - 일간신문의 최근 논설을 중심으로」—— 317
지하련 —— 20
지하철 개통 —— 31
『진달래 산천』—— 25
진보당 사건 —— 21
차범석 —— 31
『참깨를 털면서』—— 37
참여문학 —— 9, 266
참여문학론 —— 254, 275
참여소설 —— 30
〈창작과 비평〉—— 11, 12, 28, 35, 96, 100, 101, 104, 110, 117, 245, 258, 260, 262, 264, 265, 269, 270, 285, 321
〈창작과비평〉에콜 —— 293
〈창조〉—— 32, 35
채만식 —— 20, 57, 122
『1930년대 문학과 근대체험』—— 7
『처용』—— 37
천리마 운동 시작 —— 21
천상병 —— 36
천승세 —— 150
「철조망」—— 30
청년문학가협회 —— 19
『청동시대』—— 30
『청록집』—— 20

청록파 —— 197
〈청맥〉 —— 12, 28, 104, 263, 280, 285
「청춘은 조국과 더불어」 —— 166
『초토의 시』 —— 25
「초혼」 —— 57
최규동 —— 48
최미나 —— 150
최범서 —— 32
최승호 —— 208
최인호 —— 36, 305
최인훈 —— 29, 30, 109, 123, 242
최일남 —— 36, 150
최일수 —— 91, 274
최정희 —— 20, 234
최종길 교수 의문사 —— 31
최태응 —— 19, 23
최하림 —— 37
최현배 —— 50, 53
추식 —— 150
「춘소」 —— 213, 214
『춘향연가』 —— 31
「춘향유문」 —— 93
『춘향이 마음』 —— 30, 92
「취우」 —— 24
7.4남북공동성명 —— 31
「70년대 문학전망- 우리에게 리얼리즘은 가능한가?」 —— 108
『카인의 후예』 —— 24
카프 —— 16
카프문학 —— 100
케네디 암살 —— 25
『K읍 기행』 —— 37
코리안 게이트 사건 —— 31
「타인의 방」 —— 36

『탁류』 —— 59, 60
『탈식민의 텍스트, 저항과 해방의 담론』 —— 8
「토막」 —— 165
토속적 전통 소설 —— 24
〈토요문학〉 —— 35
〈통일전선〉 —— 28
통혁당 사건 —— 26
「파류장」 —— 236
파리학생 시위 —— 26
파시즘적 문학관 —— 164
「파초」 —— 57
「판문점」 —— 30, 253
팔굉일우 —— 49
『8억인과의 대화』 —— 33
8.15 해방 —— 15
8.18 도끼만행사건 —— 31
패거리주의 —— 7
평민문학 —— 92
「폭풍의 역사」 —— 20
「푸른 하늘을」 —— 30
푸에블로 호 납북 —— 26
「풀」 —— 31
「풍류 잽히는 마을」 —— 20
프롤레타리아소설 —— 20
「플라타너스」 —— 25
피천득 —— 50
하경덕 —— 49
하근찬 —— 25, 109
『하늘과 바람과 별과 시』 —— 20
『하루만의 위안』 —— 25
『하여지향』 —— 25
하우저, 아르놀트 —— 110, 112
「학마을 사람들」 —— 25
학벌주의 —— 7

「한국 리얼리즘 문학의 형성」── 115
「한국 소설의 가능성-리얼리즘론 별견」── 118
〈한국문예〉── 36
한국문인협회 ── 27, 33, 101
「한국문학 오도하는 일부 비평」── 98
〈한국문학〉── 28, 35, 101, 104, 158
한국문학가협회 ── 27, 69
「한국문학의 과제-민족적 리얼리즘의 길」
── 115
「한국문학의 나갈 길」── 98
〈한국수필〉── 36
〈한국시〉── 28
〈한국시단〉── 28
한국자유문학자협회(자유문협) ── 23
『한나산』── 20
한말숙 ── 150
한무숙 ── 30
한설야 ── 17, 18, 198
한수산 ── 36
〈한양〉── 12, 28, 104, 263, 280, 285
한용운 ── 57
한일 국교정상화 ── 26
한일회담 반대 데모 ── 26
한자어 논쟁 ── 30
한하운 ── 20
『한하운시초』── 20
한효 ── 18
「함성」── 20
함세덕 ── 18, 21, 178
『해』── 20
『해방기념시집』── 20
「해방전후」── 17, 20
『해방후 40년 교과서』── 59
〈해외문학〉── 36

해외문학파 ── 106, 198
해외유학파 ── 106
해직교수협의회 민주교육선언 ── 31
향가정신 ── 92
「향수」── 57
향토 예비군 창설 ── 26
『허무에의 의지-황토기』── 143
허준 ── 18, 20
현기영 ── 36
〈현대공론〉── 23
〈현대문학〉── 11, 23, 28, 35, 101, 104, 140, 142, 149, 152, 223, 228, 244
「현대문학과 민족의식」── 276
현대문학신인상 ── 223, 239, 241, 256
〈현대수필〉── 35
〈현대시〉── 23, 28
〈현대시조〉── 35, 105
〈현대시학〉── 28, 104
현상윤 ── 48
「현실 고발이 사회주의인가」── 99
「현실의 문학」── 274
「혈거부족」── 20
「혈맥」── 20, 21
「혈서」── 24
형식실험의 순수시 ── 36
홍구범 ── 150
홍명희 ── 18
홍성원 ── 36
홍익인간 ── 49
홍정식 ── 49
「화랑의 후예」── 149
『화사집』── 86
「화살」── 37
「화전민 지역」── 251

찾아보기 **349**

황동규 —— 37
「황무지」 —— 86
「황색지대」 —— 30
황석영 —— 33, 36
황순원 —— 19, 20, 23, 24, 142, 147
황신덕 —— 50
황야의 7인 —— 154
「황톳길」 —— 36
『횃불』 —— 18, 20
회귀의 사상 —— 209
〈후반기〉 —— 92
「휴전선」 —— 25
휴전협정 조인 —— 21
『흑맥』 —— 30
「흑산도」 —— 25
「흔들리는 지축」 —— 180
『흙 속에 바람 속에』 —— 314, 323, 329

2004 한국출판마케팅연구소 도서목록

네트워크 세상으로 통하는 엔터키! 〈키워드 100〉 시리즈

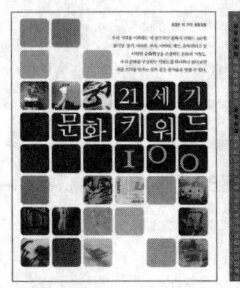 

21세기 문화 키워드 100 김성곤 외 75명 공동집필 | 444쪽 | 20,000원
❖ 한국간행물윤리위원회 청소년 권장도서 – 사회부문

21세기 지식 키워드 100 강수택 외 68명 공동집필 | 548쪽 | 20,000원
❖ 문화관광부 추천도서 – 학술부문

❖ 〈키워드〉 시리즈는 계속 출간됩니다.

원 테마 출판 전문지 계간 〈북페뎀〉

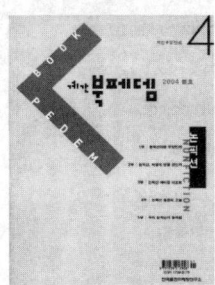 

01_어린이책 북페뎀편집위원회 엮음 | 272쪽 | 25,000원
02_출판기획 북페뎀편집위원회 엮음 | 400쪽 | 28,000원
03_청소년출판 북페뎀편집위원회 엮음 | 400쪽 | 20,000원
04_논픽션 북페뎀편집위원회 엮음 | 324쪽 | 20,000원
05_장르문학 04.7 발행예정
06_그림책 04.9 발행예정
07_북디자인 04.12 발행예정

한 해의 출판 동향과 전망 〈책의 현장〉

책의 현장 2001 한국출판마케팅연구소 엮음 | 328쪽 | 15,000원
책의 현장 2002 한국출판마케팅연구소 엮음 | 352쪽 | 15,000원
책의 현장 2003 한국출판마케팅연구소 엮음 | 580쪽 | 25,000원
책의 현장 2004 한국출판마케팅연구소 엮음 | 744쪽 | 30,000원

디지털 시대의 출판 어떻게 변화하는가

출판마케팅 입문 제2판 한기호 지음 | 376쪽 | 18,000원
한국출판의 활로, 바로 이것이다 한기호 지음 | 340쪽 | 15,000원
구텐베르크 은하계의 행방 츠로 카이타로 지음, 한기호·박지현 옮김 | 312쪽 | 1
디지털 시대의 책 만들기 한기호 지음 | 308쪽 | 10,000원
우리에게 온라인 서점은 과연 무엇인가 한기호 지음 | 184쪽 | 8,000원
e-북이 아니라 e-콘텐츠다 한기호 지음 | 208쪽 | 8,000원

아, 이렇게 즐거운 책 읽기라니!

각주와 이크의 책읽기 이권우 지음 | 376쪽 | 10,000원
어느 게으름뱅이의 책읽기 이권우 지음 | 202쪽 | 8,000원
테마가 있는 책읽기 최성일 지음 | 300쪽 | 12,000원
베스트셀러 죽이기 최성일 지음 | 216쪽 | 8,000원
주례사 비평을 넘어서 김명인 외 지음 | 336쪽 | 12,000원

사랑받은 책은 이유가 있다

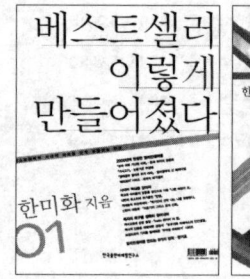 

베스트셀러 이렇게 만들어졌다_01 한미화 지음 | 308쪽 | 15,000원
베스트셀러 이렇게 만들어졌다_02 한미화 지음 | 368쪽 | 18,000원
우리시대 스테디셀러의 계보 한미화 지음 | 200쪽 | 8,000원
책과 말하다 박맹호 외 지음 | 389쪽 | 20,000원